U0669199

中国城市发展报告
（2017/2018）

主　办

中国市长协会

承　办

国际欧亚科学院中国科学中心

《中国城市发展报告》编委会　编

北京科学技术出版社

图书在版编目（CIP）数据

中国城市发展报告（2017/2018）/《中国城市发展报告》编委会编. —北京：北京科学技术出版社，2018.8
ISBN 978-7-5304-9758-6

Ⅰ. ①中… Ⅱ. ①中… Ⅲ. ①城市经济—经济发展—研究报告—中国—2017-2018 Ⅳ. ① F299.21

中国版本图书馆 CIP 数据核字（2018）第 167350 号

中国城市发展报告（2017/2018）

主　　办：中国市长协会
承　　办：国际欧亚科学院中国科学中心
主　　编：《中国城市发展报告》编委会
责任编辑：韩　晖　李　鹏
责任印制：吕　越
封面设计：樊润琴
出 版 人：曾庆宇
出版发行：北京科学技术出版社
社　　址：北京西直门南大街 16 号
邮政编码：100035
电话传真：0086-10-66161951（总编室）
0086-10-66113227（发行部）0086-10-66161952（发行部传真）
电子信箱：bjkj@bjkjpress.com
网　　址：www.bkydw.cn
经　　销：新华书店
印　　刷：河北鑫兆源印刷有限公司
开　　本：889mm × 1194mm　1/16
字　　数：704 千字
印　　张：28
版　　次：2018 年 8 月第 1 版
印　　次：2018 年 8 月第 1 次印刷
ISBN 978-7-5304-9758-6/F · 338

定　　价：398.00 元

京科版图书，版权所有，侵权必究。
京科版图书，印装差错，负责退换。

《中国城市发展报告（2017/2018）》机构组成名单

《中国城市发展报告（2017/2018）》总顾问

路甬祥　全国人民代表大会常务委员会原副委员长

周光召　全国人民代表大会常务委员会原副委员长

徐匡迪　中国人民政治协商会议全国委员会原副主席

《中国城市发展报告（2017/2018）》顾问

汪光焘　全国人大环境与资源保护委员会原主任委员，
　　　　国际欧亚科学院秘书长，中国科学中心副主席

王梦奎　国务院发展研究中心原主任

曲格平　全国人大环境与资源保护委员会原主任

刘燕华　国务院参事，国家科技部原副部长

刘　江　国家发展和改革委员会原副主任

赵宝江　原国家建设部副部长

李振东　原国家建设部副部长

陶斯亮　中国市长协会顾问

《中国城市发展报告（2017/2018）》理事会

理 事 长： 蒋正华　全国人民代表大会常务委员会原副委员长，
　　　　国际欧亚科学院执行院长，中国科学中心主席

副理事长： 齐　骥　中国市长协会副会长，住房和城乡建设部原副部长

理　　事：（以下按姓氏拼音顺序排列）

崔衡德　戴　逢　李津逵　刘洪海　马俊如　毛其智　王长远

理事会办公室主任：赵旺华

《中国城市发展报告（2017/2018）》学术委员会

主　　任：吴良镛　中国科学院院士，中国工程院院士，清华大学教授

副 主 任：马俊如　国际欧亚科学院院士

戴　逢　国际欧亚科学院院士

委　　员：（以下按姓氏拼音顺序排列）

顾朝林　李京文　林建元　毛其智　钱　易　邵益生

唐子来　吴敬琏　许学强　杨保军　叶嘉安　赵宝江

周一星　朱　训　邹德慈　邹祖烨

《中国城市发展报告（2017/2018）》编委会

编委会主任：马俊如

编委会副主任：戴　逢　孔德涌

主　　　编：邵益生

常务副主编：毛其智

副　主　编：毛汉英　刘洪海　蔡云楠

编委会委员：（以下按姓氏拼音顺序排列）

蔡云楠　陈晓丽　戴　逢　孔德涌　林　泉

刘洪海　马俊如　毛汉英　毛其智　邵益生

史培军　王　丹　王静霞　邬翊光　许学强

赵旺华

编委会秘书：党凌燕　廖远涛　周海燕

《中国城市发展报告（2017/2018）》研编机构

主办单位：中国市长协会

承办单位： 国际欧亚科学院中国科学中心

协办单位：（排名不分先后）

中国城市规划设计研究院

清华大学建筑学院

中国城市科学研究会

中国城市规划学会

中国城市经济学会

中山大学城市与区域研究中心

中国科学院地理科学与资源研究所

国家遥感应用工程技术研究中心

广东工业大学

《中国城市发展报告（2017/2018）》工作委员会

主任委员： 王长远

委　　员： 林家宁　方兆瑞　赵旺华

序　一

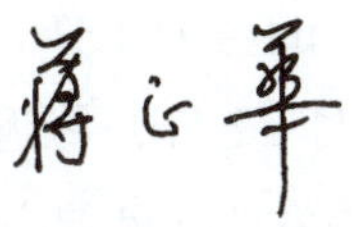

（第九届、十届全国人大常委会副委员长、国际欧亚科学院
执行院长、国际欧亚科学院中国科学中心主席）

2017年在中国发展进程中是极为重要的一年。2017年10月18日至24日，中国共产党第十九次全国代表大会在北京召开。党的十九大是在全面建成小康社会决胜阶段、中国特色社会主义进入新时代的关键时期召开的一次十分重要的大会。习近平总书记在大会上做了《决胜全面建成小康社会　夺取新时代中国特色社会主义伟大胜利》的报告，分析了国际国内形势的发展变化，回顾和总结了过去五年的工作和历史性变革，做出了中国特色社会主义进入新时代、我国社会主要矛盾已经转化为人民日益增长的美好生活需要和不平衡、不充分发展之间矛盾等重大政治论断，深刻阐述了新时代中国共产党的历史使命，确立了习近平新时代中国特色社会主义思想的历史地位，提出了新时代坚持和发展中国特色社会主义的基本方略，确立了全面建成小康社会、开启全面建设社会主义现代化国家新征程的目标，对新时代推进中国特色社会主义伟大事业和党的建设新的伟大工程做出了全面部署。

习近平总书记在党的十九大报告中，深刻地回答了新时代坚持和发展中国特色社会主义一系列重大理论和实践问题，描绘了决胜全面建成小康社会、夺取新时代中国特色社会主义伟大胜利的宏伟蓝图，进一步指明了党和国家事业的前进方向，是全党全国各族人民智慧的结晶，是我们党带领全国各族人民在新时代坚持和发展中国特色社会主义的政治宣言和行动纲领，是马克思主义的纲领性文件。其中，有关从2020年到21世纪中叶我国社会主义现代化建设“两步走”战略的路线图与时间表，以及“贯彻新发展理念，建设现代化经济体系”“提高保障和改善民生水平，加强和创新社会治理”“加快生态文明体制改革，建设美丽中国”等重要论述，对新时期城市发展、城市建设和城市管理工作具有很强的针对性和指导作用。因此，《中国城市发展报告（2017/2018）》以“庆祝十九大，迎接新时代”为主题，全面反映2017年尤其是党的十九大以来的重大历史事件、重要进展，以及出现的热点、焦点问题。

规划建设雄安新区是2017年中国城市发展史上的一件大事。2017年4月1日，中共中央、国务院关于设立河北雄安新区的消息正式公布后，立即在全国范围内引起了重大反响。设立雄安新区是以习近平总书记为核心的党中央为疏解北京非首都功能、深入推进京津冀协同发展做出的重大战略决策，是一项历史性工程，是千年大计、国家大事。秉持对历史高度负责的态度，习近平总书记高瞻远瞩谋划推动雄安新区规划建设，对规划编制中的重大问题亲自把关定向，并提出：“雄安新区是我们留给子孙后代的历史遗产，必须坚持‘世界眼光、国际标准、中国特色、高点定位’理念，努力打造贯彻新发展理念的创新发展示范区。”“要坚持用最先进理念和国际一流水准规划设计建设，经得起历史检验。”通过聚全球之智，汇各方之才，经60多位院士、300多名一流专家夜以继日的努力工作，并经多轮评议、咨询、论证，高质量地完成了雄安新区规划的编制。2018年2月22日，习近平总书记主持召开中央政治局常委会会议，听取雄安新区规划编制情况的汇报并发表了重要讲话，会议原则通过规划框架。会后又经不断修改完善，2018年4月21日，经党中央、国务院批准，《河北雄安新区规划纲要》正式向社会公布。《中国城市发展报告（2017/2018）》不仅刊登了《河北雄安新区规划纲要》全文及批件，而且转发了《人民日报》、新华社、央视新闻三家媒体对雄安新区的相关报道，以及中国城市规划设计研究院院长杨保军的文章和采访稿。社会各界普遍认为，高标准、高质量推进雄安新区规划建设，既是贯彻落实党的十九大精神的实际行动，也是让新发展理念落地生根和推动高质量发展的示范之举。

《中国城市发展报告（2017/2018）》坚持“中国城市编年史”的基本定位，通过记载、分析全国各类城市年度最新发展，为决策者、管理者、研究者及社会各界提供参考，努力体现权威性、综合性和前瞻性。本年度报告仍延续以往的体例结构，分为综论篇、论坛篇、观察篇、专题篇、案例篇及附录篇。全书共收录论文30篇，另附2017年中国城市发展大事记、城市基本统计数据以及城市政策法规文件索引等，力图从不同视角和方面较全面地反映中国城市发展、规划、建设及管理等方面所取得的成绩和存在的问题。但总的来看，由于受到组稿等因素的影响，本卷各部分篇幅不够平衡，尤其是论坛篇内容相对单薄，有关城市经济发展的综合性、高端文章已连续三年空缺；另外，在地区上主要集中于沿海地区，对中西部地区城市发展关注和认知不够，这些都有待今后不断改进和提高。

2018年6月

序　二

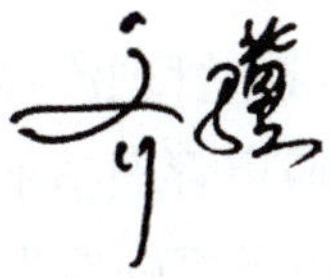

（中国市长协会副会长）

城市是经济社会发展和人民生产生活的重要载体，是现代文明的标志，在党和国家工作全局中具有举足轻重的地位。

改革开放以来，我国经历了世界上规模最大、速度最快的城镇化进程，城市发展取得了举世瞩目的成就。城市规划建设管理水平明显提升，城市总体规划、省级空间规划和“多规合一”等规划体制改革试点工作稳步实施，对于城市转型发展的引领作用日益显现。城市基础设施建设步伐加快，城市承载能力不断提高，城市生态环境显著改善。城市管理执法体制改革取得突破，管理和服务水平明显提高。城市发展带动了整个经济社会发展，城市建设成为现代化建设的重要引擎。

新时代开启了我国全面建设社会主义现代化国家新征程。城市工作事关经济社会发展全局，事关广大人民群众切身利益，要把城市工作放在党和国家事业发展大局中去谋划和推进，必须坚持以供给侧结构性改革为主线，着力在提高发展质量和效益上下功夫，落实“多规合一”，进一步增强规划的战略引领和刚性管控作用，增强城市整体性、系统性、生长性，有效提升城市承载力、包容度、宜居性，不断满足人民对美好生活的需求。

为城乡居民供给宜居的住房。在新型城镇化持续推进、亿万群众翘首期盼、社会舆论高度关注的情况下，深化住房制度改革，促进房地产市场平稳健康发展，为人民群众提供住房所需成为城市工作的重中之重。城市中存在着大量的住房刚性需求，大量棚户区和城中村需要改造，进城的新居民需要安家，新农村建设需要大量的农民新房和危房改造。要把思想统一到中央的决策部署上来，完善促进房地产市场平稳健康发展的长效机制，加快建立多主体供给、多渠道保障、租购并举的住房制度，早日实现人民群众住有所居的目标。

为城乡居民供给完善的城市基础设施和公共产品。虽然供水、排水、道路、园林、环卫等市政基础设施有了巨大的发展和改善，但是，重地上轻地下、重建设轻管理的问题依然存在。要加快补齐城市基础设施短板，推进城市基础设施系统化网络化建设。改变一些城市缺水与内涝并存、水环境恶化的状况，建设涵养水源、人水和谐的海绵城市；改变交通拥堵、垃圾围城、雾霾肆虐的状况，创建绿树蓝天、鸟语花香、空气清新的生态园林城市，推动城市生态环境进一步改善。

为城乡居民供给良好的城市管理环境。城市快速增长，城市管理面临着新矛盾、新问题，如何与时俱进，不断创新城市管理，建设信息畅通、管理高效、群众满意的城市管理环境，成为摆在我们面前的紧要任务。要深化城市管理体制改革，改变城市综合管理中体制不顺、水平不高的不利局面，强基础、转作风、树形象，从而打造一支作风优良、执法严明、体恤民众的城管队伍。要整合城市管理资源，创新城市管理流程，量化细化城市管理标准，规范城市管理行为，有效提升城市管理精细化水平。城市管理精细化是城市管理理念、管理技术、管理体制的创新，代表了城市管理的发展方向，也是更好地为人民群众服务的具体体现。

提高城市规划建设管理品质，推动城市绿色发展，让城市更加和谐宜居、富有活力、各具特色，走出一条中国特色城市发展道路，对促进以人为核心的新型城镇化发展，实现“两个一百年”奋斗目标和中华民族伟大复兴的中国梦具有重要现实意义和深远历史意义。

由中国市长协会主办、国际欧亚科学院中国科学中心承办的《中国城市发展报告（2017/2018）》，以习近平新时代中国特色社会主义思想为指导，记载了中国各类城市贯彻创新、协调、绿色、开放、共享的发展理念，转变城市发展方式，完善城市治理体系，提高城市治理能力，着力解决城市病等突出问题的有益探索和生动实践，是一本融政策性、理论性、实用性于一体的城市发展报告，为加强和改进城市规划建设管理工作，解决制约城市科学发展的突出矛盾和深层次问题提供了有益的参考。

2018 年 6 月

目　录

综论篇

论坛篇

观察篇

专题篇

案例篇

附录篇

综论篇

2017年中国城市发展综述

2017年是中国城乡发展进程中具有里程碑意义的一年。天道酬勤，日新月异，中国特色社会主义各项事业取得新的重大成就。

2017年召开了中国共产党第十九次全国代表大会，全面总结了十八大以来各项事业取得的成就和经验，擘画了到21世纪中叶的宏伟发展蓝图，开启了全面建设社会主义现代化国家新征程。

2017年，中国的国内生产总值迈上80万亿元人民币台阶，成为世界经济增长的主要动力源和稳定器。城乡新增就业1300多万人，社会养老保险已经覆盖9亿多人，基本医疗保险已经覆盖13.5亿人，又有1000多万农村贫困人口实现脱贫，340万贫困人口实现易地扶贫搬迁，各类棚户区改造开工数提前完成600万套目标任务。

2017年，中国的科技创新、重大工程建设捷报频传。"慧眼"卫星遨游太空，C919大型客机飞上蓝天，量子计算机研制成功，海水稻进行测产，首艘国产航母下水，"海翼"号深海滑翔机完成深海观测，首次海域可燃冰试采成功，洋山四期自动化码头正式开港，港珠澳大桥主体工程全线贯通，复兴号奔驰在祖国广袤的大地上。

2017年，中共中央、国务院决定设立河北雄安新区，这是以习近平为核心的党中央做出的一项重大的历史性战略选择。新区的规划建设对于深入推进京津冀协同发展，集中疏解北京非首都功能，调整优化京津冀城市布局和空间结构，培育创新驱动发展新引擎，具有重大现实意义和深远历史意义。

一、城镇化与城市发展

1. 经济社会平稳健康发展

2017年，面对世情国情深刻变化，在党中央的坚强领导下，全国各族人民高举中国特色社会主义伟大旗帜，坚持稳中求进工作总基调，坚定不移贯彻新发展理念；以生态引领发展，可持续发展能力显著增强；坚持以提高发展质量和效益为中心，以供给侧结构性改革为主线，统筹推进稳增长、促改革、调结构、惠民生、防风险各项工作；经济体制改革持续推进，经济运行稳中有进、稳中向好、好于预期，经济社会保持平稳健康发展。

国家统计局初步核算，2017年国内生产总值827122亿元，比上年增长6.9%。其中，第一产业增加值 65468 亿元，增长 3.9%；第二产业增加值 334623 亿元，增长 6.1%；第三产业增加值 427032 亿元，增长 8.0%。一、二、三次产业比重为 7.9：40.5：51.6，全年最终消费支出对国内生产总值增长的贡献率为 58.8%。全年人均国内生产总值达到 59660 元，比上年增长 6.3%；全员劳动生产率为 101231 元/人，比上年提高 6.7%。全国居民私人轿车 11416 万辆，比上年增长 12.5%。

2017 年全国居民人均可支配收入 25974 元，实际增长 7.3%。按常住地分，城镇居民人均可支配收入 36396 元，实际增长 6.5%；农村居民人均可支配收入 13432 元，实际增长 7.3%。城乡居民人均收入倍差 2.71，比上年缩小 0.01。全国居民人均消费支出 18322 元，恩格尔系数为 29.3%，比上年下降 0.8 个百分点，其中城镇为 28.6%，农村为 31.2%。全年居民消费价格比上年上涨 1.6%。全国农民工总量 28652 万人，其中本地农民工 11467 万人，外出农民工 17185 万人；农民工人均月收入 3485 元。按照每人每年 2300 元（2010 年不变价）的农村贫困标准计算，2017 年年末农村贫困人口 3046 万人，比上年年末减少 1289 万人；贫困发生率 3.1%，比上年下降 1.4 个百分点。贫困地区农村居民人均可支配收入 9377 元，实际增长 9.1%。

2017 年年末中国大陆总人口 139008 万人，比上年年末增加 737 万人，其中城镇常住人口 81347 万人，占总人口比重（常住人口城镇化率）为 58.52%，比上年年末提高 1.17 个百分点。城镇户籍人口城镇化率为 42.35%，比上年年末提高 1.15 个百分点。全年出生人口 1723 万人，人口出生率为 12.43‰；死亡人口 986 万人，人口死亡率为 7.11‰；人口自然增长率为 5.32‰。全国人户分离人口 2.91 亿人，其中流动人口 2.44 亿人。年龄构成：16 ~ 59 周岁的劳动年龄人口为 90199 万人，占总人口的比重为 64.9%；60 周岁及以上人口 24090 万人，占总人口的 17.3%。年末全国就业人员 77640 万人，其中城镇就业人员 42462 万人。全年城镇新增就业 1351 万人，年末城镇登记失业率为 3.90%，比上年年末下降 0.12 个百分点。

全年房地产开发投资 109799 亿元，房屋新开工面积 178654 万平方米，商品房销售面积 169408 万平方米，其中住宅 144789 万平方米。年末商品房待售面积 58923 万平方米，比上年年末减少 10616 万平方米。全年城镇棚户区住房改造开工 609 万套，棚户区改造基本建成 604 万套，公租房基本建成 82 万套。全年全国农村地区建档立卡贫困户危房改造 152.5 万户。

2. 市级行政区划调整

据民政部统计，2017 年年末全国有设市城市 661 个，其中直辖市 4 个，副省级市 15 个，地级市 279 个，县级市 363 个；全国有县（自治县、旗）1524 个，市辖区 962 个，建制镇 21116 个，乡 10529 个，街道 8241 个。

2017 年内，全国设市城市建制的调整变动如下：

国务院批复西藏自治区人民政府，同意撤销那曲地区，设立地级那曲市；那曲市设立色尼区，以原那曲县的行政区域为色尼区的行政区域。根据国务院批复，浙江省撤销县级临安市，设立杭州市临安区；福建省撤销县级长乐市，设立福州市长乐区；山东省撤销县级即墨市，设立青岛市即墨区。经国务院批准，河北省撤销平泉县，设立县级平泉市；浙江省撤销玉环县，设立县级玉环市；陕西省撤销神木县，设立县级神木市；四川省撤销隆昌县，设立县级隆昌市；湖南省撤销宁乡县，设立县级宁乡市；贵州省撤销盘县，设立县级盘州市。

2017年，国务院印发中国辽宁、浙江、河南、湖北、重庆、四川、陕西7个自由贸易试验区的总体方案，每个自贸试验区的实施范围约120平方千米。

国务院批复江苏省、山东省、广东省人民政府和商务部，同意在盐城市设立中韩（盐城）产业园，在烟台市设立中韩（烟台）产业园，在惠州市设立中韩（惠州）产业园。这3个产业园将依托现有经济技术开发区、高新技术产业开发区建设。

国务院批复同意将浙江省龙泉市、吉林省长春市列为国家历史文化名城。至2017年年末，全国共有国家历史文化名城133个。

3. 城市（城区）建设

住房和城乡建设部统计，2016年年末，全国设市城市657个，城市城区户籍人口4.03亿人，暂住人口0.74亿人，建成区面积5.43万平方千米。

2016年，全国城市市政公用设施固定资产投资完成17460亿元，比上年增长7.7%，占同期全社会固定资产投资总额的2.88%。其中，道路桥梁、轨道交通、园林绿化投资分别占城市市政公用设施固定资产投资的43.3%、23.4%和9.6%。

2016年，全国城市用水人口4.70亿人，人均日生活用水量176.9升，用水普及率98.42%；用气人口4.57亿人，燃气普及率95.75%；集中供热面积73.9亿平方米；城市道路长度38.2万千米，人均城市道路面积15.8平方米。全国城市新建地下综合管廊1791千米，形成廊体479千米。全国城市共有污水处理厂2039座，污水处理厂集中处理率89.80%；城市再生水日生产能力2762万立方米，再生水利用量45.3亿立方米。全国城市共有生活垃圾无害化处理场（厂）940座，城市生活垃圾无害化处理率96.62%；城市道路清扫保洁面积79.5亿平方米，机械清扫率59.7%；全年清运生活垃圾、粪便2.17亿吨。城市建成区绿地率36.43%，人均公园绿地面积13.70平方米。2016年年末，全国共有225处国家级风景名胜区，风景名胜区面积合计10.9万平方千米，其中可游览面积4.2万平方千米，全年接待游人8.9亿人次。国家投资84.4亿元用于风景名胜区的维护和建设。

2016年，在国家监测的338个城市中，环境空气质量达标的城市占24.9%；未达标的城市占75.1%。新环境空气质量标准第一阶段实施监测的74个城市平均优良天数比例为74.2%，平均超标天数比例为25.8%；细颗粒物（PM2.5）平均浓度比2015年下降9.1%。474个城市（区、县）开展了降水监测，降水pH年均值低于5.6的酸雨城市比例为19.8%，酸雨频率平均为12.7%。

交通运输部统计，2016年年末全国拥有公共汽电车60.86万辆，其中BRT车辆7689辆。全国有30个城市开通了轨道交通，拥有轨道交通车站2468个，运营车辆23791辆。拥有巡游出租车140.40万辆，拥有城市客运轮渡282艘。全国拥有公共汽电车运营线路52789条，运营线路总长度98.12万千米，其中公交专用车道9777.8千米，BRT线路长度3433.5千米。轨道交通运营线路124条，运营线路总长度3727.5千米。城市客运轮渡运营航线112条，运营航线总长度505.0千米。全年完成城市客运量1285.15亿人，其中公共汽电车完成745.35亿人（含

BRT客运量17.65亿人次)，轨道交通完成161.51亿人，巡游出租车完成377.35亿人，客运轮渡完成0.94亿人。城市客运系统完成的客运量构成为公共汽电车58.00%、轨道交通12.57%、出租汽车29.36%、客运轮渡0.07%。

2016年年末，全国39个城市在建轨道交通，线路长度4870千米。

4. 县城建设

全国1526个县，4个新撤销县和14个特殊区域统计汇总，2016年年末县城户籍人口1.39亿人，暂住人口0.16亿人，建成区面积1.95万平方千米。全国县城完成市政公用设施固定资产投资3394.5亿元，其中道路桥梁、园林绿化、排水分别占县城市政公用设施固定资产投资的53.2%、14.8%和7.7%。

2016年，全国县城用水人口1.40亿人，用水普及率90.5%，人均日生活用水量119.43升；用气人口1.21亿人，燃气普及率78.19%；集中供热面积13.1亿平方米；县城道路长度13.2万千米，人均城市道路面积16.41平方米。全国县城新建地下综合管廊214千米，形成廊体59千米。县城共有污水处理厂1513座，污水处理厂集中处理率85.8%。共有生活垃圾无害化处理场（厂）1273座，生活垃圾无害化处理率85.22%；道路清扫保洁面积25.1亿平方米，其中机械清扫面积12.7亿平方米；全年清运生活垃圾、粪便0.71亿吨。县城建成区绿地率28.74%，人均公园绿地面积11.05平方米。

5. 村镇建设

2016年年末，对全国18099个建制镇、10883个乡、775个镇乡级特殊区域和261.7万个自然村（其中村民委员会所在地52.6万个）进行统计汇总，村镇户籍总人口9.58亿。其中，建制镇建成区1.62亿，乡建成区0.28亿，镇乡级特殊区域0.04亿，村庄7.63亿。全国建制镇建成区面积397.0万公顷，乡建成区67.3万公顷，镇乡级特殊区域建成区13.6万公顷。全国已编制总体规划的建制镇17056个，乡8737个，镇乡级特殊区域594个，行政村323373个。2016年全国村镇规划编制投资达35.1亿元。

2016年，全国村镇建设总投资15908亿元，其中房屋建设投资11882亿元，市政公用设施建设投资4026亿元。年末，全国村镇实有房屋建筑面积383.0亿平方米；按户籍人口统计，人均住宅建筑面积33.75平方米。

2016年年末，全国建制镇建成区用水普及率83.86%，人均日生活用水量99.01升，燃气普及率49.52%，人均道路面积12.84平方米，排水管道暗渠密度6.28千米/平方千米，人均公园绿地面积2.46平方米。乡建成区用水普及率71.90%，人均日生活用水量85.33升，燃气普及率22.00%，人均道路面积13.56平方米，排水管道暗渠密度4.52千米/平方千米，人均公园绿地面积1.11平方米。镇乡级特殊区域建成区用水普及率91.52%，人均日生活用水量93.76升，燃气普及率58.14%，人均道路面积15.42平方米，排水管道暗渠密度5.88千米/平方千米，人均公园绿地面积3.95平方米。全国68.7%的行政村有集中供水，20%的行政村对生活污水进行了处理，65%的行政村对生活垃圾进行处理。在建制镇、乡和镇乡级特殊区域建成区内，年末实有供水管道长度60.8万千米，排水管道长度19.1万千米，排水暗渠长度9.7万千米，铺装道路长度 44.3 万千米，铺装道路面积 29.8 亿平方米，公共厕所 15.2 万座。

二、社会主要矛盾的转化

改革开放后的 1981 年，中共十一届六中全会通过的《关于建国以来党的若干历史问题的决议》对社会主要矛盾的表述为："在社会主义改造基本完成以后，我国所要解决的主要矛盾，是人民日益增长的物质文化需要同落后的社会生产之间的矛盾。党和国家工作的重点必须转移到以经济建设为中心的社会主义现代化建设上来，大大发展社会生产力，并在这个基础上逐步改善人民的物质文化生活。"此后 2012 年的十八大报告继续坚持"人民日益增长的物质文化需要同落后的社会生产之间的矛盾这一社会主要矛盾没有变"。

十九大报告提出，经过长期努力，随着中国特色社会主义进入了新时代，社会主要矛盾已经转化为人民日益增长的美好生活需要和不平衡不充分的发展之间的矛盾，这是我国发展新的历史方位。

中国特色社会主义进入新时代，意味着中华民族迎来了从站起来、富起来到强起来的伟大飞跃，迎来了实现中华民族伟大复兴的光明前景。中国在稳定解决了十几亿人的温饱问题，总体上实现小康之后，不久将全面建成小康社会。在这个历史阶段，人民美好生活需要日益广泛，不仅对物质文化生活提出了更高要求，而且在民主、法治、公平、正义、安全、环境等方面的要求日益增长。当前，中国社会生产力水平总体上显著提高，社会生产能力在很多方面进入世界前列，更加突出的问题是发展不平衡不充分，这已经成为满足人民日益增长的美好生活需要的主要制约因素。

从现在到 2020 年，是全面建成小康社会决胜期。要紧扣社会主要矛盾的变化，统筹推进经济、政治、文化、社会和生态文明建设，坚定实施科教兴国、人才强国、创新驱动发展、乡村振兴、区域协调发展、可持续发展、军民融合发展战略，突出抓重点、补短板、强弱项，特别是要坚决打好防范化解重大风险、精准脱贫、污染防治的三大攻坚战，使全面建成小康社会得到人民认可、经得起历史检验。

同时必须清醒认识到：中国仍处于并将长期处于社会主义初级阶段，仍是世界最大发展中国家，发展不平衡、不充分的一些突出问题尚未解决；经济增长内生动力还不够足，发展质量和效益还不够高，创新能力还不够强，实体经济水平还有待提高；生态环境保护任重道远，脱贫攻坚任务艰巨，农业农村基础仍然薄弱，城乡区域发展的差距依然较大；民生领域还有不少短板，人民群众最关心的教育、就业、收入、社保、医疗卫生、养老和住房等方面的事情，仍有不少不满意的地方；一些领域不正之风和腐败问题仍然多发，社会文明水平尚需提高；社会矛盾和问题交织叠加，全面依法治国任务依然繁重，形式主义、官僚主义不同程度存在，国家治理体系和治理能力有待加强；一些改革部署和重大政策措施需要进一步落实。为了让人民群众有更多的获得感、幸福感、安全感，还需要居安思危，紧扣我国社会主要矛盾变化，继续努力。

三、乡村振兴与脱贫攻坚

实施乡村振兴战略，是十九大做出的重大决策之一，是决胜全面建成小康社会、全面建设社会主义现代化国家的重大历史任务，是新时代做好“三农”工作的总抓手，要统筹谋划，科学推进。农业强不强、农村美不美、农民富不富，决定着全面小康社会的成色和社会主义现代化的质量。

1. 乡村振兴的目标任务

根据十九大提出的分两个阶段实现第二个百年奋斗目标的战略安排，实施乡村振兴战略的目标任务如下：

到2020年，乡村振兴取得重要进展，制度框架和政策体系基本形成。农业综合生产能力稳步提升，农业供给体系质量明显提高，农村一、二、三产业融合发展水平进一步提升；农民增收渠道进一步拓宽，城乡居民生活水平差距持续缩小；现行标准下农村贫困人口实现脱贫，贫困县全部摘帽，解决区域性整体贫困；农村基础设施建设深入推进，农村人居环境明显改善，美丽宜居乡村建设扎实推进；城乡基本公共服务均等化水平进一步提高，城乡融合发展体制机制初步建立；农村对人才吸引力逐步增强；农村生态环境明显好转，农业生态服务能力进一步提高；以党组织为核心的农村基层组织建设进一步加强，乡村治理体系进一步完善；党的农村工作领导体制机制进一步健全；各地区各部门推进乡村振兴的思路举措得以确立。

到2035年，乡村振兴取得决定性进展，农业农村现代化基本实现。农业结构得到根本性改善，农民就业质量显著提高，相对贫困进一步缓解，共同富裕迈出坚实步伐；城乡基本公共服务均等化基本实现，城乡融合发展体制机制更加完善；乡风文明达到新高度，乡村治理体系更加完善；农村生态环境根本好转，美丽宜居乡村基本实现。

到2050年，乡村全面振兴，农业强、农村美、农民富全面实现。

2. 乡村振兴的基本战略

在乡村振兴基本战略中，产业兴旺是重点，生态宜居是关键，乡风文明是保障，有效治理是基础，生活富裕是根本，摆脱贫困是前提。实施乡村振兴战略是党和国家的重大决策部署，必须把制度建设贯穿其中，必须破解人才瓶颈制约，必须解决钱从哪里来的根本性问题。

因此，要推动乡村产业振兴，就必须紧紧围绕发展现代农业，推进农业供给侧结构性改革，促进农村一、二、三产业融合发展，构建乡村产业体系，实现产业兴旺，把产业发展落到多渠道促进农民增收上来，全力以赴消除农村贫困，推动乡村生活富裕。要发展现代农业，确保国家粮食安全，调整优化农业结构，提高农业科技水平，培育新型经营主体，促进农林牧渔业和种业创新发展，加快建设现代农业产业园和特色农产品优势区，深入推进“互联网+农业”，提高农业创新力、竞争力、全要素生产率和整体素质。

要推动乡村人才振兴，就必须把人力资本开发放在首要位置，强化乡村振兴人才支撑，加快培育新型农业经营主体，要激励各类人才在农村广阔天地大展才华，鼓励支持返乡农民工、大中专毕业生、科技人员、退役军人和工商企业等从事现代农业建设、发展农村新业态新模式，在乡村形成人才、土地、资金、产业汇聚的良性循环。

要推动乡村文化振兴，就必须加强农村思想道德建设和公共文化建设，以社会主义核心价值观为引领，深入挖掘优秀传统农耕文化蕴含的思想观念、人文精神、道德规范，培育挖掘乡土文化人才，弘扬主旋律和社会正气，培育文明乡风、良好家风、淳朴民风，改善农民精神风貌，提高乡村社会文明程度。

要推动乡村生态振兴，就必须坚持绿色发展，综合治理农村突出的环境问题，完善农村医疗、教育、文化等公共服务，实施农村人居环境整治行动计划，推进农村“厕所革命”和垃圾收集处理，改善供水、供电、信息等生活基础设施，打造农民安居乐业的美丽家园，让良好生态成为乡村振兴支撑点。

要推动乡村组织振兴，就必须打造千千万万个坚强的农村基层党组织，深化村民自治实践，发展农民合作经济组织，建立健全党委领导、政府负责、社会协同、公众参与、法治保障的现代乡村社会治理体制，推动农村各项事业全面发展，确保乡村社会充满活力、安定有序。

要推动乡村振兴健康有序进行，就要规划先行、精准施策、分类推进，全面深化农村改革；探索宅基地所有权、资格权、使用权分置改革，改进耕地占补平衡管理办法；科学把握各地差异和特点，注重地域特色，体现乡土风情，特别要保护好传统村落、民族村寨、传统建筑，不搞一刀切，不搞统一模式，不搞层层加码，杜绝“形象工程”。

实施乡村振兴，要充分尊重广大农民意愿，调动广大农民积极性、主动性、创造性，把广大农民对美好生活的向往化为推动乡村振兴的动力，把维护广大农民根本利益、促进广大农民共同富裕作为出发点和落脚点。

3. 打好脱贫攻坚战

乡村振兴，全面建成小康社会，标志性的指标是农村贫困人口全部脱贫、贫困县全部摘帽。当前脱贫攻坚存在的突出问题仍然不少，一些地方贫困程度深、基础条件薄弱、公共服务不足，特殊困难群体脱贫难度大。民政部统计，2017 年 4 季度全国城市最低生活保障人数为 1264.1 万，最低生活保障平均标准 540.6 元/（人·月）；全国农村最低生活保障人数为 4047.1 万人，最低生活保障平均标准 4300.7 元/（人·年）。打好脱贫攻坚战，关键是打好深度贫困地区脱贫攻坚战，关键是攻克贫困人口集中的乡村。中央政府提出：

（1）瞄准贫困人口精准帮扶。对有劳动能力的贫困人口，强化产业和就业扶持，着力做好产销衔接、劳务对接，实现稳定脱贫。有序推进易地扶贫搬迁，让搬迁群众搬得出、稳得住、能致富。对完全或部分丧失劳动能力的特殊贫困人口，综合实施保障性扶贫政策，确保病有所医、残有所助、生活有兜底，把符合条件的贫困人口全部纳入保障范围。

（2）聚焦深度贫困地区集中发力。全面改善贫困地区生产生活条件，确保实现贫困地区基本公共服务主要指标接近全国平均水平。以解决突出制约问题为重点，以重大扶贫工程和到村到户帮扶为抓手，加大政策倾斜和扶贫资金整合力度，着力改善深度贫困地区发展条件，增强贫困农户发展能力，重点攻克深度贫困地区脱贫任务。

（3）激发贫困人口内生动力。把扶贫同扶志、扶智结合起来，把救急纾困和内生脱贫结合起来，提升贫困群众发展生产和务工经商的基本技能，实现可持续稳固脱贫。引导贫困群众克服等靠要思想，逐步消除精神贫困。要打破贫困均衡，促进形成自强自立、争先脱贫的精神风貌，推动贫困群众通过自己的辛勤劳动脱贫致富。

（4）强化脱贫攻坚责任和监督。坚持中央统筹省负总责市县抓落实的工作机制，强化党政一把手负总责的责任制。强化县级党委作为全县脱贫攻坚总指挥部的关键作用，脱贫攻坚期内贫困县县级党政正职要保持稳定。开展扶贫领域腐败和作风问题专项治理，切实加强扶贫资金管理，对挪用和贪污扶贫款项的行为严惩不贷。完善扶贫督查巡查、考核评估办法，除党中央、国务院统一部署外，各部门一律不准再组织其他检查考评。做好实施乡村振兴战略与打好精准脱贫攻坚战的有机衔接，把提高脱贫质量放在首位，既不降低扶贫标准，也不吊高胃口，坚决打好精准脱贫这场对全面建成小康社会具有决定性意义的攻坚战。

四、城乡规划的改革与实践

实施区域协调发展，是十九大报告提出的又一重大战略。一年来，以疏解北京非首都功能为“牛鼻子”推动京津冀协同发展，高起点规划、高标准建设雄安新区；以共抓大保护、不搞大开发为导向推动长江经济带发展；支持资源型地区经济转型发展；加快边疆发展，确保边疆巩固、边境安全。坚持陆海统筹，加快建设海洋强国，成为这一战略的实施重点。各地区以城市群为主体构建大中小城市和小城镇协调发展的城镇格局，加快农业转移人口市民化。空间规划体系建设顺利起步，城市总体规划编制和实施体系改革有序推进，新一版城市总体规划工作逐步开展，城乡规划的编制、审批、实施和考核评估体系不断完善。

1. 习近平指导北京城市规划建设

2014 年 2 月和 2017 年 2 月，习近平总书记两次考察首都北京，他强调指出：“考察一个城市首先看规划，规划科学是最大的效益，规划失误是最大的浪费，规划折腾是最大的忌讳。”“城市规划建设做得好不好，最终要用人民群众满意度来衡量。”北京历史文化是中华文明源远流长的伟大见证，要更加精心保护，凸显北京历史文化的整体价值，强化“首都风范、古都风韵、时代风貌”的城市特色。

在谈到规划实施时，习近平强调：“城市规划在城市发展中起着重要引领作用，要立足提高治理能力抓好城市规划建设。总体规划经法定程序批准后就具有法定效力，要坚决维护规划的严肃性和权威性。”“要放眼长远、从长计议，稳扎稳打推进。”“规划建设管理都要坚持高起点、高标准、高水平，落实世界眼光、国际标准、中国特色、高点地位的要求。不但要搞好总体规划，还要加强主要功能区块、主要景观、主要建筑物的设计，体现城市精神、展现城市特色、提升城市魅力。”要坚持人民城市为人民，以北京市民最关心的问题为导向，以解决人口过多、交通拥堵、房价高涨、大气污染等问题为突破口，提出解决问题的综合方略。要健全制度、完善政策，不断提高民生保障和公共服务供给水平，增强人民群众获得感。

住房和城乡建设部发出通知，要求各地学习贯彻习近平在北京考察时重要讲话精神，进一步加强城市规划工作。通知说：当前我国正处于全面建成小康社会、推进新型城镇化和城市转型发展的关键阶段，做好城市工作，事关国家发展全局和城市发展质量。要把握好城市战略定位、空间格局、要素配置，综合部署各项建设，做到服务保障能力同城市战略定位相适应，人口资源环境同城市战略定位相协调，城市布局同城市战略定位相一致，充分发挥城市规划对城市发展的战略引领作用；要坚持城乡统筹规划，统筹生产、生活、生态空间，落实“多规合一”，形成市域城乡全覆盖的一本规划、一张蓝图；要以资源环境承载力为硬约束，确定人口总量上限，划定生态红线和城市开发边界，落实到经济社会发展的中长期规划和年度计划中，落实到各类专项规划中，落实到控制性详细规划和城市设计工作中，以强有力的措施将城市规划的刚性约束执行到位。

要认识到规划工作对保护和传承文化的重要作用，要本着对历史负责、对人民负责的精神，系统梳理传统文化资源，传承历史文脉，切实完成5年内历史文化街区划定和历史建筑确定工作任务，处理好城市开发与历史文化遗产保护利用的关系；要体现尊重自然、顺应自然、天人合一的理念，依托现有山水脉络和独特风光，让城市融入大自然，让居民望得见山、看得见水、记得住乡愁，将让群众生活更舒适的理念体现在每一个细节中；要加强城市设计，强化对建筑设计的管理，挖掘整理传统建筑文化，鼓励建筑设计继承创新，使城市建设越来越多地体现中国特色、民族特性和时代特征。

各级城乡规划主管部门要坚持人民城市为人民的思想，以高度的政治意识，转变工作作风，改进各项工作；要坚持开门编规划，利用多种渠道，在规划编制全过程充分倾听群众意见，完善公众参与制度；要坚持以市民最关心的问题为导向，以“城市病”等问题的综合解决为突破口，有序实施城市修补和生态修复，恢复城市自然生态，提高城市宜居性；要将民生改善作为评估城市规划实施效果的重要指标，妥善处理城市长远发展利益与民众关注现实问题之间的关系，近期尤其要协同推进住房、交通、环境、公共服务和基础设施等条件的改善，增强人民群众获得感；要提高全社会的规划意识，让人民群众认知规划、理解规划、支持规划，自觉维护规划。

2017年9月13日，中共中央、国务院批复中共北京市委、北京市人民政府，同意报请审批的《北京城市总体规划（2016—2035年）》。批复指出，《总体规划》牢固树立新发展理念，紧密对接“两个一百年”奋斗目标，立足京津冀协同发展，坚持以人民为中心，坚持可持续发展，坚持一切从实际出发，注重长远发展，注重减量集约，注重生态保护，注重“多规合一”，符合北京市实际情况和发展要求，对于促进首都全面协调可持续发展具有重要意义。《总体规划》的理念、重点、方法都有新突破，对全国其他大城市有示范作用。

2. 推进空间规划体系的建设

2017年年初，新华社播发了中共中央办公厅、国务院办公厅印发的《省级空间规划试点方案》全文及通知，要求各地区各部门结合实际认真贯彻落实。试点的总体要求是：以主体功能区规划为基础，全面摸清并分析国土空间本底条件，划定城镇、农业、生态空间以及生态保护红线、永久基本农田、城镇开发边界（以下称“三区三线”），注重开发强度管控和主要控制线落地，统筹各类空间性规划，编制统一的省级空间规划，为实现“多规合一”、建立健全国土空间开发保护制度积累经验、提供示范。要求通过试点探索，形成一套规划成果，研究一套技术规程，设计一个信息平台，提出一套改革建议。试点范围为海南、宁夏、吉林、浙江、福建、江西、河南、广西、贵州。

试点的主要任务如下。

（1）遵循国土开发与承载能力相匹配、集聚开发与均衡发展相协调、分类保护与综合整治相促进、资源节约与环境友好相统一的理念和方法，健全国土空间用途管制制度，优化空间组织和结构布局，提高发展质量和资源利用效率，形成可持续发展的美丽国土空间。

（2）统一规划期限，空间规划期限设定为 2030 年。统一基础数据，完成各类空间基础数据坐标转换，建立空间规划基础数据库。统一用地分类，系统整合《土地利用现状分类》《城市用地分类与规划建设用地标准》等，形成空间规划用地分类标准。统一目标指标，综合各类空间性规划核心管控要求，科学设计空间规划目标指标体系。统一管控分区，以“三区三线”为基础，整合形成协调一致的空间管控分区。

（3）开展陆海全覆盖的资源环境承载能力基础评价和针对不同主体功能定位的差异化专项评价，以及国土空间开发网格化适宜性评价。结合现状地表分区、土地权属，分析并找出需要生态保护、利于农业生产、适宜城镇发展的单元地块，划分适宜等级并合理确定规模，为划定“三区三线”奠定基础。将环境影响评价作为优化空间布局的重要技术方法，增强空间规划的环境合理性和协调性。

（4）根据不同主体功能定位，综合考虑经济社会发展、产业布局、人口集聚趋势，以及永久基本农田、各类自然保护地、重点生态功能区、生态环境敏感区和脆弱区保护等底线要求，科学测算城镇、农业、生态三类空间比例和开发强度指标。采取自上而下（省级层面向市县级层面下达管控指标和要求）和自下而上（市县级层面分解落实指标要求并报省级层面统筹校验汇总）相结合的方式，按照严格保护、宁多勿少原则科学划定生态保护红线，按照最大限度地保护生态安全、构建生态屏障的要求划定生态空间；划定永久基本农田，统筹考虑农业生产和农村生活需要，划定农业空间；按照基础评价结果和开发强度控制要求，兼顾城镇布局和功能优化的弹性需要，从严划定城镇开发边界，有效管控城镇空间。以“三区三线”为载体，合理整合协调各部门空间管控手段，绘制形成空间规划底图。

（5）重点围绕基础设施互联互通、生态环境共治共保、城镇密集地区协同规划建设、公共服务设施均衡配置等方面的发展要求，统筹协调平衡跨行政区域的空间布局安排，并在空间规划底图上进行有机叠加，形成空间布局总图。在空间布局总图基础上，系统整合各类空间性规划核心内容，编制省级空间规划，主要内容包括省级空间发展战略定位、目标和格局，需要分解到市县的三类空间比例、开发强度等控制指标，“三区三线”空间划分和管控重点，基础设施、城镇体系、产业发展、公共服务、资源能源、生态环境保护等主要空间开发利用布局和重点任务，各类空间差异化管控措施，规划实施保障措施等。涉及国家安全和军事设施的空间规划项目等，应征求有关部门和军队意见。

（6）整合各部门现有空间管控信息管理平台，搭建基础数据、目标指标、空间坐标、技术规范统一衔接共享的空间规划信息管理平台，为规划编制提供辅助决策支持，对规划实施进行数字化监测评估，实现各类投资项目和涉及军事设施建设项目空间管控部门并联审批核准，提高行政审批效率。

3. 上海：迈向卓越的全球城市

上海是我国直辖市之一、国家历史文化名城，国际经济、金融、贸易、航运、科技创新中心。上海市城市总体规划的编制是一个全面探索城市治理模式的过程。在《上海市城市总体规划（1999—2020年）》（以下简称《总体规划》）有效实施的基础上，上海市人民政府于2014年下发《关于编制上海新一轮城市总体规划的指导意见》，组成了由上海市发改委、经信委、住建委、交通委、环保局、规划国土资源局、政府研究室和发展研究中心等参加的规划编制工作领导小组。住房城乡建设部、国土资源部对规划编制过程进行了全面深入的指导。2016年8月至9月，规划草案进行社会公示。2017年12月15日，国务院批复原则同意《上海市城市总体规划（2017—2035年）》。

国务院的批复指出：《总体规划》符合上海市实际情况和发展要求，有利于促进上海城市全面协调可持续发展。批复要求严格控制城市规模。坚持规划建设用地总规模负增长，牢牢守住人口规模、建设用地、生态环境、城市安全四条底线，着力治理“大城市病”，积极探索超大城市发展模式的转型途径。到2035年，上海市常住人口控制在2500万人左右，建设用地总规模不超过3200平方千米。要创新城市治理方式，加强精细化管理，在精治、共治、法治上下功夫，走出一条符合超大城市特点和规律的社会治理新路子。

《上海市城市总体规划（2017—2035年）》具有7个方面的特点。

（1）体现全球发展趋势与上海实际相结合，国家战略与公众意愿相统一。按照“目标（指标）-策略-机制”的逻辑框架，建立起与发展目标、市民愿景相对应的发展策略，有效保障城市总体规划的实施和发展战略目标的实现。

（2）突出以人民为中心的本质要求，贯穿于总规编制的各个方面。在目标定位上，更加关注“人”的需求，将在上海生活、工作、学习、旅游等的不同人群对于城市发展的愿景，真正反映和具体落实到规划中。在实施策略上，积极适应未来生活方式转变趋势，更加强调“社区”这一城市基本空间单元的建设，以15分钟社区生活圈组织紧凑复合的社区网络，促进生活、就业、休闲相互融合，提升市民的幸福感。

（3）构建更加开放协调的发展格局，呈现“全球互联、区域协同”的规划视野。从更开阔的视野、更高的定位去研究上海未来城市发展的战略框架，形成“网络化、多中心、组团式、集约型”的空间体系。

（4）坚持“底线约束、内涵发展、弹性适应”，探索高密度超大城市可持续发展的新模式。由愿景式终极目标思维转变为底线型过程控制思维，牢牢守住常住人口规模、规划建设用地总量、生态环境和城市安全四条底线，合理分配各类城市发展战略资源。发展模式由外延增长型转变为内生发展型，土地利用方式由增量规模扩张向存量效益提升转变，在资源环境紧约束的背景下寻求未来上海实现开放式、包容性、多维度、弹性发展的路径和方式。

（5）发挥上海市规划和土地管理机构合一的体制优势，率先落实“两规融合、多规合一”。以主体功能区规划为基础，以城市总体规划和土地利用总体规划为主体，整合各类专项规划中涉及空间安排的要素以及相关政策，优化空间规划体系。

（6）适应后工业化时代的发展趋势，实现规划理念、体系和方法上的转变。充分考虑以互联网为代表的新一代信息技术对城市生活、生产、治理方式产生的深刻影响，在空间和功能布局上予以积极应对。同时，建立城市空间基础信息平台和城市发展战略数据库，既作为城市总体规划动态监测、评估、维护的重要依据，也为“智慧城市”建设与运行打好基础。

（7）突出规划的公共政策属性，体现其战略引领、结构控制和实施管控的法定特征。在成果体系及形式上进行创新，既落实国家要求、强化规划引领，也对应政府事权、强化规划实施。成果内容由规定性技术文件转变为战略性空间政策，强化规划的实施政策和实施机制，使城市总体规划成为更可操作、可执行的空间管理政策。

《总体规划》将上海的目标愿景确定为：

立足2020年，建成具有全球影响力的科技创新中心基本框架，基本建成国际经济、金融、贸易、航运中心和社会主义现代化国际大都市。在更高水平上全面建成小康社会，为我国决胜全面建成小康社会贡献上海力量。

展望2035年，基本建成卓越的全球城市，令人向往的创新之城、人文之城、生态之城，具有世界影响力的社会主义现代化国际大都市。重要发展指标达到国际领先水平，在我国基本实现社会主义现代化的进程中，始终当好新时代改革开放排头兵、创新发展先行者。

梦圆2050年，全面建成卓越的全球城市，令人向往的创新之城、人文之城、生态之城，具有世界影响力的社会主义现代化国际大都市。各项发展指标全面达到国际领先水平，为我国建成富强民主文明和谐美丽的社会主义现代化强国、实现中华民族伟大复兴中国梦谱写更美好的上海篇章。

五、把创造优良人居环境作为城市工作的中心目标

2015年中央城市工作会议指出：城市工作要把创造优良人居环境作为中心目标，努力把城市建设成为人与人、人与自然和谐共处的美丽家园。十九大报告强调：完善公共服务体系，保障群众基本生活，不断满足人民日益增长的美好生活需要，不断促进社会公平正义，形成有效的社会治理、良好的社会秩序，使人民获得感、幸福感、安全感更加充实、更有保障、更可持续。

1. 基本公共服务均等化

依据国民经济和社会发展“十三五”规划纲要，国务院2017年1月印发了《“十三五”推进基本公共服务均等化规划》。

基本公共服务是由政府主导、保障全体公民生存和发展基本需要、与经济社会发展水平相适应的公共服务。基本公共服务均等化是指全体公民都能公平可及地获得大致均等的基本公共服务，其核心是促进机会均等，重点是保障人民群众得到基本公共服务的机会，而不是简单的平均化。享有基本公共服务是公民的基本权利，保障人人享有基本公共服务是政府的重要职责。推进基本公共服务均等化，是全面建成小康社会的应有之义，对于促进社会公平正义、增进人民福祉、增强全体人民在共建共享发展中的获得感、实现中华民族伟大复兴的中国梦，都具有十分重要的意义。

“十二五”以来，我国已初步构建起覆盖全民的国家基本公共服务制度体系，各级各类基本公共服务设施不断改善，国家基本公共服务项目和标准得到全面落实，保障能力和群众满意度进一步提升。截至 2016 年，小学净入学率 99.9%，初中阶段毛入学率 104%，九年义务教育巩固率 93.4%，进城务工人员随迁子女在流入地公办学校就读的比例超过 80%；实施就业优先战略，公共就业创业服务和职业培训不断强化，全国就业人员达到 77603 万人，劳动者参加就业技能培训后就业率平均达 70% 以上；覆盖城乡的社会保障体系进一步健全，城乡居民养老保险制度实现整合，保障水平稳步提高，社会服务体系继续完善，临时救助制度全面实施，残疾人小康进程加快推进；基本公共卫生服务项目增加到 12 类，全民医保体系加快健全，基本医保参保率超过 95%，大病保险覆盖全部城乡居民医保参保人员，国家基本公共卫生服务经费和城乡居民基本医疗保险补助标准分别提高到每人每年 45 元和 450 元；城镇保障性安居工程和农村危房改造力度加大，全国累计开工城镇保障性安居工程住房 4013 万套，其中改造棚户区住房 2191 万套，改造农村危房 1794 万户；现代公共文化服务体系建设积极推进，农村公共文化服务能力增强，全民健身活动蓬勃开展，广播、电视人口综合覆盖率均达到 98%。

同时，我国基本公共服务还存在规模不足、质量不高、发展不平衡等短板，突出表现在：城乡区域间资源配置不均衡，硬件软件不协调，服务水平差异较大；基层设施不足和利用不够并存，人才短缺严重；一些服务项目存在覆盖盲区，尚未有效惠及全部流动人口和困难群体；体制机制创新滞后，社会力量参与不足。

国家“十三五”推进基本公共服务均等化规划提出：以贫困地区和贫困人口为重点，着力扩大覆盖范围、补齐短板、缩小差距，不断提高城乡、区域、人群之间基本公共服务均等化程度。到 2020 年的规划目标是基本公共服务体系更加完善，体制机制更加健全，在学有所教、劳有所得、病有所医、老有所养、住有所居等方面持续取得新进展，基本公共服务均等化总体实现。

2. 城市安全发展

随着城镇化进程明显加快，城市人口、功能和规模不断扩大，发展方式、产业结构和区域布局发生了深刻变化，新材料、新能源、新工艺广泛应用，新产业、新业态、新领域大量涌现，城市运行系统日益复杂，安全风险不断增大。一些城市安全基础薄弱，安全管理水平与现代化城市发展要求不适应、不协调的问题比较突出。近年来，一些城市甚至大型城市相继发生重特大生产安全事故，给人民群众生命财产安全造成重大损失，暴露出城市安全管理存在不少漏洞和短板。为强化城市运行安全保障，有效防范事故发生，中共中央办公厅、国务院办公厅印发了《关于推进城市安全发展的意见》，要求各地区各部门结合实际认真贯彻落实。

城市安全发展的基本原则是：坚持生命至上、安全第一；坚持立足长效、依法治理；坚持系统建设、过程管控；坚持统筹推动、综合施策。落实完善城市运行管理及相关方面的安全生产责任制，健全公共安全体系，打造共建共治共享的城市安全社会治理格局，促进建立以安全生产为基础的综合性、全方位、系统化的城市安全发展体系，全面提高城市安全保障水平，有效防范和坚决遏制重特大安全事故发生，为人民群众营造安居乐业、幸福安康的生产生活环境。

城市安全发展的总体目标：到 2020 年，城市安全发展取得明显进展，建成一批与全面建成小康社会目标相适应的安全发展示范城市；在深入推进示范创建的基础上，到 2035 年，城市安全发展体系更加完善，安全文明程度显著提升，建成与基本实现社会主义现代化相适应的安全发展城市。持续推进形成系统性、现代化的城市安全保障体系，加快建成以中心城区为基础，带动周边、辐射县乡、惠及民生的安全发展型城市，为把我国建成富强民主文明和谐美丽的社会主义现代化强国提供坚实稳固的安全保障。

3. 老龄事业发展和养老体系建设规划

“十三五”时期是我国全面建成小康社会决胜阶段，也是我国老龄事业改革发展和养老体系建设的重要战略窗口期。要积极应对人口老龄化，构建养老、孝老、敬老政策体系和社会环境，推进医养结合，加快老龄事业和产业发展。

预计到 2020 年，全国 60 岁以上老年人口将增加到 2.55 亿人左右，占总人口比重提升到 17.8% 左右；80 岁以上的高龄老年人将增加到 2900 万人左右，独居和空巢老年人将增加到 1.18 亿人左右，失能老年人将达到 4200 万左右，老年抚养比将提高到 28% 左右；用于老年人的社会保障支出将持续增长；农村实际居住人口老龄化程度可能进一步加深。国家老龄事业发展和养老体系规划建设目前存在的明显短板是：涉老法规政策系统性、协调性、针对性、可操作性有待增强；城乡、区域老龄事业发展和养老体系建设不均衡问题突出；养老服务有效供给不足，质量效益不高，人才队伍短缺；老年用品市场供需矛盾比较突出；老龄工作体制机制不健全，社会参与不充分，基层基础比较薄弱。

国务院在《“十三五”国家老龄事业发展和养老体系建设规划》中提出的发展目标：

到 2020 年，老龄事业发展整体水平明显提升，养老体系更加健全完善，及时应对、科学应对、综合应对人口老龄化的社会基础更加牢固。多支柱、全覆盖、更加公平、更可持续的社会保障体系更加完善。城镇职工和城乡居民基本养老保险参保率达到 90%，基本医疗保险参保率稳定在 95% 以上，社会保险、社会福利、社会救助等社会保障制度和公益慈善事业有效衔接，老年人的基本生活、基本医疗、基本照护等需求得到切实保障。居家为基础、社区为依托、机构为补充、医养相结合的养老服务体系更加健全。养老服务供给能力大幅提高、质量明显改善、结构更加合理，多层次、多样化的养老服务更加方便可及，政府运营的养老床位数占当地养老床位总数的比例不超过 50%，护理型床位占当地养老床位总数的比例不低于 30%，65

岁以上老年人健康管理率达到70%。

有利于政府和市场作用充分发挥的制度体系更加完备。老龄事业发展和养老体系建设的法治化、信息化、标准化、规范化程度明显提高。政府职能转变、“放管服”改革、行政效能提升成效显著。市场活力和社会创造力得到充分激发，养老服务和产品供给主体更加多元、内容更加丰富、质量更加优良，以信用为核心的新型市场监管机制建立完善。

支持老龄事业发展和养老体系建设的社会环境更加友好。全社会积极应对人口老龄化、自觉支持老龄事业发展和养老体系建设的意识意愿显著增强，敬老养老助老社会风尚更加浓厚，安全绿色便利舒适的老年宜居环境建设扎实推进，老年文化体育教育事业更加繁荣发展，老年人合法权益得到有效保护，老年人参与社会发展的条件持续改善。

4. 城市生活垃圾的收集与处理

2017年11月1日，全国人民代表大会常务委员会执法检查组在关于检查《固体废物污染环境防治法》实施情况的报告中指出：人民群众对环境的第一观感来自身边，生活垃圾治理情况首当其冲。经过多年努力，我国基本实现了城市生活垃圾统一收集处理，但城乡接合部的“垃圾围城”现象还比较突出，大部分建筑垃圾没有固定消纳场所，存在无序乱倒现象。生活垃圾分类探索了多年，尚未取得实质性突破，公众参与分类意识薄弱，一些居民区垃圾分类设施形同虚设，基本上还是“混合倾倒、混合清运、混合堆放、混合处理”的状况。垃圾焚烧、填埋设施在布局和选址上普遍遭遇“邻避”困境，易引发群体性事件。相比城市环境，农村更是薄弱环节，环保基础设施严重不足，全国只有43%的村庄实现了生活垃圾集中收运，一些地方还出现城市垃圾“上山下乡”，使农村成为垃圾集聚地。农业废弃物处理和资源化利用存在诸多问题和困难，有近40%的畜禽粪污没有得到有效处理和利用，局部地区“白色污染”问题严重，废弃农药包装物缺乏收集处理渠道，成为农业面源污染、黑臭水体和农村环境问题的重要源头。

2017年11月30日，住房城乡建设部在厦门市召开全国城市生活垃圾分类工作现场会。会议指出，普遍推行生活垃圾分类制度，是关系广大人民群众生活的大事，是当前的一项重要政治任务。近一年来，各地区、各部门积极行动，生活垃圾分类工作总体开局良好，已有12个城市发布垃圾分类地方法规或政府规章，有24个城市已出台垃圾分类工作方案。尤其是厦门市经过半年多的努力，主城区的居民小区和全市机关、学校、驻厦部队等全部推行生活垃圾分类，形成了强化组织领导、注重法治先行、坚持共同缔造、聚焦学校教育和完善硬件设施等做法，值得各地学习借鉴。

住房城乡建设部要求：包括北京、天津、上海、重庆及各省会城市在内的46个国家重点城市都要出台生活垃圾分类管理实施方案或行动计划，明确年度工作目标，细化工作内容，量化工作任务，从党政机关、军队单位、医院、学校等率先做起，把生活垃圾分类工作扩大到所有公共机构和相关企业。

2018年，46个重点城市均要形成若干垃圾分类示范片区，探索建立宣传发动、收运配套、设施建设等方面的工作机制。以街道为单位，开展生活垃圾分类示范片区建设，实现“三个全覆盖”，即生活垃圾分类管理主体责任全覆盖，生活垃圾分类类别全覆盖，生活垃圾分类投放、收集、运输、处理系统全覆盖。以分类示范片区为基础，及时总结经验，以点带面，逐步将生活垃圾分类好的做法和模式扩大至全区、全市范围。制定完善示范片区验收标准，加强日常检查考核，确保取得实效。

2020年年底前，46个重点城市基本建成生活垃圾分类处理系统，基本形成相应的法律法规和标准体系，形成一批可复制、可推广的模式。在进入焚烧和填埋设施之前，可回收物和易腐垃圾的回收利用率合计达到35%以上。

六、城市让生活更美好

“城市，让生活更美好”，这是2010年上海世博会的主题，也是当今世界许多国家人民的共识。进入21世纪，世界已步入“城市时代”。发达国家面临城市更新改造和进一步发展的问题，发展中国家面临快速城市化的挑战。城市的可持续发展，已成为全世界面临的最重大挑战之一。

为有效延续上海世博会的理念，促进各国政府更加关注城市化和城市发展，促进经济社会可持续发展，不断提高人民生活水平，上海世博会组委会、国际展览局和联合国人居署三方在上海世博会高峰论坛上共同发表《上海宣言》，倡议将每年的10月31日设立为“世界城市日”。

2013年12月，第68届联合国大会通过决议，决定自2014年起将每年的10月31日设为“世界城市日”。这是迄今由我国在联合国推动设立的唯一国际日。2016年2月，中共中央、国务院明确提出，要在我国“开展世界城市日、世界住房日等主题宣传活动”。

2017年4月，住房和城乡建设部会同联合国人居署和上海世界城市日事务协调中心，将2017年“世界城市日”的主题定为“城市治理，开放创新”。

联合国第三次住房和城市可持续发展大会（人居三）通过的《新城市议程》，提出了“开放城市”的概念和创新治理的理念。城市应该是一个开放的系统。开放性、多元化、合作性是现代城市治理的重要发展趋势，而改革创新是破解城市发展难题、实现城市治理现代化的重要途径。确定“城市治理，开放创新”作为2017年“世界城市日”的主题，既呼应了《新城市议程》的相关理念，又与中国政府提出的“创新、协调、绿色、开放、共享”的五大发展理念相契合。围绕该主题进行研究探讨，可以有效引领世界城市可持续发展的路径，推动联合国《2030年可持续发展议程》和《新城市议程》在世界范围内有效实施。

1985年12月，联合国大会决议，将每年10月的第一个星期一设为“世界人居日”，主要是为了引起人们对于住房问题的关注。但是，城市问题不仅涉及住房及其有关的土地、环境等方面，还包括就业、教育、健康、安全、交通、能源、文化等内容。因而，设立“世界城市日”是对“世界人居日”的丰富和发展。“世界城市日”与“世界人居日”相辅相成。从2016年起，联合国人居署将每年10月命名为“城市十月”，以同时庆祝“世界人居日”和“世界城市日”。

2017 年 10 月 31 日，第四届“世界城市日”全球主场活动在广州举行。

住房和城乡建设部部长王蒙徽指出，中国改革开放以来经历了世界上规模最大、速度最快的城镇化进程，城市发展取得了举世瞩目的成就。城市基础设施显著改善，公共服务水平明显提高，城市综合实力显著增强，人居环境持续改善，城市发展布局更加优化。特别是“一带一路”建设的扎实推进，为促进中国和沿线国家城市共同发展提供了一个包容性巨大的平台。同时也要看到，随着全球城市化的快速推进，城市在给人类带来繁荣和便利的同时，也带来人口膨胀、交通拥挤、住房紧张、环境污染、资源紧缺、贫富分化、文化冲突等问题。传统粗放的发展模式已经不能适应城市可持续发展的要求，迫切需要转变城市发展模式。

王蒙徽表示，城市是人类共同的家园，城市的美好明天需要我们共同创造。希望国际社会携手努力，共同应对全球城市化进程中面临的挑战，科学规划城市发展蓝图，转变城市发展方式，着力推动城市开放、创新发展。希望各国城市和社会各界共同关注和积极参与世界城市日活动，互相交流，互相借鉴，探索符合各自特点的城市可持续发展之路，加强互利合作，共创城市更加美好的未来。

联合国副秘书长兼人居署执行主任克洛斯博士致辞说，“我们所目睹的全球城市化快速增长在人类历史上亘古未有。20 世纪初，只有 20% 的人口居住在城市，如今已超过 55%，到 2050 年预计将达到 70%”。城市化和全球化同步增长，其规模以及经济、社会和环境的影响让我们始料未及，在中国尤其显著。在过去几十年中，中国工业化和城市化的双重进程推动了经济的空前增长、实施了创新的举措，创造了就业机会，使 5 亿多人脱贫。事实上，中国的城市化就是《2030 年可持续发展议程》和《新城市议程》中所谈及的城市化与发展之间联系的实证。

克洛斯指出：城市化与气候变化之间的关系同样重要。如果我们不应对气候变化，就无法实现可持续发展。城市居民耗能是农村人口的 10 倍。城市温室气体的排放量占世界排放总量高达 70% 以上。联合国人居署赞赏中国在应对气候变化和可持续发展方面的承诺。中国的许多城市在电动出行方面开始使用可再生能源的举措，是中国采取正确发展方向的重要案例，它阐明了城市化与气候变化之前的关系。电动公交车、汽车、摩托车以及自行车不仅体现了中国在这一领域的引领地位，而且中国也将承诺很快会转化为改善城市环境的行动。中国为了维持城市的能源需求，在发展太阳能，风能和其他可再生能源方面取得的进步，也令其跻身于这些创新领域的技术领先地位。

七、结语

一个时代有一个时代的问题，一代人有一代人的使命。虽然我们已走过万水千山，但仍需要不断跋山涉水。习近平在十九大闭幕后会见中外记者见面时指出，经过长期努力，中国特色社会主义进入了新时代。新时代要有新气象，更要有新作为。

今后 5 年，正处在实现“两个一百年”奋斗目标的历史交汇期，第一个百年目标要实现，第二个百年奋斗目标要开篇。这其中有一些重要的时间节点，是我们工作的坐标。

2018 年，我们将迎来改革开放 40 周年。

2019 年，我们将迎来中华人民共和国成立 70 周年。

2020 年，我们将全面建成小康社会。

2021 年，我们将迎来中国共产党成立 100 周年。

历史是人民书写的，一切成就归功于人民。幸福和美好未来不会自己出现，但只要深深扎根于人民、紧紧依靠人民，就可以获得无穷的力量，风雨无阻，奋勇向前。

（作者：毛其智，清华大学教授，国际欧亚科学院院士）

An Introduction of Urban Development in China: 2017

The year 2017 witnessed a landmark of China in urban-rural development process. Fortune favors the diligent and times changing fast, various undertakings of socialism with Chinese characteristics have made significant new achievements.

The 19th National Congress of the Communist Party of China (CPC) held in 2017 summarized the achievements made and experiences obtained in the various undertakings since the 18th CPC National Congress, drew a great blueprint for the development by the middle of the century and embarked on a journey to building a moderately prosperous society in all respects.

In 2017, China had become the major engine and stabilizer for the growth of the world economy, with China's GDP had risen to 80 trillion RMB (12.3 trillion US dollars) historically. Over 13 million new urban and rural jobs were created, social old-age pension schemes now cover more than 900 million people, the basic medical insurance plans cover 1.35 billion people, more than 10 million rural people were lifted out of poverty, including 3.4 million people relocated from inhospitable areas, and the construction of 6 million apartments in shanty town areas has begun ahead of schedule.

In 2017, there were a steady flow of technological innovation and major engineering feats in China. The X-ray satellite Insight is probing deep space. The C 919 large airliner took off into the blue sky. A quantum computer was built and became operational. A trial was conducted for rice production in saline soil. We launched the first Chinese-built aircraft carrier. The "Sea Wings" underwater glider completed its first deep-sea exploration. The first extraction of combustible ice was a success. Phase IV of the Shanghai Yangshan Automated Deep Water Port began operations. The main structure of the cross-sea bridge linking Hong Kong, Zhuhai, and Macao was finished. Fuxing bullet trains now criss-cross China's vast landscape.

In 2017, the CPC Central Committee and the State Council decided to establish the Xiongan New Area in Hebei province. The move is a major historic and strategic choice made by the CPC Central Committee with Xi Jinping as the core. The planning and construction of the Xiongan New Area have major practical and far-reaching significance for advancing the coordinated development of the Beijing-Tianjin-Hebei region, phasing out some non-capital functions from Beijing, restructuring the urban layout in the Beijing-Tianjin-Hebei region and cultivating new innovation-driven engines.

Ⅰ. Urbanization and Urban Development

1. Steady, healthy economic and social development

In 2017, in the face of profound changes in the world's situation and China's own situation, under the leadership of the CPC Central Committee, all the people of China held highly the great banner of socialism with Chinese characteristics, continued our commitment to the general principle of making progress while working to keep performance stable, and resolutely acted on the new development philosophy; significantly improved the sustainability of development by giving primary consideration to protecting ecosystems; committed to regard improving the quality and performance of development and supply-side structural reform as our main task, coordinated all work to maintain stable growth, promote reform, make structural adjustments, improve living standards, and guard against risk; made further progress in economic restructuring, ensured the economic performance was improved while being stable and better than expected, and maintained steady, healthy economic and social development.

According to the estimate calculation by the National Bureau of Statistics, the annual GDP for the year of 2017 was 82712.2 billion yuan, an increase of 6.9% over the previous year, among which, the primary industry grew by 6546.8 billion yuan, an icrease of 3.9%, the secondary industry grew by 33462.3 billion yuan, an increase of 6.1%, and the tertiary industry grew by 42703.2 billion yuan, an increase of 8.0%. The proportion of the primary industry, the secondary industry and the tertiary industry was 7.9: 40.5: 51.6. The contribution of annual final consumption toward the GDP growth reached 58.8%. The annual GDP per capita reached 59660 yuan, an increase of 6.3% over the previous year; the per capita labor productivity was 101231 yuan, an increase of 6.7% over the previous year. The number of private cars reached 114.16 million, an increase of 12.5% over the previous year.

Personal per capita disposable income was 25974 yuan in 2017, an increase of 7.3% after deducting price factors. Divided by permanent residence, the per capita disposable income of urban residents was 36396 yuan, an increase of 6.5% in real terms, and that of rural residents was 13432 yuan, an increase of 7.3% in real terms. The urban-rural per capita income difference was 2.71, an decrease of 0.01 from the previous year. Personal per capita consumption was 18322 yuan and the Engel Coefficient was 29.3%, a decrease of 0.8% from the previous year, among which, the urban areas accounted for 28.6% and the rural areas accounted for 31.2%. The annual consumer price index (CPI) rose by 1.6% over the previous year. The total number of rural migrant workers was 286.52 million, among which, 114.67 million persons were worked in their own localities and 171.85 million persons were left their hometowns and worked in other places; the per capita monthly income of the rural migrant workers was 3485 yuan. Calculated based on the rural poverty line standard of 2300 yuan/person/year (by the constant price of 2010), the number of people living in poverty in rural areas was 30.46 million at the end of 2017, an decrease of 12.89 million from the end of the previous year; the poverty headcount ratio was 3.1%, an decrease of 1.4% from the previous year. Per capita disposable income of rural residents was 9377 yuan in poor areas, an increase of 9.1% in real terms.

By the end of 2017, the total number of Chinese population at the mainland reached 1390.08 million, an increase of 7.37 million over that at the end of 2016. Of this total, urban permanent residents numbered 813.47 million, accounting for 58.52 percent of the total population (the urbanization rate of permanent residents), and 1.17 percentage points higher than that at the end of last year. The urbanization rate of population with household registration was 42.35 percent, 1.15 percentage points higher than that at the end of 2016. The year 2017 saw 17.23 million births, a crude birth rate of 12.43 per thousand, and 9.86 million deaths, a crude death rate of 7.11 per thousand. The natural growth rate was 5.32 per thousand. The number of population who live in places other than their household registration areas reached 291 million, of which 244 million were floating population. Age structure: the working-age population aged from 16 to 59 was 901.99 million, accounting for 64.9% of the total population; the population aged 60 and over was 240.9 million, accounting for 17.3% of the total population. At the end of the year, the number of employed persons was 776.4 million in China, among which employed urban persons were 424.62 million. 13.51 million new urban jobs were created in 2017, and the registered urban unemployment rate stood at 3.90% at the year-end, a reduction of 0.12 percent from the end of the previous year.

10979.9 billion yuan were invested in real estate development, totaling 1786.54 million square meters houses under construction, and the sales of commercial housing was 1694.08 million square meters in the year, among which the housing for residential use was 1447.89 million square meters. Commercial housing for sale was 589.23 million square meters at the year-end, a decrease of 106.16 million square meters from the end of the previous year. Reconstruction of 6.09 million housing units in rundown urban areas begun, reconstruction of 6.04 million housing units in rundown urban areas was basically completed, and 0.82 million public rental housing units were basically completed in 2017. This year, the dilapidated housing was rebuilt for 1525000 registered poor rural households in China.

2. Adjustment of city-level administrative divisions

At the year-end 2017, China had 661 cities, including 4 municipalities directly under the central government, 15 sub-provincial cities, 279 prefecture-level cities and 363 county-level cities; China had 1524 counties and autonomous counties, 962 city districts, 21116 towns, 10529 townships and 8241 street communities according to the statistics of the Ministry of Civil Affairs.

China had introduced the following changes and adjustments to the municipal administrative divisions in 2017: the State Council replied with approval to the People's Government of the Tibet Autonomous Region that the Naqu Prefecture was canceled to set up prefecture-level Naqu city; and Seni District was set up in Naqu city with the administrative area of the original Naqu County as that of the Seni District. According to the approval of the State Council, Zhejiang Province canceled county-level Lin'an city and set up Lin'an District of Hangzhou; Fujian Province canceled county-level Changle city and set up Changle District of Fuzhou; Shandong Province canceled county-level Jimo city and set up Jimo District of Qingdao. Hebei Province canceled Pingquan County and set up county-level Pingquan city, Zhejiang Province canceled Yuhuan County and set up county-level Yuhuan city, Shaanxi Province canceled Shenmu County and set up county-level Shenmu city, Sichuan Province canceled Longchang County and set up county-level Longchang city, Hunan Province canceled Ningxiang County and set up county-level Ningxiang city, and Guizhou Province canceled Panxian county and set up county-level Panzhou city with the approval of the State Council.

In 2017, the State Council issued the overall plans for 7 pilot free trade zones in Liaoning, Zhejiang, Henan, Hubei, Chongqing, Sichuan and Shaanxi. Each pilot free trade zone is around 120 square kilometers.

The State Council replied with approval to the Jiangsu, Shangdong, Guangdong People's Governments and the Commerce Ministries that the China–South Korea (Yancheng) Industry Park was set up in Yancheng City, the China–South Korea (Yantai) Industry Park was set up in Yantai City, and the China–South Korea (Huizhou) Industry Park was set up in Huizhou City. The three industry parks will be constructed with the support of existing economic and technological development zones and high & new technology industrial development zones.

The State Council replied with approval that Longquan City of Zhejiang Province and Changchun City of Jilin Province were designated as national famous historical and cultural cities. China had 133 national-level historical and cultural cities in total by the year-end 2017.

3. Urban (urban district) construction

The statistics of the Ministry of Housing and Urban-Rural Development (MOHURD) showed that China had 657 cities, 403 million registered residents, 74 million temporary residents and 54300 square kilometers of built-up area in the urban areas by the year-end 2016.

In 2016, China cities completed an investment value of 1746 billion yuan in the fixed assets for municipal public utilities, an increase of 7.7% over the previous year and accounting for 2.88% of China's total investment in fixed assets of the corresponding period. Among the investment in the fixed assets for municipal public utilities, 43.3%, 23.4% and 9.6% were used for roads and bridges, rail transport and landscaping.

In 2016, the population with access to water was 470 million, the daily household water consumption per capita was 176.9 liters, and the water access rate was 98.42%; the population with access to gas was 457 million and the gas access rate was 95.75%; the central heating area was 7.39 billion square meters; the road length in cities was 382000 kilometers and the urban road area per capita was 15.8 square meters. China cities built 1791 kilometers of new underground utility tunnels, forming 479 kilometers of tunnel structures. China cities had 2039 sewage treatment plants with the centralized treatment rate of 89.80%; produced 27.62 million cubic meters of reclaimed water per day and used 4.53 billion cubic meters of reclaimed water yearly. China cities had 940 household waste harmless treatment yards (plants) with the urban household waste harmless treatment rate of 96.62%; the urban road sweeping and cleaning area was 7.95 billion square meters, with the mechanical sweeping rate of 59.7%; and 217 million tons of household waste and faeces were cleared and removed in the year. The greening rate of the built-up areas was 36.43% and the park green area per capita was 13.70 square meters in cities. By the end of 2016, China had 225 national parks with a total area of 109 thousand square kilometers. The tour area was 42 thousand square kilometers and received 890 million tourists in the year. China input 8.44 billion yuan in the maintenance and construction of scenic and historic areas.

In 2016338 cities were monitored. The ambient air quality of only 24.9% was found up to standard and 75.1% found not up to standard. For 74 cities monitored in the first stage of the new Ambient Air Quality Standard, average excellence days accounted for 74.2%, average standard-exceeding days accounted for 25.8%; the average concentration of fine particulate matters (PM2.5) dropped by 9.1% compared with that in 2015. Rainfall monitoring was carried out for 474 cities (districts and counties). The result showed that the acid rain cities with the annual average rainwater pH lower than 5.6 accounted for 19.8% and the average acid rain frequency was 12.7%.

The statistics of the Ministry of Transport showed that China had 608600 public buses/trolleybuses including 7689 BRT vehicles by the year-end 2016. Thirty cities operated rail transport in China, with rail transport stations totaling 2468 and vehicles totaling 23791. China had1404000 cruising taxis and 282 urban passenger ferries. China operated 52789 public bus/trolleybus lines with the total length of 981200 kilometer, among which 9777.8 kilometer was for public buses and 3433.5 kilometer for BRT vehicles. China operated 124 urban rail transport lines with the total length of 3727.5 kilometer. China operated 112 urban passenger ferry lines with the total length of 505.0 kilometer. In the year, 128515 million passengers were transported in cities, among which, 74535 million passengers were transported by public buses/trolleybuses (including1765 million transported by BRT), 16151 million by rail transport, 37735 million by cruising taxis, and 94 million by passenger ferries. The structure of the passenger transport volume of urban passenger transport systems was as below: public buses/trolleybuses 58.00%, rail transport 12.57%, taxis 29.36%, and passenger ferries 0.07%. At the end of 201639 cities were constructing urban rail transport with the line length of 4870 kilometer.

4. Construction of county seats

According to the statistics taken for 1526 counties in China (including 4 counties recently canceled and 14 special districts), the county seats had 139 million registered residents, 16 million temporary residents and 19500 kilometer of built-up areas by the year-end 2016. China county seats completed an investment value of 339.45 billion yuan in the fixed assets for public utilities, among which, 53.2%, 14.8% and 7.7% were used for roads and bridges, landscaping and drainage.

In 2016, the population with access to water was 140 million, the water access rate was 90.5%, and the daily household water consumption per capita was 119.43 liters; the population with access to gas was 121 million and the gas access rate was 78.19%; the central heating area was 1.31 billion square meter; the road length in county seats was 132000 kilometers and the urban road area per capita was 16.41 square meters. China county seats had built 214 kilometer new underground utility tunnels, forming 59 kilometer tunnel structures. County seats had 1513 sewage treatment plants with the centralized treatment rate of 85.8%; had 1273 household waste harmless treatment yards (plants) with the household waste harmless treatment rate of 85.22%; the road sweeping and cleaning area was 2.51 billion square meters, with the mechanical sweeping area of 1.27 billion square meters; and 71 million tons of household waste and faeces were cleared and removed in the year. The greening rate of the built-up areas was 28.74% and the park green area per capita was 11.05 square meters.

5. Construction of towns and villages

According to the statistics taken for 18099 towns, 10883 townships and 775 town and township-level special areas as well as 2617000 natural villages (including 526000 villages where villagers' committees were located) in the country, the total population of registered village and town residents was 958 million by the end of 2016, among which, the built-up areas of the towns had a population of 162 million, those of the townships had a population of 28 million, those of the town and township-level special areas had a population of 4 million, and the villages had a population of 763 million. In China, the built-up areas of the towns, the townships and township-level special areas occupied an area of 3970000 ha., 673000 ha. and 136000 ha. respectively. Overall plans had been prepared in 17056 towns, 8737 townships, 594 town and township-level special areas and 323373 administrative villages in China. In 2016, an investment of 3.51 billion yuan was made in the preparation of the overall plans of China villages and towns.

In 2016, a total investment of 1590.8 billion yuan was made in the construction of China villages and towns, among which, 1188.2 billion yuan was invested in the construction of houses and 402.6 billion yuan was invested in the construction of public utilities. At the year-end, the actual houses in China villages and towns had a total floor space of 38.3 billion square meters; the statistics taken by registered residents showed that the residential building area per capita was 33.75 square meters.

By the end of 2016, the water access rate was 83.86%, the daily household water consumption per capita was 99.01 liters, the gas access rate was 49.52%, the road area per capita was 12.84 square meters, the density of drainage pipe culverts was 6.28 km/km^2, and the park green area per capita was 2.46 square meters in the built-up areas of China towns. The water access rate was 71.90%, the daily household water consumption per capita was 85.33 liters, the gas access rate was 22.00%, the road area per capita was 13.56 square meters, the density of drainage pipe culverts was 4.52 km/km^2, and the park green area per capita was 1.11 square meters in the built-up areas of the townships. The water access rate was 91.52%, the daily household water consumption per capita was 93.76 liters, the gas access rate was 58.14%, the road area per capita was 15.42 square meters, the density of drainage pipe culverts was 5.88 km/km^2, and the park green area per capita was 3.95 square meters in the built-up areas of the town and township-level special areas. 68.7% of the administrative villages had access to the centralized water supply, domestic sewage from 20% of the administrative villages were treated, and household waste from 65% of the administrative villages were treated in China. By the year-end, the actual water supply pipes, the drainage pipes, the drainage culverts and the paved roads had a length of 608000 kilometers, 191000 kilometers, 97000 kilometers and 443000 kilometers respectively, the paved roads had an area of 2.98 billion square meters, and the number of public toilets in the built-up areas of the towns, townships and township-level special areas was 152000.

Ⅱ. Evolution of the Principal Contradiction Facing Chinese Society

The Resolution on Certain Questions in the History of Our Party Since the Founding of the People's Republic of China (adopted by the Sixth Plenary Session of the CPC Eleventh Central Committee in 1981 after reform and opening-up) stated the main social contradiction as: "the principal contradiction our country has had to resolve is that between the growing material and cultural needs of the people and the backwardness of social production. It is imperative that the focus of Party and government work be shifted to socialist modernization centering on economic construction and that the people's material and cultural life be gradually improved by means of an immense expansion of the productive forces. " The Report delivered at the 18th CPC National Congress in 2012 still insists that the principal contradiction in our society, that is, production falls short of the ever-growing material and cultural needs of the people, had not changed.

The Report delivered at the 19th CPC National Congress proposed, with decades of hard work, socialism with Chinese characteristics has crossed the threshold into a new era. This is a new historic juncture in China's development. As socialism with Chinese characteristics has entered a new era, the principal contradiction facing Chinese society has evolved into the contradiction is between unbalanced and inadequate development and the people's ever-growing needs for a better life.

This is what socialism with Chinese characteristics entering a new era means the Chinese nation, which since modern times began had endured so much for so long, has achieved a tremendous transformation; it has stood up, grown rich, and is becoming strong; it has come to embrace the brilliant prospects of rejuvenation. China has seen the basic needs of over a billion people met, has basically made it possible for people to live decent lives, and will soon bring the building of a moderately prosperous society to a successful completion. The needs to be met for the people to live better lives are increasingly broad. Not only have their material and cultural needs grown; their demands for democracy, rule of law, fairness and justice, security, and a better environment are increasing. At the same time, China's overall productive forces have significantly improved and in many areas our production capacity leads the world. The more prominent problem is that our development is unbalanced and inadequate. This has become the main constraining factor in meeting the people's increasing needs for a better life.

The period between now and 2020 will be decisive in completing the building of a moderately prosperous society in all respects. We must act in response to the evolution of the principal contradiction in Chinese society, and promote coordinated economic, political, cultural, social, and ecological advancement. We must show firm resolve in implementing the strategy for invigorating China through science and education, the strategy on developing a quality workforce, the innovation-driven development strategy, the rural vitalization strategy, the coordinated regional development strategy, the sustainable development strategy, and the military-civilian integration strategy. We must focus on priorities, address inadequacies, and shore up points of weakness. In this regard, we must take tough steps to forestall and defuse major risks, carry out targeted poverty-alleviation, and prevent and control pollution, so that the moderately prosperous society we built earns the people's approval and stands the test of time.

But we must be very clear: China is still and will long remain in the primary stage of socialism and remains the world's largest developing country. Some acute problems caused by unbalanced and inadequate development await solutions; the internal forces powering economic growth are not yet sufficient, the quality and performance of development need to be improved, China's ability to innovate needs to be stronger, and the real economy awaits improvement; we have a long way to go in protecting the environment, poverty-alleviation remains a formidable task, agriculture is not based on a strong foundation, and the disparities in development between rural and urban areas, between regions, and in income distribution remain substantial; in work on public well-being, there are still many areas where we fall short, and people still have a lot of complaints about education, employment, income, social security, healthcare, elderly care and housing; misconduct and corruption are still a common problem in some sectors, so the level of civic-mindedness needs further improvement; social tensions and problems are intertwined, much remains to be done in seeing the country's governance is based in law, bureaucratism and the practice of formalities for formalities' sake exist to varying degrees, and China's system and capacity for governance need to be further strengthened; some reform plans and major policies and measures need to be better implemented. To make people have stronger senses of gain, happiness and security, we must be alert to dangers even in times of calm, act in response to the evolution of the principal contradiction in Chinese society and keep working hard.

Ⅲ. Rural Vitalization and Poverty-Alleviation

Pursuing a rural vitalization strategy is one of decisions made at the 19th CPC National Congress, a "historic task" essential for building a moderately prosperous society in all aspects and accomplishing China's modernization goals, and a chief means for doing well our work related to agriculture, rural areas, and farmers. We must make coordinated plans and promote the pursuing in a scientific way. The quality of a moderately prosperous society and socialist modernization is determined by agricultural competitiveness, rural environment, and rural incomes.

1. Targets and tasks of rural vitalization

According to the strategic arrangement proposed at the 19th CPC National Congress to achieve the second centenary goal in two phases, the targets and tasks of pursuing the rural vitalization strategy are as below:

By 2020, the rural vitalization strategy must achieve important progress, and an institutional framework and a policy system must be basically formed. The comprehensive agricultural production capacity will improve steadily, the quality of the agricultural supply system will improve significantly, and the primary, secondary and tertiary industries in rural areas will achieve a higher integrated development level; more channels will be created to increase farmers' income, and the gap in living standards between people in urban and rural areas will be narrowed; all rural residents falling below the current poverty line will be lift out of poverty, and poverty-alleviation will be achieved in all poor counties and areas; in-depth progress will be made in the construction of rural infrastructure, the rural areas will have significantly improved living environment, and solid progress will be made in building a more beautiful and livable countryside; basic public services will be provided for urban and rural areas in more equitable way, and preliminary mechanism and systems will be established for the integrated development of urban and rural areas; rural areas are more attractive for talents; the rural eco-environment will take a turn for the better, and the agro-ecology service ability will be further enhanced; the development of rural community-level organizations with the Party organization as the core will be further strengthened, and the rural governance system will be further improved; relatively complete mechanisms and systems will be achieved for leading rural works by the Party; ideas and measures will be established for promoting rural vitalization in all regions and departments.

By 2035, China will make "decisive" progress in the plan, with basic modernization of agriculture and rural areas. The agricultural structure will be fundamentally improved, much better employment quality will be provided for farmers and relative poverty will be further relieved so as to make a solid progress in achieving common prosperity; equitable provision of basic public services in urban and rural areas will be basically realized, and the mechanism and systems for the integrated development of urban and rural areas will be improved; rural civilization will reach a new height, and the rural governance system will be furthermore improved; the rural eco-environment will be fundamentally recovered and a beautiful and livable countryside will be basically realized.

By 2050, the rural areas will see all-around vitalization, featuring strong agriculture, a beautiful countryside and well-off farmers.

2. Basic strategy for rural vitalization

In the basic strategy, thriving business is the most important, a livable ecological environment is the key, rural civilization provides supports, effective governance is the foundation, well-off life is the fundamental and poverty elimination is a precondition for rural vitalization. Pursuing a rural vitalization strategy is a major decision and plan made by the Party and the state, so in the process, we must always attach importance to system construction, break the talent bottleneck and solve the fundamental problem that where we get the money.

Therefore, we must focus on the development of modern agriculture, do more to advance supply-side structural reform in agriculture, encourage the integrated development of the primary, secondary, and tertiary industries in rural areas, construct rural industrial systems, realize thriving industries, create multiple channels to increase farmers' incomes through industry development, make all-out efforts to eliminate rural poverty, and help people in rural areas to have a well-off life, so as to advance the vitalization of rural industries. We must develop modern agriculture and ensure China's food security through adjustment and optimization of agricultural structure, raising the level of agricultural science and technology, cultivating new types of agribusiness, promoting innovative development in the farming, forestry, livestock, fishing, and seed industries, speeding up work on developing modern agriculture industrial parks and areas producing local specialty agricultural products, making progress with the Internet Plus Agriculture model, and enhancing the innovativeness, competitiveness, total factor productivity and overall quality of the Chinese agriculture.

We must put human capital development uppermost on the list, provide a more strong talent support for rural vitalization, speed up efforts to cultivate new types of agribusiness, give various talents incentives to fully use their brilliance in vast rural areas, encourage and support returned rural migrant workers, graduates from colleges and polytechnic schools, scientists and engineers, demobilized military personnel, industrial and commercial enterprises to engage in the development of modern agriculture and develop new forms of business and new models in rural areas, and bring talents, land, funds and industry pooling into a benign cycle, so as to push forward with the vitalization of rural talents.

We must strengthen efforts toward building intellectual and moral standards and developing public cultural services through digging deep for thoughts and ideas as well as humanistic spirits and codes of ethics contained in fine traditional cultivation culture, cultivating and dig for talents with native cultures, giving full scope to the themes of the times and healthy social trends, cultivating civilized local custom, good family traditions and simple, honest, and unspoiled people, improving the mental outlook of farmers and enhancing the civilization degree of rural societies with core socialist values as our guide, so as to push forward with the vitalization of rural cultures.

We must adhere to the concept of green development, tackle acute environmental problems in rural areas in a comprehensive way, improve rural medical, education, cultural and other public services, carry out a campaign to improve rural living environments, continue the “toilet revolution” and waste collection and treatment, improve the infrastructure for supplying water and power, for information, and so on, create farmers a beautiful home where they live and work in peace and contentment and make good human settlements be a support point, so as to push forward with the vitalization of rural ecological civilization.

We must forge thousands of strong rural community-level Party organizations, deepen the practice of villager self-governance, develop farmers’ cooperative economic organizations, establish and improve modern rural society governance systems which are leaded by Party committees and guaranteed by the rule of law, for which the government is responsible, in which the society cooperate and in which the public participate, promote the full development of all programs in rural areas, ensure rural societies are full of life and in stability and order, so as to push forward with the vitalization of rural organizations.

We must formulate plans first, carry out targeted policies and push forward by classification to deepen all rural reforms; experiment with separating the ownership rights, qualification rights, and use rights for rural land designated for housing, and improve the measures on offsetting cultivated land used for other purposes; grasp the differences and features of various regions in a scientific way, attach importance to regional features, reflect native feelings, especially protect traditional villages, ethnic villages and traditional buildings, refrain from taking a uniform approach to different situations, refrain from taking a uniform model, refrain raising the quota at each level and eliminate “vanity projects” , so as to push forward with the healthy and development of rural vitalization orderly.

We must respect the farmers’ will, arouse their initiative, activeness and creativity, convert their yearning for a happy life into a driving force for pushing forward with rural vitalization, and take safeguarding the farmers’ fundamental interests and promoting their common prosperity as the starting point and goal, so as to purse rural vitalization.

3. Win the poverty-alleviation battle

The landmark indicators of rural vitalization and completing the building of a moderately prosperous society in all aspects are that all poor rural residents are lift out of poverty and poverty-alleviation is achieved in all poor counties. At present, there are still many acute problems in poverty-alleviation: some places have deep poverty degree, weak basic conditions, and inadequate public services, and for special poor groups, it is very difficult to eliminate poverty. According to the statistics taken by the Ministry of Civil Affairs, the total number of urban residents eligible for subsistence allowances was 12641000 and the average standard of subsistence allowances was 540.6 yuan/person/month; and the number of rural residents eligible for subsistence allowances was 40471000 and the average standard of subsistence allowances was 4300.7 yuan/person/year in 2017. To win the poverty-alleviation battle, the key is to win the poverty-alleviation battle in areas affected by extreme poverty and overcome the poverty in villages where poor population are concentrated. The Central Government proposed:

(1) Target poor population and provide targeted assistance. For poor population who have the ability to work, we will strengthen industry and employment supports, and make links and labor service docking between production and sales to realize steady poverty-alleviation. Poverty elimination by relocation from inhospitable areas is carried out in an orderly way to ensure that poor households can be relocated and settled in a new place and shake off poverty. For special poor population partially or completely losing work ability, guaranteeing poverty-alleviation policies are implemented in a comprehensive way to ensure that the sick have access to medical care, the disability have access to assistance and basic living needs can be met, and all eligible poor population is covered by the guarantee scope.

(2) Focus on areas affected by extreme poverty and take centralized steps. All-round improvements are made to working and living conditions in poor areas to ensure that the main indicators of basic public services in the poor areas are close to the national average. With solving acute constraints as priorities and major poverty-alleviation projects and providing assistance for specific villages and households as a means, more preferential policies are offered, poverty-alleviation funds are better integrated, efforts are concentrated on improving the development conditions in areas affected by extreme poverty, the development ability of poor rural households is strengthened, and the top priority is given to overcome the poverty in areas affected by extreme poverty.

(3) Create self-generated impetus of the poor population to reduce poverty. Poverty-alleviation is combined with aspiration cultivation and intelligence cultivation, provision of assistance in emergencies and bailouts are combined with poverty-alleviation by creation of self-generated impetus, and basic skills of poor people are enhanced to develop production, work and do business so as to realize sustainable and steady poverty elimination. Poor people are guided to overcome the thoughts

of "waiting, relying on and asking for" so as to gradually eliminate spiritual impoverishment. We must break poverty balance, help the people have the mental outlook of self-reliance, self-improvement and striving to be the first to shake off poverty, and push the poor people to shake off poverty and become rich through their hard work.

(4) Strength the responsibilities and supervision of poverty-alleviation We will operate on the basis of a working mechanism whereby the central government makes overall plans, provincial-level governments take overall responsibility, and city and county governments ensure implementation; and we will strengthen the system for making heads of Party committees and governments at each level assume the overall responsibility for poverty-alleviation. We will reinforce the key role of the county-level party committee as the headquarters of the poverty-alleviation battle in a whole county, and ensure that chief county-level party and government posts are stable in the poverty-alleviation period. We will take targeted measures against corruption and misconduct, strengthen the management of poverty-alleviation funds, and punish misappropriation and corruption of poverty-alleviation funds severely without mercy. We will improve the supervision, patrol, appraisal and assessment measures, and departments are not allowed to re-organize other inspection, appraisal and assessment unless the Communist Party of China Central Committee and the State Council carry out unified deployment. We will ensure that pursuing the rural vitalization strategy is organically linked up with winning the targeted poverty-alleviation, and put raising the poverty-alleviation quality in the first place. We will neither lower poverty-alleviation standards, nor tantalize people. We resolutely win the targeted poverty-alleviation battle which has a decisive significance for completing building a moderately prosperous society in all respects.

Ⅳ. Reform and Practices of Urban and Rural Planning

Implementing the coordinated regional development strategy is another major strategy proposed at the 19th CPC National Congress. In this year, we relieved Beijing of functions nonessential to its role as the capital and use this effort to drive the coordinated development of the Beijing-Tianjin-Hebei region; and we developed forward-looking plans and adopt high standards for building the Xiongan New Area; We facilitated the development of the Yangtze Economic Belt by promoting well-coordinated environmental conservation and avoiding excessive development. Support was given to resource-depleted areas in their economic transformation. We accelerated development in the border areas, and ensured their stability and security. We pursued coordinated land and marine development, and stepped up efforts to build China into a strong maritime country. In different regions, we created networks of cities and towns based on city clusters, enabling the coordinated development of cities of different sizes and small towns, and speed up work on granting permanent urban residency to people who move from rural to urban areas. We successfully initiated the creation of spatial planning systems, advanced reforms in the preparation and implementation systems of overall urban planning in an orderly way, progressively carried out works on new-version overall urban planning, and kept improving the systems for preparing, approving, implementing and assessing urban and rural planning.

1. Xi Jinping gave a guide to urban planning and construction of Beijing

In February 2014 and February 2017, the General Secretary, Xi Jinping, emphasized in his inspection of the Capital Beijing that the most important thing in inspecting a city is to examine its planning. Scientific planning can bring most benefits, planning with errors would cause colossal waste, and repeated planning was the most taboo. "Final urban planning and construction is measured by people's satisfaction degree." Beijing's history and culture which witnessed a long history of the Chinese civilization need more careful protection to highlight the overall value of Beijing's history and culture, and enhance the city feature of capital demeanor, ancient capital charm and times appearance.

When it came to the implementation of planning, Xi Jinping emphasized that urban planning played an important leading role in urban development, so we must do good works on urban planning and construction, oriented by raising the governance capacity. Once approved through a legal procedure, overall planning had a legal effect. We must resolutely safeguard the seriousness and authority of planning. "We must take a long view, give it further consideration and discuss it later, and proceed the work in a reliable and sure way." "We must stick to high starting point, high standards and high levels, and meet the requirements of global vision, international standards, Chinese characteristics and high goals in the management of planning and construction." Besides the requirements for overall planning, the design of main functional blocks, main landscapes and main buildings must be enhanced to reflect city spirits, present city features, and make the city more charismatic." We must adhere to the concept that people's city serves the people, and raise an comprehensive general plan to solve problems, oriented by overriding concerns of residents in Beijing and with solving overpopulation, traffic congestion, house price booms and air pollution as the breakthrough. We must improve systems and policies, strengthen people's wellbeing safeguarding and public service supply level, and enhance the people's sense of gain.

The MOHURD issued a notice that requires local governments to study and implement the guiding principles of Xi Jinping's important addresses given in the inspection of Beijing and further enhance urban planning. The notice said, our country is currently in the key stage of completing building a moderately prosperous society in all respects and promoting new urbanization and city development through transformation, good city-related work is essential for China's overall development and urban development quality. We must grasp strategic city positioning, spatial layout and factor allocation, and arrange constructions in an integrated way, to ensure that the service provision capacity is adapted to strategic city positioning, the population, resources and environment are coordinated with strategic city positioning, city layout is aligned with strategic city positioning, and bring the leading role of urban planning into full play in urban development; we must adhere to overall urban-rural planning, plan production, living and ecological spaces in a unified way, and "integrating multiple planning into one system", so as to form one planning and one blueprint covering the urban and rural areas in the administrative region of a city; and must determine the upper limit of the total population based on the hard constraint of the carrying capacities of the resources and environment, and set redlines for ecological conservation and urban development borders which should be integrated into middle- and long-term plans and annual plans for economic and social development, various special plans, regulatory plans and urban design works so as to fully execute the rigid constraint on urban planning through powerful measures.

We must realize that planning is very important for preserving and carrying forward the culture, tease traditional cultural resources out in a systematic way, carry outward the historical context, complete the delimitation of historic cultural blocks and the determination of historical buildings within five years, and handle the relationship between the urban development and the preservation and utilization of historic cultural heritage in a spirit of being responsible for the history and the people; must make cities blend in the nature and residents could see mountains and water and remember nostalgia for hometowns, and reflect the concept of creating a more comfortable life for the people in each detail by reflecting the concept of respecting the nature, complying with the nature and man being an integral part of the nature and based on existing landscapes and unique scenes; must strengthen urban design and the management of building design, dig out and sort out traditional building culture, and encourage inheritance and innovation in building design, so that cities are constructed to have more Chinese characteristics, national identities and times features.

Competent authorities at different levels in charge of urban and rural planning must stick to the thought of people's city serving the people, change work style and improve various works with high political consciousness; stick to the concept of preparing plans with the door opened, use multiple channels to ask the people for opinions as much as possible in the whole process of plan preparation and improve the public involvement system; make repairs to cities and restore ecosystems in an orderly way, recover the natural ecology of cities and make cities more livable, oriented by overriding concerns of residents and with solving "city diseases" and other problems in an integrated way as the breakthrough; take the improvement in people's well-being as an important indicator for assessing the implementation effects of urban planning, properly handle the relationship between the long-term development interests of cities and the practical problems of people's interest, and improve housing, traffic, environment, public service and infrastructure conditions in a coordinated way especially in the near future; and raise the planning awareness of the whole society to make the people cognize planning, understand planning, support planning and take the initiative to safeguard planning.

On September 13th, 2017, the CPC Central Committee and the State Council replied with approval the Urban Master Planning of Beijing (2016—2035) to the CPC's Beijing Municipal Committee and the People's Government of Beijing Municipality. The reply pointed out that the Planning established a new development philosophy, was closely linked up with the two centenary goals, based itself on the coordinated development of the Beijing-Tianjin-Hebei region, adhered to the philosophy of people-focused development, adhered to sustainable development, adhered to proceeding from reality in everything they do, attached importance to long-term development, decrement and intensive development, ecological protection and "Integration of multiple plans into a single one", met the actual conditions and development requirements of Beijing, and had great significance for promoting the comprehensive, balanced and sustainable development of the capital. The Planning had new breakthroughs in the philosophy, important points and methods and can give a demonstration for other large cities in China.

2. Promote the construction of spatial planning systems

At the beginning of the year 2017, the Xinhua News Agency broadcast the full text of the Provincial-level Spatial Planning Pilot Scheme issued by the General Office of the CPC Central Committee and the General Office of the State Council and its notice to require all regions and departments to implement the scheme seriously in the light of actual situations. The overall requirements for the pilots: to feel out territorial space background conditions fully and make an analysis, delimit urban, agricultural and ecological space , draw redlines for protecting the ecosystems, designate permanent basic cropland, and delineate boundaries for urban development (hereafter referred to as "three zones and three lines"), attach importance to the development intensity control and the implementation of main control lines, plan various types of spatial planning as a whole and prepare a common provincial spatial planning based on the planning of functional zones, so as to gain experience and provide a demonstration for realizing "Integration of multiple plans into a single system" and for establishing and improving systems for developing and protecting the territorial space. It is required to form a set of planning achievements, investigate and formulate a set of technical regulations and design an information platform and raise a package of reform recommendations through exploration in the pilots. Trials include: Hainan, Ningxia, Jilin, Zhejiang, Fujian, Jiangxi, Henan, Guangxi and Guizhou.

The main tasks of the trials include:

(1) Follow the concept and methods that the territorial development matches the carrying capacity, the agglomerated development is coordinated with the balanced development, the classified protection and the comprehensive improvement promote each other, and resource conservation and environmentally friendliness are unified, to improve the system for regulating the uses of the territorial space, optimize the spatial organization and the structural layout, boost the development quality and

the utilization efficiency rate of resources so as to form a beautiful territorial space with sustainable development.

(2) Unify the planning period. The spatial planning period is set to be the year 2030. Basic data are unified. The coordinate conversion of various basic spatial data is completed, and a database of spatial planning is established. The land classification is unified. Current Land Use Classification, Code for Classification of Urban Land Use and Planning Standards of Development Land and other standards are integrated in a systematic way to form a code for classification of spatial planning land. Targets and indicators are unified. The core control requirements for various types of spatial planning are taken into consideration to design a scientific target and indicator system. Control zoning is unified. Coordinated spatial control zoning is formed through integration based on "three zones and three lines".

(3) Carry out a basic evaluation of the carrying capacity of the resources and environment which covers the lands and the sea, conduct a differentiated special evaluation according to the positioning of different main functions, and carry out a grid suitability evaluation for the development of the territorial space. An analysis is made to find unit plots requiring ecological protection, conducive to agricultural production and suitable for urban development, proper grades are divided and appropriate scales are determined in light of the current zoning of the land surface and the land ownership, to lay a foundation for delimiting "three zones and three lines". The environmental impact assessment is taken as an important technique for optimizing the spatial layout to enhance the environmental reasonableness and harmony of the spatial planning.

(4) The proportion and development intensity indicators of urban, agricultural and ecological space are measured and calculated using a scientific method and taking economic and social development, the distribution of industries and the trend of population agglomeration as well as the minimum protection requirements of permanent basic croplands, various nature reserves, key ecological functional zones, areas with a sensitive ecological environment and areas with a vulnerable ecological environment into consideration based on the positioning of different main functions. The redlines for protecting the ecosystems are drew on the principle of strict protection and more being better than less, and the ecological space is delimited according to the requirements of protecting the ecological security to the maximum degree and building ecological shields; permanent basic croplands are designated, and overall consideration is given to the needs of agricultural production and rural life so as to delimit the agricultural space; the boundaries for urban development are strictly delineated to carry out effective management for the urban space according to the results of basic evaluation and the development intensity control requirements and giving consideration to the flexible needs of both urban layout and function optimization by combining the top-down way that control indicators and requirements are released from provincial levels to municipal and county levels and the bottom-up way

that municipal and county levels break the requirements of indicator implementation down and report them to provincial levels for overall verification and summarization. The control means of various departments are integrated and coordinated in a reasonable way to draw a spatial planning base map with as "three zones and three lines" the carrier.

(5) Focusing on the development requirements on the infrastructure interconnection, the co-improvement and co-protection of ecological environments, the collaborative planning and construction of city-and-town concentrated regions and the balanced allocation of public service facilities, make overall plans for, coordinate and balance the arrangement of the spatial layout covering many administrative areas, and make organic superimposition on the spatial planning base map to form a general spatial layout map. The core contents of various types of spatial planning are integrated into the general layout map to prepare provincial spatial planning which mainly include: the strategic positioning, goals and patterns of provincial spatial development, the proportion, development intensity and other control indicators of three types of space needing breaking down to municipal and county levels, the spatial division and key control points of "three zones and three lines" , main spatial development and utilization layout and key tasks including infrastructure, urban systems, industry development, public services, resources and energy, ecological environment protection, the differentiated control measures for different types of space, and the measures for guaranteeing planning implementation. Opinions shall be sought from concerned departments and armies for spatial planning projects involving national security and military installations.

(6) The existing spatial control information management platforms of the departments are integrated to build spatial planning information management platform through which basic data, targets and indicators, spatial coordinates and technical specifications can be shared. The platform can provide aided decision support for planning preparation, carry out digital monitoring and assessment of planning implementation, and realize parallel examination and approval of spatial control departments to various investment projects and military installations-involved construction projects so as to boost the efficiency of administrative examination and approval.

3. Shanghai: striving for the excellent global city

Shanghai is one of China's municipalities directly under the central government, a famous historic cultural city, and an international economic, financial, trade, shipping and scientific and technological innovation center. The preparation of the Shanghai Master Plan is a process to explore the urban governance mode in a comprehensive way. The People's Government of Shanghai Municipality issued the Guiding Opinions on the Preparation of New Urban Planning of Shanghai in 2014 and set up a leading group for planning preparation consisting of Municipal Development and Reform Commission, Municipal Commission of Economy and Informatization, Municipal Commission of Housing and Urban-rural Development, Municipal Transportation Commission, Shanghai Environmental Protection

Bureau, Municipal Bureau of Urban Planning and Land Resources, the People's Government Research Office and the Development Research Center of Shanghai based on the effective implementation of the Shanghai Master Plan (1999—2020). The MOHURD and the Ministry of Land and Resources gave in-depth guidance on the preparation of planning. During the period from August to September 2016, the planning draft was released for publicity. On December 15th, 2017, the State Council replied that it agreed with the Shanghai Master Plan (2017—2035) in principle.

The reply from the State Council pointed out that the Master Plan met the actual situations and development requirements of Shanghai and was conducive to the comprehensive, balanced and sustainable development of Shanghai Municipality. The reply required that the city size must be strictly controlled. The total scale of planning and construction land must show negative growth, the minimum requirements for the population size, construction land, ecological environment and urban safety must be met, efforts should be concentrated on solving "city diseases" , and the ways must be explored to transform the development model of megacities. By 2035, the permanent residents in Shanghai Municipality must be controlled at around 25 million and the total construction land must not exceed 3200 square kilometers. Innovation must be made in urban governance ways, fine urban management must be strengthened, and a lot of efforts must be put in fine governance, co-governance and government by law to take a new social governance path that meets the features and laws of megacities.

The Shanghai Master Plan (2017—2035) has the following seven features:

(1) It combines global development trends with the actual situations of Shanghai, and aligns national strategies with the will of the public. Development strategies corresponding to development goals and citizens' vision are developed to provide an effective guarantee for the implementation of the Master Plan and the achievement of strategic development goals in accordance with the logic framework of "goals (indicators) - strategies - mechanisms".

(2) It emphasizes the essential people-centered requirement and reflects it in all aspects of the Master Plan. More attentions are given to the people's demands in setting goals, and the urban development visions of the people living, working, studying and traveling in Shanghai are truly reflected and implemented in the planning. Implementation strategies are adapted to the trend of the life style in future, and more emphasis is put to the construction of the basic urban space unit "community" that a compact and complex community network is organized with 15-min community living circles to promote the blending of life, employment and leisure and enhance citizens' sense of happiness.

(3) It creates a more open and coordinated development pattern and presents a planning view of "global interconnection + regional collaboration". The Master Plan investigates the strategic framework for Shanghai development in future from a wider field of view and with higher standards

and forms a spatial system of "networked, multi-center, cluster and intensive type".

(4) It sticks to "the constraint of redlines, bringing out the full potential of development and flexible adaption" and explores new modes for the sustainable development of high-intensity megacities. The thinking is changed from the vision-ultimate goal-oriented model to the redline-type process control model, i.e. various strategic resources for urban development are allocated in a reasonable way while ensuring that the redlines concerning the number of permanent residents, the total construction land, ecological environment and urban safety are not crossed. The development model is changed from extensive growth to endogenous development and land utilization is changed from scale expansion to increasing the efficiency of existing land so as to seek a path and way for Shanghai to realize open, inclusive, multi-dimensional and flexible development in a future context of tight resources and environment constraints.

(5) It brings the system advantage of Shanghai planning and land management integrated in one body to play and implements "Integration of two plans (i.e. the land use planning and the urban planning are implemented in one system) into a single master plan" first. Elements and policies related spatial arrangement in various special plans are integrated into the Master Plan and the land use plan to optimize spatial planning systems based on the planning of main functional zones.

(6) It adapts to the development trend of the post-industrial age and realizes the transformation of planning concepts, systems and methods. The Master Plan gives full consideration to the profound effects of a new generation of information technologies presented by the internet on the urban life, production and governance ways, and takes active measures in space and function layout. Besides, an urban space basic information platform and an urban development strategy database are built to serve as an important basis for the dynamic monitoring, assessment and maintenance of the urban planning and also lay a solid foundation for the construction and operation of "smart cities".

(7) It gives prominence to the property of the planning as a public policy and reflects its statutory features of strategic leading, structure control and implementation control. Innovations are introduced to achievement systems and forms in such a way that not only national requirements are implemented and the leading role of planning is strengthened, but also government powers are taken into consideration and planning implementation is strengthened. Achievements are transformed from prescriptive technical documents into spatial policies, and which strengthens the policies and mechanisms for planning implementation and makes the Master Plan a more operable and executable spatial management policy.

The Master Plan defines the vision and objective of Shanghai as:

In 2020, a year of foundation-building, Shanghai will establish the fundamental framework of an innovation center of science and technology with global influence and basically build itself into an international center of economy, finance, trade and shipping as well as a modern socialist international metropolis. The city will complete the building of a moderately prosperous society in all respects at a higher level and contribute its due part to securing nation' s decisive victory in building such a society.

In 2035, a year of envisioning, Shanghai will basically build itself into an excellent global city, an admirable city of innovation, humanity and sustainability as well as a modern socialist international metropolis with world influence. With its critical indicators of development reaching world-leading level, the city will serve as a vanguard and pioneer in reform and opening-up and innovation throughout the process of basically building a modern socialist country.

In 2050, a year of accomplishing, Shanghai will complete the building of an excellent global city, an admirable city of innovation, humanity and sustainability in all respects as well as a modern socialist international metropolis with world influence. With all indicators of development reaching world-leading level, the city will write a more brilliant chapter for building China into a great modern socialist country that is prosperous, strong, democratic, culturally advanced, harmonious, and beautiful and realizing the Chinese Dream of national rejuvenation.

V. Creating the Excellent Human Settlement is the Central Goal of Urban Task

The CPC Central Urban Work Conference held in 2015 pointed out that we should take the creation of excellent human settlement as the central goal of urban task and make effort to build cities into beautiful homes where people and people as well as human and nature are in harmony. The Report delivered at the 19th CPC National Congress emphasized: China will improve the public service system, ensure the people's basic quality of life, and keep up with the people's ever-growing needs for a better life; China will continue to promote social fairness and justice, develop effective social governance, and maintain public order; with this, China should see that our people will always have a strong sense of gain, happiness, and security.

1. Equalizing access to basic public services

In January 2017, the State Council issued the Plan for Ensuring Equitable Access to Basic Public Services in accordance with the Outline of the 13th Five-Year Plan for Economic and Social Development.

Basic public services are led by the government, aimed at meeting the basic living and development needs of all citizens and adapted to the economic and social development level. Equalizing access to basic public services refers to that all citizens have equitable access to roughly equal basic public services, its core is to promote the equality of opportunity, and the key point is to ensure that the people have the access to basic public services instead of simple equalization. Citizens have the basic right to enjoy basic public services, so it is the government's important responsibility to ensure that every one can enjoy basic public services. Promoting the equalization of access to basic public services is an inherent part of completing building a moderately prosperous society in all respects, which has a great significance for promoting social fairness and justice, improving the people's wellbeing, seeing that the people have a growing sense of gain in co-construction and sharing the fruits of development, and realizing the Chinese Dream of national rejuvenation.

Since the 12th Five-Year Plan, China has put in place a preliminary national basic public service system covering all citizens, improved various basic public service facilities at all levels, implemented national basic public service projects and standards, further strengthened the capacity to ensure that the people have the access to basic public services and improved the people's satisfaction degree. By 2016, the net primary school enrollment ratio was 99.9%, the gross enrollment ratio in junior secondary education was 104%, the retention rate of nine-year compulsory education was 93.4%, over 80% of the children of rural migrants working in cities received education in local public schools; the strategy of giving top priority to employment was implemented, public employment and business startup services and vocational training were strengthened, 776.03 million people were employed in China, and over 70% were employed after workers received employability skill training; the social security system covering urban- and rural- areas was further improved, the pension schemes for rural and non-working urban residents were integrated, the social security benefits were steadily raised, the social service system was further improved, the system of providing temporary assistance was implemented nationwide, and the process of persons with disabilities toward a comparatively well-off life was accelerated; basic public health service items were increased to 12 categories, the improvement of the medical insurance system that covers the whole population was sped up, the participation in the basic medical insurance exceeded 95% of the whole population, the major disease insurance covered all people covered by the basic medical insurance for rural and nonworking urban residents, the government subsidies for basic public health services and the basic medical insurance for rural and non-working urban residents were increased to 45 yuan/person/year and 450 yuan/person/year respectively; the construction of government-subsidized housing in urban areas and the renovation of dilapidated rural houses were strengthened, and construction began on 40.13 million government-subsidized housing units in urban areas in China, among which, 21.91 million housing units were rebuilt in rundown urban areas, and 17.94 million dilapidated houses were renovated in rural areas; the construction of a modern public culture service system was actively promoted, the capacity to provide public culture services in rural areas was improved, fitness-for-all programs were thriving, and the coverage of both radio and TV program broadcasting reached 98%.

However, there are still many weak spots in China's basic public services, including insufficient scale, quality not high and unbalanced development, especially reflected by: unbalanced allocation of resources between rural areas and urban areas, uncoordinated between the hardware and the software, and great difference in service levels; insufficient facilities at the community level and poor utilization, and the severe shortage of talents; some service items cannot to benefit all floating population and people living hard lives; lagging in the innovation of systems and mechanisms, and insufficient involvement of social forces.

The Plan for Ensuring Equitable Access to Basic Public Services in the 13th Five-Year Plan period put forward: China will concentrate efforts to expand the coverage, make improvements to the weak spots and narrow gaps by focusing on poor areas and poor population, so as to make basic public services more equitable between urban and rural, among regions and groups. The planning goal by 2020 is: it will have much better basic public service system and mechanisms, make steady progress in ensuring the people's access to education, employment, medical services, elderly care and housing, and generally realize equitable access to basic public services.

2. Development of urban security

As the urbanization is accelerated, the urban population, functions and scale increase, the development mode, industrial structure and area layout have profound changes, new materials, new energies and new processes are widely used, and a lot of new industries, new forms of business spring up, so the urban operation system becomes more and more complicated and security risks increase constantly. Some cities have weak security foundation, and especially that the safety management level is not adapted to and coordinated with the development requirements of modern cities. In recent years, serious and major production accidents occurred in succession in many cities, even in large cities, causing heavy losses to the lives and property of our people and exposing quite a few of flaws and weak spots in urban safety management. In order to strengthen the urban operation safeguarding and effectively prevent accidents, the General Office of the CPC Central Committee and the General Office of the State Council issued the Opinions for Promoting the Development of Urban Security to require all regions and departments to implement the Opinions seriously in the light of actual situations.

The basic principles of the urban security are: adhere to the supremacy of life and safety first; adhere to a long-term mechanism and government by law; adhere to the systematic construction and the process control; adhere to coordinated promotion and comprehensive measures. The responsibility system for workplace security is put in place and improved for urban operation management and relevant aspects, the public safety system is improved, a social governance model of urban security based on collaboration, participation, and common interests is established, and an all-round, integrated and systematic development based on safe production is established to enhance the safeguarding level of all cities, effectively prevent and resolutely curb major and serious safety accidents, and create working and living environments for the people where they enjoy a safe, healthy, happy, peaceful and contented life.

The overall goal of the urban security is: by 2020, marked progress will be made to the development of urban security, and a number of safe development demonstration cities adapted to the goal of completing building a moderately prosperous society in all respects will be built up; by 2035, the urban security development system will be much improved, the safety and civilization degree will be significantly raised, and cities having safe development and adapted to the basic realization of socialist modernization will be built on the basis that the demonstration and building are deepened. Continuously promote the formation of a systematic and modern urban security system, speed up the establishment of a safe development city based on the urban central districts, and promote the surrounding, radiation of counties and townships, to provide solid and stable security for benefiting people's livelihood, and building China into a strong, prosperous, democratic, civilized, harmonious and beautiful socialist modernized country.

3. Planning for the development of old-age programs and the building of the elderly care system

The 13th Five-Year Plan period is the decisive stage in finishing building a moderately prosperous society in all respects, and also the important strategic window period of the reform and development of old-age programs and the building of the elderly care system in China. Respond proactively to population aging, we will adopt policies and foster a social environment in which senior citizens are respected, cared for, and live happily in their later years. We will provide integrated elderly care and medical services, and accelerate the development of old-age programs and industries.

It is estimated that by 2020, the elderly population aged above 60 will increase to around 255 million, and its proportion in the total population will rise to around 17.8%; the advanced aged population over 80 will increase to around 29 million; elderly people living alone and empty nesters will increase to around 118 million, disabled elderly people will increase to around 42 million, the old age dependency ratio will rise to around 28%; the social security expenditure used for elderly people will continue to increase; the aging degree of actual resident population in rural areas may be further deepened. There are the following weak spots in the development of old-age programs and the elderly care system in China: the systematicness, coordinativeness, pertinence and operability of elderly people-related rules and policies need to be improved; the development of old-age programs and the building of the elderly care system are obviously unbalanced between urban and rural as well as among regions; the effective supply of elderly care services is insufficient, the quality and benefits are not high, and talents are scarce; the contradiction between supply and demand in the elderly people product market is obvious; aging work systems and mechanisms are not perfect, social participation is not full and the foundation at the community level is very weak.

The State Council put forward the following development goals in the Planning for the Development of Old-age Programs and the Building of the Elderly Care System:

By 2020, the overall development level of old-age programs will see obvious improvement, the elderly care system will be much better, a more solid social foundation will be laid to tackle population aging in a timely, scientific and integrated way. The multi-pillar social security system will be built to be more equitable, sustainable and cover the whole population. The participation in the basic pension systems for urban employees and for rural and non-working urban residents will reach 90% of the whole, the participation in the basic medical insurance will be kept at over 95%, social security systems such as social insurance, social welfare and social assistance will be effectively linked up to the charity program, and the basic living, basic medical and basic care needs of the elderly people will be met. We will make further improvements to the elderly care service system based on the family supply, supported by the community welfare service, supplemented by the social welfare organizations and with medical and elderly care services integrated. The supply capacity and quality of the elderly care services will be greatly enhanced, the service structure will be made more reasonable, multi-level and diversified services will be more convenient and accessible, government-run care beds will account for less than 50% of total local care beds, nursing beds will account for 30% or over of total local care beds, and up to 70% of the elderly people aged over 65 will receive health management.

Systems will be established to help bring the government and the market into full play. The rule of law, informationization and standardization of the development of old-age programs and the building of the elderly care system will be obviously enhanced. Remarkable success will be achieved in the transformation of government functions, the reforms to streamline administration, delegate powers, improve regulation and strengthen services, and the improvement to government performance. The market will be invigorated, the social creativity will be stimulated, the bodies supplying the elderly care services and products will be more diversified, the services and products provided will be better and richer, and new market regulation mechanisms with the credit as the core will be established and improved.

The social environment will be friendly in supporting the development of old-age programs and the building of the elderly care system. The whole society will respond proactively to population aging, there will be an remarkable increase in the awareness and will to willingly support the development of old-age programs and the building of the elderly care system, the social atmosphere of respecting, caring and helping the elderly will become more strong, solid progress will be made in the creation of safe, green, convenient, comfortable and livable environment for the elderly, and the cultural and physical education for the elderly will be more thriving, the legitimate rights and interests of elderly will be effectively protected, conditions will be continuously improved for elderly to participate in the society.

4. Collection and treatment of urban household waste

On January 1, 2017, the law enforcement inspection team of the Standing Committee of the National People's Congress pointed out in the report on the inspection of the implementation of the Law of the People's Republic of China on the Prevention and Control of Environment Pollution

Caused by Solid Wastes:

The people get the direction impression of the environment from the surroundings, especially the treatment and control of household waste. China basically realizes the unified collection and treatment of household waste in cities through years of hard work. However, a prominent phenomenon of cities besieged by waste exists in rural-urban fringe zones. No fixed places are available for accommodating and eliminating most of construction waste, leading to arbitrary and disorderly dumping. After years of exploration of household waste classification, no substantial breakthrough is achieved, and there is a weak awareness of participation in the classification among the public. Waste classification facilities perform practically no function in some residential areas. By and large, the situation that "waste is dumped together, transported together, piled together and treated together" still exists. There is a widespread "NIMBY" phenomenon in the layout and site selection for waste incineration and landfilling, which tends to cause mass incidents. Compared with urban environments, the situations in rural areas are much worse. Environmental infrastructure is badly insufficient, the centralized collection and transportation of household waste is realized in only 43% of the villages in China, and urban waste is transported to the countryside or mountain areas in some places, making rural areas a waste gathering place. Many problems and difficulties exist in the treatment and utilization as resources of agricultural waste: nearly 40% of livestock and poultry manure is not effectively treated and utilized, some regions suffer from severe "white pollution" , and no channel is available for collecting and treating discarded pesticide packages which become an important source of agricultural nonpoint source pollution, black and odorous waters and environmental problems in rural areas.

On November 30, 2017, the MOHURD held the National On-the-spot Meeting on the Classification Work of Urban Household Waste in Xiamen. The meeting pointed out that it is a matter of great importance to our people' life and currently is an important political task to introduce the household waste classification system nationwide. Over the past year, all regions and departments took active actions and made a good start in the work on household waste classification. Twelve cities have issued local regulations and government regulations on waste classification, and twenty-four cites have introduced work programs for waste classification. Especially in Xiamen, household waste classification is carried out in all residential quarters in the main urban area as well as all organs, schools and troops stationed in Xiamen in the whole city, and practices worthy to be learned or used for reference by others are formed, such as strengthening the leadership of Party organizations, attaching importance to that the rule of law must go ahead, and adhering to co-creation, focusing on school education and improving hardware facilities.

The MOHURD required: 46 national key cities including Beijing, Tianjin, Shanghai, Chongqing and provincial capital cities to introduce the implementation programs or action plans for the management of household waste classification, define annual work goals, subdivide work tasks, initiate the waste classification work from Party and government organs, military units, hospitals and schools and then expand it to all public bodies and relevant enterprises.

In 2018, a number of waste classification demonstration areas must be formed in the 46 key cities to explore and establish the work systems for publicity and mobilization, collection and transportation supporting, and facilities construction. Household waste classification demonstration areas will be constructed with sub-districts as an unit, and "three full-coverages" will be realized, i.e. full coverage of the responsibilities of the management bodies of household waste classification, full coverage of the categories of household waste and full coverage of the systems for throwing, collecting, transporting, treating household waste by category. Experience will be learned from the work in classification demonstration areas in time, and good practices and modes will be gradually expanded into the whole district and the whole city by driving surfaces through points. Acceptance standards of demonstration areas will be formulated and improved, and daily inspection and appraisal will be strengthened, so as to achieve substantial effects.

By the end of 2020, a household waste classification and treatment system will be basically established and a corresponding system of laws, regulations and standards will be basically formed in the 46 key cities, so as to form a set of duplicable modes that can be popularized. The recovery rate of recyclables and putrescible waste will be higher than 35% before entry into incineration and landfilling facilities.

Ⅵ. Better City, Better Life

"Better City, Better Life" is the theme of the World Expo 2010 in Shanghai, and also the consensus of the people of many countries. With the advent of the 21st century, the world has entered the "Urban Age". Developed countries are confronted with the problem of urban renewal and further development while developing countries are exposed to the challenge of rapid urbanization. Sustainable development of cities has become one of the most important challenges the world is facing.

To effectively extend the concept of Shanghai Expo, motivate various countries to pay more attention to urbanization and promote sustainable economic and social development, and keep improving people's living standards, three sides including the Organizing Committee of World Expo 2010 Shanghai China, the International Exhibitions Bureau and the United Nations Human Settlements Programme (UN-Habitat) jointly published the "Shanghai Declaration" in the Expo 2010 Shanghai China Summit Forum, where it was proposed to set the date of October 31 of each year to be "World Cities Day".

In the 68th United Nations General Assembly in December 2013, a decision that the date of

October 31 of each year will be "World Cities Day" was passed. This is only one UN's international day that was promoted by China. In February 2016, the CPC Central Committee and the State Council definitely stated that China would conduct publicity campaigns for the themes of the World Cities Day, the World Habitat Day, etc.

In April 2017, the MOHURD determined the theme of the 2017 World Cities Day to be "Innovative Governance, Open Cities" jointly with the UN-Habitat and the Shanghai Coordination Center of World Cities Day.

The New Urban Agenda adopted in the Third United Nations Conference on Housing and Sustainable Urban Development (Habitat III) put forward the concept of Open Cities. A city should be an open system. Openness, diversity and cooperativenss are the important development trends of modern urban governance, while reform and innovation are two important ways to solve difficult problems in urban development and realize modern urban governance. The theme for the 2017 World Cities Day is "Innovative Governance, Open Cities" , which echoes the ideas of New Urban Agenda and the five development philosophies of innovation, coordination, green, open and sharing raised by the Chinese Government. Research and discussion focusing on the theme can lead the sustainable development of cities around the world and advance the implementation of UN 2030 Sustainable Development Agenda and New Urban Agenda.

In December 1985, the resolution of the United Nations General Assembly designated the first Monday in October every year as World Habitat Day, mainly aiming at drawing the people's attention to housing issues. However, urban problems concern not only housing and relevant land and environment aspects, but also employment, education, safety, traffic, energy and culture. So, the World Cities Day was established to enrich and develop the World Habitat Day. The World Cities Day and the World Habitat Day complement each other. In 2016, the UN-Habitat designated October of every year as "Urban October", 31 days of promoting a better urban future, to celebrate the World Cities Day and the World Habitat Day.

The fourth "World Cities Day" global celebration was held in Guangzhou on October 31, 2017.

Wang Menghui, minister of the MOHURD, pointed out that China experienced the most rapid urbanization process with the largest scale in the world and impressive achievements were made in urban development since reform and opening-up. Urban infrastructure was significantly improved, the public service level was obviously raised, the comprehensive strength of cities was greatly enhanced, living environments had continuous improvements, and the urban development layout was further optimized. Especially, solid progress was made in the construction of the Belt and Road, which provided a huge inclusive platform for the common development of China and the countries and cities along the road. Meanwhile, with the acceleration of global urbanization, population expansion, traffic congestion, though cities brought humans prosperity and convenience, acute housing shortage, environmental pollution, resource scarcity, polarization between the rich and the poor, cultural conflict and other problems arose in cities. The traditional urban extensive no longer met the requirements of sustainable development, so there was an urgent need to transform the urban development mode.

Wang Menghui said, cities were the common homeland of all humans, and the creation of a beautiful tomorrow in cities needs our joint efforts. He hoped that the international community joined hands to respond to challenges in the course of global urbanization, created scientific urban development blueprints, transform urban development modes, and work hard to promote the open and innovative development of cities. He hoped that the cities and all walks of life around the world had eyes on and actively participated in the activities of the World Cities Day, communicated with each other, learned from each other, explored a sustainable urban development roadmap suited to respective cities and strengthened mutual beneficial cooperation so as to create the cities a bright future together.

Joan Clos, the Deputy Secretary-General of United Nations and Executive Director of UN-Habitat addressed that we were experiencing global urbanization that progressed at an unprecedented speed in human history. In the early 20th century, only 20% of the population lived in cities, but now the number had exceeded 55%. It was anticipated that it would come to 70% by 2050. The urbanization progresses in phase with the globalization, and their scales and effects on the economy, the society and the environment are unexpected, especially in China. Over the past decades, China promoted industrialization and urbanization at the same time, realizing the unprecedented growth of the economy, implementing innovative measures, creating job opportunities and lifting 500 million people out of poverty. In fact, the Chinese Urbanization is a testament to the relationship between the urbanization and development discussed in 2030 Sustainable Development Agenda and New Urban Agenda.

Joan Clos said that the relationship between urbanization and climate change was also very important. If we did not respond to climate change, sustainable development would not be realized. Urban residents consumed energy over ten times than the people in rural areas did. Cities emitted over 70% of the total emission of greenhouse gases. The UN-Habitat spoke well of China in its commitment on responding to climate change and sustainable development. Many cities in China takes measures to use renewable energy for trip modes, which is one important case proving that China is taking the correct development direction and clarifies the relationship between the urbanization and climate change. Use of electric public buses, automobiles, motorcycles and bicycles reflects that China is leading the field and it will soon transform its commitment into actions to improve urban environments. To meet cities' demands for energy, China has made progress in the development of solar energy, wind energy and other renewable energy, which puts it in the technology leading place of these innovation fields.

Ⅶ. Epilogue

Each age and generation have their own challenges and missions. China has come a long way, but it has to overcome new challenges on its way ahead. When meeting with Chinese and foreign journalists after the closing of the 19th CPC National Congress, General Secretary Xi Jinping pointed out, with decades of hard work, socialism with Chinese characteristics has entered a new era. In this new context, we must get a new look and, more importantly, make new accomplishments.

The coming five years between the 19th and 20th Party Congress, is a period in which the timeframes of the Two Centenary Goals will converge. Not only must we deliver the first centenary goal, we must also embark on the journey toward the second centenary goal. As I look ahead to the next five years, I see several important junctures and signposts.

The year 2018 will mark 40 years of China's reform and opening-up endeavor.

In 2019, we will celebrate 70 years of the founding of the People's Republic of China.

In 2020, we will complete the building of a moderately prosperous society.

And in 2021, we will mark the centenary of the Communist Party of China.

The people are the creators of history. All achievements are attributed to the people. Happiness and a bright future will not appear automatically, but as long as we firmly align ourselves with the people and rely on them, we can and will have boundless energy to forge ahead, come rain or shine.

(Author: Mao Qizhi, professor of Tsinghua University, academician of International Eurasian Academy of Sciences)

2017年中国城市发展十大事件

一、中共中央决定设立雄安新区

2017年4月1日，中共中央、国务院印发通知，决定设立国家级新区河北雄安新区。这是以习近平为核心的党中央做出的一项重大的历史性战略选择，是继深圳经济特区和上海浦东新区之后又一具有全国意义的新区，是千年大计、国家大事。

雄安新区规划范围涉及河北省雄县、容城、安新3个小县及周边部分区域，地处北京、天津、保定腹地，区位优势明显、交通便捷通畅、生态环境优良、资源环境承载能力较强，现有开发程度较低，发展空间充裕，具备高起点、高标准开发建设的基本条件。雄安新区规划建设以特定区域为起步区先行开发，起步区面积约100平方千米，中期发展区面积约200平方千米，远期控制区面积约2000平方千米。

规划建设雄安新区是一个系统工程，根据中央部署，建设好雄安新区要坚持稳中求进的工作总基调，牢固树立和贯彻落实新发展理念，要坚持世界眼光、国际标准、中国特色、高点定位，要坚持生态优先、绿色发展，坚持以人民为中心、注重保障和改善民生，要坚持保护弘扬中华优秀传统文化、延续历史文脉，要努力建设绿色生态宜居新城区、创新驱动发展引领区、协调发展示范区、开放发展先行区，要努力打造贯彻落实新发展理念的创新发展示范区。

绿色生态宜居新城区。习近平总书记强调指出，雄安新区建设要充分体现生态文明建设的要求，成为生态标杆，坚持生态优先、绿色发展。要坚持绿水青山就是金山银山，合理确定新区建设规模，完善生态功能，突出“科技、生态、宜居、智能”发展方向，创造优良人居环境，构建蓝绿交织、清新明亮、水城共融、多组团集约紧凑发展的生态城市。

创新驱动引领区。习近平总书记强调指出，雄安新区要坚持实施创新驱动发展战略，把创新驱动作为雄安新区发展的基点，加快制度创新、科技创新，完善创新创业环境，积极吸纳和集聚京津及全国创新要素资源，通过集聚科研院所和发展高端高新产业，打造一批高水平的创新创业载体，吸引高新技术企业集聚，建设集技术研发和转移交易、成果孵化转化、产城融合的创新引领区和综合改革试验区，打造京津冀体制机制高地和协同创新重要平台。

协调发展示范区。习近平总书记强调指出，雄安新区要发挥对冀中南乃至整个河北的辐射带动作用，促进城乡区域、经济社会、资源环境协调发展。要通过集中承接北京非首都功能疏解，促进河北城乡区域和经济社会协调发展，打造要素有序自由流动、主体功能约束有效、基本公共服务均等、资源环境可承载的区域协调发展示范区，为京津冀建设世界级城市群提供支撑。

开放发展先行区。习近平总书记强调指出，雄安新区规划建设要积极融入“一带一路”建设，加快政府职能转变，积极探索管理模式创新，形成与国际投资贸易通行规则相衔接的制度创新体系，培育区域开放合作竞争新优势，打造扩大开放新高地和对外合作新平台，为提升京津冀开放型经济水平做出更大贡献。

雄安新区的战略意义深远，在政治层面，它将承担服务首都、疏解北京非首都功能的责任；在经济层面，它将是京津冀协同发展战略的重要空间支撑，推动区域产业协同和要素融合；从国家战略来看，京津冀区域将是未来中国深化改革、扩大开放，参与全球竞争的核心区域之一。雄安新区的规划建设的重大现实意义和深远历史意义具体如下。

一是有利于探索解决“大城市病”新模式。规划建设雄安新区，将吸引部分功能在集中承载地集聚发展，有效缓解北京“大城市病”问题；推动北京非首都功能集中疏解，避免零打碎敲、盲目布局，提升疏解效率。

二是有利于培育全国创新驱动发展新引擎。规划建设雄安新区，通过推动创新驱动发展，集聚京津冀乃至全国以及国际创新要素和资源，打造具有世界影响力、国内领先的科技新城。通过推进简政放权、管放结合、优化服务，深化行政体制改革，构建促进创新的体制机制，为全国其他地区做出表率和示范。

三是有利于调整优化京津冀城市布局和空间结构。规划建设雄安新区，主要承接北京非首都功能及与之相配套的部分优质公共服务功能，将进一步强化要素资源的空间集聚，打造区域发展新的增长极，优化整合现有城镇体系，拓展区域发展新空间。

四是有利于促进区域协调协同共同发展。规划建设雄安新区，通过集中承接北京非首都功能，提升产业层次、创新能力和公共服务水平，可加快提升河北经济发展的规模水平和质量效益，缩小与京津两市的经济社会发展差距，实现区域良性互动，在促进三省市协同发展、协调发展、共同发展上探索新路子。

2015 年 2 月 10 日，习近平主持召开的中央财经领导小组第 9 次会议，审议研究京津冀协同发展规划纲要时明确提出，考虑在北京之外建新城的思路。2016 年 5 月 27 日，中共中央政治局会议审议了《关于规划建设北京城市副中心和研究设立河北雄安新区的有关情况的汇报》，“雄安新区”首次出现在汇报稿中。习近平强调，要建设北京城市副中心和雄安新区两个新城，形成北京发展新的骨架，是千年大计、国家大事。

2017 年 2 月 23 日，国家主席习近平专程到河北省安新县进行实地考察，主持召开河北雄安新区规划建设工作座谈会。2017 年 2 月，习近平主持召开河北雄安新区规划建设工作座谈会时指出，规划建设雄安新区要突出 7 个方面的重点任务：一是建设绿色智慧新城，建成国际一流、绿色、现代、智慧城市；二是打造优美生态环境，构建蓝绿交织、清新明亮、水城共融的生态城市；三是发展高端高新产业，积极吸纳和集聚创新要素资源，培育新动能；四是提供优质公共服务，建设优质公共设施，创建城市管理新样板；五是构建快捷高效交通网，打造绿色交通体系；六是推进体制机制改革，发挥市场在资源配置中的决定性作用和更好发挥政府作用，激发市场活力；七是扩大全方位对外开放，打造扩大开放新高地和对外合作新平台。

2017 年 6 月，中国共产党河北雄安新区工作委员会、河北雄安新区管理委员会获批设立，为中共河北省委、河北省人民政府派出机构。2017 年 6 月 6 日，京津冀协同发展专家咨询委员会组长徐匡迪在中国城市百人论坛上表示，新区规划的原则是水城相融、蓝绿互映的生态宜居城市，绿地要超过 50%。白洋淀复杂的水陆情况对新区规划既是有利因素也是挑战，其中最大的挑战是淀中村及堤上村。在城市规划方面，新区建设一大亮点是要建设 21 世纪的地下管廊式基础设施，把城市交通、水电气、城市灾害防护系统等都放到地下，把地面让给绿化和人的行走。

（资料来源：新华网、人民网、《人民日报》）

“浦东开发”大事记

1990 年 4 月 18 日，国务院总理李鹏在大众汽车公司成立 5 周年大会上宣布了中共中央、国务院关于开发开放上海浦东的重大决策。

1990 年 5 月 3 日，上海市人民政府浦东开发办公室和浦东开发规划研究设计院在浦东大道 141 号正式挂牌。

1990 年，陆家嘴、外高桥、金桥三个国家级开发区首先设立，1992 年张江高科技园区成立。

1991 年 3 月，朱镕基代表市委提出“开发浦东，振兴上海，服务全国，面向世界”16 字方针，并提出坚持“规划、基础设施、金融贸易”三个先行的方针。

1992 年春，邓小平南下，视察了武昌、深圳、珠海，并来到上海。他说：“浦东开发比深圳晚，但起点可以更高，我相信可以后来居上。”

1993 年 1 月 1 日，中共上海市浦东新区工作委员会、上海市浦东新区管理委员会正式成立，并挂牌运转。

2000 年 8 月，浦东新区正式建政。

2005 年 6 月 21 日，国务院批准上海浦东新区作为全国首家综合配套改革试点单位，并明确了“三个着力”的要求。

2009 年 4 月 29 日，国务院发布《关于推进上海加快发展现代服务业和先进制造业，建设国际金融中心和国际航运中心的意见》的文件，浦东作为“两个中心”核心功能区，承载着全面实施国家战略的重任。

2009 年 5 月 6 日，国务院批复同意撤销原南汇行政区域，将其并入浦东新区；“两区合并”后的浦东，承载国家战略的空间更为广阔、产业能级提升更为显著。

2013 年 9 月 29 日，中国（上海）自由贸易试验区挂牌成立。

2014 年 12 月 28 日，国务院决定推广上海自贸试验区试点经验，并扩展上海自贸试验区的范围，新增陆家嘴、金桥、张江三个片区，扩区后面积由原先的 28.78 平方千米增加至 120.72 平方千米。

（资料来源：新华网）

二、中国共产党第十九次全国代表大会胜利召开

2017 年 10 月 18 日至 10 月 24 日，中国共产党第十九次全国代表大会在北京胜利召开。本次会议的主题是：不忘初心，牢记使命，高举中国特色社会主义伟大旗帜，决胜全面建成小康社会，夺取新时代中国特色社会主义伟大胜利，为实现中华民族伟大复兴的中国梦不懈奋斗。

十九大是在全面建成小康社会决胜阶段、中国特色社会主义进入新时代的关键时期召开的一次十分重要的大会。大会高举中国特色社会主义伟大旗帜，以马克思列宁主义、毛泽东思想、邓小平理论、“三个代表”重要思想、科学发展观、习近平新时代中国特色社会主义思想为指导，分析了国际国内形势发展变化，回顾和总结了过去 5 年的工作和历史性变革，做出了中国特色社会主义进入了新时代、我国社会主要矛盾已经转化为人民日益增长的美好生活需要和不平衡、不充分的发展之间的矛盾等重大政治论断，深刻阐述了新时代中国共产党的历史使命，确立了习近平新时代中国特色社会主义思想的历史地位，提出了新时代坚持和发展中国特色社会主义的基本方略，确定了决胜全面建成小康社会、开启全面建设社会主义现代化国家新征程的目标，对新时代推进中国特色社会主义伟大事业和党的建设新的伟大工程做出了全面部署。

2017 年 10 月 18 日，习近平代表第十八届中央委员会向大会做了题为《决胜全面建成小康社会夺取新时代中国特色社会主义伟大胜利》的报告。报告共分 13 个部分：①过去 5 年的工作和历史性变革；②新时代中国共产党的历史使命；③新时代中国特色社会主义思想和基本方略；④决胜全面建成小康社会，开启全面建设社会主义现代化国家新征程；⑤贯彻新发展理念，建设现代化经济体系；⑥健全人民当家做主制度体系，发展社会主义民主政治；⑦坚定文化自信，推动社会主义文化繁荣兴盛；⑧提高保障和改善民生水平，加强和创新社会治理；⑨加快生态文明体制改革，建设美丽中国；⑩坚持走中国特色强军之路，全面推进国防和军队现代化；k坚持“一国两制”，推进祖国统一；l坚持和平发展道路，推动构建人类命运共同体；m坚定不移全面从严治党，不断提高党的执政能力和领导水平。

报告指出，十八大以来的 5 年，是党和国家发展进程中极不平凡的 5 年。面对世界经济复苏乏力、局部冲突和动荡频发、全球性问题加剧的外部环境，面对我国经济发展进入新常态等一系列深刻变化，我们坚持稳中求进工作总基调，迎难而上，开拓进取，取得了改革开放和社会主义现代化建设的历史性成就。

报告指出，经过长期努力，中国特色社会主义进入了新时代，这是我国发展新的历史方位。这标志着我国社会主要矛盾已经转化为人民日益增长的美好生活需要和不平衡、不充分的发展之间的矛盾。我国社会主要矛盾的变化，没有改变我们对我国社会主义所处历史阶段的判断，我国仍处于并将长期处于社会主义初级阶段的基本国情没有变，我国是世界最大发展中国家的国际地位没有变。

报告指出，新时代中国共产党的历史使命为实现中华民族伟大复兴。习近平用“八个明确”对新时代中国特色社会主义思想进行了阐述。他说，新时代中国特色社会主义思想明确坚

持和发展中国特色社会主义，总任务是实现社会主义现代化和中华民族伟大复兴，在全面建成小康社会的基础上，分两步走在本世纪中叶建成富强民主文明和谐美丽的社会主义现代化强国。综合分析国际国内形势和我国发展条件，从2020年到本世纪中叶可以分两个阶段来安排。第一个阶段，从2020年到2035年，在全面建成小康社会的基础上，再奋斗15年，基本实现社会主义现代化。第二个阶段，从2035年到本世纪中叶，在基本实现现代化的基础上，再奋斗15年，把我国建成富强民主文明和谐美丽的社会主义现代化强国。

大会肯定了报告中关于我国社会主义经济建设、政治建设、文化建设、社会建设、生态文明建设的部署。习近平指出，要贯彻新发展理念，建设现代化经济体系。深化供给侧结构性改革；加快建设创新型国家；实施乡村振兴战略；实施区域协调发展战略；加快完善社会主义市场经济体制；推动形成全面开放新格局。要加快生态文明体制改革，建设美丽中国。推进绿色发展；着力解决突出环境问题；加大生态系统保护力度；改革生态环境监管体制。

报告提出，新时代党的建设总要求以及必须抓好的八个方面重要任务：把党的政治建设摆在首位；用新时代中国特色社会主义思想武装全党；建设高素质专业化干部队伍；加强基层组织建设；持之以恒正风肃纪；夺取反腐败斗争压倒性胜利；健全党和国家监督体系；全面增强执政本领。

中国共产党第十九次全国代表大会还审查、批准了十八届中央纪律检查委员会工作报告。大会充分肯定了十八届中央纪律检查委员会的工作。大会认为，党的十八大以来，在以习近平为核心的党中央坚强领导下，中央纪律检查委员会和各级纪律检查委员会牢固树立政治意识、大局意识、核心意识、看齐意识，坚定中国特色社会主义道路自信、理论自信、制度自信、文化自信，自觉同党中央保持高度一致，尊崇党章，忠实履职，推动全面从严治党不断向纵深发展，反腐败斗争形成压倒性态势并巩固发展，坚定维护了党中央权威和集中统一领导，厚植党执政的政治基础，建设一支忠诚干净担当的纪检监察队伍，向党和人民交上了优异答卷。大会要求，高举中国特色社会主义伟大旗帜，以马克思列宁主义、毛泽东思想、邓小平理论、“三个代表”重要思想、科学发展观、习近平新时代中国特色社会主义思想为指导，全面落实党的十九大做出的战略部署，统筹推进“五位一体”总体布局和协调推进“四个全面”战略布局，增强“四个意识”，坚定“四个自信”，不忘初心、牢记使命，紧紧围绕党的领导、党的建设、全面从严治党、党风廉政建设和反腐败斗争，推动党内政治生态实现根本好转，履行党章赋予的监督执纪问责职责，为决胜全面建成小康社会、夺取新时代中国特色社会主义伟大胜利提供坚强保证，为实现中华民族伟大复兴的中国梦不懈奋斗。

2017年10月24日，中国共产党第十九次全国代表大会选举产生了新一届中央委员会和中央纪律检查委员会，通过了习近平代表十八届中央委员会所做的《决胜全面建成小康社会，夺取新时代中国特色社会主义伟大胜利》报告、批准了十八届中央纪律检查委员会的工作报告，审议通过了《中国共产党章程（修正案）》的决议，最后在人民大会堂胜利闭幕。

2017年11月1日，中共中央发布了《中共中央关于认真学习宣传贯彻党的十九大精神的决定》，在全国掀起了学习十九大精神的热潮。

（资料来源：新华网）

历次党代会党章修改大事记

党章是中国共产党内的根本大法，党内的任何文献、文件、文章，其地位都高不过党章。中国共产党第一部党章是1922年中国共产党二大制定的，除去五大外，此后历次代表大会均对党章做出了不同程度的修改。

一大会议（1921年，上海）通过了《中国共产党的第一个纲领》。确定了党的名称、目标、基本政策；提出了发展党员、建立地方和中央机构等组织制度。

二大会议（1922年，上海）讨论通过中国共产党历史上第一个党章《中国共产党章程》。第一次明确提出彻底反对帝国主义和反对封建主义的民主革命纲领；第一次详尽地规定了党员的条件和入党手续；具体规定了党的组织原则、组织机构、党的纪律和制度。

三大会议（1923年，广州）中，中国共产党第一次修正章程。第一次规定了新党员候补期；分别规定了候补党员和正式党员的权利与义务。

四大会议（1925年，上海）规定三人以上可成立支部，第一次将党支部规定为党的基层单位；首次将中央委员会委员长改称为总书记，地方各级的执行委员会的委员长职务，改称为“书记”。

五大会议（1927年，武汉）没有专门讨论党章的修改问题，闭幕后通过《中国共产党第三次修正章程议决案》。第一次明确规定党的指导原则为民主集中制；第一次规定入党者年龄要在18岁以上；第一次将党与青年团的关系列入党章。

六大会议（1928年，莫斯科）突出强调了共产国际的领导；第一次明确规定民主集中制是党的组织原则，并规定党的全国代表大会要“得共产国际同意后召集之”。

七大会议（1945年，延安）共产国际解散后中国共产党独立自主制定党章，标志着党在政治上的成熟；确定了毛泽东思想为全党的指导思想；第一次增加了党章的总纲部分，总纲是党的最基本的政治纲领和组织纲领；更加完善了党的民主集中制原则；特别强调了党的群众路线。

八大会议（1956年，北京）是党执政后制定的第一部党章，提出全面开展社会主义建设的任务；首次把“各尽所能，按劳分酬”的分配原则写进党章；首次规定党的代表大会实行常年制，“党的全国代表大会每届任期五年”。

九大会议（1969年，北京）背离了八大党章的正确纲领。

十大会议（1973年，北京）继续了九大的“左”的错误。

十一大会议（1977年，北京）提出党要认真执行“任人唯贤”的干部政策等；恢复了八大关于把中国建设成四个现代化的社会主义强国的提法。

十二大会议（1982年，北京）吸取了历届党章正反两面的经验，彻底清除了“左”的错误；首次将入党誓词载入党章；对中国现阶段社会主义的主要矛盾和党的总任务等做出了规定。

十三大会议（1987年，北京）对十二大部分条文做了修正；首次规定完善选举制度，实施差额选举；修改了十二大党章的10个条款。

十四大会议（1992年，北京）将建设有中国特色社会主义的理论和党的基本路线贯穿党章全文；增加了关于党的十一届三中全会以来历史进程的表述；增加了邓小平建设有中国特色社会主义的理论。

十五大（1997年，北京）把邓小平理论确立为党的指导思想。

十六大（2002年，北京）把“三个代表”重要思想写入党章；增写了党徽党旗一章，为11章；把“三个代表”重要思想确立为党必须长期坚持的指导思想。

十七大（2007年，北京）将“科学发展观”写入党章；新增科学发展观、中国特色社会主义道路和中国特色社会主义理论体系等马克思主义中国化的最新成果；党章修正案主要修改内容共有15条，充分体现了党的理论创新和实践发展的重大成果。

十八大（2012年，北京）将科学发展观确立为党的指导思想；把中国特色社会主义制度同中国特色社会主义道路、中国特色社会主义理论体系一道写入党章；将生态文明建设写入党章；把科学发展观与马克思主义、毛泽东思想、邓小平理论、“三个代表”重要思想一道确立为党的行动指南。

十九大（2017年，北京）把习近平新时代中国特色社会主义思想写入党章：①增加习近平新时代中国特色社会主义思想为党的行动指南；②把中国特色社会主义文化写入党章；③明确“两个一百年”奋斗目标，实现中华民族伟大复兴的中国梦的目标；④做出我国社会矛盾已转化为人民日益增长的美好生活需要和不平衡、不充分的发展之间的矛盾的重大政治论断；⑤把促进国民经济更高质量、更有效率、更加公平、更可持续发展，完善和发展中国特色社会主义制度，推进国家治理体系和治理能力现代化，更加注重改革的系统性、整体性、协同性等内容写入党章；⑥把发挥市场在资源配置中的决定性作用，推进供给侧结构性改革，建设中国特色社会主义法治体系，推进协商民主广泛、多层、制度化发展，培育和践行社会主义核心价值观，推动中华优秀文化创造性转化、创新性发展，增强绿水青山就是金山银山的意识等内容写入党章；⑦把中国共产党坚持对人民解放军和其他人民武装力量的绝对领导，构建人类命运共同体，遵循共商共建共享原则，推进“一带一路”建设等内容写入党章；⑧把深入推进反腐败斗争、牢固树立政治意识、大局意识、核心意识、看齐意识，把坚持从严管党治党作为党的建设必须坚决实现的基本要求之一写入党章；⑨把中国共产党的领导是中国特色社会主义最本质的特征，是中国特色社会主义制度的最大优势，党政军民学，东西南北中，这一重大政治原则增写入党章。

（资料来源：新华网）

三、“一带一路”国际合作高峰论坛在北京召开

“一带一路”由习近平在2013年提出。2013年9月7日，习近平在哈萨克斯坦纳扎尔巴耶夫大学发表演讲，首次提出共同建设“丝绸之路经济带”；2013年10月3日，习近平在印尼国会发表演讲，首次提出共同建设“21世纪海上丝绸之路”的倡议。

倡议提出以来，有100多个国家和国际组织参与，40多个国家和国际组织与中国签署合作协议，联合国大会、联合国安理会、联合国亚太经社会、亚太经合组织、亚欧会议、大湄公

河次区域合作等有关决议或文件都纳入或体现了“一带一路”建设内容。2015 年 3 月 28 日，国家发改委、外交部和商务部共同发布《推动共建丝绸之路经济带和 21 世纪海上丝绸之路的愿景和行动》。2016 年 4 月 11 日，中国与联合国亚洲及太平洋经济社会委员会签署《中华人民共和国外交部与联合国亚洲及太平洋经济社会委员会关于推进地区互联互通和“一带一路”倡议的意向书》。2016 年 11 月 17 日，第七十一届联合国大会协商一致通过第A/71/9 号决议，决议欢迎“一带一路”等经济合作倡议，敦促各方通过“一带一路”倡议等加强阿富汗及地区经济发展，呼吁国际社会为“一带一路”倡议建设提供安全保障环境。

2017 年 5 月 14 日至 15 日，第一届“一带一路”国际合作高峰论坛在北京举行，“一带一路”国际合作高峰论坛是“一带一路”提出 3 年多来最高规格的论坛活动，主要包括开幕式、圆桌峰会和高级别会议三个部分。29 位外国元首、政府首脑及联合国秘书长、红十字国际委员会主席等 3 位重要国际组织负责人出席高峰论坛，来自 130 多个国家的约 1500 名各界贵宾作为正式代表出席了论坛。出席 2017 年论坛的 29 个外国元首和政府首脑领导人分别来自阿根廷、白俄罗斯、智利、捷克、印度尼西亚、哈萨克斯坦、肯尼亚、老挝、菲律宾、俄罗斯、瑞士、土耳其、乌兹别克斯坦、越南、柬埔寨、埃塞俄比亚、斐济、希腊、匈牙利、意大利、马来西亚、蒙古国、缅甸、巴基斯坦、波兰、塞尔维亚、西班牙、斯里兰卡、吉尔吉斯斯坦。

为了更好地凝聚共识，推进合作，中国将高峰论坛主题设定为“加强国际合作，共建‘一带一路’，实现共赢发展”，议题总体以“五通”即政策沟通、设施联通、贸易畅通、资金融通、民心相通为主线，围绕基础设施互联互通、经贸合作、产业投资、能源资源、金融支撑、人文交流、生态环保和海洋合作等重要领域进行讨论。各国领导人参加的圆桌峰会是高峰论坛的重点，主要讨论两个议题：一是加强政策和发展战略对接，深化伙伴关系；二是推进互联互通务实合作，实现联动发展。

2017 年 5 月 14 日，在“一带一路”国际合作高峰论坛开幕式上，习近平发表了题为《携手推进“一带一路”建设》的主旨演讲，提出要将“一带一路”建设为开放之路、和平之路、繁荣之路、创新之路与文明之路。为展现我国作为一个大国的担当，中国国家开发银行将提供 2500 亿元等值人民币专项贷款，进出口银行将提供 1300 亿元等值人民币专项贷款，鼓励金融机构开展人民币海外基金业务，规模预计约 3000 亿元人民币，向丝路基金新增资金 1000 亿元人民币。此外，我国为沿线发展中国家提供了诸多优惠政策，如向沿线发展中国家提供 20 亿元人民币紧急粮食援助，向南南合作援助基金增资 10 亿美元，向有关国际组织提供 10 亿美元落实一批惠及沿线国家的合作项目，在沿线国家实施 100 个“幸福家园”、100 个“爱心助困”、100 个“康复助医”等项目，未来 3 年向参与“一带一路”建设的发展中国家和国际组织提供 600 亿元人民币援助。

“一带一路”国际合作高峰论坛举行了一场高级别全体会议和 6 场平行主题会议。6 场平行主题会议成果丰硕，“政策沟通和发展战略对接——创新机制、共谋发展”平行主题会议签署了 32 个双边、多边合作文件及合作项目；“互联互通，走向繁荣”平行主题会议中各方达成 3 大共识，致力推动设施联通硬件和软件的“通”与“畅”；“畅通高效，共赢发展，深化’

一带一路’经贸合作”平行主题会议发布了推进“一带一路”贸易畅通合作倡议，中国将从2018年起举办中国国际进口博览会；“建立多元化投融资体系，促进’一带一路’建设”平行主题会议中，财政部和有关国家财政部门签署《“一带一路”融资指导原则》，财政部和亚洲基础设施投资银行、金砖国家新开发银行、世界银行等多边开发银行签署关于加强在“一带一路”倡议下相关领域合作的谅解备忘录，人民银行和国际货币基金组织签署了关于建立中国-基金组织联合能力建设中心的谅解备忘录，人民银行和捷克银行签署了合作谅解备忘录；“共建民心之桥，共促繁荣发展”平行主题会议宣布启动《中国社会组织推动“一带一路”民心相通行动计划（2017—2020）》、“丝路沿线民间组织合作网路”“增进‘一带一路’民心相通国际智库合作项目”；“携手打造智力丝绸之路”平行主题会议形成智库共识、联合研究报告、协议联合成立“一带一路”研究院等。

2017年5月15日，在高峰论坛圆桌峰会结束后，形成了《“一带一路”国际合作高峰论坛圆桌峰会联合公报》。在圆桌峰会的闭幕词中，习近平总结了本次论坛在以下5个方面形成的广泛共识。第一，我们致力于推动“一带一路”建设国际合作，携手应对世界经济面临的挑战；第二，我们支持加强经济政策协调和发展战略对接，努力实现协同联动发展；第三，我们希望将共识转化为行动，推动各领域务实合作不断取得新成果；第四，我们期待架设各国民间交往的桥梁，为人民创造更美好的生活；第五，我们坚信“一带一路”建设是开放包容的发展平台，各国都是平等的参与者、贡献者、受益者。2017年9月5日，习近平在厦门国际会议中心主持新兴市场国家与发展中国家对话中也指出，“一带一路”是合作之路、希望之路、共赢之路。

高峰论坛期间及前夕，各国政府、地方、企业等达成一系列合作共识、重要举措及务实成果，中方对其中具有代表性的一些成果进行了梳理和汇总，形成高峰论坛成果清单。清单主要涵盖政策沟通、设施联通、贸易畅通、资金融通、民心相通五大类，共76大项、270多项具体成果。

中国经济发展进入新常态，机遇和挑战并存，挑战之一就是地区发展不平衡。“一带一路”建设通过扩大向西开放，以开放促发展，有助于加快西部发展步伐，助推东中西部梯次联动并进。同时，“一带一路”涵盖了中国中西部和沿海省区市，紧扣中国区域发展战略、新型城镇化战略、对外开放战略，将助推中国形成全方位开放新格局。“一带一路”建设有利于我们把对外经济合作和深化国内改革、扩大开放紧密融合，同各国一道勾画创新发展、协调发展、绿色发展、开放发展、共享发展的新愿景，也将有助于中国落实“十三五”规划、全面深化改革及扩大对外开放、实现“两个一百年”奋斗目标的伟大历史进程。

（资料来源：新华网、中国“一带一路”网）

“一带一路”重大政策回顾

2013年9—10月，习近平提出建设“丝绸之路经济带”和“21世纪海上丝绸之路”。

2013年11月，十八届三中全会“一带一路”上升为国家战略。

2014年6月，科威特与中国签订《科中关于“丝绸之路经济带”和科威特丝绸城建设合作谅解备忘录》等10份合作协议。

2014年12月，尼泊尔与中国签署《中华人民共和国商务部和尼泊尔政府财政部关于在中尼经贸联委会框架下共同推进“丝绸之路经济带”建设的谅解备忘录》。

2015年，塞尔维亚与中国签署《关于共同推进“一带一路”建设的谅解备忘录》。

2015年3月，格鲁吉亚与中国签署了《中国和格鲁吉亚关于加强共建丝绸之路经济带合作备忘录》。

2015年6月，匈牙利与中国签署《中华人民共和国政府和匈牙利政府关于共同推进“丝绸之路经济带”和“21世纪海上丝绸之路”建设的谅解备忘录》。这是中国同欧洲国家签署的第一个此类合作文件。

2015年3月，《推动共建“丝绸之路经济带”和“21世纪海上丝绸之路”的愿景与行动》发布，“一带一路”顶层规划设计完成。

2015年10月，韩国和中国签署了《关于在“丝绸之路经济带”和“21世纪海上丝绸之路”建设以及欧亚倡议方面开展合作的谅解备忘录》。

2015年11月，波兰与中国签署《中华人民共和国政府与波兰共和国政府关于共同推进“一带一路”建设的谅解备忘录》。

2015年12月，阿塞拜疆与中国签订《中阿关于共同推进“丝绸之路经济带”建设的谅解备忘录》。

2016年1月，埃及与中国签署《中华人民共和国政府和阿拉伯埃及共和国政府关于共同推进“丝绸之路经济带”和“21世纪海上丝绸之路”建设的谅解备忘录》。

2016年1月，伊朗与中国签署《中华人民共和国政府和伊朗伊斯兰共和国政府关于共同推进“丝绸之路经济带”和“21世纪海上丝绸之路”建设的谅解备忘录》。

2016年4月，联合国亚太经社会与中国签署《中国外交部与联合国亚太经社会关于推进地区互联互通和“一带一路”倡议的意向书》（中国与国际组织签署的首份“一带一路”合作文件）。

2016年9月，白俄罗斯与中国签署《中华人民共和国政府与白俄罗斯政府共同推进“一带一路”建设的措施清单》。

2016年9月，哈萨克斯坦与中国签署《“丝绸之路经济带”建设与“光明之路”新经济政策对接合作规划》。

2016年9月，老挝与中国签订了《中华人民共和国和老挝人民民主共和国关于编制共同推进“一带一路”建设合作规划纲要的备忘录》。

2016年10月，孟加拉和中国签署了《中华人民共和国政府与孟加拉人民共和国政府关于开展“一带一路”倡议下合作的谅解备忘录》。

2016年10月，柬埔寨和中国签订了《中华人民共和国和柬埔寨王国关于编制共同推进“一带一路”建设合作规划纲要的谅解备忘录》等文件。

2017 年 1 月，中国与世界卫生组织签订《中华人民共和国政府和世界卫生组织关于“一带一路”卫生领域合作的谅解备忘录》。

2017 年 1 月，埃及与中国签订《关于加强“网上丝绸之路”建设合作促进信息互联互通的谅解备忘录》。

2017 年 3 月，中国与新西兰签署了《中华人民共和国政府和新西兰政府关于加强“一带一路”倡议合作的安排备忘录》。

2017 年 5 月，环保部、外交部、国家发改委、商务部联合下发《关于推进绿色“一带一路”建设的指导意见》。

2017 年 11 月 10 日，习近平在会见美利坚合众国总统唐纳德·特朗普时提出，要拓展在“一带一路”建设等领域的务实合作。

2017 年 11 月 13 日，习近平同越共中央总书记阮富仲举行会谈，两国签署共建“一带一路”和“两廊一圈”合作备忘录。

2017 年 12 月 7 日，习近平和马尔代夫总统亚明签署关于共同推进“一带一路”建设的谅解备忘录。

（资料来源：新华网、中国“一带一路”网）

四、香港庆祝回归祖国 20 周年

2017 年 6 月 30 日上午，习近平出席了庆祝香港回归祖国 20 周年活动，视察了中国人民解放军驻香港部队 3100 名官兵和 100 多件武器装备，代表党中央和中央军委向驻香港部队全体指战员致以诚挚的问候。习主席做出指示：“在新的起点上，全面加强驻香港部队工作，坚决贯彻‘一国两制’方针和香港特别行政区基本法、驻军法，坚决维护国家主权、安全、发展利益，坚决维护香港繁荣稳定。”

2017 年 7 月 1 日，庆祝香港回归祖国 20 周年大会暨香港特别行政区第五届政府就职典礼在香港会展中心隆重举行。中共中央总书记、国家主席、中央军委主席习近平出席并发表重要讲话。

习近平指出，“一国两制”是中国的一个伟大创举，是中国为国际社会解决类似问题提供的一个新思路、新方案，是中华民族为世界和平与发展做出的新贡献，凝结了海纳百川、有容乃大的中国智慧。持“一国两制”方针，深入推进“一国两制”实践，符合香港居民的利益，符合香港繁荣稳定的实际需要，符合国家根本利益，符合全国人民共同意愿。中央贯彻“一国两制”方针坚持两点，一是坚定不移，不会变、不动摇；二是全面准确，确保“一国两制”在香港的实践不走样、不变形，始终沿着正确方向前进。

为更好地在香港落实“一国两制”，习近平提出以下几点要求：

第一，始终准确把握“一国”和“两制”的关系。“一国”是根，根深才能叶茂；“一国”是本，本固才能枝荣；必须牢固树立“一国”意识，坚守“一国”原则，正确处理特别行政区和中央的关系；任何危害国家主权安全、挑战中央权力和香港特别行政区基本法权威、利用香港对内地进行渗透破坏的活动，都是对底线的触碰，都是绝不能允许的；在“一国”的基础之上，“两制”的关系应该也完全可以做到和谐相处、相互促进。要把坚持“一国”原则和尊重“两制”差异、维护中央权力和保障香港特别行政区高度自治权、发挥祖国内地坚强后盾作用和提高香港自身竞争力有机结合起来，任何时候都不能偏废。

第二，始终依照宪法和基本法办事。《中华人民共和国宪法》和《中华人民共和国香港特别行政区基本法》共同构成香港特别行政区的宪制基础；要把中央依法行使权力和特别行政区履行主体责任有机结合起来；要完善与基本法实施相关的制度和机制；要加强香港社会特别是公职人员和青少年的宪法和基本法宣传教育。

第三，始终聚焦发展这个第一要务。发展是永恒的主题，是香港的立身之本，也是解决香港各种问题的金钥匙；“一国两制”构想提出的目的，一方面是以和平的方式对香港恢复行使主权，另一方面就是为了促进香港发展；香港背靠祖国、面向世界，有着许多有利发展条件和独特竞争优势，特别是这些年国家的持续快速发展为香港发展提供了难得机遇、不竭动力、广阔空间；要珍惜机遇、抓住机遇，把主要精力集中到搞建设、谋发展上来。

第四，始终维护和谐稳定的社会环境。“一国两制”包含了中华文化中的和合理念，体现的一个重要精神就是求大同、存大异；只有凡事都着眼大局，理性沟通，凝聚共识，才能逐步解决问题；从中央来说，只要爱国爱港，诚心诚意拥护“一国两制”方针和香港特别行政区基本法，不论持什么政见或主张，我们都愿意与之沟通；香港虽有不错的家底，但在全球经济格局深度调整、国际竞争日趋激烈的背景下，也面临很大的挑战，经不起折腾，经不起内耗，只有团结起来、和衷共济，才能把香港这个共同家园建设好。

习近平指出，希望特别行政区政府广泛团结社会各界，全面准确贯彻“一国两制”方针，坚守“一国”之本，善用“两制”之利，扎扎实实做好各项工作。要与时俱进、积极作为，不断提高政府管治水平；要凝神聚力、发挥所长，开辟香港经济发展新天地；要以人为本、纾困解难，着力解决市民关注的经济民生方面的突出问题，切实提高民众获得感和幸福感；要注重教育、加强引导，着力加强对青少年的爱国主义教育，关心、支持、帮助青少年健康成长。中央政府将一如既往支持行政长官和特别行政区政府依法施政；支持香港发展经济、改善民生；支持香港在推进“一带一路”建设、粤港澳大湾区建设、人民币国际化等重大发展战略中发挥优势和作用。中央有关部门还将积极研究出台便利香港同胞在内地学习、就业、生活的具体措施。

香港特别行政区第五届行政长官林郑月娥在就职典礼上表示，她将坚定担当“一国两制”的执行者、基本法的维护者、法治的捍卫者及中央和香港特别行政区关系发展的促进者。她强调，加强市民对特区政府的信任是本届政府的施政重点，未来将具体落实为青年人提供更多议政、论政、参政机会的措施。政府也要在一系列社会议题，包括开拓土地、保护环境、劳工权益、营商环境、扶贫助弱等，与立法会议员和社会各界加强沟通，尽力建立共识。

2017 年 7 月 1 日上午，《深入粤港澳合作推进大湾区建设框架协议》在香港签署，习近平出席了签署仪式。在本次考察活动中，习近平再一次强调了中央对香港的关爱和支持：中央政府将一如既往地支持行政长官和特别行政区政府依法施政；支持香港发展经济、改善民生；支持香港在推进“一带一路”建设、粤港澳大湾区建设、人民币国际化等重大发展战略中发挥优势和作用。

2017 年 7 月 1 日下午，习近平在林郑月娥的陪同下，考察了珠港澳大桥香港段建设工地和香港国际机场第三跑道建设情况。习近平对这两大工程给予了肯定：建设港珠澳大桥是中央支持香港、澳门和珠三角区域更好发展的一项重大举措，是“一国两制”下粤港澳密切合作的重大成果；中央支持香港机场建设第三跑道，就是为了支持香港巩固国际航空交通枢纽地位，保持和提升整体竞争力。

（资料来源：新华网、人民网）

香港回归 20 周年大事记

1997 年 7 月 1 日，中国政府恢复对香港行使主权，香港特别行政区成立。董建华宣誓就任第一任香港特区行政长官。

1998 年，受亚洲金融危机影响香港股市波动。在中央政府支持下港府对国际炒家予以反击，金管局在股票和期货市场投入庞大资金，成功击退炒家。

1999 年 11 月 2 日，董建华宣布，特区政府将与迪士尼公司在港合资兴建迪士尼乐园。12 月 10 日，香港特区政府与迪士尼公司正式签约。

2000 年，经过多年研究和悉心筹划后，香港强制性公积金制度全面实施，协助在职工作人员未雨绸缪，保障退休生活。

2001 年 3 月，金管局宣布，截至当年 2 月底，香港官方外汇储备资产全球排行第三，仅次于日本和中国内地。

2002 年 2 月 28 日，第二届行政长官选举提名期结束。董建华是唯一提名有效的候选人，自动当选。

2003 年，《内地与香港关于建立更紧密经贸关系的安排》签署，为香港经济复苏带来强大动力。中央政府随后推出内地居民赴港“个人游”计划。

2004 年，《内地与香港关于建立更紧密经贸关系的安排》(CEPA) 正式实施。第二阶段协议于 8 月公布。

2005 年 3 月，曾荫权接替董建华担任香港特区行政长官，董建华因健康原因辞去行政长官职务。

2006 年，陈冯富珍当选世界卫生组织总干事。陈冯富珍成为在联合国专门机构中担任最高职位的首位中国人。

2007 年 3 月，根据行政长官选举条例，曾荫权取得有效选票中超过半数，当选香港特区第三届行政长官。2007 年 7 月，香港隆重庆祝回归 10 周年。

2008 年 8 月，北京奥运会马术比赛在香港举行。香港社会掀起“入夜，看马去”的热潮，在港府和全体市民的共同努力下，香港呈现出的奥运马术盛宴可谓精彩纷呈。

2009 年 12 月，为期 9 天的东亚运动会在香港举办，这是香港回归祖国后首次承办国际性综合赛事。

2011 年 12 月，港珠澳大桥香港口岸动工。大桥建成后，珠三角西部将纳入香港“三小时生活圈”的一部分。

2012 年 3 月 25 日，香港第四任行政长官选举结果揭晓。梁振英获得 689 张有效票，当选为香港特区第四任行政长官。

2013 年 10 月，行政长官设专责小组，负责就 2017 年行政长官及 2016 年立法会产生办法进行公众咨询。

2014 年 6 月，《“一国两制”在香港特别行政区的实践》发表。这是中央政府首次就香港工作发表白皮书，系统阐述了“一国两制”内涵和中央对港方针政策。

2016 年 12 月，深港通正式启动，深港两地证券市场成功实现联通。

2017 年 3 月 26 日，香港特区第五任行政长官选举结果揭晓，林郑月娥获得 777 张有效选票，当选为第五任行政长官。

（资料来源：新华网）

五、粤港澳大湾区建设上升为国家战略

2017 年 3 月全国“两会”期间，国务院总理李克强在《政府工作报告》中首次提出：要研究制定粤港澳大湾区城市群规划，提升港澳在国家经济发展和对外开放中的地位和作用，这标志着粤港澳大湾区的建设正式成为国家战略，粤港澳大湾区由此进入国家的“顶层设计”。

在区域规划中，湾区多用于描述围绕沿海口岸分布的众多海港和城镇所构成的港口群和城镇群，由此衍生的经济效应被称作“湾区经济”。2017 年 3 月，国家发改委牵头研究编制了《粤港澳大湾区城市群发展规划》。粤港澳大湾区指的是由广州、佛山、肇庆、深圳、东莞、惠州、珠海、中山、江门 9 市和香港、澳门两个特别行政区形成的城市群，陆域面积约 5.6 万平方千米，大陆和岛屿海岸线总长 3201 千米。这是继美国纽约湾区、美国旧金山湾区、日本东京湾区之后，世界第四大湾区，是国家建设世界级城市群和参与全球竞争的重要空间载体。

2017 年 7 月 1 日，在国家主席习近平的见证下，香港特别行政区行政长官林郑月娥、澳门特别行政区行政长官崔世安、国家发改委主任何立峰、广东省省长马兴瑞在香港共同签署了《深化粤港澳合作 推进大湾区建设框架协议》。2017 年 7 月 3 日，国家发改委正式公布了《深化粤港澳合作 推进大湾区建设框架协议》（以下简称《协议》）。

根据《协议》内容，大湾区合作的目标为：①强化广东作为全国改革开放先行区、经济发展重要引擎的作用，构建科技、产业创新中心和先进制造业、现代服务业基地。②巩固和提升香港国际金融、航运、贸易三大中心地位，强化全球离岸人民币业务枢纽地位和国际资产管理中心功能，推动专业服务和创新及科技事业发展，建设亚太区国际法律及解决争议服务中心。③推进澳门建设世界旅游休闲中心，打造中国与葡语国家商贸合作服务平台，建设以中华文化为主流、多元文化共存的交流合作基地，促进澳门经济适度多元可持续发展。努力将粤港澳大湾区建设成为更具活力的经济区、宜居宜业宜游的优质生活圈和内地与港澳深度合作的示范区，携手打造国际一流湾区和世界级城市群。

《协议》指出，在开放引领、创新驱动、优势互补、合作共赢、市场主导、政府推动、先行先试、重点突破、生态优先、绿色发展的合作原则下，未来的建设要着重做好以下 6 个方面工作。

一是着力推进基础设施互联互通。要进一步加快大湾区基础设施建设，推动内地与港澳交通设施有效衔接，完善现代货运物流体系，提升客货运输服务水平。

二是着力提升市场一体化水平。

三是着力打造国际科技创新中心。

四是着力构建具有国际竞争力的现代产业体系。

五是着力共建宜居宜业宜游的优质生活圈。

六是着力支持重大合作平台建设。要进一步发挥三大平台在深化改革、扩大开放、促进合作中的试点示范作用。

在体制机制方面，《协议》指出要完善协调机制，健全实施机制，扩大公众参与。①完善协调机制。编制《粤港澳大湾区城市群发展规划》，推进规划落地实施。四方每年定期召开磋商会议，协调解决大湾区发展中的重大问题和合作事项。②健全实施机制。四方每年提出推进粤港澳大湾区建设年度重点工作，由国家发改委征求广东省人民政府和香港、澳门特别行政区政府以及国家有关部门意见达成一致后，共同推动落实。广东省人民政府和香港、澳门特别行政区政府共同建立推进粤港澳大湾区发展日常工作机制，更好发挥广东省发展和改革委员会、香港特别行政区政府政制及内地事务局、澳门特别行政区政府行政长官办公室在合作中的联络协调作用，推动规划深入实施。③扩大公众参与。强化粤港澳合作咨询渠道，吸纳内地及港澳各界代表和专家，研究探讨各领域合作发展策略、方式及问题。发挥粤港澳地区行业协会、智库等机构的作用，支持工商企业界、劳工界、专业服务界、学术界等社会各界深化合作交流，共同参与大湾区建设。加强粤港澳大湾区的宣传推介。

此外，“一带一路”为粤港澳大湾区建设“科技湾区”提供了叠加优势。粤港澳大湾区建设已纳入国家《推动共建“丝绸之路经济带”和“21 世纪海上丝绸之路”的愿景与行动》；在地理区位上，粤港澳大湾区以环珠江口区域为核心，背靠大陆面向南海，地处国际航线要冲，是中国与海上丝绸之路沿线国家海上往来距离最近的经济发达区域；人文方面，粤港澳大湾区具有侨乡、英语和葡语三大文化纽带，是连接 21 世纪海上丝绸之路沿线国家的重要桥梁。

国家发改委2017年8月18日表示，在推进粤港澳大湾区建设上，国家发改委将结合自身职能重点做好五方面工作。一是建机制。全面落实框架协议，研究推动设立粤港澳大湾区建设协调机制，统筹协调推动大湾区建设中的重大问题。二是编规划。会同粤港澳三地和国务院有关部门编制粤港澳大湾区城市群发展规划，广泛听取粤港澳三地政府、有关部门和社会各界意见，尽快按程序上报。三是定重点。制定年度工作要点，确保每年推动实施若干有影响的重大工程和重点工作。四是做方案。会同有关方面启动国际科技创新中心建设，在广泛调研基础上，着手研究编制实施方案。五是抓示范。进一步发挥广州南沙、深圳前海、珠海横琴等重大合作平台在深化内地与港澳合作方面的试点示范作用，确保大湾区建设早出成果、快出成果。

（资料来源：新华网）

“粤港澳大湾区”大事记

2008年《珠江三角洲改革发展规划纲要（2008—2020年）》将珠三角9市与港澳的紧密合作纳入规划，目标是到2020年形成粤港澳三地分工合作、优势互补、全球最具核心竞争力的大都市圈之一。

2009年，《大珠三角城镇群协调发展规划研究》把“湾区发展计划”列为空间总体布局协调计划的一环，并提出四项跟进工作，即跨界交通合作、跨界地区合作、生态环境保护合作和协调机制建设。

2010年，粤港澳三地政府联合制订《环珠三角宜居湾区建设重点行动计划》，以落实《大珠三角城镇群协调发展规划研究》。

2014年，深圳市《政府工作报告》提出重点打造湾区产业集群，构建“湾区经济”。

2015年，国家发改委、外交部、商务部联合发布的《推动共建“丝绸之路经济带”和“21世纪海上丝绸之路”的愿景与行动》中提出充分发挥深圳前海、广州南沙、珠海横琴、福建平潭等开放合作区作用，深化与港澳台合作，打造粤港澳大湾区。

2016年国家“十三五”规划纲要，支持港澳在泛珠三角区域合作中发挥重要作用，推动粤港澳大湾区和跨省区重大合作平台建设。

2016年3月28日，经粤港双方政府同意，广东省人民政府印发了《实施〈粤港合作框架协议〉2016年重点工作》。

2016年9月15日，时任广东省省长朱小丹在粤港合作联席会议后的新闻发布会上表示，将在南沙最优质的地块中划出一个专门区域，打造成“粤港深度合作示范区”，该区只引进香港企业。

2017年2月27日，广东省委书记胡春华、省长马兴瑞赴广州南沙调研，提出把南沙建成高水平的国际化城市和国际航运、贸易、金融中心，成为广州的“城市副中心”。广东与香港将在南沙自贸区建立“粤港深度合作区”。

2017年3月5日，国务院总理李克强在十二届全国人大五次会议上的政府工作报告中提出，要推动内地与港澳深化合作，研究制定粤港澳大湾区城市群发展规划，发挥港澳独特优势。

2017年3月25日，香港特区行政长官梁振英在海南博鳌和广东省委副书记、广州市委书记任学锋会面，讨论了研究制定粤港澳大湾区城市群的规划工作。

2017年4月19至21日，梁振英率团到访粤港澳大湾区6个城市，包括广州、佛山、肇庆、江门、中山及珠海，考察当地的城市发展、定位、物流及基建，并与各市领导会面。

2017年4月7日，国家发改委制定印发了《2017年国家级新区体制机制创新工作要点》。

2017年6月，首届粤港澳大湾区论坛在香港举行。

2017年7月1日，香港特别行政区行政长官林郑月娥、澳门特别行政区行政长官崔世安、国家发改委主任何立峰、广东省省长马兴瑞共同在香港签署了《深化粤港澳合作推进大湾区建设框架协议》。

2017年7月4日，广东省省长马兴瑞在主持召开广东省政府常务会议时表示，逐项落实《框架协议》内容，加快推进《粤港澳大湾区城市群发展规划》修改完善工作。

（资料来源：新华网）

六、共享单车快速发展

互联网租赁自行车（俗称“共享单车”）是移动互联网和租赁自行车融合发展的新型服务模式。近年来，我国互联网租赁自行车快速发展，在更好地满足公众出行需求、有效解决城市交通出行“最后一公里”问题、缓解城市交通拥堵、构建绿色出行体系等方面发挥了积极作用，推动了分享经济发展。

2017年4月12日，《2017年共享单车与城市发展白皮书》发布，研究发现，创新型的智能共享单车在进入城市不到一年时间内，成为小汽车、公交、地铁外的第四大出行方式，实现了“自行车王国”的人性化复兴。报告指出，骑行可以重塑城市：骑行可节能，促进能源节约；骑行节约城市空间；共享单车推动了骑行基础设施完善；骑行大数据推进智慧城市建设，为城市规划提供科学依据，为城市交通提供智能调度。

2017年8月4日，中国互联网络信息中心（CNNIC）在京发布第40次《中国互联网络发展状况统计报告》（以下简称《报告》）。《报告》数据显示，共享单车服务自2016年下半年起，在资本的大力推动下实现了快速发展，截至2017年6月，共享单车用户规模达到1.06亿，业务覆盖范围已经由一二线城市向三四线城市渗透。

《报告》指出，共享单车的蓬勃发展得益于三点主要因素：其一，移动上网设备的普及和移动网络环境改善为共享单车业务大范围铺开奠定了基础；其二，一二线城市公共交通网络虽然发展日趋完善，但仍不能覆盖到用户出行的“最后一公里”；其三，国内良好的融资环境成为共享单车业务快速发展的催化剂，推动共享单车可以在极短时间内完成大范围铺开。对于交通压力较大的一线城市而言，“公共交通+共享单车”的出行方式为市民出行提供了简单、经济、高效的解决方案，是互联网服务在线下惠及民生的具体表现。但在蓬勃发展的同时，共享单车车辆乱停乱放、车辆运营维护不到位、企业主体责任不落实、用户资金和信息安全风险等问题也逐渐引起社会重视。

2017 年 8 月 2 日，为了鼓励和规范互联网租赁自行车发展，经国务院同意，交通运输部、中央宣传部、中央网信办、国家发改委、工业和信息化部、公安部、住房和城乡建设部、人民银行、国家质检总局、国家旅游局 10 部门联合出台了《关于鼓励和规范互联网租赁自行车发展的指导意见》(以下简称《指导意见》)。

《指导意见》肯定了互联网租赁自行车发展对方便群众短距离出行、构建绿色低碳交通体系的积极作用，提出要按照“服务为本、改革创新、规范有序、属地管理、多方共治”的基本原则，鼓励和规范共享单车发展，进一步提升服务水平，更好地满足人民群众的出行需求。《指导意见》从实施鼓励发展政策、规范运营服务行为、保障用户资金和网络信息安全、营造良好发展环境四个方面，提出了相关具体措施。

实施鼓励发展政策。《指导意见》指出：①要科学确定发展定位。互联网租赁自行车是分时租赁营运非机动车，各地要坚持优先发展公共交通，统筹发展互联网租赁自行车。②要引导有序投放车辆。各城市要研究建立与城市空间承载能力、停放设施资源、公众出行需求等相适应的车辆投放机制，引导互联网租赁自行车运营企业合理、有序投放车辆。③要完善自行车交通网络。积极推进自行车道建设，提高自行车道的网络化和通达性。④要推进自行车停车点位设置和建设。各城市要制定适合本地特点的自行车停放区设置技术导则，规范自行车停车点位设置。

规范运营服务行为。《指导意见》指出：①要加强互联网租赁自行车标准化建设。运用认证认可、监督抽查等手段，建立标准实施分类监督机制，促进标准落地，确保产品质量和安全。②规范企业运营服务。互联网租赁自行车实行用户实名制注册和使用。运营企业应当明示计费方式和标准，公开服务质量承诺，建立投诉处理机制，接受社会监督。③加强停放管理和监督执法。互联网租赁自行车运营企业要落实对车辆停放管理的责任，各地要加强对互联网租赁自行车停放的监督，明确相关主管部门的执法职责。④引导用户安全文明用车。通过互联网租赁自行车平台推送、公益广告、主题教育、志愿者活动等多种方式，引导用户安全文明用车。⑤加强信用管理。加快互联网租赁自行车服务领域信用记录建设，建立企业和用户信用基础数据库，定期推送给全国信用信息共享平台。

保障用户资金和网络信息安全。《指导意见》指出，要加强用户资金安全监管，确保用户合法权益和资金安全。要加强网络和信息安全保护。互联网租赁自行车运营企业应当将服务器设在中国大陆境内，并落实网络安全等级保护、数据安全管理、个人信息保护等制度。

营造良好发展环境。《指导意见》指出，要明确责任分工。城市人民政府要结合本地实际，明确交通运输部门、公安机关、住房城乡建设部、网信部门、电信主管部门等各部门工作责任，建立联合工作机制。加强社会公众治理。鼓励公众共同参与治理，形成企业主体、政府监管、多方参与的社会治理体系。建立公平竞争市场秩序。互联网租赁自行车运营企业应当依法规范经营，不得妨碍市场公平竞争，不得侵害用户合法权益和公共利益。

2017年11月6日，中国通信工业协会发布了国内首个基于物联网的共享单车系统团体标准《基于物联网的共享自行车应用系统总体技术要求》（以下简称《技术要求》）。《技术要求》由中国通信工业协会物联网应用分会、摩拜单车、中国信息通信研究院等专业机构和各领域领导企业参与制定和发布。

《指导意见》强调，要全面贯彻党的十八大和十八届三中、四中、五中、六中全会精神，深入贯彻习近平系列重要讲话精神和治国理政新理念、新思想、新战略，认真落实党中央、国务院决策部署，统筹推进“五位一体”总体布局和协调推进“四个全面”战略布局，牢固树立和贯彻落实创新、协调、绿色、开放、共享的发展理念，深化供给侧结构性改革，有效推进“互联网+”行动计划，鼓励和规范互联网租赁自行车发展，提升互联网租赁自行车服务水平，优化交通出行结构，构建绿色、低碳的出行体系，更好地满足人民群众的出行需要。

（资料来源：新华网）

各地出台“共享单车”相关政策

2017年，针对国内共享单车快速发展的态势，我国各地方陆续出台了关于规范共享单车的指导意见。

2017年4月21日，《北京市鼓励规范发展共享自行车的指导意见（试行）》公开征求意见。

2017年4月26日，杭州市互联网自行车规范管理工作领导小组办公室发布了《杭州市促进互联网租赁自行车规范发展的指导意见（试行）》的征求意见稿。

2017年4月27日，《上海市规范发展共享自行车指导意见（试行）》向社会征求意见。

2017年6月5日，石家庄市人民政府办公厅发布了《石家庄市人民政府办公厅关于鼓励和规范互联网租赁自行车健康发展的若干意见》。

2017年6月20日，广州市交通委员会发布了《关于鼓励互联网租赁自行车规范发展的指导意见》。

2017年7月20日，南京市交通运输局发布了《关于印发〈关于引导和规范互联网租赁自行车发展的意见（试行）〉的通知》（宁交规范〔2017〕1号）。

2017年8月，武汉市交通运输局发布了《市人民政府关于鼓励和规范互联网租赁自行车健康发展的意见》（武政规〔2017〕32号）。

2017年9月，天津发布了《天津市关于鼓励规范发展互联网租赁自行车的指导意见（试行）》。

2017年9月，合肥市交通运输局发布了《关于鼓励和规范互联网租赁自行车发展的实施意见》的征求意见稿。

2017年10月13日，长沙市交通运输局发布《长沙市促进互联网租赁自行车规范发展的指导意见（征求意见稿）》，面向社会公开征求意见。

2017年10月，西安市多部门制定了《西安市鼓励规范互联网租赁自行车发展的指导意见》。

2017 年 11 月 23 日，福州市人民政府办公厅发布《福州市人民政府办公厅关于规范共享单车管理的实施意见（试行）》。

2017 年 11 月，上海发布《上海市鼓励和规范互联网租赁自行车发展的指导意见（试行）》。

2017 年 12 月，新疆维吾尔自治区交通运输厅、发展和改革委员会、经济和信息化委员会等 10 部门联合发布了《新疆维吾尔自治区关于鼓励和规范互联网租赁自行车发展的实施意见》。

（资料来源：新华网）

七、国务院印发《全国国土规划纲要（2016—2030 年）》

2009 年 9 月，经国务院同意，由国土资源部和国家发改委牵头，财政部、环境保护部、住建部等 28 个部门、单位参加，正式启动了《全国国土规划纲要》编制工作。2012 年年底，《全国国土规划纲要（送审稿）》编制完成。党的十八大后，中央提出一系列治国理政新理念、新思想、新战略，为在《全国国土规划纲要》中充分体现新的要求，并做好与全国主体功能区规划的衔接，又对《全国国土规划纲要（送审稿）》进行了反复修改和完善。

2017 年 2 月，经李克强总理签批，国务院正式印发了《全国国土规划纲要（2016—2030 年）》（以下简称《纲要》）。这是我国首个国土空间开发与保护的战略性、综合性、基础性规划，对涉及国土空间开发、保护、整治的各类活动具有指导和管控作用。《纲要》作为一项高层次、战略性、综合性、基础性规划，填补了我国空间规划体系最大短板，标志着社会主义市场经济体制下空间规划架构基本形成。

《纲要》范围涵盖我国全部国土（暂未含港澳台地区）。规划基期为 2015 年，中期目标为 2020 年，远期目标为 2030 年。《纲要》贯彻区域发展总体战略和主体功能区战略，推动“一带一路”建设、京津冀协同发展、长江经济带发展战略落实，对国土空间开发、资源环境保护、国土综合整治和保障体系建设等做出总体部署与统筹安排，对涉及国土空间开发、保护、整治的各类活动具有指导和管控作用，对相关国土空间专项规划具有引领和协调作用，是我国首个国土空间开发与保护的战略性、综合性、基础性规划。《纲要》的出台，填补了高层次、战略性规划的欠缺，有助于克服规划种类繁杂、相互掣肘、运行效率低下的弊端，有助于解决规划层级过多、事权错配、空间政策统一性不足的问题，标志着社会主义市场经济体制下的空间规划架构基本形成，表明我国空间规划体系日益走向完善。

《纲要》首次提出推进“国土集聚开发”“国土全域保护”，构建“四区一带”国土综合整治格局，创新了空间规划方法，着力构建统一协调、衔接高效的国土空间治理基本政策架构。随着各地各部门对空间规划权的博弈不断加剧，空间政策分散化、碎片化问题日益突出，助长了国土空间的无序开发和低效扩张，加重了各种生态和资源环境问题。《纲要》针对这些问题，着力强化国土空间开发、保护和整治的统筹管控，着力构建统一协调、衔接高效的国土空间治理基本政策架构，形成了一系列战略构想和方法创新。

《纲要》首次提出推进“国土集聚开发”，国土空间开发的战略格局更加明晰。明确以培育重要开发轴带和开发集聚区为重点，建设竞争力高地；在资源环境承载能力较强、集聚开发水平较高或潜力较大的城市化地区，着力推进国土集聚开发，引导人口、产业相对集中布局；以四大板块为基础、三大战略为引领、国家优化开发和重点开发区域为重点，依托大江大河和重要交通干线，打造若干国土开发重要轴带，促进生产要素有序流动和高效集聚，着力打造国土集聚开发主体框架，积极构建多中心网络型开发格局，提升国土开发效率和整体竞争力。

首次提出推进“国土全域保护”，国土空间保护政策更加系统化。明确构建“五类三级”国土全域保护格局，即以资源环境承载力评价为基础，依据主体功能定位，按照环境质量、人居生态、自然生态、水资源和耕地资源五大资源环境主题，区分保护、维护、修复三个级别，将陆域国土划分为 16 类保护地区，实施全域分类分级保护。

首次提出构建“四区一带”国土综合整治格局，搭建起“国土综合整治”的基本平台。明确以主要城镇化地区、农村地区、重点生态功能区、矿产资源开发集中区、海岸带和海岛地区为重点，开展国土综合整治。

将资源环境承载力综合评价和空间经济分析作为规划编制基础，创新了空间规划方法。资源环境承载状况构成了国土空间开发的自然基础，国土空间市场状况构成了国土空间开发的经济基础，二者共同塑造国土空间开发的未来格局。通过资源环境承载力评价，为确定国土开发的规模、布局和强度提供重要的本底支撑；通过空间经济分析，研判人口流动、产业集聚、城镇发展、经济区位等的综合影响，为优化国土空间开发格局奠定坚实基础。

《纲要》的出台是适应空间治理要求、深化规划体制改革的产物，是部门协同、广泛参与、对我国国土规划工作 30 多年成果的系统集成。改革开放初期，随着国民经济迅速恢复和大规模国土开发活动的展开，建设无序、资源浪费和生态破坏等问题开始出现。1984 年 7 月，国家计委出台《关于进一步搞好省、自治区、直辖市国土规划试点工作的通知》。1985 年 3 月，国务院批转国家计委《关于编制全国国土总体规划纲要的报告》。1987 年，国家计委印发《国土规划编制办法》，国土规划编制工作全面开展。1990 年 2 月，《全国国土总体规划纲要（草案）》编制完成。总体上看，这一时期的国土规划以生产力布局、资源开发、国土整治为主要内容，具有鲜明的计划经济特征。因种种原因，包括全国规划纲要（草案）在内，大多数规划未正式批复，但在实际中不同程度发挥了作用。20 世纪 90 年代中期以后，由于对社会主义市场经济条件下国土规划的职能认识不清，加之多数国土规划未能及时审批，规划编制工作陷入停顿。1998 年，国土规划职能由国家计委划转新成立的国土资源部。《纲要》从前期研究到完成批复正式出台历时 8 年，其编制是对改革开放 30 多年来国土规划工作成果全面检阅和系统集成的过程，是对新形势下国土规划适应引领国土空间治理进行深入探索和创新发展的过程，是凝心聚力、集思广益、求同存异、统一思想的过程，最终凝结为我国空间规划发展的一项重大成果。

《纲要》既立足我国实际，又借鉴国际先进的规划理论和方法，尊重自然规律、经济规律和社会规律，充分体现创新、协调、绿色、开放、共享的发展理念，有效协调和整合了空间发展政策，为区域发展总体战略、新型城镇化战略和生态文明建设战略的实施奠定了重要基础。

（资料来源：人民网）

《全国国土规划纲要（2016—2030年）》主要指标一览表

指标名称	2016年	2020年	2030年	属性
1.耕地保有量（亿亩*）	18.65	18.65	18.25	约束性
2.用水总量（亿立方米）	6180	6700	7000	约束性
3.森林覆盖率（%）	21.66	>23	>24	预期性
4.草原综合植被盖度（%）	54	56	60	预期性
5.湿地面积（亿亩）	8	8	8.3	预期性
6.国土开发强度（%）	4.02	4.24	4.62	约束性
7.城镇空间（万平方千米）	8.90	10.21	11.67	预期性
8.公路与铁路网密度（千米/平方千米）	0.49	≥0.5	≥0.6	预期性
9.全国七大重点流域水质优良比例（%）	67.5	>70	>75	约束性
10.重点江河湖泊水功能区水质达标率（%）	70.8	>80	>95	约束性
11.新增治理水土流失面积（万平方千米）	–	32	94	预期性

（资料来源：人民网）

八、国务院批准在7省市设立“自由贸易试验区”

2017年3月31日，国务院分别印发《中国（辽宁）自由贸易试验区总体方案》《中国（浙江）自由贸易试验区总体方案》《中国（河南）自由贸易试验区总体方案》《中国（湖北）自由贸易试验区总体方案》《中国（重庆）自由贸易试验区总体方案》《中国（四川）自由贸易试验区总体方案》《中国（陕西）自由贸易试验区总体方案》。

建立辽宁、浙江、河南、湖北、重庆、四川、陕西等自由贸易试验区，是党中央、国务院做出的重大决策，是新形势下全面深化改革和扩大开放的一项战略举措，对加快政府职能转变、积极探索管理模式创新、促进贸易投资便利化、深化金融开放创新，为全面深化改革和扩大开放探索新途径、积累新经验，具有重要意义。

《中国（辽宁）自由贸易试验区总体方案》指出，辽宁省自贸试验区的实施范围119.89平方千米，涵盖三个片区：大连片区、沈阳片区、营口片区。辽宁自贸区战略定位为努力将自贸试验区建设成为提升东北老工业基地发展整体竞争力和对外开放水平的新引擎。争取经过3～5年改革探索，形成与国际投资贸易通行规则相衔接的制度创新体系，营造法治化、国际

* 1亩≈666.7平方米

化、便利化的营商环境，巩固提升对人才、资本等要素的吸引力，努力建成高端产业集聚、投资贸易便利、金融服务完善、监管高效便捷、法治环境规范的高水平、高标准自由贸易园区，引领东北地区转变经济发展方式、提高经济发展质量和水平。

《中国（浙江）自由贸易试验区总体方案》指出，浙江自贸区自贸实施范围 119.95 平方千米，涵盖三个片区：舟山离岛片区、舟山岛北部片区、舟山岛南部片区。浙江自贸区战略定位为将自贸试验区建设成为东部地区重要海上开放门户示范区、国际大宗商品贸易自由化先导区和具有国际影响力的资源配置基地。争取经过 3 年左右有特色的改革探索，基本实现投资贸易便利、高端产业集聚、法治环境规范、金融服务完善、监管高效便捷、辐射带动作用突出，以油品为核心的大宗商品全球配置能力显著提升，对接国际标准初步建成自由贸易港区先行区。

《中国（河南）自由贸易试验区总体方案》指出，自贸试验区的实施范围 119.77 平方千米，涵盖三个片区：郑州片区、开封片区、洛阳片区。自贸区的战略定位为将自贸试验区建设成为服务于“一带一路”建设的现代综合交通枢纽、全面改革开放试验田和内陆开放型经济示范区。争取经过 3 ~ 5 年改革探索，形成与国际投资贸易通行规则相衔接的制度创新体系，营造法治化、国际化、便利化的营商环境，努力将自贸试验区建设成为投资贸易便利、高端产业集聚、交通物流通达、监管高效便捷、辐射带动作用突出的高水平、高标准自由贸易园区，引领内陆经济转型发展，推动构建全方位对外开放新格局。

《中国（湖北）自由贸易试验区总体方案》指出，自贸试验区的实施范围 119.96 平方千米，涵盖三个片区：武汉片区、襄阳片区、宜昌片区。湖北自贸区战略定位为立足中部、辐射全国、走向世界，努力成为中部有序承接产业转移示范区、战略性新兴产业和高技术产业集聚区、全面改革开放试验田和内陆对外开放新高地。争取经过 3 ~ 5 年改革探索，对接国际高标准投资贸易规则体系，力争建成高端产业集聚、创新创业活跃、金融服务完善、监管高效便捷、辐射带动作用突出的高水平高标准自由贸易园区，在实施中部崛起战略和推进长江经济带发展中发挥示范作用。

《中国（重庆）自由贸易试验区总体方案》指出，自贸试验区的实施范围 119.98 平方千米，涵盖 3 个片区：两江片区、西永片区、果园港片区。重庆市自贸区战略定位为努力将自贸试验区建设成为“一带一路”和长江经济带互联互通重要枢纽、西部大开发战略重要支点。经过 3 ~ 5 年改革探索，努力建成投资贸易便利、高端产业集聚、监管高效便捷、金融服务完善、法治环境规范、辐射带动作用突出的高水平高标准自由贸易园区，努力建成服务于“一带一路”建设和长江经济带发展的国际物流枢纽和口岸高地，推动构建西部地区门户城市全方位开放新格局，带动西部大开发战略深入实施。

《中国（四川）自由贸易试验区总体方案》指出，自贸试验区的实施范围 119.99 平方千米，涵盖三个片区：成都天府新区片区、成都青白江铁路港片区、川南临港片区。四川省自贸区战略定位为将自贸试验区建设成为西部门户城市开发开放引领区、内陆开放战略支撑带先导区、国际开放通道枢纽区、内陆开放型经济新高地、内陆与沿海沿边沿江协同开放示范区。争取经过 3 ~ 5 年改革探索，力争建成法治环境规范、投资贸易便利、创新要素集聚、监管高效便捷、协同开放效果显著的高水平高标准自由贸易园区，在打造内陆开放型经济高地、深入推进西部大开发和长江经济带发展中发挥示范作用。

《中国（陕西）自由贸易试验区总体方案》指出，自贸试验区的实施范围 119.95 平方千米，涵盖三个片区：中心片区、西安国际港务区片区、杨凌示范区片区。陕西自贸区的战略定位为努力将自贸试验区建设成为全面改革开放试验田、内陆型改革开放新高地、“一带一路”经济合作和人文交流重要支点。争取经过 3 ~ 5 年改革探索，形成与国际投资贸易通行规则相衔接的制度创新体系，营造法治化、国际化、便利化的营商环境，努力建成投资贸易便利、高端产业聚集、金融服务完善、人文交流深入、监管高效便捷、法治环境规范的高水平高标准自由贸易园区，推动“一带一路”建设和西部大开发战略的深入实施。

从 2013 年上海自贸区挂牌，到 2015 年广东、福建、天津作为第二批自贸区挂牌，形成“1+3”的自贸区格局。2017 年 4 月 1 日，随着第三批 7 家自贸区同时挂牌，我国自贸区建设正式形成“1+3+7”的新格局。从各大自贸区的建设定位和特点来看，上海体现综合性，天津服务京津冀协同发展，广东力推粤港澳一体化，福建主打两岸经济合作和海上丝绸之路，辽宁助力东北振兴和工业转型，浙江聚焦海洋战略和大宗商品，河南聚焦打造交通物流枢纽，湖北打造创新和产业高地，重庆打造西部开放门户城市，四川主打西部国际开放通道枢纽，陕西定位引领丝绸之路经济带。各大自贸试验区将成为“一带一路”战略以及长江经济带、京津冀协同发展、东北振兴、中部崛起、西部大开发等区域发展战略的重要支点。

《总体方案》强调，要坚决贯彻党中央、国务院部署，坚持稳中求进工作总基调，进一步解放思想、改革创新、大胆实践、积极探索、统筹谋划、加强协调，支持自贸试验区先行先试。要提高对办好自贸试验区工作的认识，加强组织领导，明确责任主体，精心组织好总体方案实施工作，抓好改革措施的落实，有效防控各类风险。国务院自由贸易试验区工作部际联席会议办公室和 7 省市人民政府、有关部门要创新思路、寻找规律、解决问题、积累经验；要充分发挥积极性，因地制宜、突出特色，做好对比试验和互补试验；要及时总结评估试点任务实施效果，加强试点经验系统集成，持续形成可复制、可推广的改革经验，充分发挥示范带动、服务全国的积极作用。

（资料来源：人民网）

“中国自贸区发展”大事记

2013 年 8 月，国务院正式批准设立中国（上海）自由贸易试验区。

2013 年 9 月 18 日，国务院下达了关于印发《中国（上海）自由贸易试验区总体方案》的通知。

2013 年 9 月 29 日，上海自由贸易区正式挂牌成立，包括 25 家企业和 11 家金融机构首批入驻自贸区。

2014 年 6 月 28 日，国务院批准了《中国（上海）自由贸易试验区进一步扩大开放的措施》。

2014年7月25日，上海市人大常委会第十四次会议高票通过《中国（上海）自由贸易试验区条例》。

2014年9月26日，自贸试验区管委会举行了知识产权局成立仪式暨知识产权管理和保护研讨会。

2014年10月30日，微信平台“上海自贸区销售中心”正式开启。

2014年12月12日，决定设立中国（天津）自由贸易园区，试验区总面积为119.9平方千米，主要涵盖3个功能区：天津港片区：天津机场片区以及滨海新区中心商务片区。

2014年12月31日，国务院以国函〔2014〕178号文，批复设立中国（福建）自由贸易试验区。福建自贸试验区涵盖平潭片区、厦门片区、福州片区，总面积118.04平方千米，并明确了各片区四至范围。

2014年12月，国务院决定设立中国（广东）自由贸易试验区，广东自贸区涵盖三个片区：广州南沙新区片区（广州南沙自贸区）、深圳前海蛇口片区（深圳前海蛇口自贸区）、珠海横琴新区片区（珠海横琴自贸区），总面积116.2平方千米，广东自贸区立足面向港澳台深度融合。

2015年1月23日，省政府办公厅印发《关于江阴汽车整车进口口岸加快发展五条措施的通知》（闽政办〔2015〕11号）。

2015年1月29日，中国政府网发布《国务院关于推广中国（上海）自由贸易试验区可复制改革试点经验的通知》。

2015年3月19日，国家旅游局出台《支持中国（福建）自由贸易试验区旅游业开放意见的函》（旅函〔2015〕11号）。

2015年3月24日，中共中央政治局审议通过广东、天津、福建自由贸易试验区总体方案。

2015年4月8日，国务院办公厅发布《关于印发自由贸易试验区外商投资准入特别管理措施（负面清单）的通知》（国办发〔2015〕23号）。国务院办公厅发布《关于印发自由贸易试验区外商投资国家安全审查试行办法的通知》（国办发〔2015〕24号）。

2015年4月20日，省政府公布《中国（福建）自由贸易试验区管理办法》（省政府令第160号）。

2015年4月21日，中国（广东）自由贸易试验区在广州南沙区举行挂牌仪式，中国（天津）自由贸易试验区在天津正式挂牌，福建自贸试验区揭牌仪式在位于福州马尾的福建自贸试验区福州片区行政服务中心举行。

2015年6月1日，交通运输部发布《关于在国家自由贸易试验区试点若干海运政策的公告》（交通运输部公告2015年第24号）。

2015年12月9日，中国人民银行正式出台《关于金融支持中国（天津）自由贸易试验区建设的指导意见》。

2016年8月1日，财政部、海关总署、国家税务总局联合印发《关于扩大内销选择性征收关税政策试点的通知》（财关税〔2016〕40号），自2016年9月1日起，自贸试验区内销选择性征收关税政策试点扩围。

2016 年 8 月，党中央、国务院决定，在辽宁省、浙江省、河南省、湖北省、重庆市、四川省、陕西省新设立 7 个自贸试验区。

2016 年 11 月，国务院印发《关于做好自由贸易试验区新一批改革试点经验复制推广工作的通知》。

2017 年 3 月 31 日，国务院关于印发《全面深化中国（上海）自由贸易试验区改革开放方案的通知》（国发〔2017〕23 号）。

2017 年 4 月 1 日，辽宁省、浙江省、河南省、湖北省、重庆市、四川省、陕西省自贸试验区正式挂牌。

（资料来源：人民网）

九、国务院发布《关于促进开发区改革和创新发展的若干意见》

自 1984 年设立首批开发区以来，我国开发区从沿海到内地，类型不断拓展，数量逐步增多，成为推动我国工业化、城镇化快速发展和对外开放的重要平台。与此同时，开发区发展总体上的问题也值得关注。一是发展水平有待提高。目前各类开发区数量过多、布局不合理、低水平重复建设、恶性竞争等问题较为突出。部分开发区产业定位趋同，主导产业不突出，特色发展、错位发展水平有待提高。二是体制机制创新不足。近年来，不少开发区改革创新力度不够，内设机构不断增多，失去了精简高效的特点。三是管理制度有待完善。目前开发区包括不同类型，但各类开发区规划、设立、扩区、调区、升级、考核等相关制度有待完善，需建立系统的管理制度。

2017 年 2 月 6 日，国务院办公厅印发了《关于促进开发区改革和创新发展的若干意见》（以下简称《意见》），对新形势下做好开发区工作做出全面部署。《意见》是我国第一个关于各类开发区的总体指导文件，对于建立促进和规范开发区发展的长效机制、推进供给侧结构性改革、振兴实体经济具有重要意义，将更好地发挥开发区在稳增长、调结构、促发展中的积极带动作用。《意见》明确了当前和今后一段时期开发区发展的总体要求，即贯彻落实创新、协调、绿色、开放、共享的新发展理念，加强对各类开发区的统筹规划，加快开发区转型升级，促进开发区体制机制创新，完善开发区管理制度和政策体系，进一步增强开发区功能优势，把各类开发区建设成为新型工业化发展的引领区、高水平营商环境的示范区、大众创业万众创新的集聚区、开放型经济和体制创新的先行区，推进供给侧结构性改革，形成经济增长的新动力。

《意见》关于开发区的功能定位提了三点要求：

第一，开发区要坚持以产业发展为主，成为本地区制造业、高新技术产业和生产性服务业集聚发展平台。应该看到，开发区是我国实体经济特别是制造业的重要载体。必须牢牢坚持产业定位，为振兴实体经济创造好的环境。

第二，开发区要科学规划功能布局，突出生产功能，统筹生活区、商务区、办公区等城市功能建设，促进新型城镇化发展。要防止有些地方打着开发区建设的旗号，大量圈占土地、大搞房地产开发。

第三，开发区要继续把优化营商环境作为首要任务，着力为企业投资经营提供优质高效的服务、配套完备的设施、共享便捷的资源。营商环境是开发区的立身之本、最大竞争力，这个特点不能弱化，只能加强。

关于不同类型开发区的发展方向，《意见》明确提出：关于国家级开发区，包括经济技术开发区、高新技术产业开发区、海关特殊监管区域等国家级开发区要发挥示范引领作用，突出先进制造业、战略性新兴产业、加工贸易等产业特色，主动对接国际通行规则，建设具有国际竞争力的高水平园区，打造具有国际影响力的园区品牌；关于省级开发区，要依托区域资源优势，推动产业要素集聚，提升营商环境国际化水平，向主导产业明确、延伸产业链条、综合配套完备的方向发展，成为区域经济增长极，带动区域经济结构优化升级。

《意见》强调，要牢固树立创新、协调、绿色、开放、共享的发展理念，加强对各类开发区的统筹规划，加快开发区转型升级，促进开发区体制机制创新，完善开发区管理制度和政策体系，进一步增强开发区功能优势。坚持改革创新，强化精简高效的管理特色；坚持规划引领，完善空间布局和数量规模；坚持集聚集约，发挥规模经济效应；坚持发展导向，构建长效机制。

此次，《意见》围绕支持鼓励地方结合实际大胆探索，重点做了五方面部署：

一是完善开发区管理体制。开发区管理机构作为所在地人民政府的派出机关，要按照精简高效的原则，进一步整合归并内设机构，集中精力抓好经济管理和投资服务。各地要加强对开发区与行政区的统筹协调，充分依托所在地各级人民政府开展社会管理、公共服务和市场监管，减少向开发区派驻的部门。推行政企分开、政资分开，实行管理机构与开发运营企业分离。

二是促进开发区整合优化发展。各省（区、市）人民政府要积极探索建立开发区统一协调机制，避免开发区的同质化和低水平的恶性竞争。鼓励以国家级和发展水平高的省级开发区为主体，整合区位相邻、相近的开发区，对小而散的各类开发区进行清理、整合、撤销，建立统一的管理机构、实行统一管理。

三是提高开发区行政管理效能。各省（区、市）人民政府要加大简政放权力度，将能够下放的经济管理权限，依照法定程序下放给开发区。对于开发区内企业投资经营过程中，需要由所在地人民政府有关部门逐级转报的审批事项，探索取消预审环节，可由开发区管理机构直接向审批部门转报。

四是做好开发区投资促进工作。鼓励开发区设立综合服务平台，为投资者提供行政审批一站式服务。开发区要全力做好招商引资工作，积极主动开展招商引资活动，创新招商引资方式。开发区可结合产业发展方向，依法依规制定招商引资优惠政策。

五是推进开发区建设和运营模式创新。支持以各种所有制企业为主体投资建设、运营开发区，或者托管现有的开发区。鼓励以PPP模式进行开发区公共服务、基础设施类项目建设。支持符合条件的开发区开发运营企业在境内外上市、发行债券融资。

《意见》指出，加强新形势下开发区的改革发展，是适应我国经济发展新常态、加快转变经济发展方式的重要举措，对于推进供给侧结构性改革、推动经济持续健康发展具有重要意义。

(资料来源：人民网)

中国开发区大事记

1984年2月24日，邓小平视察了深圳、珠海、厦门经济特区后，就对外开放和特区工作做出了重要指示："除了现在的特区外，可以考虑再开放几个点，这些地方不叫特区，但可以实行特区的某些政策。"

1984年5月4日，中共中央、国务院以"中发〔1984〕13号"文批转《沿海部分城市座谈会纪要》，开放沿海14个城市港口：天津、上海、大连、秦皇岛、烟台、青岛、连云港、南通、宁波、温州、福州、广州、湛江和北海。

1984年9月25日，国务院批准设立大连经济技术开发区，这是我国批准设立的第一个经济技术开发区。

1984—1988年，国务院对14个沿海开放城市中的12个先后批准了14个经济技术开发区：大连、秦皇岛、天津、烟台、青岛、连云港、南通，上海闵行、虹桥、漕河泾，宁波、福州、广州、湛江经济技术开发区。

1988年5月，国务院批复《北京市新技术产业开发试验区暂行条例》，位于北京中关村的北京市新技术产业开发试验区诞生，这是由国务院批准成立的我国第一家国家高新技术产业开发区。

1991年3月，国务院批准26个高新技术产业开发区为国家高新技术产业开发区，明确国家高新区由国家科委审定区域面积、范围和归口管理。

1992—1993年，为落实邓小平南行谈话，国务院第二批批准了营口、长春、沈阳、哈尔滨、威海、昆山、杭州、萧山、温州、福清融侨东山、广州南沙、惠州大亚湾、芜湖、武汉、重庆、乌鲁木齐、北京17个经济技术开发区。

1992年11月，经国务院批准，在青岛开发区内设立了青岛保税区、新技术产业开发试验区。同年，青岛开发区与同处一地的青岛市黄岛区实行体制合一。

2003年7月18日至30日，国务院先后下发了《国务院办公厅关于暂停审批各类开发区的紧急通知》和《国务院办公厅关于清理整顿各类开发区 加强建设用地管理的通知》，开发区整顿风暴由此掀起。

2008年12月，中关村科技园区、西安高新技术产业开发区、上海张江高科科技园区、武汉东湖新技术开发区、无锡高新技术产业开发区获批海外高层次人才创新创业基地，即千人计划基地。

2017 年，我国有国家级经济开发区 219 家，国家级技术产业开发区 156 家，保税区 12 家，边境合作区 17 家，国家级出口加工区 63 家。

(资料来源：人民网)

十、自然灾害频发

2017 年 10 月，民政部、国家减灾委办公室会同工业和信息化部、国土资源部、住房和城乡建设部、交通运输部、水利部、农业部、卫生计生委、林业局、地震局、气象局、保监会、海洋局、中央军委政治工作部、中国红十字会总会、中国铁路总公司等部门对 2017 年前三季度全国自然灾害情况进行了会商分析。前三季度，我国自然灾害以洪涝、地震、台风和干旱灾害为主，风雹、低温冷冻和雪灾、崩塌、滑坡、泥石流和森林火灾等灾害也有不同程度发生。2017 年主汛期，南北暴雨洪涝集中爆发。尤其是 6 月下旬至 7 月初，南方地区连续出现 11 天的强降雨天气，局地最大累计降雨量超过当地年均降水量的 2/3，部分地区重复遭受强降雨，造成长江中下游发生区域性大洪水，西南、江南及华南多条河流发生超历史洪水，湖南、江西、贵州、广西、四川等地发生严重洪涝灾害。

湖南“6·22”洪灾。2017 年 4 月 1 日进入汛期，尤其是 6 月 1 日进入主汛期以来，湖南连续遭遇多轮强降雨袭击。特别是 6 月 22 日以来发生的持续 11 天的强降雨，总量之多、范围之广、强度之大、历时之长，以及洪峰水位之高、超历史水位河段之多，均为历年罕见。2017 年 6 月 22 日以来，湖南省平均降雨量 197.3 毫米。2017 年 6 月 30 日 14 时，湘江、资水、沅水三条干流及洞庭湖区共 24 水位站超警戒水位。2017 年 7 月 2 日 20 时 20 分，湘江长沙站水位达到了 39.49 米，比 1998 年出现的历史最高水位还高出了 0.31 米。据湖南省防汛办研究，本轮超历史暴雨洪水具有六大特征：累计雨量多、持续时间长、时段降雨强、影响范围广、河流水位高、入湖流量大。此次洪灾中，湖南省共有 13 市州、121 县先后启动防汛应急响应，其中长沙、益阳、永州启动了防汛Ⅰ级响应，省水文部门共发出 108 次洪水预警。截至 2017 年 7 月 2 日，湖南省防汛办初步统计，全省 403.07 万人受灾，紧急转移人口 31.13 万人，直接经济损失达 60.14 亿元。

江西“6·23”洪灾。进入 6 月以后，江西持续遭暴雨袭击，尤其是 6 月 20 日至 7 月 2 日，强降雨过程持续时间长达 13 天，江西省平均降雨量 268 毫米，比多年均值偏多 132%，列历史第 1 位，点降水量最大的修水县溪口站高达 722 毫米，且暴雨区集中，雨区高度重叠。在汛情严重期间，江西省有 31 条河流 75 站次发生超警戒洪水，长江九江站超警戒持续 17 天，鄱阳湖星子站水位超警戒长达 20 天。据不完全统计，2017 年年初以来江西省共 93 个县（市、区）1176 个乡镇受灾。受灾 520.04 万人，农作物受灾面积 398.37 千公顷，倒塌房屋 1.01 万间，因洪涝灾害死亡 7 人，失踪 2 人，直接经济损失达 102.28 亿元。

“6·24”茂县山体滑坡。2017 年 6 月 24 日 6 时，四川省阿坝州茂县叠溪镇新磨村突发山体高位垮塌，滑坡体大概有 1800 万立方米，滑坡最大落差约 1600 米，平面滑动距离 2.5 千米至 3 千米。造成河道堵塞 2 千米，100 多人被掩埋。灾情发生后，阿坝州立即启动Ⅰ级地质灾害响应。

习近平对四川省阿坝州茂县叠溪镇新磨村山体高位垮塌抢险救援工作做出了重要指示，要求全力组织搜救被埋人员，尽最大努力减少人员伤亡。国务院总理李克强也做出批示，要求全力组织搜救，尽力减少人员伤亡，并抓紧排查周边地质灾害隐患，尽快转移受威胁群众，防止发生次生灾害。要查清垮塌原因，妥为善后处置。国家减灾委要督促各地切实加强各类灾害防范和安全生产工作。

2017 年 6 月 25 日，国土资源部地质专家通报了山体滑坡成因：叠溪镇处地震断裂带，包括汶川地震在内的历史上多次地震对山体造成影响，加之连日降雨，内外因共同作用诱发了此次灾害。

“8·8”九寨沟地震。2017 年 8 月 8 日 21 时 19 分 46 秒在四川省北部阿坝州九寨沟县发生 7.0 级地震。截至 2017 年 8 月 13 日 20 时，地震造成 25 人死亡，525 人受伤，6 人失联，176492 人（含游客）受灾，73671 间房屋不同程度受损（其中倒塌 76 间）。

习近平对四川九寨沟 7.0 级地震做出了重要指示，要求迅速组织力量救灾，全力以赴抢救伤员，最大限度减少人员伤亡。国务院总理李克强也对四川九寨沟 7.0 级地震做出批示，要求国家减灾委、国务院救灾指挥部即派联合工作组赶赴灾区，指导帮助地方做好抗震救灾。

2017 年 8 月 12 日，四川省地震局向社会公布了九寨沟 7.0 级地震烈度分布图及其震害特征，此次地震最大烈度为九度，等震线长轴总体呈北北西走向，六度区及以上总面积为 18295 平方千米，共造成四川省、甘肃省 8 个县受灾，包括四川省阿坝藏族羌族自治州九寨沟县、若尔盖县、红原县、松潘县，绵阳市平武县；甘肃省陇南市文县，甘南藏族自治州舟曲县、迭部县。

2017 年 11 月，四川省发布《“8·8”九寨沟地震灾后恢复重建总体规划》，明确提出，力争用 3 年时间基本完成灾后恢复重建任务，在安全评估基础上力争早日实现景区开放。

据民政部、国家减灾委办公室发布消息，2017 年前三季度全国自然灾害共造成全国 1.26 亿人次受灾，799 人死亡，90 人失踪，465.5 万人次紧急转移安置，141.9 万人次需紧急生活救助；13.9 万间房屋倒塌，29.3 万间严重损坏，121.5 万间一般损坏；农作物受灾面积 18158.8 千公顷，其中绝收 2083.5 千公顷；直接经济损失达 3147.5 亿元。

（作者：邵益生，中国城市规划设计研究院党委书记兼副院长，研究员，国际欧亚科学院院士；周长青，中国城市规划设计研究院城镇水务与工程专业分院水务发展研究所所长，教授级高级工程师）

2017 年中国城市住房发展

2017 年，党的十九大报告出台，成为引领各项事业发展的纲领。报告进一步强调发展要“以人民为中心”“满足人民日益增长的美好生活需要”，要求进一步提高保障和改善民生水平，坚持房子是用来住的、不是用来炒的定位，加快建立多主体供给、多渠道保障、租购并举的住房制度，让全体人民住有所居。

一、房地产调控全面升级，市场进入调整降温期

（一）热点城市交易量骤降，房价回调态势显著

2017 年 1—11 月，全国商品住宅销售面积 12.6 亿平方米，同比增长 5.4%①。热点城市在严厉政策调控下，市场趋于稳定，销售面积同比增幅不断回落，成交规模明显缩减。据初步统计，2017 年 1—11 月 50 个代表城市商品住宅市场月均成交面积 2943 万平方米，同比下降 24.2%，绝对值低于 2015 年同期水平；一线城市成交规模下降最为明显，绝对水平与 2011 年相当；二线城市成交面积降至 2015 年水平②。

从房价涨幅情况来看，热点城市商品住宅价格总体继续保持平稳。从环比看，国家统计局监测的 12 个热点城市中，7 个城市新建商品住宅价格下降，降幅在 0.1 ~ 0.3 个百分点；北京、上海、郑州和武汉 4 个城市环比持平。从同比看，11 个城市新建商品住宅价格下降，降幅在 0.2 ~ 3.2 个百分点，说明这些热点城市新建商品住宅价格已低于去年同期水平③。

12 个一线城市新建商品住宅价格变动表（2017 年 11 月）

城市	新建商品住宅价格同比指数		新建商品住宅价格环比指数	
	11 月	10 月	11 月	10 月
北京	99.7	99.8	100.0	99.8

① 数据来源：国家统计局。

② 数据来源：中国指数研究院。http://mp.weixin.qq.com/s/c58PfQSA7_TqMU0SIt3Vhw.

③ 数据来源：国家统计局。http://www.stats.gov.cn/tjsj/zxfb/201712/t20171218_1564155.html.

续表

城市	新建商品住宅价格同比指数		新建商品住宅价格环比指数	
	11月	10月	11月	10月
天津	99.7	99.8	100.0	99.8
上海	99.7	99.8	100.0	99.8
南京	99.7	99.8	100.0	99.8
无锡	99.7	99.8	100.0	99.8
杭州	99.7	99.8	100.0	99.8
合肥	99.7	99.8	100.0	99.8
福州	99.7	99.8	100.0	99.8
厦门	99.7	99.8	100.0	99.8
济南	99.7	99.8	100.0	99.8
郑州	99.7	99.8	100.0	99.8
武汉	99.7	99.8	100.0	99.8

（二）三四线城市市场仍然火爆，库存去化周期明显缩短

2017年，三四线城市在前期去库存政策的延续影响下，以及宽松的政策环境和棚改货币化支持下，楼市全面回暖，拉动全国销售面积上扬。从2017年1—9月统计数据来看，在一二线城市商品住宅销售面积同比大幅下降的情况下，三线城市销售面积7.67亿平方米，同比增长26.5%，且同比增幅仍在不断扩大①。

在火热的销售行情下，三四线城市去库存取得了明显效果，部分城市库存去化周期降至6个月以内，甚至部分新开盘项目出现了一房难求的局面。泰安、包头、南通、临沂、徐州等城市的库存去化周期降至3个月以内，呈现出明显的供不应求态势②。

在住宅用地供应方面，在热点城市加大土地供应，且增加“限地价”、自持比例要求、纯租赁用地供应等土地出让限制条件的影响下，土地价格比较平稳。三四线城市在房地产销售市场火爆的带动下，地价迅速攀升，尤其是京津冀、长三角和珠三角城市群中位于大城市周边的三四线城市表现突出。例如，2017年1—9月，廊坊楼面均价3386元/平方米，同比增长164.3%；惠州楼面均价1629元/平方米，同比增长53.4%；东莞楼面均价17564元/平方米，同比增长79.4%等③。

① 数据来源：世联行2017年房地产市场三季报。
② 数据来源：世联行2017年房地产市场三季报。
③ 数据来源：世联行2017年房地产市场三季报。

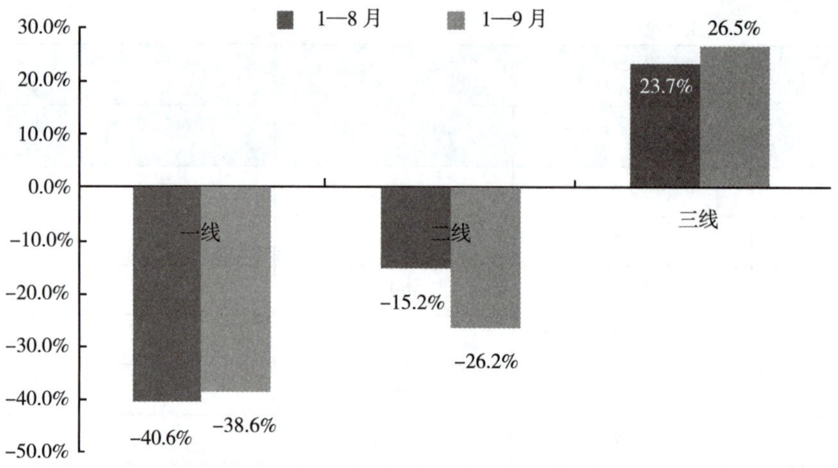

2017 年 1—9 月一二三线城市商品住宅销售面积[①]

（三）政府调控全面从严，长效机制建设加快推进

随着 2017 年春节后全国房地产市场迎来又一波火爆行情，政府调控力度全面升级，从常规的“限购、限贷、限价”升级为“限购、限贷、限价、限售、限商”，进入了“五限”时代。地方调控持续收紧，并表现出二线城市继续深化、三四线城市不断扩围的态势。与此同时，金融去杠杆持续推进，在严格限贷的同时，热点城市严查“消费贷”资金流向，严防资金违规流入房地产市场。严格的市场调控政策对稳定房价起到了关键性作用，并且为进一步加快建设房地产市场长效机制奠定了良好的环境基础。地方政府的调控政策主要可以划分为以下几个方面。

限购城市增加至 58 城，三四线城市限购政策相较温和。一线城市继续保持严格的限购政策。此外，以广州为代表的部分城市升级限购力度，本市户籍单身人士限购 1 套；非本市户籍家庭社保缴存年限由之前的 3 年提高到 5 年，并在增城、从化两区限购 1 套。二线城市限购提升至 18 城，新增长沙、西安、石家庄、青岛、海口和宁波 6 市。南京、杭州和厦门等 13 城升级限购，升级内容主要体现在限购区域扩大至远郊区域、增加非本地户籍家庭社保缴存年限要求、本市户籍单身以及离异人士执行限购并将二手房纳入限购范围等。三四线城市限购提升至 36 城，新增三亚、赣州、保定等 28 城，另有东莞、珠海、佛山等 13 城升级限购。大部分三四线城市限购政策力度相较温和，实行分区域、分户籍限购，大部分限购政策仅限于中心城区以及非本地户籍家庭，对远郊区域和本地户籍家庭不限购[②]。

热点城市认房又认贷，三四线城市普遍认房不认贷。一线城市限贷政策更加严苛，实行认房又认贷，且贷款记录认定范围扩大至全国。二套非普通住宅首付比例基本都提高至 70% 以上，北京更是高达 80%。二线城市限贷政策分化明显，南京、苏州等热点城市限贷政策比肩

① 数据来源：世联行 2017 年房地产市场三季报。

② 数据来源：http://www.cricchina.com/research/Details/7377.

一线城市，二套房首付高达80%；杭州、郑州和天津等热点城市认房又认贷，二套房首付超60%；其他二线城市限贷政策力度比较温和，一般来讲，首套房首付30%，二套房首付50%。三四线城市限贷政策相对较为宽松，普遍实行认房不认贷，首套房首付30%，二套房首付50%。雄安新区获批后，周边的霸州、文安、任丘等地非本市户籍家庭从严限贷，首套房首付不低于50%，同样成为房地产调控的重点区域。

限价局限于热点城市，多数三四线城市并未跟进。限价政策重点实施区域在热点一二线城市以及环核心城市的三四线城市。限价政策主要体现在新售商品房参照周边楼盘限价，申报预售价格不高于周边楼盘或本楼盘前期销售价格；强制性约定预售价格涨幅，部分城市以2016年10月房价为参照标准，确保房价不增长；北京等热点城市执行价格监管红线，申报价格一旦高于监管红线原则上不予批复预售证。由于限价政策执行，部分新开楼盘销售价格和周边二手房出现价格“倒挂”现象，导致部分新售楼盘异常火爆，购房者全款买房仍然一房难求。

限售成为本轮调控新亮点，超50城市相继出台限售政策。“限售”成为2017年我国房地产调控的一大亮点，自3月厦门率先落地个人限售令，限售城市现已超过50个城市①。多数城市实行分区域、分时间、分户籍、分一二手房的限售政策，一般情况下限售政策仅限于主城区、新购商品住房、非户籍居民家庭和一手房，远郊区域、早期购买的商品住房、本地户籍家庭以及二手房不在限售范围。从限售年限来看，大部分城市集中在2～3年，如厦门、广州、青岛等城市规定新购买住房取得不动产权证未满2年不可转让，珠海、成都、南京、郑州等城市规定取得不动产权证3年之后才能上市交易。雄安新区周边的部分热点城市将限售年限提升至5年或10年，如保定白沟新城规定非本地户籍家庭购买新建住宅或二手房，自房产登记之日起5年内不得转让；保定主城区规定“双限双竞”地块建设的商品住房限售周期长达10年。限售政策的出台，将提高持有房产的时间成本，降低短期转手套现的可能性，在一定时间范围内起到冻结房产流动性的效果，有利于打击炒房者的投机情绪。

热点城市加强“商办”市场管理，北京开创限商政策先例。2017年，热点城市加强“商办”市场管理，严禁商办类项目改建为类住宅产品销售。3月26日，北京市发布《关于进一步加强商业、办公类项目管理的公告》，从规划建设、销售使用、购房资格、个人信贷等层面精准管控“商办”，在全国范围内开启了限商政策的先例。《公告》规定，商业、办公类项目应当严格按照规划用途开发、建设、销售、使用，未经批准，不得擅自改变为居住等用途；对开发企业新报建“商办”类项目的面积也做出具体规定，最小分割单元不得低于500平方米；商业银行暂停对个人购买“商办”类项目的个人购房贷款；开发企业在建（含在售）“商办”类项目，销售对象应当是合法登记的企事业单位、社会组织；个人购买应当符合在京无住房和“商办”类房产记录及自购房之日起在京已连续5年缴纳社会保险或者连续5年缴纳个人

① 数据来源：https://news.qq.com/a/20171013/088663.htm.

所得税这两个条件，即“商办”房也纳入了限购范围。3 月 27 日，该政策发布后第一天，北京“商办”房签约量仅有 3 套，而在限商政策出来以前，北京“商办”房每日签约数量都达到 200 套左右①。限商政策出台极大削弱了“商办”房的流通性和金融属性，使得土地加速回归原本用途；并且，开发商拿地将更加理性和谨慎，有利于土地价格重新调整。

（四）租赁时代拉开序幕，租购并举成为住房制度新导向

当前我国大中城市住房租赁市场需求旺盛、发展潜力大，但租赁房源总量不足、市场秩序不规范、政策支持体系不完善，租赁住房解决城镇居民特别是新市民住房问题的作用没有充分发挥。党中央、国务院高度重视培育和发展住房租赁市场，近年来做出了一系列决策部署，在 2016 年《国务院办公厅关于加快培育和发展住房租赁市场的若干意见》（国办发〔2016〕39 号）的基础上，2017 年继续发布《关于在人口净流入的大中城市加快发展住房租赁市场的通知》（建房〔2017〕153 号），要求多措并举，加快发展住房租赁市场，包括培育机构化、规模化住房租赁企业，建设政府住房租赁交易服务平台，增加租赁住房有效供应，创新住房租赁管理和服务体制。在该文件的指导下，住房和城乡建设部已会同有关部门选取了广州、深圳、南京、杭州、厦门、武汉、成都、沈阳、合肥、郑州、佛山、肇庆 12 个城市首批开展住房租赁试点，并要求在试点期间，各试点城市于每年 1、4、7、10 月的 15 日前，定期报送上一季度试点工作进展情况，形成一批可复制、可推广的试点成果，向全国进行推广。在中央的积极引导和政策支持下，地方政府和市场机构积极响应，租赁市场建设取得了实质性进展。

多地探索租购同权，引导住房消费新观念。2017 年 7 月 17 日，广州市政府正式发布《广州市人民政府办公厅关于印发广州市加快发展住房租赁市场工作方案的通知》，明确提出“赋予符合条件的承租人子女就近入学等公共服务权益，保障租购同权”。这是“租购同权”第一次出现在我国地方政府的正式文件中，广州市该文件的出台，使得“租购同权”受到社会广泛关注。7 月下旬，继广州之后，无锡、郑州、扬州、济南等一些城市也先后出台与“租购同权”相关的文件。但是，从目前情况来看，在一些人口流入的大中城市，由于受优质公共资源供给能力不足所限，现阶段完全做到“租购同权”具有极大的制约因素。

供地层面予以积极支持，纯租赁用地试行供应，集体建设用地改建租赁住房加快制度性破冰。国土资源部确定在北京、上海、沈阳等 13 个城市试点利用集体建设用地改建租赁住房，北京、郑州等城市相继出台实施细则。例如，北京市宣布 2017 年起 5 年内北京将供应 1000 万平方米集体土地用于建设租赁住房。其次，广州、杭州、深圳等城市挂牌并出让多宗租赁用地，上海更是先行先试，持续推出纯租赁用地，另有多宗“商办”用地转性为租赁住房用地。截至 2017 年 11 月，上海合计出让 15 宗租赁用地，总建筑面积达到 109 万平方米。此外，在普通商品住宅用地出让过程中，多个热点城市实行“限地价、竞自持”的新规则，房地产开发商自持比例明显增多，北京西北旺镇 18 号地等多个地块房地产开发企业自持比例达到 100%，

① 数据来源：http://bj.leju.com/news/2017-04-05/07116255164631200084736.shtml.

上海多宗纯住宅用地强制性约定受让方自持15%建筑面积用于租赁住房。

2017年上海纯租赁用地成交情况表

地块	建设面积（万平方米）	成交日期	总价（亿元）	楼板价（元/平方米）	受让方
嘉定区嘉定新城E17.1	7.13	7.24	4.24	5950	上海嘉定新城
浦东新区张江南区配套生活基地A3-06	13.00	7.24	7.24	5568	上海张江集团
浦东新区北蔡社区Z000501单元03-02、03-03	13.28	9.13	8.96	6748	上海地产集团
浦东新区南码头街道滨江单元06-05	4.38	9.13	3.45	7872	上海地产集团
徐泄区漕河泾社区196a-08	1.39	9.13	0.90	6466	上海地产集团
长宁区古北社区W040502单元E1-10	2.79	9.13	3.57	12762	上海地产集团
闵行区虹桥商务区G1MH-0001单元Ⅲ-T01-A02-02	2.07	10.31	1.28	6183	上海地产集团
浦东新区上钢社区Z000101单元11-3	11.47	10.31	7.62	6644	上海地产集团
长宁区古北社区W040502单元E1-06	8.39	10.31	11.29	13463	上海地产集团
浦东新区世博会地块政务办公社区控详15-01	14.75	10.31	11.38	7718	上海地产集团
浦东新区上钢社区Z000101单元10-2	8.13	10-31	5.40	6643	上海地产集团
浦东新区孙桥社区单元（部分）09-05	5.70	11.2	3.13	5500	上海张江集团
浦东新区黄浦江南延伸段前滩地区Z000801编制单元41-01、42-01、47-01、53-01	9.42	11.2	6.93	7365	上海陆家嘴集团
浦东新区孙桥社区单元（部分）10-01	3.19	11.2	1.92	6001	上海张江集团
浦东新区孙桥社区单元（部分）08-01	3.56	11.2	2.14	6001	上海张江集团
合计	108.65	—	79.46	7314	—

数据来源：CRIC2016。

品牌房企和互联网平台纷纷试水长租公寓，租赁公寓市场迸发活力。目前国内拥有规模公寓企业超过500家，公寓间数超过100万间。例如，规模最大的长租公寓品牌自如，拥有12万间自如友家和7栋自如寓；其余规模较大的品牌，如You+、优客逸家、青客公寓、魔方公寓等，管理房源规模在2万～3万间。按照长租公寓的运营主体，可以分为：房地产开发公司运营的长租公寓，以万科的泊寓、金地的草莓社区，招商蛇口的壹栈、壹间和壹棠为代表；地产服务中介运营的长租公寓，以世联行的红璞公寓、链家的自如、我爱我家的相寓为代表；“互联网+平台”运营的长租公寓，以You+公寓、优客逸家、魔方公寓、蘑菇公寓为代表。2017年10月，支付宝联手10多家深耕在租房行业的合作伙伴，率先在上海、北京、深圳、杭州、南京、成都、西安、郑州8城上线信用租房平台，芝麻信用超650可以免租房押金、租房月付，目前已有超过100万间公寓入驻支付宝租房平台。

二、探索多元模式，住房保障更加公平完善

（一）持续稳步推进棚改工作，提前完成3年计划

2017年是棚户区改造3年计划的收官之年，为确保完成国务院部署，2016年全国住房城乡工作会议明确提出全年600万套的棚改任务。截至2017年10月，全国棚户区改造已开工600万套，完成投资1.68万亿元。根据住房和城乡建设部公开数据，2015年棚户区改造开工601万套，2016年棚户区改造开工606万套，则当前不仅提前完成2017年棚户区改造开工任务，也提前完成了为期3年的1800万套棚户区改造任务。在棚改工作取得显著成绩的基础上，国务院总理李克强在5月24日主持召开的国务院常务会议上，明确提出过去8年已使8000多万住房困难群众“出棚进楼”，既改善了民生，也带动了有效投资消费和去库存。未来要继续实施2018年到2020年3年棚改攻坚计划，再改造各类棚户区1500万套，兑现改造约1亿人居住的城镇棚户区和城中村的承诺。

棚户区改造工作实施初期，主要采取政府统建安置房的方式。然而自2015年开始，受整体经济环境和房地产库存压力的影响，国家开始大力推行棚改货币化安置。相对实物安置，货币化安置更加直接灵活，一是可以缩短安置周期，提高安置工作效率，节省过渡费用；二是有利于棚改居民自由选择区位和住房，既满足了群众多样化居住需求，又促进了混合居住，避免集中安置带来的后续管理难题；三是有利于消化库存，发挥市场机制在住房商品配置中的作用，促进房地产市场的健康发展；四是可以缓解政府资金不足的问题，减小财政压力。2016年，棚改货币化安置比例达到48.5%，比上一年提高18.6个百分点。而在上一年年底的全国住房城乡建设工作会议和2017年5月的国务院常务会议上，国家也再次强调“继续因地制宜推进货币化安置”“在商品住房库存量大、市场房源充足的市县，进一步提高货币化安置比例”。

鉴于棚改融资难度的持续增加，住房和城乡建设部等多部门于2016年联合发布《关于进一步做好棚户区改造工作有关问题的通知》，要求“依法依规控制棚改成本”“实现在市域范围内棚改资金大体平衡”；而2017年5月的国务院常务会议上也提出要“加大中央财政补助和金融、用地等支持”。种种激励政策的出台，将更加有效地支持棚户区改造工作的持续推进。

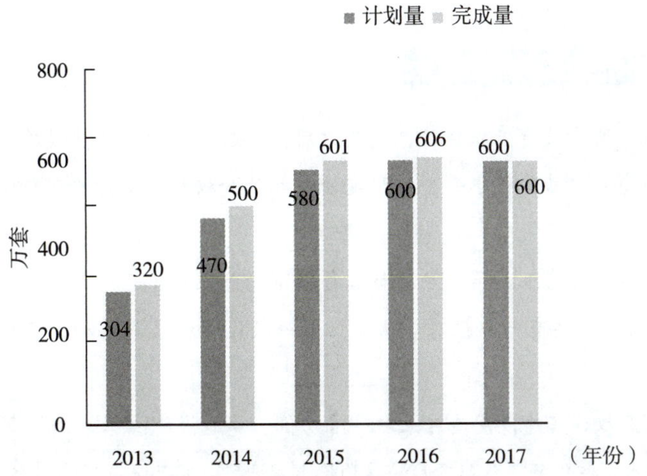

近年来棚户区改造完成情况

资料来源：住房和城乡建设部历年公布的数据。

（二）多渠道供给、多模式保障，住房保障方式更加健全

1. 支持开展共有产权试点

共有产权住房政策具有支持普通群众解决住房困难和抑制投资投机的双重功能。发展共有产权住房，是加快推进住房保障和供应体系建设、推进住房供给结构性改革的重要内容。共有产权住房早在2007年开始试点，2017年更在国家推广和京、沪等城市的示范带动下，提升到新的发展阶段。

国家层面，2017年4月，住房和城乡建设部、国土资源部发布《关于加强近期住房及用地供应管理和调控有关工作的通知》，提出“超大、特大城市和其他住房供求矛盾突出的热点城市，要增加公租房、共有产权房供应”。9月，住房和城乡建设部发布《关于支持北京市、上海市开展共有产权住房试点的意见》，肯定了两地试点工作的阶段性成效，并在确定供应对象、细化管理制度、落实政策支持等方面提出了更高要求。

城市层面，《北京市共有产权住房管理暂行办法》的出台，在全国范围内形成了旗帜示范作用，并取得良好市场反响：北京市共有产权住房实施封闭管理、循环利用，相对此前的自住型商品房，更加明确了购房人和政府代持机构之间的产权划分和权益关系。截至12月底，北京市共有产权住房项目共40个，提供房源约4.1万套①。而上海，在试点7年间，已推出6批共有产权保障住房，5次放宽准入标准，使得受益群体不断扩大。截至2017年6月底，上海市共有产权保障住房累计签约家庭9.2万多户，正在推进中的第六批次共有产权保障住房，累计受理3.9万多户②。

① 数据来源：http://news.youth.cn/gn/201712/t20171211_11130000.htm.

② 数据来源：http://sh.qq.com/a/20171006/019450.htm.

案例　北京市共有产权住房相关制度设计

类型概念——北京市所指共有产权住房，是指政府提供政策支持，由建设单位开发建设，销售价格低于同地段、同品质商品住房价格水平，并限定使用和处分权利，实行政府与购房人按份共有产权的政策性商品住房。

申请条件——符合本市住房限购条件且家庭成员名下均无住房（无房定义中包括没有住房转出记录）。一个家庭只能购买一套共有产权住房。优先配售给项目所在区户籍和在项目所在区工作的本市其他区户籍无房家庭。

供地方式——共有产权住房建设用地可采取“限房价、竞地价”“综合招标”等多种出让方式。

产权份额——购房人产权份额，参照项目销售均价占同地段、同品质普通商品住房价格的比例确定。

出售管理——共有产权住房购房人取得不动产权证未满 5 年的，不允许转让房屋产权份额；取得不动产权证满 5 年的，可按市场价格购买政府份额后获得商品住房产权，也可按市场价格转让所购房屋产权份额，转让对象应为其他符合共有产权住房购买条件的家庭。共有产权住房购房人和代持机构经协商一致，可共同向其他符合本市住房限购条件家庭转让房屋。新购房人取得商品住房产权。

2. 多渠道增加租赁房源，试点集体建设用地建设租赁住房

租购并举是国家实现全体人民住有所居目标、推进住房制度改革的重要方向。租赁也是满足中低收入家庭，尤其是外来人口住房需求的重要途径。针对人口净流入的大中城市住房租赁市场需求旺盛、房源不足的问题，住房和城乡建设部等多部门联合发布《关于在人口净流入的大中城市加快发展住房租赁市场的通知》，鼓励超大城市、特大城市可开展利用集体建设用地建设租赁住房试点工作。8 月，国土资源部、住房和城乡建设部确定第一批在北京、上海、沈阳、南京、杭州、合肥、厦门、郑州、武汉、广州、佛山、肇庆、成都 13 个城市开展利用集体建设用地建设租赁住房试点，并制定了《利用集体建设用地建设租赁住房试点方案》，提出村镇集体经济组织可以自行开发运营，也可以通过联营、入股等方式建设运营集体租赁住房。

作为试点城市中的标杆，北京于年内出台了《关于进一步加强利用集体土地建设租赁住房工作的有关意见》，鼓励趸租集体租赁住房作为公租房房源，面向公租房备案家庭或人才配租，或由保障家庭自行承租，依规申请政府租金补贴。根据北京市住房与城乡建设委员会相关信息，截至 2017 年 11 月底，北京已开工朝阳区平房乡、海淀区唐家岭、昌平区北七家镇等 5 个项目、房源 1.28 万套，目前已入住 4200 多户。未来 5 年还将供应 1000 公顷集体土地用于建设租赁住房[①]。根据《北京市 2017—2021 年及 2017 年度住宅用地供应计划》，上述集体土地将在总体 1300 公顷租赁住房供地计划中发挥主体作用。

① http://www.sohu.com/a/209115279_147811

案例　唐家岭集体租赁住房趸租用于公租房

唐家岭与上地信息产业基地和中关村软件园只有一路之隔，当地聚集了5万名以上外来人口。唐家岭租赁住房项目是北京市集体建设用地建设公共租赁住房首批试点项目之一，项目从2010年上半年启动整体腾退改造工程，然后在村集体产业用地上自建约10万平方米的公租房，建好后直接租给海淀区住房保障事务中心，再向保障房家庭按公租房价格出租（主要面向周边高科技企业员工）。土地收益权和公租房的经营权归村集体所有，租金由村集体向村民“分红”。

案例　城中村改造保障房社区——深圳水围柠盟人才公寓

水围村位于深圳中心区，作为深圳首个试点城中村改造人才公寓的项目，将35栋“握手楼”改造为人才公寓，配备电梯、连廊和社交空间，由福田区政府承租作为人才公寓使用，村委股份公司代为管理。

3. 鼓励国有企业利用自有用地建设保障房

作为多渠道筹集保障性住房房源的一种方式，早在2012年，北京即召开国有企业及社会单位利用自有土地建设保障性住房的协调会，鼓励相关国有企业及社会单位利用自有土地建设保障房。据北京市住房和城乡建设委员会发布的消息，截至2017年12月初，国有企业利用自有土地建设的保障房约12万套，涵盖公租房、经适房、限价房和自住房等多种类型。而有别于以前的单位福利分房，这一方式建设的保障房均是在各区的主导下分配，国企等建设单位无权分配，保证了住房保障资源分配的公平性。

4. 积极发展人才住房制度

深圳一直是全国发展人才住房制度的典范，很早就建立了人才住房和保障性住房双规并行的公共住房政策体系，2016年明确提出“十三五”期间将新筹集建设人才住房不少于30套的计划。伴随各地对吸引人才、提升城市竞争力的日益重视，具有政策支持和保障意义的人才住房制度也在各地取得了更加蓬勃的发展：2017年，成都高新区出台了《关于建设租售各类人才公寓和产业园区配套住房的实施方案》，规划在未来5年内建设9个人才公寓和产业园区配套住房项目，其中人才公寓建设面积标准为60～120平方米，租满5年可购，以更好保障中高层次人才相对高品质的住房条件；西安发布《西安市人才安居办法》，提出采取购房补贴、租赁补贴、人才公寓、单位自建人才安居房和人才租赁房等方式，为人才安居乐业提供全方位保障；北京市也在《关于率先行动改革优化营商环境实施方案》中明确，要以产业园区为重点，通过新建、收购、改建、长期租赁等方式，加大对人才公租房筹集力度，由园区企业自持、统一配租，优先满足入园企业人才住房需求。

（三）探索定向配租、消除隔离，推进住房权利的公平共享

1. 针对"新市民"需求，拓宽保障范围

受收入限制，外来人口在大城市多租住城中村、地下室等"非正规住房"，居住条件相对恶劣，但又很难公平享受城市住房保障等主要面向户籍群体的基本公共服务，这不仅有碍社会和谐，也阻碍了城镇化的健康可持续发展。2017 年北京"11·18"大火后，以城乡接合部为核心，围绕出租公寓、出租大院、待疏解或正拆除场所、彩钢板建筑、工厂企业、厂房库房、仓储物流、汽配城、批发市场等开展了清查整治专项行动。虽然行动初衷是消除消防隐患、保障居民的生命财产安全，但由于缺乏相应的低成本住房补充渠道，客观造成了部分外来人口群体"流离失所"。城市治理如何更加开放包容、新市民住房困难如何解决，再次引发了社会广泛热议。

针对这一问题，国家在"十三五"规划中强调"以解决城镇新居民住房需求为主要出发点"深化住房制度改革，住房和城乡建设部 2013 年也要求"地级以上城市要把符合条件的、有稳定就业的外来务工人员纳入当地住房保障范围"，各地也在积极尝试扩大住房保障范围。4 月初，北京要求各区面向"新北京人"配租的房源应不少于当年本区新分配房源总量的 30%，包括公开配租、单位集体趸租及产业园区配租公租房等。当月，高米店家园、马泉营家园和领峰四季园 3 个项目共计 1200 套房源纳入试点。

2. 打破围墙隔离，保证混合配建公租房租户的合理权利

为更好地促进居住混合，北京、深圳等大城市普遍推行在商品房小区中配套建设保障房的方式，配建比例在 10%～30% 不等。然而，由于缺乏对小区配套设施使用权利的细化规定说明，部分开发商采取设置隔离围墙、限制车位等方式，对配建公租房租户实施了一系列"排斥性"管理。2017 年，在深圳龙岗信义金御半山、万科公园、北京龙湖·西宸原著小区，公租房租户和商品房业主为维护自身权益，产生群体性纠纷事件，折射出了这一情况的普遍性和隐患。

配建公租房是小区住宅不可分割的一部分，与小区商品房属同一物业管理区域，政府作为公租房产权业主和其他商品房业主，对小区公共配套享有同等权利，而这种使用权同样可转移过渡至公租房租户。为保障公租房租户的合理权益，深圳发布文件《深圳市住房和建设局关于印发〈深圳市人才住房和保障性住房配建管理办法〉的通知》（深建规〔2017〕7 号），通知明确规定：开发建设单位不得在人才住房和保障性住房与商品住房之间设置围墙等物理隔离，也不得有其他类似的歧视性措施；北京市开展了商品房配建保障房小区分隔治理工作，要求拆除分隔措施，并在 7 月发布了《进一步加强保障性住房等住房物业服务管理工作的通知》，规定新建商品住房配建项目，商品住房与保障性住房实施统一物业管理的，建设单位不得通过增设围栏、绿植等方式，将同一个物业管理区域内的保障性住房与商品住房分隔。北京市住房和城乡建设委员会也多次强调，开发企业必须严格按照规划许可内容和规划总平面图确定的平面布

局进行住宅项目建设，违法设置隔离障碍的，住建部门将不予批准预售许可、暂停网签；同时，房屋销售时，必须在售楼处明显位置公示经规划部门批准的建设项目区域设置情况。

为避免类似冲突，未来，政府相关部门需要提前制定和公开关于混合配建小区中各方主体在公共资源使用上的权利，从而稳定社会预期；在资源总体不足时，鼓励业主大会依据法定的程序对争议问题做出决议；同时也应当积极优化保障性住房的混合配建方式，促进“大分散小集中”，适度扩大混合的空间层次，探索公租房组团企业代建、独立管理，实现在邻里或社区层面共享基本公共服务设施。

案例　2017年部分混合配建小区中公租房租户和商品房业主的纠纷事件

2017年8月，一篇名为《安居房租客是“二等公民”？这事终于在深圳发生了》的文章揭露了深圳龙岗信义金御半山、万科公园、宝安万科翡翠丽郡等小区里，商品房业主与配建公租房租客之间，就小区车位、花园使用发生的争议，一时成为社会热点话题。

龙岗的信义金御半山小区，公租房与周边三栋商品房之间树立了围墙隔离（现已拆除），以避免“商品房私家花园”共享；由于小区停车位有限（726户公租房跟832户业主，合计不到1000个车位），物业禁止公租房租客办理停车场月卡（现已协商）。租户和业主竟相维权，引发了相互的不满和言语攻击。此外，万科翡丽郡的部分业主也要求物业：①禁止公租户进入小区花园；②要求万科物业区别管理；③禁止公租户使用停车位。万科翰邻城业主上街维权，反对万科的长租公寓品牌“泊寓”进驻小区……

北京也发生了类似事件。西宸原著小区与玉璞家园系由同一开发商开发的商品房和配建的两限房。西宸原著小区定位为商品房，售价在10万元/平方米以上，物业费标准8.5~9.8元/平方米；玉璞家园定位为双限保障性住房，售价约2万元/平方米，物业费3.3元/平方米。据说，龙湖公司销售时向购买商品房和两限房的业主进行了明确告知，两个小区实行分区管理，但两限房业主在办理入住后，立即于2017年4月13日向北京市丰台区城管执法监察局举报，要求拆除两个小区之间的铁艺围栏。2017年6月8日，丰台区城管执法监察局向龙湖公司下发了限期拆除决定书。西宸原著业主及龙湖公司均不服，已向北京市丰台区人民政府提起行政复议，要求撤销决定书。目前行政复议案件正在审理过程中。

三、雄安新区住房模式广受关注，或将成为住房制度改革试验田

（一）坚持高点定位，建设宜居新城

2017年4月1日，中共中央、国务院印发通知，决定设立河北雄安新区。这是继深圳经济特区和上海浦东新区之后又一具有全国意义的新区，被定位为千年大计、国家大事。雄安新

区规划范围涉及河北省雄县、容城、安新3县及周边部分区域，规划建设以特定区域为起步区先行开发，起步区面积约100平方千米，中期发展区面积约200平方千米，远期控制区面积约2000平方千米。《通知》中提出“规划建设雄安新区要突出7个方面的重点任务：一是建设绿色智慧新城，建成国际一流、绿色、现代、智慧城市；二是打造优美生态环境，构建蓝绿交织、清新明亮、水城共融的生态城市；三是发展高端高新产业，积极吸纳和集聚创新要素资源，培育新动能；四是提供优质公共服务，建设优质公共设施，创建城市管理新样板；五是构建快捷、高效交通网，打造绿色交通体系；六是推进体制机制改革，发挥市场在资源配置中的决定性作用和更好发挥政府作用，激发市场活力；七是扩大全方位对外开放，打造扩大开放新高地和对外合作新平台”。七大任务中，有四项与城市规划建设密切相关，即“绿色智慧新城、优美的生态环境、优质公共服务、高效交通网”，意味着雄安新区的建设将按照中央要求，坚持世界眼光、国际标准、中国特色、高点定位，探索中国城市规划设计、建设发展和空间优化的全新模式，建设绿色生态宜居新城区。

（二）强调居住属性，严禁投机炒房

在雄安新区建立之初，就确立了“房子是用来住的，不是用来炒的”，强调住房的居住属性，合理把握开发节奏，严禁大规模开发房地产，严加防范炒地炒房投机行为①。在雄安新区未来住房政策上，新区党工委副书记刘宝玲表示：“雄安新区的房子是用来住的，不是用来炒的，要满足各种不同消费群体的需求，不留炒作空间，实行租售并举的住房政策。”②刘宝玲举例说，现在设想要为外来创业、就业者提供租赁住房，租赁超过10年也可以买，一定期限内不能卖。若卖，优先政府以略高于同期银行本息的价格回购。

（三）创新发展模式，不搞土地财政

在雄安新区房地产发展模式上，中央及河北省地方领导曾在不同场合多次表示，要创新房地产发展模式，探索全新的房地产改革道路，不搞土地财政。2017年5月9日，河北省委书记赵克志在《人民日报》发表文章，表示坚决落实“房子是用来住的，不是用来炒的”定位，把严格土地和房地产管控作为当务之急，明确新区是创新发展的高地、不是炒房淘金的地方。不搞土地批租，不搞土地财政，严禁大规模搞房地产开发。新区党工委副书记刘宝玲表示，雄安新区要全面落实“房子是用来住的，不是用来炒的”这一理念，绝不搞土地财政，不走房地产主导的城市发展老路③。

---

① 2017年4月6日，张高丽副总理发表讲话“合理把握开发节奏，坚决严禁大规模开发房地产，严控周边房价，严加防范炒地炒房投机行为”。

② 数据来源：http://news.sina.com.cn/o/2017-09-10/doc-ifykuftz5980505.shtml.

③ 数据来源：http://news.sina.com.cn/o/2017-09-10/doc-ifykuftz5980505.shtml.

（四）周边同步管控，强化区域协调

2017 年 4 月 1 日，新华社发布设立河北雄安新区的通知后，引起了全国人民的高度关注，也吸引了大量炒房客在第一时间从各地赶到雄县、容城和安新。为了保障雄安新区稳定的建设环境和适宜的建设成本，张高丽副总理明确指示“严控周边规划，严控周边人口，严控周边房价，严加防范炒地炒房投机行为，为新区规划建设创造良好环境”。河北省委书记赵克志也多次强调“切实管住新区及周边地区房价”“继续加强房地产管控，坚决落实‘房子是用来住的，不是用来炒的’要求，实施最严格的管控措施，切实管住新区、新区周边、京冀交界地区的房价地价”。

雄安新区周边市县先后出台了严厉的房地产管控政策，实现了雄安新区房地产市场调控政策的区域协调性和时间同步性。雄县、容城和安新三县全面冻结全部房产过户。4 月 1 日至 4 月 5 日深夜，与雄安新区三县紧邻的河北省廊坊市霸州市、文安县，沧州市任丘市，保定市徐水区、定兴县、满城区、清苑区、白沟新城、高碑店市、高阳县 10 个地区接连出台限购措施，开始封堵各种炒房行为。从空间分布来看，围绕雄安新区三县周边基本上都已实行了严格的限购措施，已经形成全面限购圈。从出台的限购措施来看，主要措施落在外地人限购一套住房。部分要求严格的城市则要求买房的非户籍人口需具有当地居住证。霸州市、任丘市、文安县三地要求本地居民最多购买两套房，其他地区对本地居民的限购套数则为三套①。

（作者：卢华翔，中国城市规划设计研究院住房与住区所所长，教授级高级城市规划师；高恒，中国城市规划设计研究院住房与住区所城市规划师）

① 数据来源：http://finance.qq.com/a/20170406/009090.htm.

2017年中国城市交通发展评述

2017年，城市交通无论是外部环境还是内部机制都发生了重大的变化。“十三五”相关规划陆续颁布、供给侧结构性改革逐步深化、互联网经济快速发展、“城市双修”实施推进等，对城市交通发展影响重大。生态文明的发展理念在城市交通规划建设管理中，加快贯彻实施。新交通业态发展迅猛，在方便公众出行的同时，也对城市交通运行模式、管理机制提出了深层次的挑战。总体上，2017年城市交通外部发展环境和政策更加明朗，发展模式转型和管理机制创新并存，“互联网+”、人工智能、移动互联等新技术在城市交通领域广泛应用，公共交通发展和城市交通综合治理受到高度关注。

一、城市群与区域交通发展

（一）城市群交通

2017年，为了适应区域协同发展的战略格局，满足区域资源优化配置和供给侧结构性改革的要求，城市群交通系统规划建设加快，城际交通成为城市群交通规划建设的重点。

1月，国务院印发《全国国土规划纲要（2016—2030年）》。规划纲要凸显了国土开发与交通资源相互依存的必然联系，明确了城镇土地资源配置和交通系统建设深度融合的政策方向。规划提出依托主要交通干线和综合交通运输网络，促进国土集聚开发，引导生产要素向交通干线和连接通道有序、自由流动和高效集聚。2月，《“十三五”现代综合交通运输体系发展规划》发布，到2020年，高速铁路覆盖80%以上的城区常住人口100万以上的城市，铁路、高速公路、民航运输机场基本覆盖城区常住人口20万以上的城市，重要城市群核心城市间、核心城市与周边节点城市间实现1~2小时通达。为强化对区域协同发展的支撑作用，规划提出加快建设京津冀、长三角、珠三角三大城市群城际铁路网，推进山东半岛、海峡西岸、中原地区16个城市群城际铁路建设。在全国重点打造150个开放式、立体化综合客运枢纽，基本实现利用城市轨道交通等骨干公交方式连接大中型高铁车站以及年吞吐量超过1000万人次的机场。规划部署和制定的措施，对推动城市群交通建设具有重要意义，以轨道交通和高速公路为主骨架、以综合交通枢纽为纽带的城际交通系统将加快发展，城市群交通联系薄弱、城市内外交通衔接不畅的状况也会随之改善。

6月，国家发改委等6部门发布《关于促进市域（郊）铁路发展的指导意见》，强调以示范项目为抓手，推进既有铁路挖潜扩能改造，发展多层次、多模式、多制式的轨道交通系统，更好地适应都市圈和城市群发展新要求。该意见出台，弥补了长期以来市域（郊）铁路规划建设的政策短板，从指导思想、规划编制、管理机制、投资模式、保障措施等方面，为市域（郊）铁路发展指明了方向。11月，《铁路“十三五”发展规划》发布，规划提出有序推进城际、市域（郊）铁路建设，经济发达、人口稠密、城镇密集地区形成城际、市域（郊）铁路骨架网络，到2020年城际和市域（郊）铁路规模达到2000千米左右。实现北京至大部分省会城市之间2～8小时通达，相邻大中城市1～4小时快速联系，主要城市群内0.5～2小时便捷通勤。规划进一步确立了盘活存量资产，优先利用既有铁路提供城际、城市运输服务的发展思路。

（二）民用机场

近年来，航空运输在综合交通运输体系中的作用日益显著，但机场总量不足、布局不尽合理等问题还较为突出，在适应国家发展和公众出行方面还存在不少短板。2月，国家发改委、民航局发布了新修订的《全国民用运输机场布局规划》，结合国家发展战略实施，对民用机场建设数量、空间布局等进行了调整完善。重点增加中西部地区机场数量，实施繁忙机场扩能改造，力求形成与城镇化格局相适应的机场整体布局以及与高速铁路优势互补、协同发展的格局。为合理利用现有各类机场资源，规划要求减少迁建，鼓励相邻地区合建共用机场。规划到2025年，新增机场136个，民用运输机场总量达到370个（规划建成约320个）。完善华北、东北、华东、中南、西南、西北六大机场群，建成覆盖广泛、分布合理、功能完善、集约环保的现代化机场体系。新版规划更加注重一体化衔接和服务品质，要求构建以枢纽机场为核心节点的综合交通枢纽，统筹协调各种交通方式，尽可能接入城际铁路或市郊铁路、城市轨道交通、高速铁路，同步建设高等级公路，同站建设城市公共交通设施或长途汽车站等换乘设施。建立公共信息共享平台，实现出行过程和信息服务的无缝衔接。

2017年，中西部城市民用机场建设加快，枢纽机场扩能改造。多个中西部城市新建机场项目或可行性报告获得批准，包括山东菏泽、安徽芜湖宣城、贵州威宁、湖南湘西、广西玉林、湖南郴州、湖北荆州等民用机场。上述机场均按飞行区4C级进行建设，同步建设场外道路等配套设施。北京新机场南航基地项目获得批复，南航基地项目将按照承担北京新机场航空旅客业务量40%的设计目标进行建设。乌鲁木齐机场改扩建工程项目建议书得到批复，新建第二、第三跑道，同步建设综合交通中心和停车楼，要求论证城际铁路接入机场的必要性和可行性。这些机场项目建设，将进一步优化北京新机场航空运输组织，增强乌鲁木齐机场国际枢纽竞争力，改善中西部城市航空运输服务能力。

京津冀机场群协同成为重点。11月，国家发改委、民航局印发《推进京津冀民航协同发展实施意见》，强化民航对京津冀区域经济社会发展和对外开放的支撑带动作用，加快推进民航与其他快速交通方式的高效衔接、设施连通、信息互通、票务畅通。把基本实现京津冀地区主要机场间以及与周边重要区域通过轨道交通快速连接作为发展的方向，鼓励在有条件的重要高铁站点建设城市航站楼，推行异地候机、行李联程托运等配套服务。

（三）联程服务

长期以来，我国铁路、民航、公路等旅客运输服务受体制机制束缚，一体化运输组织缺失、跨方式出行不便等问题十分突出。2017 年，多方式联程服务难题开始破局。12 月，交通运输部、国家发改委、国家旅游局、国家铁路局、中国民用航空局、国家邮政局、中国铁路总公司联合发布了《关于加快推进旅客联程运输发展的指导意见》（以下简称《意见》），从完善服务设施、提升服务品质、提高信息化水平等方面，提出了具体的发展目标和任务分工。《意见》要求，加快推进综合客运枢纽一体化建设和立体换乘、同台换乘；各种运输方式共建共享售票、取票、乘降、驻车换乘（P+R）等联运设施设备，积极探索旅客联程运输电子客票，为实现“一站购票”“一票出行”创造条件；改进售检票系统功能，创新身份查验方式，支持使用身份证、二维码、生物识别信息等新媒介验票乘车；推进运输企业间运行班次、运行时刻、各班次客流规模及运行动态、售票状态、延伸服务、旅客中转换乘等信息的开放共享、数据交换与整合利用；健全城市交通与城际交通协调联动机制。为加快推动各项具体任务实施，《意见》要求各地以旅客需求为导向，因地制宜选择条件成熟的线路、枢纽、企业，组织开展旅客联程运输试点。

（四）物流系统

物流衔接生产与消费，是区域交通运输极为重要的组成部分。加强物流系统建设，保障物流设施用地，提升物流智能化、信息化水平，对降低物流成本、促进区域协同发展和产业结构调整都具有重大作用。

2017 年，国务院办公厅出台《关于加快发展冷链物流 保障食品安全 促进消费升级的意见》《关于进一步推进物流降本增效 促进实体经济发展的意见》，引导物流业发展和相关设施建设。要求在土地利用总体规划、城市总体规划中综合考虑物流发展用地，统筹安排物流及配套公共服务设施用地选址和布局。在综合交通枢纽、产业集聚区等物流集散地布局和完善一批物流园区、配送中心等，布局和完善一批具有多式联运功能、支撑保障区域和产业经济发展的综合物流枢纽。探索发展高铁快运物流，建设城市共同配送中心、智能快件箱、智能信报箱等。完善城市配送车辆通行管理政策，商贸、物流企业协同开展共同配送、夜间配送。创新物流资源配置方式，实现货运供需信息实时共享和智能匹配。6 月，国家发改委印发《服务业创新发展大纲（2017—2025 年）》，大力发展社会化、专业化物流，提升物流信息化、标准化、网络化、智慧化水平，建设高效便捷、通达顺畅、绿色安全的现代物流服务体系。同时，为了规范物流行业发展，8 月国家发改委等 20 个部门联合发布了《关于对运输物流行业严重违法失信市场主体及其有关人员实施联合惩戒的合作备忘录》，加快推进运输物流行业信用体系建设。

随着物流新业态、新模式的不断涌现，进一步增强政府服务意识和监管能力，激发物流运营主体活力和创新能力，引导物流业规范发展，依然任重而道远。

二、城市交通综合治理与绿色发展

（一）城市综合交通体系

城市交通需求增长与城市发展密切相连，破解城市交通拥堵、公众出行不便难题，必须从城市规划建设入手，构建与城市个性相适应的城市综合交通体系。2017年，众多城市开展了城市综合交通体系规划编制并将其纳入城市总体规划。40多个城市总体规划获得国务院批准，为城市综合交通体系建设奠定了规划基础。

中共中央、国务院批复了《北京城市总体规划（2016—2035年）》。批复意见指出，北京城市的规划发展建设，要深刻把握好“都”与“城”、“舍”与“得”、疏解与提升、“一核”与“两翼”的关系，坚定不移地疏解非首都功能，着力治理“大城市病”。坚持公共交通优先战略，提升城市公共交通供给能力和服务水平，加强交通需求管理，鼓励绿色出行，标本兼治缓解交通拥堵，促进交通与城市协调发展。深入推进京津冀协同发展，优化区域交通体系，推进交通互联互通。批复意见反映了城市综合交通体系建设在北京城市发展和功能调整中具有重大作用。

国务院、国务院办公厅在众多城市总体规划①的批复意见中，明确指出要按照绿色、循环、低碳的理念规划建设城市基础设施，建立以公共交通为主体，各种交通方式相结合的多层次、多类型的城市综合交通体系；并针对不同城市的特点和需求，在交通基础设施、内外交通衔接、城市轨道交通、综合性交通枢纽、停车场等方面，提出了具体规划建设要求。

（二）城市交通设施

各地在“城市双修”、公交都市创建中，“窄马路、密路网”的城市道路规划建设理念得到落实。加强路网建设和完善路网功能、优化道路断面和交叉口、增强停车供给能力、推进城市轨道交通建设，成为各地提升城市交通综合承载能力的重要建设方向。《全国城市市政基础设施建设“十三五”规划》提出，“十三五”期间新增城市道路10.4万千米，新增城市轨道交通运营里程3000千米以上。500万人口以上特大、超大城市加大轨道交通网络覆盖率，300万～500万人口大城市加快建设城市轨道交通骨干网络，100万～300万人口大城市积极推进轻轨等城市轨道交通系统建设。《“十三五”现代综合交通运输体系发展规划》在城市交通设施建设方面，也提出加快建设大城市市域（郊）铁路，推进城市慢行交通设施和公共停车场建设，城区常住人口300万以上城市基本建成公交专用道网络，并针对车路协同的发展趋势，建设智能路侧设施。

2017年，长沙市城市轨道交通第三期建设规划（2017—2022）、广州市城市轨道交通第三期建设规划（2017—2023）、深圳市城市轨道交通第四期建设规划（2017—2022）等，先后获

① 2007年，国务院批复了乌鲁木齐、汕头、大连、齐齐哈尔、徐州、太原、包头、长春、沈阳、鞍山、拉萨、抚顺、贵阳、上海等城市的城市总体规划，国务院办公厅批复了开封、衡阳、泰州、鸡西、株洲、黄石、温州、辽阳、威海、镇江、湛江、台州、德州、焦作、马鞍山、泰安、湘潭、牡丹江、阜新、伊春、大同、盘锦、嘉兴、新乡、鹤岗等城市的城市总体规划。

得国家发改委批复，确定了三市今后5年城市轨道交通建设安排。但个别城市由于城市轨道交通建设引发的债务问题，也引起国家的高度关注，为减轻城市财政压力，包头市已开工的地铁项目被停建。由此可见，防范城市债务风险成为城市轨道交通规划建设必须考虑的底线，未来城市轨道交通发展面临政策的调整完善，偏爱地铁模式的倾向将得到遏制。

2017年，为切实推动城市停车设施建设，提高城市停车供给能力，缓解停车难问题，适应城市发展需求，住房和城乡建设部组织开展了城市停车设施规划建设督查，重点督查各地落实《住房和城乡建设部　国土资源部关于进一步完善城市停车场规划建设及用地政策的通知》《住房城乡建设部关于加强城市电动汽车充电设施规划建设工作的通知》情况。

12月，交通运输部办公厅、公安部办公厅、商务部办公厅启动了城市绿色货运配送示范工程，示范工程实施周期三年，重点开展城市货运配送节点网络规划建设、城市配送车辆便利通行政策优化完善、城市货运配送组织模式创新、新能源城市货运配送车辆推广应用、城市货运配送全链条信息交互共享等示范建设。示范工程的启动实施，对未来城市物流配送体系建设起着重大引导作用，也有益于城市交通的综合治理与绿色发展。

（三）生态文明交通与绿色交通

2017年，公安部、中央文明办、住房和城乡建设部、交通运输部联合启动了城市道路交通文明畅通提升行动计划，部署开展依法治理提升工程、交通组织提升工程、交通建设优化工程、交通结构优化工程、文明交通提升工程五大工程。着力破解交通秩序混乱无序、高峰期重要点段交通拥堵、电动自行车和低速电动车交通违法频繁等突出问题，创造有序、畅通、安全、绿色、文明的城市道路交通环境。文明交通行动也被列入中共中央办公厅、国务院办公厅印发的《国家“十三五”时期文化发展改革规划纲要》，通过完善交通安全宣传教育体系、整治交通违法行为、曝光不文明现象，引导人们文明出行。9月，“公交出行宣传周”“绿色出行”等活动相继举办，公安部交通管理局联手百城百企共同发起抵制酒驾公益活动，各项活动增强了社会各界文明交通、绿色交通的意识。

3月，交通运输部出台《城市公共汽车和电车客运管理规定》，为规范城市公共汽电车客运健康发展提供了基础支撑。11月，交通运输部印发《关于全面深入推进绿色交通发展的意见》。《意见》提出，实施绿色出行促进工程，加强自行车专用道和行人步道等城市慢行系统建设，改善自行车、步行出行条件；在大中城市全面推进“公交都市”建设，加快推动城市轨道交通、公交专用道、快速公交系统等公共交通基础设施建设；加快推进城市绿色货运配送，发展智能快件箱等智能投递设施。

重视弱势群体出行是文明交通和绿色交通建设的重要内容。2017年，老年人、残疾人、中小学生的出行环境和交通安全保障成为政策制定的焦点。1月，交通运输部、住房城乡建设部、国家铁路局、中国民用航空局、国家邮政局、中国残疾人联合会、全国老龄工作委员会办公室出台《关于进一步加强和改善老年人残疾人出行服务的实施意见》，要求加快建设无障碍设施和无障碍出行服务体系，创新服务模式，建设出行信息服务体系，保障行动不便乘客安全、便捷出行。6月，国务院办公厅印发《关于制定和实施老年人照顾服务项目的意见》，要求有条件的公共交通场所、站点和公共交通工具加快无障碍设施建设和改造，在醒目位置设置老年人等重点人群服务标志，城市公共交通、公路、铁路、民航等为老年人提供便利服务。4月，国务院办公厅在《关于加强中小学幼儿园安全风险防控体系建设的意见》中，要求加强交通秩序管理，完善交通管理设施，为学生和家长选择公共交通出行提供安全、便捷的交通服务。

这些政策、措施的出台，彰显了社会和谐文明、基本公共服务均等的理念，推动生态绿色交通向纵深发展。

（四）共享交通

2017年，以共享单车、汽车共享为主要方式的共享交通发展迅猛，在方便公众出行的同时，乱停乱放、车辆运营维护不到位、企业主体责任不落实、用户资金和信息安全风险等问题也十分突出。由于侵占大量城市公共空间、城市环境受到伤害，部分城市开始限制共享单车企业进入或限制投放规模。共享交通市场竞争激烈，靠融资和烧钱扩大规模的经营方式难以为继，20多家共享单车、共享汽车经营企业倒闭或停止运营。

为规范共享交通运营服务行为，引导共享交通有序发展，2017年国家颁布了相关政策文件。8月，交通运输部、中央宣传部、中央网信办、国家发改委、工业和信息化部、公安部、住房和城乡建设部、人民银行、国家质检总局、国家旅游局联合发布《关于鼓励和规范互联网租赁自行车发展的指导意见》，强调统筹推进公共租赁自行车与互联网租赁自行车融合发展，不鼓励发展互联网租赁电动自行车。要求合理布局慢行交通网络和自行车停车设施，积极推进自行车道和自行车停车点建设，对不适宜停放的区域和路段制定负面清单，实行禁停管理。《意见》要求加强停放管理和监督执法，企业要利用车辆卫星定位、大数据等信息技术加强对所属车辆的经营管理，对用户资金安全监管提出了具体的要求和措施。进一步明确了运营企业对车辆停放管理负有责任，界定了相关主管部门的职责和分工。

8月，交通运输部、住房和城乡建设部发布《关于促进小微型客车租赁健康发展的指导意见》，从规范租赁车辆管理、落实身份查验制度、完善基础设施规划建设、科学确定分时租赁发展定位、建立健全配套政策措施等方面，提出了具体的措施。文件明确要求，依据城市总体规划，制定小微型客车租赁发展规划，并纳入综合运输体系规划和城市综合交通体系规划。鼓励使用新能源车辆开展分时租赁，并按照新能源汽车发展有关政策在充电基础设施布局和建设方面给予扶持。

三、交通创新与发展态势

（一）服务模式创新

2017年，在供给侧结构性改革的大背景下，“互联网+”助推交通新业态快速发展，国家相关政策陆续发布，为交通服务模式创新注入了新的活力。中共中央办公厅、国务院办公厅发布《关于促进移动互联网健康有序发展的意见》，提出加快民航客机、高速铁路、城市交通等公共场所无线局域网建设和应用，带动引导商业性服务场所实现无线局域网覆盖和免费开放，培育和规范引导基于移动互联网的约车等分享经济新业态。《“十三五”现代综合交通运输体系发展规划》也进一步明晰了发展目标，即交通枢纽站点无线接入网络广泛覆盖，基本实现重点城市群内交通一卡通互通。1月，国务院办公厅出台《关于创新管理优化服务 培育壮大经济发展新动能 加快新旧动能接续转换的意见》，强调根据交通出行等领域新业态的特征，调整优化准入标准，创新监管方式，鼓励商业模式创新。加快建设跨行业、跨区域的物流信息服务平台，发展物流新模式，推动降本增效和创新发展。

9月，交通运输部办公厅印发《智慧交通让出行更便捷行动方案（2017—2020年）》，部署了提升城际交通出行智能化水平、加快城市交通出行智能化发展等行动，推动开展智慧机场、旅客联运信息服务等建设，加快完善城市公交智能化应用系统，推动城市公交与移动互联网融合发展，智能停车信息服务产品有序规范发展。11月，交通运输部、中央军委装备发展部印发《北斗卫星导航系统交通运输行业应用专项规划（公开版）》，到2020年，在行业关键领域实现北斗卫星导航服务自主可控，重点运输车辆北斗兼容终端应用率不低于80%，城市地面公共交通北斗兼容终端应用率不低于80%。推动北斗系统服务公众出行。

（二）交通投资市场开放

投融资机制创新加快推进。1月，国务院发布《关于扩大对外开放积极利用外资若干措施的通知》，取消轨道交通设备制造等领域外资准入限制，支持外资依法依规以特许经营方式参与基础设施建设，包括交通、市政公用工程等。2月，国家发改委、住房和城乡建设部出台《关于进一步做好重大市政工程领域政府和社会资本合作（PPP）创新工作的通知》，重庆市被列入开展城市公共停车场领域PPP创新的城市。9月，国务院办公厅发布《关于进一步激发民间有效投资活力 促进经济持续健康发展的指导意见》，要求加大基础设施和公用事业领域开放力度，禁止排斥、限制或歧视民间资本的行为。交通投融资市场放开和建设机制创新，对鼓励和促进社会资本参与城市交通建设与运营管理，营造了积极的政策环境。

（三）智慧交通强力推进

2017年，人工智能、大数据、互联网、先进制造等技术与交通深度融合，推动智慧交通技术应用服务覆盖范围不断扩大，智慧出行服务、智慧物流、车路协同、车联网、自动驾驶和辅助驾驶等成为智慧交通发展的热点。

1月，交通运输部办公厅印发《推进智慧交通发展行动计划（2017—2020年）》。未来5年，选择重点物流园区开展智能化示范应用，实现对物流园区货物、车辆、装卸机具、仓储设施的实时跟踪、智能配货、协同调度；开展重点综合客运枢纽智能化示范应用，促进铁路、民航、长途汽车、城市轨道交通、城市公交、出租汽车等多种运输方式之间运力匹配、集散协调；提高综合交通出行信息服务水平，建设形式多样的综合交通出行信息服务平台，加快移动支付方式在交通运输领域应用。

7 月，国务院印发《新一代人工智能发展规划》，强调在大力发展人工智能的同时，必须高度重视人工智能发展不确定性可能带来的安全风险挑战，实施“三步走”战略，确保人工智能安全、可靠、可控发展。在重点任务部署中，要求面向自主无人系统，重点突破自主无人系统计算架构、复杂动态场景感知与理解、实时精准定位、面向复杂环境的适应性智能导航等共性技术。开发智能运载工具和交通智能感知系统，加强车载感知、自动驾驶、车联网、物联网等技术集成和配套，探索自动驾驶汽车共享模式。研究建立营运车辆自动驾驶与车路协同的技术体系，实现智能化交通疏导和综合运行协调指挥，建成覆盖地面、轨道、低空和海上的智能交通监控、管理和服务系统。在智能物流方面，加强智能物流装备研发和推广应用，建设深度感知智能仓储系统，完善智能物流公共信息平台和指挥系统。

8 月，国务院印发《关于进一步扩大和升级信息消费 持续释放内需潜力的指导意见》，以满足人民群众期待和经济社会发展需要为出发点和落脚点，加快拓展和升级信息消费，重点发展面向便捷出行的交通旅游服务，利用物联网、大数据、云计算、人工智能等技术推动各类应用电子产品智能化升级，在交通等领域开展新型应用示范。推动智能网联汽车与智能交通示范区建设，发展辅助驾驶系统等车联网相关设备。住房和城乡建设部出台《住房城乡建设科技创新“十三五”专项规划》，以提高城市综合承载能力为目标，强化科技创新和系统集成。推进基于人群时空行为等大数据的多位感知、信息融合、时空建模和虚拟仿真技术研究，建设大数据环境下开放式动态交互的交通网络精细化仿真系统和服务平台，加快极端灾害及突发事件下城市运行安全预警与功能快速恢复等关键技术与装备研究。

四、结语

2017 年，在全面贯彻落实党的十九大精神背景下，新技术发展和交通领域供给侧结构性改革助推了城市群交通和城市交通的创新发展，基于移动互联的交通服务模式加快创新，公众出行的服务体验有了显著改变，老年人等弱势群体的交通环境建设得到重视。一系列“十三五”规划和国家相关政策出台，凸显了创新、协调、绿色、开放、共享的发展理念，为未来城市群交通和城市交通建设指明了方向。2017 年，共享交通、自动驾驶等成为服务创新、技术创新的热点和公众关注的焦点，但创新与危机共存，共享交通完善的服务体系和管理体系尚未形成，防范无序发展伴随的城市社会风险仍需高度关注。自动驾驶技术研发势头高涨，国家必须严格加强对试验车辆上路行驶的监管，在城市道路开放环境下，防止城市成为不成熟产品的试验场，杜绝交通安全隐患，维护城市安全有序运行。

（作者：马林，中国城市规划设计研究院、住房和城乡建设部城市交通工程技术中心副主任，教授级高级工程师）

2017年中国城市市政基础设施进展

一、城市市政基础设施建设概况

城市市政基础设施是新型城镇化的物质基础，是城市社会经济发展、人居环境改善、公共服务提升和城市安全运转的基本保障，是城市发展的骨架。从专业构成来看，城市市政基础设施主要包括城市道路、桥涵、照明、供水、供热、供气、排水、污水、园林绿化、市容环卫、垃圾处理等各类市政公用服务设施。

2016年年末，全国设市城市657个，其中直辖市4个、地级市293个、县级市360个。据对656个城市和2个特殊区域统计汇总，城市城区户籍人口4.03亿人，暂住人口0.74亿人，建成区面积5.43万平方千米。2016年完成城市市政公用设施固定资产投资17460亿元，比上一年增长7.7%，占同期全社会固定资产投资总额的2.88%。其中，道路桥梁、轨道交通、园林绿化投资分别占城市市政公用设施固定资产投资的43.3%、23.4%和9.6%。

（一）城市供水与节水

2016年年末，城市供水综合生产能力达到3.03亿立方米/日，比上一年增长2.2%，其中，公共供水能力2.39亿立方米/日，比上一年增长3.4%。供水管道长度75.7万千米，比上一年增长6.5%。2016年，年供水总量580.7亿立方米，其中生产运营用水160.7亿立方米、公共服务用水81.6亿立方米、居民家庭用水220.5亿立方米。

为加强供水安全管理，2016年11月，住房和城乡建设部印发《关于进一步加强城镇供水管理工作的通知》（建城〔2016〕252号），从“加强全过程管理，确保水质安全”“强化精细化管理、严格漏损控制”“完善应急管理体系、保障供水安全”“深化政府与资本合作，提高产业集中度”“创新管理机制、共同做好供水安全保障工作”五个方面系统地提出了加强城市供水管理的工作要求。同时，在2016年、2017年分别开展了全国城市供水规范化检查和供水水质督察，有力督促了各地从源头到龙头保障饮用水安全。

城镇节水是解决水资源供需矛盾、提升水环境承载能力、应对城市水安全问题的重要举措。2016年，城市节约用水57.6亿立方米。为全面推进城镇节水工作，2016年11月，住房和城乡建设部、国家发改委联合印发《城镇节水工作指南》，以指导各地深入开展城镇节水工作，

宿迁市开展供水管网改造（宿迁市水务局供图）

为城镇节水改造实施、节水制度建设与落实提供参考。

（二）城市燃气与供热

2016 年，人工煤气供气总量 44.1 亿立方米，天然气供气总量 1171.7 亿立方米，液化石油气供气总量 1078.8 万吨，分别比上一年减少 6.5%、增长 12.6%、增长 3.8%。人工煤气供气管道长度 1.9 万千米，天然气供气管道长度 55.1 万千米，液化石油气供气管道长度 0.9 万千米，分别比上一年减少 13.0%、增长 10.6%、减少 3.3%。用气人口 4.57 亿人，燃气普及率 95.75%，比上一年增加 0.45 个百分点。2016 年年末，城市供热能力（蒸汽）7.8 万吨/小时，比上一年减少 3.0%；供热能力（热水）49.3 万兆瓦，比上一年增长 4.4%；供热管道 21.4 万千米，比上一年增长 4.5%；集中供热面积 73.9 亿平方米，比上一年增长 9.9%。

可以看出，随着国家天然气气源保障能力的提高，管道天然气清洁、高效、方便的特点将使其成为城市最重要的气源，部分人工煤气、液化石油气等用户也将逐渐置换为管道天然气。随着城市人民生活需求的提升，天然气供暖、天然气三联供、天然气汽车等新增天然气需求量也将快速提高。此外，在国家大力推进节能减排的政策背景下，部分原煤消费用户也将转变为天然气用户，城市分散燃煤锅炉供热形式正逐步被城市集中供热所取代，天然气在城市供热中的比例不断提升。

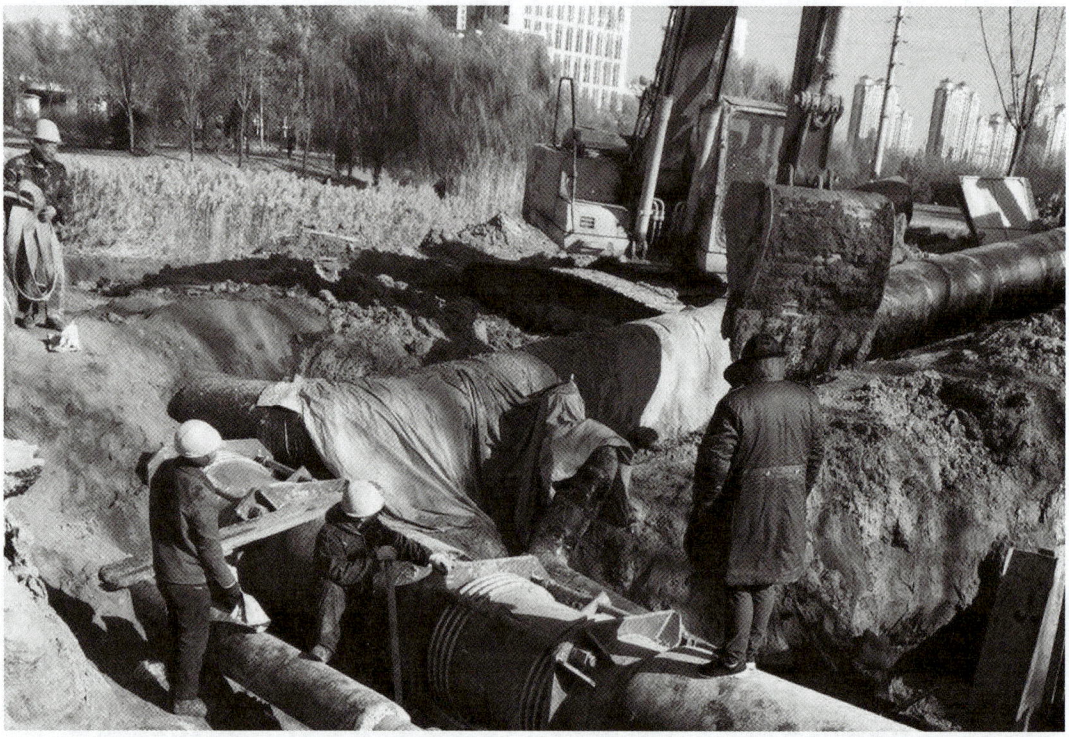

河北省保定市供热管道改造（河北省燃气热力管理中心供图）

2017 年 2 月 17 日，环保部、国家发改委、国家能源局、财政部以及北京市、天津市、河北省、山西省、山东省和河南省政府联合下发《京津冀及周边地区 2017 年大气污染防治工作方案》，要求在“2+26”城市实施冬季清洁取暖重点工程。2017 年 8 月 18 日，环保部、国家发改委等 10 部委及北京市、天津市、河北省、山西省、山东省和河南省联合下发《京津冀及周边地区 2017—2018 年秋冬季大气污染综合治理攻坚行动方案》，要求在 2017 年 10 月底前，“2+26”城市完成以电代煤、以气代煤 300 万户以上。2017 年入冬以来，由于部分地区没有完成以电代煤、以气代煤工作及气源紧张等原因，造成部分地区供暖出现问题。为此，环保部于 2017 年 12 月 4 日下发《关于请做好散煤综合治理确保群众温暖过冬工作的函》特急文件，提出坚持以保障群众温暖过冬为第一原则，“进入供暖季，凡属没有完工的项目或地方，继续沿用过去的燃煤取暖方式或其他替代方式”。

（三）城市交通

2016 年年末，全国有 30 个城市建成轨道交通，线路长度 3586 千米，分别比上一年增加 6 个城市，增长 16.8%，车站数 2383 个，其中换乘站 541 个，配置车辆数 19284 辆。全国 39 个城市在建轨道交通，线路长度 4870 千米，分别比上一年增加 1 个城市，增长 21.9%，车站数 3080 个，其中换乘站 827 个。

2016 年年末，城市道路长度 38.2 万千米，比上一年增长 4.8%，道路面积 75.4 亿平方米，比上一年增长 5.0%，其中人行道面积 16.9 亿平方米。人均城市道路面积 15.8 平方米，比上一年增加 0.2 平方米。

互联网租赁自行车是移动互联网和租赁自行车融合发展的新型服务模式，是分享经济的典型业态。从 2016 年开始，共享单车席卷全国大小城市，在更好地满足公众出行需求、有效解决城市交通出行“最后一公里”问题、缓解城市交通拥堵、构建绿色出行体系等方面发挥了积极作用。以北京为例，截至 2017 年 9 月，全市有 15 家共享自行车企业，投放运营车辆达 235 万辆。但由于管理不到位、发展不规范，共享单车存在车辆乱停乱放、车辆运营维护不到位、企业主体责任不落实、用户资金和信息安全风险等问题。2017 年 10 月，交通运输部、中央宣传部等 10 部委出台《关于鼓励和规范互联网租赁自行车发展的指导意见》，以鼓励和规范共享单车的发展。

北京车公庄西路上的共享单车

（四）城市排水与污水处理

2016 年年末，全国城市共有污水处理厂 2039 座，比上一年增加 95 座；污水厂日处理能力 14910 万立方米，比上一年增长 6.2%；排水管道长度 57.7 万千米，比上一年增长 6.9%。城市年污水处理总量 448.8 亿立方米，城市污水处理率 93.44%，其中污水处理厂集中处理率 89.80%。城市再生水日生产能力 2762 万立方米，再生水利用量 45.3 亿立方米。为加强城镇污水处理设施建设和运行管理，推进污水“全收集、全处理”和达标排放，2017 年 7 月，住房和城乡建设部发布了修订后的《城镇污水处理工作考核暂行办法》，设置了城镇污水处理效能、主要污染物削减效率、污泥处置、监督管理、进步鼓励 5 个方面的指标。

根据《水污染防治行动计划》提出的“到2020年，地级及以上城市建成区黑臭水体均控制在10%以内；到2030年，城市建成区黑臭水体总体得到消除”的要求，住房和城乡建设部、环保部在2015年发布了《城市黑臭水体整治工作指南》，提出了“控源截污、内源治理；活水循环、清水补给；水质净化、生态修复”的基本技术路线。2016年9月5日，住房和城乡建设部印发《城市黑臭水体整治——排水口、管道及检查井治理技术指南（试行）》，以指导各地准确把握当前整治城市黑臭水体的核心和关键问题，科学有效实施“控源截污”等城市黑臭水体整治相关措施。根据全国黑臭水体整治监管平台发布的消息，截至2017年12月16日，全国黑臭水体共认定2100个，其中已完成治理927个，占44%。

海口美舍河治理成效显著（海口市治水办供图）

（五）城市园林绿化

2016年年末，城市建成区绿化覆盖面积220.4万公顷，比上一年增长4.7%；建成区绿化覆盖率40.30%，比上一年增加0.18个百分点；建成区绿地面积199.3万公顷，比上一年增长4.4%；建成区绿地率36.43%，比上一年增加0.07个百分点；公园绿地面积65.4万公顷，比上一年增长6.4%；人均公园绿地面积13.70平方米，比上一年增加0.35平方米。

2016年10月，住房和城乡建设部对《国家园林城市申报与评审办法》《国家园林城市标准》《生态园林城市申报与定级评审办法和分级考核标准》《国家园林县城城镇标准和申报评审办法》进行了修订，形成了《国家园林城市系列标准》及《国家园林城市系列申报评审管理办法》。

2016年1月，住房和城乡建设部公布首批国家生态园林城市名单，徐州市、苏州市、昆山市、寿光市、珠海市、南宁市、宝鸡市7个城市榜上有名。2017年10月，杭州市、许昌市、常熟市、张家港市被命名为第二批国家生态园林城市。

（六）城市市容环境卫生

2016年年末，全国城市道路清扫保洁面积79.5亿平方米，其中机械清扫面积47.5亿平方米、机械清扫率59.7%。全年清运生活垃圾、粪便2.17亿吨，比上一年增长5.3%。全国城市共有生活垃圾无害化处理场（厂）940座，比上一年增加50座，日处理能力62.1万吨，处理量1.97亿吨，城市生活垃圾无害化处理率96.62%，比上一年增加2.52个百分点。

2016年12月，习近平主持召开中央财经领导小组第十四次会议，强调要加快建立分类投放、分类收集、分类运输、分类处理的垃圾处理系统，形成以法治为基础、政府推动、全民参与、城乡统筹、因地制宜的垃圾分类制度，努力提高垃圾分类制度覆盖范围。2017年3月，国务院办公厅转发国家发改委、住房和城乡建设部印发的《生活垃圾分类制度实施方案》，明确了垃圾分类的总体要求，提出了在2020年前，直辖市、省会城市、计划单列市及住房和城乡建设部等部门确定的第一批生活垃圾分类示范城市要先行实施生活垃圾强制分类，并鼓励各省（区）结合实际，选择本地区具备条件的城市实施生活垃圾强制分类，国家生态文明试验区、各地新城新区应率先实施生活垃圾强制分类。2017年11月30日，全国城市生活垃圾分类工作现场会在福建省厦门市召开，住房和城乡建设部党组书记、部长王蒙徽表示，普遍推行生活垃圾分类制度，是关系广大人民群众生活的大事。先行开展生活垃圾分类的46个城市均已启动垃圾分类工作，有12个城市已有垃圾分类地方法规或政府规章，有24个城市已出台垃圾分类工作方案。

厦门市深入开展生活垃圾分类工作（厦门市垃圾分类管理中心供图）

二、市政基础设施规划引领

（一）市政基础设施

2017年5月17日，经国务院同意，由住房和城乡建设部、国家发改委组织编制的《全国城市市政基础设施规划建设“十三五”规划》正式发布实施。这是我国首次编制国家级、综合性的市政基础设施建设规划，改变了以往按专业分别编制规划的做法。

《全国城市市政基础设施规划建设“十三五”规划》全面贯彻落实党的十九大会议精神，深入贯彻习近平系列重要讲话精神以及中央城镇化工作会议和中央城市工作会议精神，落实《国民经济和社会发展第十三个五年规划纲要》《国家新型城镇化规划（2014—2020年）》等系列国家规划、文件的目标要求，按照“五位一体”总体布局和“四个全面”战略布局的要求，把市政基础设施建设作为深化供给侧结构性改革的重要举措，作为支撑“十三五”城镇化健康发展和国家基础设施建设的优先领域，积极适应把握引领经济发展新常态，着力完善城市市政基础设施网络、推进城市市政基础设施领域基本公共服务均等化。到2020年，建成与小康社会相适应的布局合理、设施配套、功能完备、安全高效的现代化城市市政基础设施体系，基础设施对经济社会发展支撑能力显著增强。

在《全国城市市政基础设施规划建设“十三五”规划》确定的目标基础上，提出了12项综合性的规划任务，分别为：①加强道路交通系统建设，提高交通综合承载能力；②推进城市轨道交通建设，促进居民出行高效便捷；③有序开展综合管廊建设，解决“马路拉链”问题；④构建供水安全多级屏障，全流程保障饮用水安全；⑤全面整治城市黑臭水体，强化水污染全过程控制；⑥建立排水防涝工程体系，破解“城市看海”难题；⑦加快推进海绵城市建设，实现城市建设模式转型；⑧优化供气供热系统建设，提高设施安全保障水平；⑨完善垃圾收运处理体系，提升垃圾资源利用水平；⑩促进园林绿地增量提质，营造城乡绿色宜居空间；⑪全面实施城市生态修复，重塑城市生态安全格局；⑫推进新型智慧城市建设，提高安全运行管理水平。

根据12项规划任务，结合各省（自治区、直辖市）市政基础设施现状及需求，《全国城市市政基础设施规划建设“十三五”规划》提出了城市路网加密缓堵工程、城市轨道交通建设工程、城市综合管廊建设工程、城市供水安全保障工程、城市黑臭水体治理工程、海绵城市建设工程、排水防涝设施建设工程、燃气供热设施建设工程、城市垃圾收运处理工程、园林绿地增量提质工程、城市生态修复工程、新型智慧城市建设工程12项重点工程，确定各项重点工程建设内容和建设规模。这些工程具有系统性强、针对性强、协调性高等特点。

（二）生活垃圾无害化处理设施

2016年12月31日，国家发改委、住房和城乡建设部印发《“十三五”全国城镇生活垃圾无害化处理设施建设规划》，提出到2020年年底，直辖市、计划单列市和省会城市（建成区）生活垃圾无害化处理率达到100%，其他设市城市生活垃圾无害化处理率达到95%以上。具备条件的直辖市、计划单列市和省会城市（建成区）实现原生垃圾“零填埋”，建制镇实现生活垃圾无害化处理能力全覆盖。

《“十三五”全国城镇生活垃圾无害化处理设施建设规划》提出了加快处理设施建设、完善垃圾收运体系、加大存量治理力度、推进餐厨垃圾资源化利用与无害化处理、推行生活垃圾分类、加强监管能力建设 6 个方面的任务。《“十三五”全国城镇生活垃圾无害化处理设施建设规划》指出，“十三五”期间全国城镇生活垃圾无害化处理设施建设总投资约 2518.4 亿元。其中，无害化处理设施建设投资 1699.3 亿元，收运转运体系建设投资 257.8 亿元，餐厨垃圾专项工程投资 183.5 亿元，存量整治工程投资 241.4 亿元，垃圾分类示范工程投资 94.1 亿元，监管体系建设投资 42.3 亿元。

（三）污水处理及再生利用设施

2016 年 12 月 31 日，国家发改委、住房和城乡建设部印发《“十三五”全国城镇污水处理及再生利用设施建设规划》。提出到 2020 年年底，实现城镇污水处理设施全覆盖。城市污水处理率达到 95%，其中地级及以上城市建成区基本实现全收集、全处理。直辖市、省会城市、计划单列市建成区要于 2017 年年底前基本消除黑臭水体；地级及以上城市污泥无害化处置率达到 90%，其他城市达到 75%；县城力争达到 60%；重点镇提高 5 个百分点，初步实现建制镇污泥统筹集中处理处置；城市和县城再生水利用率进一步提高，京津冀地区不低于 30%，缺水城市再生水利用率不低于 20%，其他城市和县城力争达到 15%。

《“十三五”全国城镇污水处理及再生利用设施建设规划》提出了完善污水收集系统、提升污水处理设施能力、重视污泥无害化处理处置、推动再生水利用、启动初期雨水污染治理、加强城市黑臭水体综合整治、强化监管能力建设等 7 项任务。《“十三五”全国城镇污水处理及再生利用设施建设规划》指出，“十三五”城镇污水处理及再生利用设施建设共投资约 5644 亿元。其中，各类设施建设投资 5600 亿元、监管能力建设投资 44 亿元。

（四）清洁取暖

2017 年 12 月 5 日，国家发改委、国家能源局等 10 部委共同印发了《北方地区冬季清洁取暖规划（2017—2021 年）》。提出到 2019 年，北方地区清洁取暖率达到 50%，替代散烧煤（含低效小锅炉用煤）7400 万吨。到 2021 年，北方地区清洁取暖率达到 70%，替代散烧煤（含低效小锅炉用煤）1.5 亿吨。供热系统平均综合能耗降低至 15 千克标煤/平方米以下。对“2+26”重点城市，提出到 2021 年，城市城区全部实现清洁取暖，35 蒸吨以下燃煤锅炉全部拆除；县城和城乡接合部清洁取暖率达到 80% 以上，25 蒸吨以下燃煤锅炉全部拆除；农村地区清洁取暖率 60% 以上。

《北方地区冬季清洁取暖规划（2017—2021 年）》提出了三项推进策略：一是因地制宜选择供暖热源，包括可再生能源供暖、天然气供暖、电供暖、工业余热供暖、清洁燃煤集中供暖等；二是全面提升热网系统效率，包括加大供热管网优化改造力度、加快供热系统升级等；三是有效降低用户取暖能耗，包括提高建筑用能效率、完善高效供暖末端系统、推广按热计量收费方式等。

《北方地区冬季清洁取暖规划（2017—2021 年）》同时提出了气源保障方案，提出到 2021 年，3 家石油企业（中石油、中石化、中海油）向 6 省市（北京、天津、河北、山东、河南、山西）供气总量达到 1060 亿立方米/年，冬季采暖季期间，供气量达到 593 亿立方米。到 2021 年，6 省市具备的城市应急储气量分别为北京 1.7 亿立方米、天津 1.2 亿立方米、河北 2.1 亿立方米、山东 2.3 亿立方米、河南 1.6 亿立方米、山西 1.4 亿立方米。

三、市政基础设施发展的新思维

（一）生态思维

十九大报告提出，建设生态文明是中华民族永续发展的千年大计。必须树立和践行“绿水青山就是金山银山”的理念，坚持节约资源和保护环境的基本国策，像对待生命一样对待生态环境，统筹山水林田湖草系统治理，实行最严格的生态环境保护制度，形成绿色发展方式和生活方式。市政基础设施建设应把营造绿水青山的人居环境放在优先位置，通过加强市政基础设施建设，降低城市生态系统负荷，减轻水、大气及固体废弃物污染，修复城市生态，促进水的自然循环和大气的自然循环，具体措施如下。

（1）交通设施。倡导绿色出行，通过进一步提高建成区路网密度、大力发展公共交通、有序发展公共自行车服务系统、加强人行道及自行车道建设等措施，逐步缓解交通拥堵以及停车难问题，降低机动车尾气等各类污染物的排放，减缓城市面源污染。

（2）管线设施。对存在事故隐患的供热、燃气、电力、通信等地下管线进行维修、更换和升级改造。合理布局综合管廊，集约利用城市地下空间，有效缓解“马路拉链”问题。2016 年，全国城市新建地下综合管廊 1791 千米，形成廊体 479 千米。根据规划，“十三五”期间，全国建设干线、支线地下综合管廊 8000 千米以上。

（3）水设施。建立从“源头到龙头”的全流程饮用水安全保障体系，加快对因水源污染、设施老化落后等导致供水水质不能稳定达标的水厂、管网和二次供水设施的更新改造，保障饮用水安全。强化水污染全过程控制，全面整治城市黑臭水体，并以黑臭水体治理带动城市水环境改善，提高水体的生态、景观、游憩和文化功能，促进城市品质提升。综合采取“渗、滞、蓄、净、用、排”等措施，建设自然积存、自然渗透、自然净化的海绵城市。

（4）能源设施。增加天然气供应，稳步推进电能替代，推广电锅炉、电窑炉、电采暖等新型用能方式。大力发展热电联产集中供热和天然气、电能、可再生能源等清洁能源供热。

（5）环卫设施。大力推行垃圾分类制度，遵循“减量化、资源化、无害化”原则，加快建立分类投放、分类收集、分类运输、分类处理的垃圾处理系统，推进生活垃圾收运体系与再生资源回收利用体系的有效衔接。

（6）绿地设施。促进园林绿地增量提质，统筹区域城乡生态空间，推进城乡一体绿地系统建设。修复城市自然生态系统，有计划、有步骤地修复被破坏的山体、水体、湿地、植被，推进城市废弃地修复和再利用，治理污染土地。

（二）系统思维

中央城市工作会议要求，城市工作要树立系统思维，从构成城市诸多要素、结构、功能等方面入手，对事关城市发展的重大问题进行深入研究和周密部署，系统推进各方面工作。因此，市政基础设施建设也应树立系统思维，统筹推进各方面工作，具体如下。

（1）区域统筹。统筹区域市政基础设施发展，促进区域平衡发展。东部地区的京津冀、长江三角洲和珠江三角洲城市群应进一步提升城市基础设施现代化水平，通过系统优化整合，形成低碳绿色、集约高效、标杆引领的现代化基础设施体系。中西部地区要适应于承接国际及沿海地区劳动密集型产业转移及农民工吸纳安置，配合产业集群发展和人口聚集，加速提升城市基础设施服务能力，构建适度超前、功能配套、安全高效的基础设施体系，并以区域性中心城市和城市群为核心辐射带动周边区域基础设施建设发展。同时，要统筹新城与老城之间、城乡之间的市政基础设施建设，促进设施品质的整体提升。

（2）设施统筹。一是要改变各专业各自为政的做法，对市政基础设施各专业进行系统集成和统筹。二是平衡不同设施系统的投资比重。如长期以来，道桥、轨道交通一直是城市市政基础设施建设的重点和主要投资对象，约占城市市政基础设施投资的2/3，其他各类设施的投资比重较低。三是统筹地上和地下设施。一些城市热衷于建设城市地上设施，重视城市“面子”，而对城市“里子”的地下设施建设不足。因此，要统筹城市各类市政设施建设，统筹各类资金的筹措与使用，合理确定各类设施的投资比重，防止“顾此失彼”；要进一步加强地下设施建设，加快补齐短板，市政基础设施建设既要“面子”，又要“里子”。

（3）全周期统筹。市政基础设施是资本沉淀率很高的行业，一旦建成，服务周期要延续十几年甚至是几十年、上百年。然而，“重建轻管”的现象普遍存在。由于运行机制不健全、管理主体不明确、维护资金不到位等原因，部分基础设施在建成后往往达不到预期的目标，设施也快速老化。部分企业虽然打着全周期“PPP”的旗号，但只参与建设，实质上不参与后期运营，给市政设施的运行埋下隐患。因此，要统筹市政基础设施设计、建设、管理和运营的全过程，推动全产业链条、全生命周期的市政基础设施服务，提高市政公用行业的产业集成度和发展水平。

（三）创新思维

党的十九大报告提出，创新是引领发展的第一动力，是建设现代化经济体系的战略支撑。市政基础设施的发展应坚持创新导向，通过持续的技术创新、管理创新，不断提升市政基础的建设水平和运行水平，更好地服务于城市发展，满足人民群众日益增长的物质文化需求。

（1）技术创新。建立以市政公用企业为主导的产业技术创新机制，激发企业创新内生动力；健全技术创新的市场导向机制和政府引导机制，加强产学研协同创新，引导各类创新要素向市政公用企业集聚，培育市政公用企业新的增长点，促进经济转型升级提质增效。针对市政基础设施建设中存在的关键技术问题，组织实施关键技术与设备研发及关键装备产业化示范。加强国家相关科技成果对规划实施的科技支撑，进一步扩大重大科技成果的应用范围，推动海绵城市建设、黑臭水体治理、城市生态修复、智慧城市建设等相关技术及理论创新，积极推广适用技术。

（2）管理创新。一是创新市政基础设施的管理机制。市政基础设施管理要保持整体性、系统性，避免条块分割、多头管理，建立健全依法依规管理、地上和地下统筹协调的基础设施管理体制机制，进一步明确政府与市场以及各级政府的责任边界，推进城市管理向服务群众生活转变，促进城市公共服务、生态环保、节能减排、防灾减灾等综合能力和功能的提升。二是注重各类人才的培养。加强市政基础设施专业技术人才、管理人才的建设和培养，大力发展职业教育和职业培训，加强岗前和岗中职业培训，提高从业人员的职业技能水平。

（作者：张志果，中国城市规划设计研究院城镇水务与工程研究分院副院长；龚道孝，中国城市规划设计研究院城镇水务与工程研究分院副院长）

2017 年中国城市信息化进展

在国家创新驱动战略的引领和新型城镇化建设的带动下，2017 年我国城市信息化和智慧城市建设进一步向深度和广度发展。以宽带中国、5G 试点部署为主线的互联网和通信技术进一步提升城市信息化基础能力。大数据中心建设的规划与运营进入新时期，提高智慧城市精准管理能力。智慧城市时空信息云平台和多规合一信息平台不断完善，推动城市信息化纵深发展和“放管服”改革。同时，以“互联网+”为核心的信息化应用模式在促进城市功能和品质提升、推动政府信息化管理创新、推进企业经济新发展、引领民众新生活等方面正在发挥重要作用。2017 年，物联网、大数据、云计算、人工智能、共享经济、政务改革和“城市大脑”成为城市信息化热词。

一、政策环境持续利好，领航城市信息化和智慧城市建设

2017 年，党和国家领导人高度重视信息化和智慧城市建设。围绕“互联网+政务服务”、信息整合、新一代人工智能、智慧城市等多个领域，国家相继出台了多项政策措施，对推动城市信息化建设起了十分重要的促进和保障作用。一些地方政府紧抓发展机遇，发布相关政策文件，统筹谋划城市信息化和智慧城市建设。

（一）十九大为智慧城市建设提出了新的发展路径

十九大在创新型国家的描述中，明确提出数字中国、智慧社会、网络强国的发展远景，要求围绕人民的教育、社保、优质就业、精准扶贫、健康管理和社会治理开展工作，从而为智慧城市的建设明确了新的发展路径。报告提出推动互联网、大数据、人工智能和实体经济深度融合，发展数字经济、共享经济，培育新的增长点、形成新动能，加强水利、铁路、公路、水运、航空、管道、电网、信息、物流基础设施网络建设等举措，也将为城市信息化发展提供新的支撑。

（二）党中央、国务院颁布多项政策推动智慧社会发展

2017 年，中共中央、国务院先后颁布了《新一代人工智能发展规划》《关于进一步扩大和升级信息消费持续释放内需潜力的指导意见》《关于深化“互联网+先进制造业”发展工业互

联网的指导意见》《推进互联网协议第六版(IPv6)规模部署行动计划》《国家创新驱动发展战略纲要》《关于促进移动互联网健康有序发展的意见》等政策，明确提出以信息化驱动现代化为主线，推动着大数据、信息共享和智慧社会发展。

（三）国家发改委、工信部等积极推进新型智慧城市建设

2017 年 4 月，工信部印发《云计算发展三年行动计划（2017—2019 年）》，提出我国云计算发展的指导思想、基本原则、发展目标、重点任务和保障措施。7 月，工信部办公厅印发《移动互联网综合标准化体系建设指南》着力构建移动互联网标准体系。7 月底，国家发改委《关于印发“十三五”国家政务信息化工程建设规划的通知》指出，到“十三五”末，要形成共建共享的一体化政务信息公共基础设施大平台，总体满足政务应用需要。

8 月，国土资源部、国家测绘地理信息局颁布《关于推进国土空间基础信息平台建设的通知》，明确推进国土空间基础信息平台建设的目标任务和总体要求，2017 年年底，初步完成国家级国土空间基础信息平台建设。10 月，国家标准化管理委员会发布国家标准《智慧城市　技术参考模型》，给出了智慧城市概念参考框架，规定了ICT支撑的智慧城市业务框架、知识管理参考模型和技术参考模型，以及智慧城市建设的技术原则和要求。

11 月，国家发改委办公厅印发《关于组织实施 2018 年新一代信息基础设施建设工程的通知》，指出加快推进“宽带中国”战略实施，有效支撑网络强国和数字经济发展。要求以直辖市、省会城市及珠三角、长三角、京津冀区域等为重点，开展 5G 规模组网建设及应用示范工程。构建量子保密通信网络运营服务体系，进一步推进其在信息通信领域及政务、金融、电力等行业的应用。

（四）地方政府综合落实政策，深化信息化和智慧城市建设

2017 年，江苏、浙江、安徽、山东、宁夏等省级政府大力推进绿色城市、新型智慧城市建设，对“互联网+”公共资源交易、政务信息系统整合共享、智慧监管、智慧消防、智慧审批、智慧金融、智慧家庭等做出具体安排。同时，合肥、杭州、南京、宁波等城市发布了贯彻落实中央有关云计算、大数据、物联网及信息化建设政策法规的文件，积极打造“智慧城市 2.0”，推动智慧医院、智慧社区、智慧菜市、智慧交通、智慧网络、智慧人防、智慧物流、智慧城管、窄带物联网、5G 网络等领域的广泛应用。

4 月，江苏省印发了《关于贯彻落实〈国家信息化发展战略纲要〉的实施意见》，明确到“十三五”末，全省城镇和农村家庭宽带达千兆接入能力，4G 无线网络城乡全覆盖，建成一批涵盖经济社会发展重点领域的大数据中心和物联网应用支撑平台。6 月，宁夏出台《关于加快新型智慧城市建设的实施意见》，明确宁夏智慧城市建设采用“1243”架构，即统一承载、先进适用的智慧基础设施；标准规范、网络安全 2 套保障体系；智慧政务、智慧城建、智慧民生、智慧产业 4 大应用领域；智慧城市运营管理中心、我爱城市 App、创业创新平台 3 个服务平台。

7月，杭州市印发“数字杭州”（“新型智慧杭州”一期）发展规划，提出构建以“一个服务门户、两大保障体系、三大平台”为支撑的浙江政务服务网杭州平台总体框架，并提出推进政务物联网建设。8月，《宁波创建新型智慧城市三年行动计划（2017—2019）》发布，提出力争到2018年开展5G试点应用，到2019年，增建通信基站1500个，实现移动宽带信号全域覆盖。

二、信息基础设施创新发展，提升城市信息管理服务水平

2017年，宽带中国战略稳步推进、5G试点开始启动，进一步提高了我国城市信息基础设施能力。通信卫星与导航技术的新成果，提升了城市信息获取能力及其在城市建设、农林水利、地质矿产、环境监测、国防安全和应急减灾等领域的应用。大数据平台的不断建设与演进，拓展了大数据在智慧城市、智慧交通、智慧旅游、精准扶贫等领域的应用。

（一）互联网和通信技术新发展，提高城市信息基础能力

随着“宽带中国”战略的稳步推进，宽带提速效果明显。据宽带发展联盟发布的第18期《中国宽带速率状况报告》显示，2017年第四季度我国固定宽带网络平均下载速率达到19.01Mbit/s，季度环比提升达到15.9%，其中上海、北京两地固定宽带下载速率率先超过20Mbit/s大关。我国移动宽带用户使用4G网络访问互联网时的平均下载速率达到18.18Mbit/s，环比提升14.2%。与此同时，2017年我国5G发展再次取得突破，在全球范围内首次实现基于3GPP R15标准的5G基站到终端的连通。

中国互联网络信息中心（CNNIC）2018年1月发布的第41次《中国互联网络发展状况统计报告》显示，截至2017年12月，中国网民规模达到7.72亿，占全球网民总数的1/5。互联网普及率为55.8%，超过全球平均水平（51.7%）4.1个百分点，超过亚洲平均水平（46.7%）9.1个百分点。手机网民规模达7.53亿，占比达97.5%。其中，城镇网民占比73.0%，规模为5.63亿；农村网民占比为27.0%，规模为2.09亿。

《全球城市信息化发展报告2017》显示，在选取的当今世界发展最具规模的20个城市中，北京、上海在全球智慧城市的排名分别为第14、15位。这表明中国城市信息化发展与纽约、伦敦、新加坡等第一梯队集团在网络接入、宽带质量、数据基础智慧治理等方面仍有一定差距。

（二）遥感卫星与导航技术新成果，拓宽城市信息获取途径

2017年1月，我国自主研制的“高景一号”（SuperView-1）01/02高分辨率商业遥感卫星成功接收了全球范围内的15轨1241景影像，标志着中国首个完全自主研制的0.5米级高分辨率商业遥感卫星星座正式具备运营能力。“高景一号”星座的总体架构是“16+4+4+ X”，即由16颗0.5米分辨率光学卫星、4颗高端光学卫星、4颗微波卫星以及若干颗视频、高光谱等微小卫星组成。系统建设的第一阶段是发射4颗分辨率为0.5米的光学小卫星，日采集数据能力达到300万平方千米，实现国内十大城市3天覆盖一次的能力。

2月底，国防科工局、中国气象局联合发布了我国新一代静止轨道气象卫星“风云四号”获取的首批图像与数据，标志着我国静止轨道气象卫星成功实现了升级换代。11月，又成功发射“风云三号”04星，国际上最先进的宽幅成像遥感仪器之一，有望将我国天气预报的“有效时效”延长2~3天。我国也因此成为世界上在轨气象卫星数量最多、种类最全的国家。这些卫星为我国气象、海洋、林业、农业、民航以及军事等应用领域提供观测信息。

2月底，国家认监委、工信部电子司指导下的汽车联网产品认证联盟，推出我国自主研制的“米级快速定位北斗芯片”，导航精度从原来的10米提升到1~2米，结束了我国高精度卫星导航定位产品“有机无芯”的历史，标志着我国自主可控的北斗卫星导航即将进入米级定位时代[①]。

5月，全国卫星导航定位基准服务系统建成启用，该系统是目前我国规模最大、覆盖范围最广的卫星导航定位服务系统，可向公众提供免费开放的实时亚米级导航定位服务，并向专业用户提供厘米级、毫米级定位服务。系统包括410座国家级卫星导航定位基准站，统筹了各省级测绘地理信息部门的2300多座基准站，利用高速数据传输网络连接国家和30个省级数据中心，形成了覆盖全国的卫星导航定位服务“一张网”[②]。

（三）大数据中心建设日臻完善，助力智慧城市升级发展

2017年，随着新型城镇化和“互联网+”的不断推进，城市信息化发展进入以海量数据为主的阶段，不少省份与城市将大数据基础设施建设作为城市信息化发展的核心。例如，海南明确提出2017年建成全光网省，城镇全部实现100M宽带接入，行政村全部实现10M宽带接入，政府和企业部分用户的接入带宽达到1000M。

11月，第二届“中国数坝”暨中国互联网大会“支撑冬奥张家口赛区”峰会在张家口召开。会议围绕京津冀大数据综试区的建设，以大数据资源的汇聚与应用为核心，打造对接互联网、大数据资源的合作平台，与业界共同探讨和分享利用大数据推动京津冀产业结构转型升级的模式与经验。

12月，在世界智能制造大会“制造业+大数据技术”主题论坛上，江苏、浙江、上海大数据联盟举办了合作备忘录签署仪式，共同推动江浙沪三地工业云、工业大数据平台建设，加快相应大数据应用，推动大数据共性技术在制作行业的推广及应用，助力完善行业大数据标准建设和大数据发展资源流通与互补，实现资源共享、共同发展[③]。

三、智慧城市建设提升城市治理水平，推动新型城镇化发展

以智慧城市为支撑、实现信息化和城镇化的融合，已经成为我国新型城镇化发展的最主要

① 我国北斗卫星导航进入米级定位时代．http://www.chinaequip.cn/2017-03/01/c_136093408.htm.

② 全国卫星导航定位基准服务系统建成启用．http://finance.eastmoney.com/news/135520170531742862995.html.

③ 江浙沪三地大数据联盟签署合作备忘录．http://www.js.xinhuanet.com/2017-12/09/c_1122085029.htm.

特点。智慧城市通过改变城市管理方式，提高城市管理效率，提升城市管理质量和治理水平。

（一）创新智慧城管大数据平台，提高城市整体管理质量

智慧城管是用现代信息技术，构建对城市管理部件、事件的信息采集、处理和监督评价等城市管理综合信息系统。整个过程包含信息采集、核实立案、任务派遣、处理反馈和核查结案等工作，旨在整合城市管理资源，规范城市管理行为，提高城市管理效能。

2017 年 1 月，湖南首家智慧城管平台——长沙市雨花区智慧城市管理平台正式运行，实现了信息采集智能化，实现了“大城管”，将城管、环卫、园林等纳入统一管理，系统与公安部门的“天网”实现对接，并启用无人机，对重点区域和管理盲区实行实时监控①。

3 月，昆明市数字化城市管理系统升级为智慧城管综合运行系统，运用高科技手段为市民解决各类城市管理问题。目前，已经在经开区试点通过无人机自动比对的方式，发现疑似违法建筑和占道经营等工作。同时，在开设 12319 微信、微博的基础上，开发了公众App，方便市民上报问题以及查询事件的办结进度②。

12 月，嘉兴市秀洲区正式启用智慧城管系统，通过视频监控点位、无人机、手机终端等移动终端设备及监控平台、办案系统、审批系统、派单系统等功能板块，形成了“天眼监控、鼠标巡逻、智能派单、人员处置”的高效化城市管理模式③。

（二）逐步构建“城市大脑”，提升城市治理智能化水平

“城市大脑”自 2016 年 10 月在杭州落地后，也在苏州、衢州、澳门等城市进行了推广。2017 年 2 月，苏州市与阿里巴巴签订城市数据大脑建设深化合作框架协议，携手运用大数据、云计算等新一代信息技术，构建苏州“城市大脑”，对整个城市管理进行全局、动态分析，优化调配公共资源，用数据思维重塑城市管理模式，提升整个城市管理水平④，打造智慧城市新典范。

8 月，苏州“城市大脑”项目已采集、汇聚、清洗、存储了涉及公安、市容市政、交通、旅游、轨交公司等部门、三大运营商以及主要互联网企业的各类数据，累计处理历史业务数据 3000 多亿条，同时打通了数据实时传输通道，每天汇聚数据 6.8 亿条，推进城市智能化管理。

10 月，杭州“城市大脑”已接管杭州 128 个信号灯路口；100 多个路口已实现信号灯无人调控；高架道路出行时间节省 4.6 分钟；在主城区，日均交通事件报警数达 500 次以上，准确率达 92%，大大提高了执法指向性。

（三）环保物联网监控技术，创新城市环境污染监管模式

大数据、“互联网 +”、云计算、卫星遥感等现代科技已经引入环保执法工作。2017 年

① 湖南首个智慧城管平台正式运行 无人机“紧盯”管理盲区. http://www.hn.xinhuanet.com/2017-01/03/c_1120233355.htm.

② 昆明市智慧城管运行 解决城市小问题 体现管理大智慧. http://news.sina.com.cn/c/2017-08-23/doc-ifykcirz3996071.shtml.

③ 首个“智慧城管”系统启动. http://news.xinhuanet.com/local/2017-12/02/c_129754787.htm.

④ 苏州携手阿里巴巴建“城市大脑”. http://www.zgjssw.gov.cn/shixianchuanzhen/suzhou/201702/t20170226_3693827.shtml.

1月，济宁智慧环保监管平台正式运行，该平台依托智慧城市数据中心的硬件设备，共接入各类监督、监测点位约10800个，各类数据每日即时更新，在线监测街道各项环保数据，是真正的“活”地图。截至12月，平台的生态环境质量监测和污染源监测动态数据库已包含废气、废水、污水、空气质量等监测信息600多万条，上报环保事件5.6万件，转办查处违规行为650起①。

8月，青海省政府和环保部推进“互联网+”行动及生态环境大数据建设要求，依托已建成的生态环境数据资源中心，构建了“资源共享、集中管理、动态管控、业务感知”的智慧城市IT基础架构，支撑了生态环境监测监管、空气质量预报预警、环境风险监控预警等工作②。

10月，江苏省办公厅印发《江苏省生态环境监测网络建设实施方案》，提出到2020年，全省生态环境监测网络实现环境质量、重点污染源、生态状况监测全覆盖，各级各类监测数据系统互联共享，初步建成陆海统筹、天地一体、上下协同、信息共享的全省生态环境监测网络。

此外，山东、四川、安徽以及平顶山、鄂尔多斯等省市分别颁布“生态环境监测网络建设实施方案”，确保环境质量改善工作落到实处。

四、政务信息化取得新突破，促进政府管理工作创新

政务信息化充分利用网络信息化的优势，转变传统政务工作模式以及政府管理工作模式，是我国城市政务管理方式的巨大创新与变革。实施政务信息化是实现业务协同、资源共享的重要手段，同时也降低行政管理成本，提高工作效率。

（一）政务服务信息化建设，提升政府管理水平

2017年7月，国家发改委印发了《“十三五”国家政务信息化工程建设规划》，对于推动政务信息化建设集约创新和高效发展，形成满足国家治理体系和治理能力现代化要求的政务信息化体系具有重要意义，并以“大平台、大数据、大系统”为总体框架，提出了加快推进国家政务信息化建设的实施路径。

11月，银川市持续推进实体大厅与网上市民大厅线上线下深度融合，推进行政审批全程电子化、网络化。“不见面，马上办”式审批全面提速。同时，“银川政务掌上通”手机App实现了网上办事、中介服务以及政务服务的“掌上通办”。建立起“24小时不打烊”自助便民服务体系，通过多端口、多渠道为市民提供全天候、多领域、自动化“不见面”的政务服务③。11月，河北省搭建“政府云”，其中政务信息资源共享平台接入40多个部门，交换数据共10亿条。

12月，合肥市召开“互联网+政务服务”工作推进会。依托市级大数据平台建设，大力

① 济宁打造环保监测“活地图” 探索治理新模式. http://sh.qihoo.com/pc/2s1clu5jo6l? sign=360_e39369d1.

② 一把手”谈|青海环境信息化及生态监测网络建设. http://www.h2o-china.com/news/262395.html.

③ 银川：“互联网+政务”加速“放管服”改革. http://bbs1.people.com.cn/post/129/1/2/165339592.html.

推进政务信息系统和资源整合共享，为“互联网+政务服务”平台提供数据信息。截至目前，已经建成市级政务信息资源交换共享平台，汇集了50家单位、161个业务系统、15.5亿条数据信息。同时，市级平台与省级平台对接完成，实现了省级统一身份认证、统一支付功能调用，确保省、市平台之间政务服务事项的实时下发和市级全过程办件信息的实时上报①。

（二）时空信息云平台建设，支撑城市管理决策

2017年9月，国家测绘地理信息局发布《智慧城市时空大数据与云平台建设技术大纲》，要求各地区加快智慧城市时空信息云平台建设试点，指导开展时空大数据及时空信息云平台构建。《技术大纲》为各个城市时空信息云平台建设提供了基本指导，让平台的建设能够充分发挥时空信息的基础性和纽带作用，规范和引导智慧城市空间信息化发展。10月，河北雄安举行“智慧时空大数据助力雄安新区建设高端论坛”，提出要建设智慧雄安时空大数据与云平台，并在空间规划、生态监测、智慧社区、公众服务等多方面开展示范应用。同时，要求开展雄安新区新型基础测绘建设示范。创新建立雄安新区实体化、三维化、时空化、地上地下一体化的新型基础测绘产品②。

11月初，智慧武汉时空信息云平台作为全国首个智慧城市时空信息云平台建成，平台以时空信息为载体，整合了城市人口、法人、房屋等基础信息8500项2.5亿条，积聚了1803层专题信息，在城市规划、国土资源管理、社会管理创新、智慧税务、智慧水务、网上群众服务、智慧城管、应急指挥及公众服务等30多个领域开展应用③。11月底，智慧重庆时空信息云平台国家试点项目通过验收，该平台以云计算、物联网、大数据、智能计算、移动互联网等新型技术为依托，是重庆市信息化建设的重要时空基础设施和全市社会公共信息资源共享交换唯一权威平台④。

（三）“多规合一”信息平台建设，助力城市协同发展

多规合一平台的建设和投入使用，可以整合发改、国土、城乡规划、环保、交通、林业等十几个部门的专业规划和管理数据，实现“多规”数据在同一个平台上的信息联动共享，进一步提升城市信息化和智慧城市建设水平。2017年，海南、宁夏作为试点省，以及德清、嘉兴、大理、厦门等住建部负责的5个试点县均建设了多规合一信息平台。

4月，沈阳市多规合一平台上线运行，审批效率大幅提升。8月，长春市规划局组织召开空间规划（多规合一）信息平台建设专家研讨会，围绕平台建设完善性、创新性及平台应用推广等议题展开研讨。9月，住房和城乡建设部在厦门主办多规合一信息平台建设专题培训班。12月，温岭市多规合一信息平台上线试运行，实现发改、国土、规划多部门规划成果的统一

① 合肥市加快构建“互联网+政务服务”体系. http://www.ah.xinhuanet.com/2017-12/04/c_1122056427.htm.

② 雄安崛起测绘先行智慧 时空大数据助力雄安新区建设高端论坛举办. http://www.bigemap.cn/news/view-59.html.

③ 武汉建成全国首个智慧城市时空信息云平台. http://review.ec.com.cn/article/qyds/hub/201711/22803_1.html.

④ 智慧重庆时空信息云平台国家试点项目通过验收. http://www.sbsm.gov.cn/xwfb/chdlxxyw/201711/t20171124_399786.shtml.

管理、深度分析和全面融合，为新型城镇化战略提供高度协调、统一权威的空间规划“一张图”，为政务部门的决策评估提供丰富的支撑信息，提升社会治理能力[①]。

五、信息化应用模式创新，推进城市和企业经济新发展

习近平在十九大报告中明确指出，要推动互联网、大数据、人工智能和实体经济深度融合。目前，以大数据、云计算、“互联网+”、物联网、区块链等为代表的信息技术正在席卷经济社会各个领域，成为城市重塑经济竞争力、重构经济秩序的重要力量。同时，大数据等信息网络产业的发展已经成为新型城镇化的重要推动力。

（一）电子商务成为城市经济发展新增长点

2017年，我国电子商务收入水平增速均在20%以上，发展势头良好，电子商务服务模式、技术形态、赋能效力不断创新突破是收入水平快速提升的主要驱动力。截至2017年12月，我国境内外上市互联网企业数量达到102家，总体市值为8.97万亿人民币。其中腾讯、阿里巴巴和百度公司的市值之和占总体市值的73.9%；上市企业中的电子商务类企业占总数14.7%[②]。

购物狂欢节再次刷新纪录。2017年11月11日，阿里+京东交易额达2953亿元，其中天猫总成交额再创新高，超1682亿元人民币。支付宝支付笔数达到了14.8亿笔，同比增长41%；支付峰值达到25.6万笔/秒，再次刷新去年创下的峰值纪录；“双11”同时也对物流产生巨大的影响，当天产生的物流订单量达到8.12亿单；参与“双11”的全球网民覆盖了225个国家和地区。“单日成交过亿”反映了商家从接触互联网到如今全面和互联网融合的进程，是中国经济提质增效的结果[③]。

农村电商蓬勃发展，正成为行业热点和经济增长新亮点。2017年，广西共有36个县获批国家电子商务进农村综合示范县，获得7.2亿元中央资金支持。同时，阿里巴巴与39个县（市、区）正式签订合作协议，开通农村淘宝县域33个，建设村点1170个[④]。

（二）“互联网+”信息经济引领企业转型升级

“互联网+”对传统行业发展的影响日益深刻，销售渠道的扩展、市场容量的扩大以及对传统营销模式的颠覆等，都吸引了大批企业进驻移动互联网市场。信息化发展模式作为企业技术战略的重要一环，对企业长远发展意义重大。信息化发展的战争已经关系到公司的未来，引

---

① 温岭市“多规合一”信息平台上线试运行. http://www.tzsjs.gov.cn/Resource/ContentShow/ItemHtml/2017-12/911318233/2071717613.html.

② 中国互联网络信息中心发布第41次《中国互联网络发展状况统计报告》. http://www.cnnic.net.cn/gywm/xwzx/rdxw/201801/t20180131_70188.htm.

③ 2017天猫“双11”收官单日交易额破1682亿元创新高. http://news.163.com/17/1112/10/D31JRVAU00018AOQ.html.

④ 广西农村电子商务发展迅猛36县获批国家综合示范县. http://www.gx.xinhuanet.com/newscenter/2017-08/11/c_1121466580.htm.

领公司各方面的改革。

2017年4月，华为宣布发力公有云市场，成立云业务部Cloud BU。7月，网易云在云栖大会之前举办了首届网易云创，首次推出了专属云产品。12月，在第四届世界互联网大会上，浪潮正式发布了工业互联网平台M81。

“互联网+”作为新经济引擎，在推动经济格局转变的同时，还为经济转型升级注入强大动力，互联网全面渗透进入传统产业，传统行业转型“互联网+”成为趋势，一些企业已成功转型。同时，互联网转型也存在风险。

（三）“无界零售”新模式引领城市消费新亮点

零售业正在经历一场巨变。阿里巴巴提出线上线下结合的新零售，京东提出第四次零售革命理念，即“无界零售”时代。“无界零售”会给零售行业带来深远的变化，使零售基础设施变得可塑化、智能化、协同化。

10月，京东与腾讯携手，宣布在“双11”期间面向线下品牌商推出京腾“无界零售”方案，加入该方案的品牌商可通过腾讯的社交体系和京东的交易体系，实现线上线下服务场景深度融合、交易定制化的零售解决方案①。11月1日，京东宣布推出京东之家智慧平台，为践行“无界零售”加码，搭配京东之家实体店而打造的精准化、智能化、多场景应用的“无人移动商店”，为消费者带来更加智能和高效的消费体验。11月8日，腾讯云宣布推出“智慧门店”解决方案，力争打通线上线下的数据鸿沟，拉平线下商家与电商之间的营销差异和数据差异。11月11日，“无界零售”战略发力，京东“双11”下单金额突破千亿，近7万家线下门店参与“双11”行动②。

12月，中海地产与京东集团战略合作，在全国主流城市打造百家京东X无人超市，实现中海旗下商业地产全业态覆盖。另外，双方还在未来智慧城市样本园区内，合作开发全球物流云中心、无人仓、无人分拣物流基地、无人机枢纽、城市智能转运中心、智能配送终端、无人售药柜、无人超市及物流通路网络建设③。

六、信息化应用领域拓展，开启移动互联网时代新生活

信息化技术发展在城市生活各方面的渗透，正在改变人们的生活方式。虚拟商场带来购物方式上的变化，网上医院更好地照顾人们的身体健康，共享单车让人们出行变得更加方便。

（一）推动无线城市建设，实现“一站式”公共服务

无线城市是指利用多种无线接入技术，为整个城市提供随时、随地、随需的无线网络接

① 11.11京东迭代互联网半壁江山加码“无界零售”. http://tech.sina.com.cn/i/2017-10-22/doc-ifymzzpv8834203.shtml.

② 无界零售战略发力 京东双十一下单金额突破千亿. http://www.tianjinwe.com/tech/hlw/201711/t20171113_1223463.html.

③ 中海地产与京东集团战略合作启动无界零售建设. http://finance.ifeng.com/a/20171214/15869533_0.shtml.

入。无线城市建设能够为市民的购物、出行、学习、教育、保健等方面提供便利。2017 年 1 月，上海市计划未来 3 年累计投入资金超过 300 亿元建设新型无线城市，包括网络、平台、示范、产业集聚和公共服务平台打造五大领域。5 月，上海构建新型无线城市框架，提出建成 4G 网络优化覆盖和 5G 网络率先试点部署的无线宽带网络体系，建成以 i-Shanghai 为核心的公益 WLAN 网络服务体系；建成城乡全覆盖的千兆接入宽带网络体系等目标。5 月，北京通州区已经建有 416 个“My Beijing”免费无线上网点，陆续开通了 11 个办事服务大厅的免费无线上网服务，实现 89 条主要道路基本覆盖，共计 416 个上网点①。

无现金移动支付生活正潜移默化地改变着人们的消费习惯，从最初的超市、饭店等扩展至衣食住行的方方面面。6 月，移动支付用户规模达到 5.02 亿，线下场景使用特点突出，4.63 亿网民在线下消费时使用手机支付。9 月，微信支付发布《2017 中国智慧生活报告》，指出 84% 中国人不带现金出门。11 月，西安地区的支付宝收钱码商户增幅高达 53%，已经有 76% 的线下实体店铺接入了移动支付②。12 月，厦门市民卡 App 正式上线，App 统一市民电子身份，市民可以通过 App 进行先乘车后付款的信用乘车、医院诊疗费用一键结算、扫二维码支付以及自助扫码借还书等体验，在医疗健康、政务服务、生活服务等领域享受便利③。

2017 年，杭州成为“移动支付之城”，出门只带手机成新常态。从扫码支付到排队看病、公交出行，移动支付正渗透到杭州市民生活的方方面面，也正在改变杭州市民的生活习惯。12 月，杭州市主城区所有公交路线实现“公交卡 + 支付宝 + 银联云闪付和移动支付”全覆盖。值得注意的是，因移动支付信息泄露所导致的网络犯罪恶性事件层出不穷，已经严重影响到社会安定和谐。政府主管部门应该针对移动支付信息安全进行全面协同监管，大力引导移动支付产业链企业间的安全协同合作，全面地建立健全以数据安全为核心的信息安全协同监管机制。

（二）发展“互联网 +”共享经济，助推生活新变化

国家信息中心分享经济研究中心与中国互联网协会分享经济工作委员会在京联合发布的《中国共享经济发展年度报告》显示，2017 年我国共享经济市场交易额约为 49205 亿元，比上一年增长 47.2%；提供共享经济服务的服务者人数约为 7000 万人，比上一年增加 1000 万人；共享经济平台企业员工数约 716 万人，占当年城镇新增就业人数的 9.7%。截至 2017 年年底，全球 224 家独角兽企业中有 60 家中国企业，其中具有典型共享经济属性的中国企业 31 家，占中国独角兽企业总数的 51.7%，表明我国成为全球共享经济创新者和引领者④。

2017 年 5 月，来自“一带一路”沿线的 20 国青年评选出了中国的“新四大发明”：高铁、支付宝、网购和共享单车。作为共享经济领域的新生事物，共享单车一经问世就得到了大众的普遍关注。共享单车是“互联网 +”倡导下的典型共享经济模式；能优化城市交通结构，缓解

---

① 北京城市副中心打造无处不在的无线上网环境. http://news.xinhuanet.com/local/2017-05/25/c_1121034176.htm.

② 西安 76% 实体店用移动支付扫码乘地铁有望实现. http://www.sn.xinhuanet.com/2017-11/23/c_1121999024.htm.

③ 厦门上线市民卡 APP 打造智慧城市“通行证”. http://www.fj.xinhuanet.com/yuanchuang/2017-12/01/c_1122045475.htm.

④ 中国共享经济发展年度报告（2018）. http://www.sohu.com/a/224335630_274290.

交通拥堵，解决“最后一公里”问题。

此外，已出现诸多共享动向。8 月，无锡召开的人力资源策略会议暨“闲不闲”服务商大会，以“人力共享，灵活用工”为主题，探讨共享经济下人力资源的转型与创新。9 月，杭州全程健康医疗门诊部为入驻全程国际Medical Mall的其他医疗机构提供检验、病理、超声、医学影像等医技科室及药房、手术室等共享服务试点，共享医院横空出世。

（三）构建智慧医疗与智慧养老体系，提升惠民水平

2017 年 9 月，合肥市滨湖智慧医院揭牌，顺应了“互联网+医疗”的发展趋势，利于为广大人民群众提供更方便、更优质、更精准、更高效的医疗服务，为深化医改、建设现代医院提供了有益探索①。10 月，“北大医学”健康医疗大数据共享平台在京启动，一方面，借助平台把已有各个队列资源进行规范化的信息展示，建立多层次立体化的合作策略和共享机制；另一方面，整合优质、多源的健康医疗领域数据，逐步形成安全、共赢的数据共享机制，与其他相关数据平台建立深度合作②。12 月，国家健康医疗大数据常州中心正式启动，常州市已建成了“市县一体化”的区域全民健康信息平台，形成了比较完善的全员人口、电子病历和电子居民健康档案数据库，存储数据总量达 480T，其中 300T 已入驻大数据中心，市级平台已汇集 460多万条人口信息、365 万份电子居民健康档案和 6856 万条诊疗记录③。

智慧养老让老年人在家就能享受专业的照料和服务，为家庭养老注入新的活力。2017 年各省市积极推进“智慧养老”建设，努力提升老年人幸福指数。1 月，乌镇推出“智慧养老”线上平台，为老年人在家中安装“智能居家照护设备”“远程健康照护设备”“SOS 呼叫跌倒与报警定位”，并利用阿里云服务器、微信、App 等进行远程管理。4 月，青岛智慧养老平台上线，平台以资源整合为重点，以实现全市养老服务供需平衡、构建养老服务体系、制定养老信息化标准及应用养老大数据为目标，将居家养老、社区养老、机构养老等养老方式纳入平台统一管理并对外提供服务④。12 月，安庆市依托大数据技术，完成城区老年人口 14.7 万人的基本信息采集、录入。建设安庆市养老综合信息数据平台，开通 12349 公益服务热线，可提供慢性病管理、居家照护、健康咨询、视频监控、远程医疗等健康养老服务，积极打造城区养老“十分钟服务圈”⑤。

七、结语

2017 年，物联网、大数据、云计算、人工智能等新一代信息技术的应用发展，为城市信

① “互联网+医疗”赣州首个移动护士站交付使用. http://m.xinhuanet.com/jx/2017-11/20/c_1121983443.htm.

② “北大医学”健康医疗大数据共享平台在京启动. http://money.163.com/17/1013/17/D0L4QN2I00254TI5.html.

③ “常州速度”助建国家健康医疗大数据常州中心. http://www.js.xinhuanet.com/2017-12/09/c_1122084522.htm.

④ 青岛智慧养老平台上线养老服务“一站式”搞定. http://news.qingdaonews.com/qingdao/2017-04/06/content_11995540.htm.

⑤ 安庆推进“智慧养老”提升老年人幸福指数. http://www.ah.xinhuanet.com/2017-12/13/c_1122105771.htm.

息化发展注入了新的活力，促进了城市规划、建设、管理和服务智慧化的新理念和新模式的探索，这与国家颁布的《国家创新驱动发展战略纲要》《关于促进移动互联网健康有序发展的意见》《新一代人工智能发展规划的通知》等政策密不可分。

新一代智慧基础设施是信息化建设的核心，各级政府亟须进一步推广“宽带中国”，建立高速、宽带、融合、安全、无线的泛在网络信息基础设施，以适应智慧城市发展对信息化的新要求。同时，还需要推进各地云平台的科学规划及合理布局，防止由云的重复覆盖产生的资源浪费。

以“互联网+”为核心的信息化应用模式在城市功能提升、政府管理创新、社会经济发展以及民生质量改善等方面发挥的作用日益明显。同时，需要认识到物联网、智慧城市、移动互联网在提供高效、泛在和便捷服务的同时，也使巨量的个人信息和机构数据在线上不时处于裸露状态，带来严重的“网络安全”“信息安全”等问题，将造成无法估量的经济损失，带来难以预料的后果，因而亟须构建相应的应急和处置机制。

我们相信，通过构建新一代城市信息化基础设施，推动政府数据共享平台建设，完善国家网络安全体系，我国城市信息化发展将为智慧城市建设提供更大支撑，为人民美好生活的实现提供重要保障。

（作者：党安荣，清华大学建筑学院教授，博士研究生导师；甄茂成，清华大学建筑学院博士后；王丹，建设综合勘察研究设计院有限公司副院长，研究员；梁军，北京超图软件股份有限公司总工程师，教授级高工）

论坛篇

广义的京津冀

——新时代对京津冀区域发展的新思考

“两个百年”是全国各族人民的共同奋斗目标，在此征程中，人居环境事业应当是其中的重要内容。一个民族的发展始终是与美好人居环境建设相随的。京津冀地区的城乡人居环境建设是我们数十年来长期关注和研究的课题，新的时代又对京津冀的发展提出了新的要求，也对我们的研究提出了新的要求。

我们对于这一地区的研究是逐步发展的。追溯起来，1958 年，建工部在青岛召开了全国城市规划工作座谈会，刘秀峰部长号召要在全国推行“快速规划”，我们相应跟着形势与河北省建设厅联系，参加河北省副省长胡开明主持的河北省若干城市的规划竞赛。我当时主持系务，为来往北京方便起见，选择参与保定规划。当时的工作是在市长郝铁民带领下与建工部派来的工作人员合作开展的。我带领着清华建筑系的五位同学（分别是吴光祖、郑光中、吴宗德、韩琪、邹燕）一起工作，规划的方案也在不断地调整，最终形成了一个比较深入而实际的规划方案：东西城有机联结，有广场、有新中心、有绿带，空间有序、疏密有致，并且也关注到旧城的大慈阁、南大街、直隶公署及西部的一亩泉等特色保护。在我数十年的学术人生中，除北京外，参与了不少地方的规划，处于关键时期的一个中等城市的规划能够得以较完整付诸实践并有后继者持续完成的，唯有保定。这一经验值得认真总结。可惜的是相关资料和图纸在“文革”中被勒令处理，令人心痛！

在参与保定规划期间，我们还去了白洋淀，一片泽国，真是太美了，芦苇丛丛，碧波荡漾，令人心旷神怡。白洋淀旁边有一展览馆，陈列有近 1 米长的鲶鱼标本，足见当时生态环境之好。“文革”后我曾再去白洋淀，只见淀区湖底龟裂，已经不复往昔的繁荣，令人叹惋。

1978 年，清华大学任命我重主建筑系系务，在繁重的“拨乱反正”工作中，我以无比的热情，投入思考首都规划建设工作。建筑系一度组织教师，集体进行北京城市总体规划研究。1979 年，我们第一次提出将京津唐地区融为一体的规划构思，将唐山纳入规划视野。在前一段时期内一些个案的基础上，我认识到对于北京的问题，还应该回到整体研究，才能找到出路。

1999 年 6 月，国际建协第 20 届世界建筑师大会在北京举行。我担任大会的科学委员会主席，除负责主旨报告外，又鼓足勇气，组织了“世纪之交走在十字路口的北京——对大北京地区概念性规划设计研究”的专场报告会。国际建协大会结束后，我们就将大会未能展出的展板及报告内容向当时建设部俞正声部长汇报。他特别来清华听取汇报，认为这项工作很有意义，并表明他支持这一项研究，但提出将“大北京”改为“京津冀北”。我们于是按此立题。后来由于研究范围的扩大，称“京津冀”，作为国家自然科学基金重点项目和建设部基金项目开展研究。十多年来，我们持续开展此项工作，取得了一系列的成果，出版了三期《京津冀地区城乡空间发展规划研究》报告。2002 年，一期报告提出“规划大北京地区，建设世界城市”构想；2006 年，二期报告提出“以首都地区的观念，塑造合理的区域空间结构”；2013 年，提出“四网融合，建设宜居有序的城乡空间”“创新区域协调机制”。2014 年 11 月，中国科学院、中国工程院、清华大学、中国国家博物馆共同主办“匠人营国——吴良镛·清华大学人居科学研究展”，系统展示了人居科学的产生、发展与科学贡献，特别是提出在区域整合视角下大北京地区发展的研究构想，对未来国家新型城镇化和京津冀协调发展的格局进行展望。

自 1999 年正式提出“大北京”的概念以来，已经近 20 年。回顾多年的研究，我有两个方面的深切体会。

一方面，关于京津冀地区城乡空间发展规划的思考与建议，得到社会各界越来越多的认同，可以说，已经从学术共识转化为社会共识与决策共识，为京津冀协同发展上升为国家战略提供了理论基础；与此同时，京津冀地区发生了一些新变化，对城乡空间发展规划提出了更高的要求。特别是在河北雄安新区的战略设想提出后，要进一步思考京津冀的发展；而反过来，雄安新区也不是孤立的点，要放在京津冀乃至国家发展这个大背景下去看待、去研究。

2017 年 10 月 30 日，我带领清华大学建筑与城市研究所的团队到雄安新区和保定城区调研，并与相关领导座谈。我认为，面对新的时代、新的发展形势，宜乎建立“广义的京津冀”的思想，实现“包容式”“融合式”的发展，充分考虑雄安与北京、天津的关系，三者相“容”、相“融”，化解矛盾，协同发展。同时要为河北的发展留有余地，不是从河北划出三个县来给新区，而是要充分考虑保定等的发展需求，从地区整体发展的角度来考虑问题，进行研究和规划，让每个地区都感到“有他自己”。

就雄安新区规划而言，第一，要从大处着眼，明确大的前提，包括水、土地、生态环境的基本状况等，要将白洋淀的治理作为新区规划建设的前提。第二，要研究现状城乡布局，分析它合理和不合理的地方。第三，要遵循城市规划的科学原理，按照步骤，一步步来，这是无法跨越的，要从高速度发展转向高质量发展。其中，城市设计当然至关重要，但是城市设计的开展不必过急，宜于后期根据现实状况因地制宜。第四，启动区面积不宜过大，踏踏实实逐个把小片区做好。第五，要关注体制机制创新。

党的十九大报告中特别强调“实施区域协调发展战略”“以疏解北京非首都功能为‘牛鼻子’推动京津冀协同发展，高起点规划、高标准建设雄安新区”。我们长期以来的研究也正是在为推进这一地区的区域协调而努力。新的时代为我们提出了新的挑战，希冀大家共同努力，不断探索新的道路。

（作者：吴良镛，中国科学院院士，中国工程院院士，清华大学教授）

日本筑波研究学园都市建设经验对雄安新区的启示

一、绪论

党中央决定建设河北雄安新区，并将其列为千年大计，是具有深远历史意义的重大决策部署。如何在当今时代背景下成功建设高起点、高标准的国家战略新城，需要探索一条与传统新城建设理念不同的全新的道路，即在建设过程中需要思考体制机制改革的前进方向、提高经济环境质量、促进区域社会协同协调发展、预防“大城市病”等问题。日本20世纪建立首个非“卧城”的国家级科技新城筑波市的探索，在设立背景、建设目标、选址等多方面与雄安新区的建设有较高的相似度。因此，其成功的发展经验与失败的教训都值得雄安新区借鉴。本文着眼于筑波经验与教训的启示，提出雄安新区建设建议，为雄安新区的成功建设助力建言。

日本筑波市（つくば市）是日本著名的科学研究和知识中心，是日本政府1963年设立的中央直辖型国家级战略目标城市。筑波现有人口约23万，拥有300多家研究机构和2万多名研究人员，聚集了全日本31%的国家和民间研究力量，是典型的知识密集型城市，也是日本最具国际化特色的科技新城。它的区位条件和环境与雄安新区有很多相似点：位于首都东京东北约60千米处，紧邻日本第二大淡水湖霞浦湖，建设之前土地开发程度较低且地形平坦，是一个水资源丰富、生态环境优良、发展空间充沛、资源环境承载力强的优良新城选择地。新城的目标一是疏解非首都核心功能，二是国际尖端的科技中轴据点城市，三是建设环保宜居田园城市。2005年提出要建设全球模范的低碳低能耗科学城、教育和科研相结合的园林生态城、国际战略综合特区。自1968年开始在筑波开展新城建设至1993年基本建设成熟，其花费的预算就已超过2万亿日元，到2003年累计支出2.57万亿日元，主要来自国家财政支持，其中研究教育机关建设占66%、公务员宿舍建设占3%、基础设施及公共服务设施建设等占31%。按人头分摊，每个筑波新城居民平均需要中央财政投资1000多万日元（以同时期汇率及购买力估算，等于人均60万～80万人民币），用于新城基础设施、科研机构补助和公用设施建设。

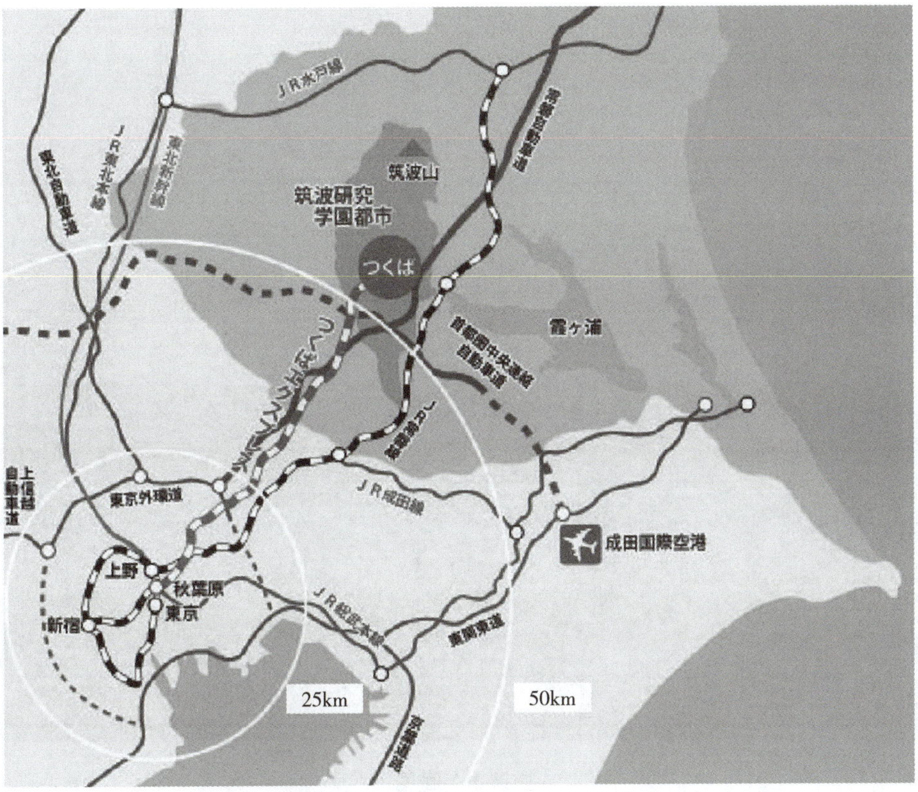

筑波地理位置（图中圆点为筑波市核心区域）

国内就筑波研究学园都市的相关研究已有不少，如从筑波的生活性公共设施内容和空间布局角度，认为其生活性公共设施类型层级丰富，规模指标相对较高，具有社区化特征，各类设施布局特征具有显著差异，值得国内高技术园区借鉴（吕斌，2015）；也有从科技型城市的类型角度分析将筑波归类为政府主导型科技新城（申小蓉，2006），并将此作为筑波的一个主要有利因素（白雪洁，2008）并进行分析（庞德良，2012）；还有的分析借鉴了筑波的产学研合作经验（张锁柱，1999）、立法经验（郭胜伟，2007；刘芹，2008）；同时也有人指出筑波研究学园都市存在建设缓慢（乌兰图雅，2007）、公共交通基础设施不足等问题（何玉宏，2011）。现有的这些研究主要是从较为单一的切入点为我国高新科技园区的建设提供经验借鉴，仍缺乏结合时代背景和雄安新区的建设目标进行总体优劣分析。因此，本文将在现有研究的基础上，综合考量筑波研究学园都市 50 多年建设过程中可供雄安新区借鉴的失败教训和成功经验。

二、筑波研究学园都市值得雄安新区吸取的失败教训

筑波研究学园都市是日本建设的首个拥有完整的城市基础设施和自我发展机制的自立型新城，与此前建立的大量“卧城”性质的新城有本质不同，因而经历了漫长的探索和不断修正（都市基础设施建设公团，2002）。其失败的教训主要体现在体制机制不够完善、公共基础服务设施建设迟缓、公共社会管理经验不足三个方面。

筑波市鸟瞰图

（一）体制机制不够完善

首先，土地私有导致征地困难，造成了分散式结构和蔓延的城市形态。筑波研究学园都市先后经历了四版总规，尽管各版总规一直强调紧凑的空间形态，但由于规划确定的建设用地征用非常困难，城市只能向四周蔓延式发展，城市的格局被迫由分散式征地造成的自然蔓延来决定，且同时出现了部分未规划先建设的违规建设，最终规划服从了现实，也奠定了城市较为分散的结构和蔓延的城市形态基调，分散和蔓延的城市形态也直接导致城市内部交通严重依赖私家车,最终就成了小汽车依赖型的城市。因此，城市没有实现土地集约、空间紧凑、交通高效的主要原因是其土地私有制导致的征地困难，与规划科学性相关性较弱，也是规划无力解决的。这说明土地制度和城市规划应该具有相容性，如果土地不是公有，新城规划就很难实施，这跟很多经济学家的观点大相径庭。

其次，协调机构缺乏足够的权威也是规划实施走样、进度滞后的重要原因。为使筑波研究学园都市的建设顺利进行，日本政府联合 9 个国家部门特别成立了“研究学园都市建设推进本部”，由内阁总理大臣任总指挥，各部门的事务次官任常务官员。后改由国土交通大臣任总指挥，因级别降低，难以协调其他部门进行重大的决策，大大影响了新城的建设进度。

最后，城市政府管理机构确立过晚。从早期的国家机构人员随迁新区以来，筑波研究学园都市的上下水供给和处理、废弃物处理、治安消防、养老、殡葬等一系列市政服务均只能由当地的 6 个原生村落一同协调提供，十分低效。此外，在城市用地、住宅、城市景观、区域文化发展等各方面的建设与审批均需要交由中央审批决策，缺乏一个为当地提供高效市政服务的主体。缺少城市政府的职能也是筑波早期建设迟缓的重要原因。直到筑波建设开始24年后的1987年11月才合并原有行政编制正式建市，将原先的国家战略筑波研究学园都市正式更名为筑波市，才有了“制度自主权”，成为日本唯一合并村镇和原有行政编制为一个城市的例子。

（二）公共基础服务设施建设迟缓

首先，新城与主城之间的快速交通建设迟缓、一波三折。筑波与东京之间的快速轻轨（TX快线）是1978年就开始规划建设的，后在建设过程中出现征地困难与沿线部分居民反对等问题，使原定的路线发生一定变化，不仅改道绕远路，部分路段还必须进入地下，使建设预算由原先的6000亿日元上升到8000亿日元。这段总长约58.3千米的轻轨直到2005年才建成，使东京与筑波的时空距离由2小时缩短到45分钟，且可以直接与东京市内的地铁网无缝接驳。从东京的中心而不是边缘出发，这为科研人员的出行带来了便利。从下表可以看到轻轨开通的10年内，沿线人口均呈上升趋势，与附近其他区域下降的人口趋势形成鲜明对比。由此可见，若其能在早年顺利建成，筑波与东京市中心的紧密联系可使筑波在人口、经济等各方面的发展呈现另一番景象。

TX沿线三市人口变化与比较

市名	常住人口（人）			
	2005.8.1	2015.3.1	增减数	增减率（%）
筑波市	199855	221702	21847	10.9
筑波未来市	40247	48272	8025	19.9
守谷市	53887	64211	10324	19.2
TX沿线合计	293989	334185	40196	13.7
TX沿线以外	2693761	2581859	−111902	−4.2
茨城县总人口	2987750	2916044	−71706	−2.4

其次，基础设施建设忽视了城市人口的需求。1971年人口仅9000人左右的樱村（筑波原生村庄之一）原属纯农业区域，1980年急速增至34500人，成为日本人口最多的村庄。从当时缺乏建立自立型新城经验的政府角度来看，并没有应对全方位问题的充足经验，随着大批原城市人口的入住，纯农村体制的樱村完全无法提供相应的配套设施和服务，如食品和日用品供应严重不足、垃圾处理能力不足只能在原定的小学建设地上填埋处理等，多年后才逐渐解决。

筑波市樱村景色

（三）公共社会管理经验不足

首先，优惠政策不明确，人口的聚集并非一帆风顺。就搬迁机构的确定，日本政府经历了很长时间的讨论和博弈，最后确定了九大部委下属共计 43 家科研单位。在搬迁单位确定之后，不少职员并不愿意放弃在东京的便利生活转而居住在未开发的筑波新城。为了提高其转移的积极性，新建住宅按照当时的最优资源建设并加大住宅面积，并按照其在东京的工资水准提高 8% 作为优待补助。如果此类优惠政策早定的话，可能有更多机构主动报名迁入筑波。从当时设立新城的目标之一疏解东京人口这一点来看，筑波的人口至今仍只有约 23 万；而东京人口从 1963 年的 1050 万增长为 2016 年的 1365 万，人数增长 10 倍于筑波的人口规模，可见分流东京人口的目标并没有实现。

其次，民间力量参与滞后。从 1963 年开始建设至 1980 年城市框架基本形成，17 年间仅有通过行政力量促成的 43 家国立科研机构入驻筑波，全部是由国家主导的国有科研机构，民间没有参与。在 1985 年的世博会成功举办之后，世博会带来的声望才开始吸引大量民间机构进驻筑波，城市进入了以“官+民”方式扩大和充实城市功能的时期，此时仍是以官办为主。在 2005 年轻轨开通之后，城市发展进入了活力十足的“官退民进”的阶段，入驻筑波的民办机构第一次超过了官办机构，这个过程花费了 40 多年。经验表明：任何一个科技新城必须是官民联动、双轨齐下才能有效推进。

再次，迁入机构核心能力与相关性不强。最初迁入筑波的 43 家科研机构直属于 9 个部委，相互之间沟通薄弱，在迁入早期并没有很好地发挥集聚效应，在创新驱动发展、科技成果转化上与同时期的硅谷不可同日而语。这个问题在进行国立机构公司法人化改革、合并以及相关交流机构多年的努力下才慢慢解决，民间力量逐渐联合入驻，形成了现在日本最为领先的航空航天、环境技术、新兴产业创成、农业食品科技、纳米材料等高科技领域的产业集群。

筑波市采用了维护成本过高的“真空垃圾收集系统”，但最终废弃。作为当时最为先进的垃圾收集系统之一，它曾经是筑波市引以为豪的城市名片之一。该系统耗能大、投资大，维护非常困难，逐渐成为筑波市的负担，最终于 2009 年正式停运。筑波原来规划设计中工业文明痕迹较重。工业文明是一种沉重的思维负担，它越成功，带给城市运营的负担也越重，如集中式冷暖气供应体系耗能非常大，维修非常困难，一旦损坏整个新城就要停止运行。

三、筑波研究学园都市值得雄安新区借鉴的成功经验

尽管有许多不足，作为日本的国家战略目标城市，筑波市的建设投入了整个日本自明治时期以来积累的所有城市规划建设经验和智慧，筑波的建设历史也是整个日本城市规划建设历史和发展过程的一面镜子，有一些成功经验值得雄安新区借鉴，主要体现在完善的法制机制、协调的区域社会发展管理、领先的生态城市建设理念、以人为本的文化教育传承。

（一）完善的法制机制

1970 年日本颁布了专门针对筑波研究学园都市建设的《筑波研究学园都市建设法》。为筑波市量身制定的《筑波研究学园都市建设法》特设为国家层级法律，拔高立法层级体现出日本政府将筑波发展视为事关日本在未来科技和经济发展的核心竞争力的战略决策。该法全文仅 4 章共计 13 条，但该法明确规定了筑波研究学园都市设立的目的、开发范围和开发主体、规划建设的决策和执行机构及其职责、资金来源等便于城市建设顺利进行的条款。在《筑波研究学园都市建设法》的指导下，形成了《筑波研究学园都市建设计划大纲》《筑波研究学园都市公共公益事业整备计划概要》《筑波研究学园都市转移机关转移计划概要》《研究学院地区建设规划》等操作性极强的法律，使国土空间规划、建设、审批、监督流程中的每一个步骤均有法可依，各级政府遵照法律法规而不是行政命令来管理土地使用与城市开发建设。

（二）协调的区域社会发展管理

首先，“先政府、后民间”的筑波新城建设模式比“先民间”的关西文化学术研究都市更为优越。日本政府在同时期先后启动了东京附近的筑波研究学园都市和京都附近的关西文化学术研究都市的建设，但是其发展轨迹完全不同。后者发展初期缺少政府财力和政策支持，仅依靠民间力量进行城市建设，而民间力量在城市初期建设方面活力不足，导致研究机构集聚速度过低；此外，没有统一强有力的行政机构统筹规划，管理上存在严重内耗，效率低下。从筑波和关西两座新城的发展轨迹可以看到，政府对资源的集中调配效率在新城建设初期远高于民间，特别是对有“举国”控制力的国家而言。

其次，协会助推，通过学术交流机构的活跃打破学术交流沟壑，促进高新产业集群的集

聚。1976年政府牵头设立“筑波研究学园都市研究机关联络协议会”，以“促进产学官研究机构的相互合作与交流”为目标，大量吸收日本各地的科研机构，通过民间力量推动进入筑波。1999年成员机构高达103个，政府只能调配43所科研机构搬迁至新城，但是协会可以促进100多所机构入驻筑波。此外还成立了信息提供、技术服务、人才培养派遣等在丰富多元的领域为各机构和社会团体提供服务的企业型学术交流机构。在这些学术交流机构日益活跃的背景下，原本存在沟壑壁垒的各学术机构逐渐加强沟通，并联合民间力量形成了现在日本领先的各高新技术产业集群，为技术立国的日本提供了强力支撑。

最后，顺利举办世博会，为筑波的城市建设、发展、对外开放提供了重要的机遇。将筑波研究学园都市推向世界，是日本政府当时的国家重点项目之一，因此才积极申报了1985年的筑波世博会。这届世博会以“人类、居住、环境和科技”为主题，持续了半年之久，总入场人数超过了2033万人，超额完成了2000万人的目标。世博会的举办作为一个契机促进了各种必要基础服务设施的建设，筑波研究学园都市的知名度和评价也随着这届世博会的成功举办而达到了高峰，会后国内外企业大量入驻，外籍员工也大量入职，大大加快了城市的对外开放。1999年筑波国际会议中心落成，频繁的国际会议更为筑波带来了大量的新理念、新技术，也让大量的外籍研究人员来到筑波工作。现在一共有5000多名外国籍研究人员在该市工作和学习，很多人是参加会议以后或受会议影响留下来的。

筑波世博会纪念公园

（三）领先的生态城市建设理念

首先，确立节能减排目标，以补贴强制执行节能。2007年到2030年，人均碳排放比2006

年下降50%，达到5.15吨二氧化碳/人每年的减排目标，在此基础上打造智慧之城、流畅之城，科技创新、环境教育共同发展并让市民微笑的绿色城市。2004年仅公共场合铺设的太阳能板就可年减排180吨二氧化碳。由于在工业和能源这两方面已经有了诸多减排措施，筑波将重点放在居民生活排放领域，即建筑和个人交通领域必须至少贡献70%的减排份额。2010年4月起，300平方米以上建筑新建或翻新都必须强制执行节能，且对此提供多样化的补贴政策，市内大部分居民都采用各种节能技术对住宅进行了改造，城市生态进一步得到了优化，新城愿景提出来的机遇和目标也有望达成。

筑波市的节能住宅

其次，人车分流，让市中心也有了安全的休闲、游憩、娱乐空间。人车分流在筑波得到了完美实施，自中心城区起往南北延伸纵贯筑波中轴线总长超过7千米的人车分流城市慢行走道系统，合理利用了原生地高低差。过街天桥、小型公园除了将筑波大学、筑波市中心商业区、国际会议中心、市民图书馆、综合医院、邮局、银行、居住区、综合交通接驳中心等重要设施和区域连接起来之外，更是将筑波的5个大型公园全数连通。在市中心区域高于路面打造了一个人行平台，让所有相关设施在统一高度设立接口，行人可以在市中心各个设施之间自由行走，不受汽车影响，这个空间也是各种活动的绝佳场所，下层空间既不闭塞又具景观多样性。更为重要的是，一旦因极端气候原因出现历史罕见洪涝灾害时，四通八达的架空人行道能维持城市主要的交通等功能，这让筑波市成为“韧性城市”的典范。

筑波市人车分流高台一角

最后，共同沟的建设。共同沟即地下综合管廊，筑波率全日本之先于 1971 年建设了一期 7.4 千米的共同沟，在这最大达到高 4.8 米、宽 7.2 米的地下空间里，埋设了输电线、电话线、网线光纤、电视信号线、上水管道、供暖管道等城市管缆，将许多需要经常维护更换的中小口径管缆集中在沟内安放，是日本所有新城中共同沟最长的，至今仍是筑波的一张城市名片。

（四）以人为本的文化教育传承

首先，保留当地文化与田园风光。在筑波不仅有现代化的建筑，也保留、修缮了大量古老传统的建筑和历史痕迹明显的古街，这些看得见的历史文化与不远处的田园元素和现代化的时尚城市元素互相融合、交相辉映，形成了“看得见山，望得见水，记得住乡愁”的人与自然、现代科技和谐发展的城市，国际城市规划界的先进理念在筑波得到了较好的体现。

筑波传统建筑

筑波大学

其次，教育科技立市。筑波市是日本教育改革的排头兵，是日本迎接科学技术革命和教育改革的时代需求，为实现高水平的研究和教育建立的一个基地。教育改革的核心是以东京教育大学为主体合并多所院校建立的筑波大学，筑波大学在市政府的支持下主导市内所有可动用资源进行全方位教育改革。2012 年起率全球之先进行小中一贯制特色教育，减少传统科目授课时间，主力推进全新的教育科目“筑波方式”，教授新时代所需人才必备技能，强化环境、职业、历史文化、健康安全、科学技术、国际理解、福祉与健康心理共计 8 个方面的学习，以培养世界性人才为目标进行教育改革。

四、雄安新区可借鉴的教训、经验和建议

日本筑波研究学园都市作为日本的国家级战略目标城市，投入了大量的财力和智力，从诞生到发展至今所积累的经验，是我国在建设雄安新区的过程中值得借鉴的，可以让我们少走很多弯路。但并非其所有经验都可以适用于雄安新区，应当依据政体差别、时代背景和雄安新区的建设需求，选取一些适用的经验。

（一）顶层体制机制建设与改革

首先，雄安新区建设协调机构的高规格与务实运行是关键。以最高规格建设“千年大计”雄安新区，需要有相应规格的组织协调机构，雄安新区领导小组行政规格应高于国务院中新天津生态城领导小组，并在领导小组下面设立若干个协调小组和专家咨询委员会，如以发改委牵头的总体发展规划、机构搬迁和立法工作协调小组；以住建部牵头的城乡规划、基础设施建

设、住房政策等工作协调小组；以财政部牵头的优惠政策制定、中央财政专项扶植和财务监管协调小组；以交通部牵头的城际快速交通建设协调小组等，确保决策力度和资源调配的高效、务实。筑波经验表明，协调机构的级别和稳定性会从体制层面直接影响决策和建设落地的速度和效率。

其次，临时协调机构只能通过行政手段快速形成指挥力量，持续的影响力需要通过立法来确保。新城建设中有很多不确定性和矛盾，全都交由临时协调机构通过行政手段来协调解决，将会对建设的一贯性和效率产生重大影响。参照筑波的成功经验研究出台针对雄安新区建设的高层级法律，以立法形式明确雄安新区设立的目的、发展方向、开发范围、开发主体、规划建设的决策和执行机构及其职责、资金来源等，以法律为依据建设雄安新区。

再次，建议启动雄安新区单独设立雄安市的可行性研究工作。考虑到新区的独特地理位置和未来的城市服务需求，依靠临时协调机构主导雄安新区管理与建设并非长久之计。“雄安设市”是“千年大计”绕不过去的坎，也是新区政府高效行使规划、土地、财政税收、市政管理等方面城市权益不可取代的途径。由于人才储备、体制和地理位置的不同，雄安新区不宜延续浦东新区、天津滨海新区的管理体制。

此外，宜采取“官民并举”的新区发展道路。一方面北京市有相当多急待用地扩张的国有科研机构需要迁离首都异地建设；另一方面，高水平的国有科研机构作为雄安新区的奠基者能发挥基础性研究技术源和创新公共品的作用，这对吸引民营科技创新企业入户雄安有着重要的影响。从目前的情况看，有强烈愿望迁入雄安的国有企业大都是工程建设类的央企，而不是“科技创新驱动先行区”所需的科研机构。因此，建议由国家发改委牵头商中科院、教育部、卫生计生委、科技部、中国科协等相关部委和北京市政府，尽快列出因发展所需整体或部分搬迁的国有科研机构和院校的名单、人数和投资总量。

（二）社会公共管理建设

首先，搬迁集聚的企业与科研机构既要高端前沿，又要注重相互的协调性，以利于形成集群效应。要充分吸取筑波研究学园都市在选择搬迁机构仅注重数量、部委间平衡，学科交流少，关联性弱的教训，对于从北京迁入雄安新区的企事业机构，不可“多多益善”，而是应该“精挑细选”，建议尽快制定适合于雄安新区发展前景的科技产业发展纲要，重点吸收高成长性、带动性和强相关性、从业人员密集和需要一定占地的航空航天、新材料、人工智能、生命科学和超级计算机等方面的国有科研院校和央企，使它们在雄安新区有序集聚，尽快形成技术创新集群，形成集群效应，对相关民间力量形成持续吸引力。发挥我国政治体制优势，加速形成“官民共建”的局势，这对于在低碳环保的前提下保持强有力的科技创新力和经济效益产出至关重要。

其次，对于搬迁到新区的机构和随迁职员，应给予明确的优惠激励政策并保持连续性。优惠政策主要包括事业单位人员工资补贴、住房面积、单位原有土地房产转让和中央财政搬迁重建专项补贴等。这些举措将提高搬迁机构和随迁职员的积极性，避免因低效搬迁导致的“资源浪费”和建设进度延缓。新区还要有比老城同等甚至更优质的公共资源和优惠政策，以集聚人才、调动建设者的积极性，这部分因看到雄安新区的未来性而聚集的奠基级人才会成为将来新区人口的“吸引子”和主要建设力量。

再次，争取世博会等国际大型会议和活动。世博会对筑波影响力和对基础公共设施建设的提升是显而易见的，对城市未来的发展产生了不可忽视的重大作用。建议组建专门临时机构，抓紧申办新一届的（雄安）世界博览会。申办世博会不仅能迅速树立雄安的国际形象、加快基础设施建设进度，而且更是吸引全球科技人才参与雄安建设的必要途径。在此之前，还可积极申办中国（2019）国际园博会，拓宽全国和国际名城园艺机构参与雄安建设的渠道，也能为雄安举办世博会奠定基础。

（三）生态科技城市规划建设

首先，雄安新区的基础设施要贯彻绿色低碳循环的理念，防止“伪绿色”。城市基础设施应当改变以大为好的“工业文明”思维，这些大型集中的公共基础设施未来将会成为城市的巨大负担，在某种程度上是反绿色、反生态的。城市所有废弃物的处理应强调“微循环”，更灵活、更紧凑、小型化的“微循环”技术不仅会帮助城市实现真正的绿色生态和可持续发展，而且这也是使雄安新区具有减灾防灾和抗御风险能力的韧性城市的主要途径。

其次，连接雄安新区和北京的快速轨道交通需尽快建成。雄安新区与北京之间直线距离约为 130 千米，快速城际交通可让两地之间的时空距离缩短在 1 小时以内，这不仅可以成功集中疏解北京非首都功能，为北京“瘦身”，也可让雄安新区利用北京的巨大的人才供给和投资高地的能量实现快速发展。值得指出的是，根据日本筑波城人均 60 万 ~ 80 万人民币的中央财政投入（我国财政部曾测算每个城市人口需投入 24 万左右财政资金用于公用事业投资是相对合理的）。雄安新区虽然有部分土地出让金可收回，但白洋淀污染治理、生态修复将是一项较大的额外支出。

最后，“一张白纸”的雄安新区应注重空间紧凑、用地综合和绿色生态的建设规划。“快速建设”理应是在科学规划的前提之下的，要避免只求快不求精的大拆大建、大挖大填、大引大排等工业文明的传统策略，应在保持新区城区建设空间紧凑、用地综合、职住平衡和街区活力的基础上，避免形成“摊大饼”式分散蔓延的城市形态。

总之，雄安新区要全面贯彻“创新、协调、绿色、开放、共享”的新发展理念，充分吸取先行国家新城建设正反两方面的经验教训，精心规划和建设，抓好这个“无中生有”的良好机遇，才能建成国际未来城市的典范之城。

（作者：仇保兴，国务院参事，中国城市科学研究会理事长，住房和城乡建设部原副部长）

参考文献

[1] 赵勇健，吕斌，张衔春，等．高技术园区生活性公共设施内容、空间布局特征及借鉴：以日本筑波科学城为例［J］．现代城市研究，2015（7）：39–44.

[2] 申小蓉．关于科技型城市几个问题的思考［J］．四川师范大学学报（社会科学版），2006（3）：42–46.

[3] 白雪洁，庞瑞芝，王迎军．论日本筑波科学城的再创发展对我国高新区的启示［J］．中国科技论坛，2008（9）：135–139.

[4] 张锁柱．日本产、学、研合作的主要途径［J］．日本问题研究，1999（4）：17–22.

[5] 郭胜伟，刘巍．日本筑波科学城的立法经验对我国高新区发展的启示［J］．中国高新区，2007（2）：94–97.

[6] 乌兰图雅．日本筑波研究学园城市模式的构建及启示［J］．天津大学学报（社会科学版），2007（5）：439–442.

[7] 庞德良，田野．日美科技城市发展比较分析［J］．现代日本经济，2012（2）：18–24.

[8] 何玉宏，谢逢春．制度、政策与观念：城市交通拥堵治理的路径选择［J］．江西社会科学，2011，31（9）：209–215.

[9] 刘芹，张永庆，樊重俊．中日韩高科技园区发展的比较研究：以中国上海张江、日本筑波和韩国大德为例［J］．科技管理研究，2008（8）：122–124，130.

[10] 都市基础设施建设公团．筑波研究学园都市都市开发事业记录资料集．2002c：46–47.

新版北京城市总体规划的改革与创新

新中国成立以来，北京共进行了 7 次城市总体规划编制工作，每一次总体规划都是在国家发展和首都发展的关键历史时期编制，都体现了国家战略、落实了国家发展的方针政策，是指导北京城市发展的纲领性文件，在国家和首都的发展中发挥了重要作用。党中央、国务院对首都的城市规划建设工作非常重视，多次做出批复或指示，其中 1992 年、2004 年的两版北京总体规划是由国务院审批的，1982 年总体规划和本次即 2016 年总体规划是由党中央、国务院批复的。

当前我国已进入实现第一个一百年奋斗目标的决胜阶段，并向着第二个一百年奋斗目标阔步迈进。与此同时，北京的城市发展也处于关键时期：一方面经济社会发展和城乡建设的成绩显著，已经步入现代化国际大都市行列；另一方面，与国内外特大型城市一样，在快速发展中也面临着严峻的人口资源环境压力，患上了相当程度的“城市病”。

本次北京城市总体规划编制正处于国家迈向两个一百年奋斗目标、城市谋求深刻转型的重要历史节点。在这样的时代背景下，2014 年 2 月 26 日和 2017 年 2 月 24 日，习近平两次视察北京并发表重要讲话，为首都发展指明了方向。新版总体规划编制是基于全市上下深入学习贯彻习近平两次视察北京重要讲话精神、在关系首都长远发展的重大问题上统一思想的前提下开展的，编制主线就是系统回答落实习近平提出的“建设一个什么样的首都、怎样建设首都”这一重大问题。与前 6 版一样，新版总体规划体现了特定发展阶段的国家战略和首都使命，从城市总体规划的战略性、全局性角度，提出了新时期北京城市发展的综合方略。

一、以把握“都”与“城”关系为统领，优化提升首都功能

（一）“四个中心”落实首都战略定位

北京因“都”而立，因“都”而兴。北京发展中最核心的原则，就是自觉从党和国家事业发展的高度，以大历史观来谋划首都发展，紧紧围绕实现“都”的功能来谋划“城”的发展，努力以“城”的更高水平发展服务保障“都”的功能。

因此，本次城市总体规划要求北京的一切工作必须坚持全国政治中心、文化中心、国际交往中心、科技创新中心的首都城市战略定位，履行“四个服务”的基本职责。有所为，有所不

为，着力提升首都功能，有效疏解非首都功能，做到服务保障能力同城市战略定位相适应，人口、资源、环境同城市战略定位相协调，城市布局同城市战略定位相一致。在深刻认识“都”与“城”关系的前提下，总体规划明确提出了“四个中心”的空间布局规划方案，在空间和资源要素上提供保障，以切实增强首都功能的服务保障能力。

政治中心建设方面，规划从首都政治空间布局特点出发，充分考虑维护首都政治安全的要求，明确形成以中南海及周边地区、天安门－长安街地区、玉泉山及周边地区为主的首都政治空间格局，并在核心地区外设立外围控制区，从而以更大范围的空间布局来支撑国家政务活动。

文化中心建设方面，规划构建涵盖 4 个层次（老城、中心城区、市域和京津冀）、两大重点区域（老城和三山五园地区）、3 条文化带（大运河文化带、长城文化带、西山永定河文化带）、9 个方面（世界遗产和文物、历史建筑和工业遗产、历史文化街区和特色地区、名镇名村和传统村落、风景名胜区、历史河湖水系和水文化遗产、山水格局和城址遗存、古树名木、非物质文化遗产）的历史文化名城保护体系，凸显北京历史文化的整体价值。

国际交往中心建设方面，规划着眼承担重大外交外事活动、服务国家开放大局，重点优化重大外交外事活动区、国际会议会展区、国际体育文化交流区、国际交通枢纽、外国驻华使馆区、国际商务金融功能区、国际科技文化交流区、国际旅游区、国际组织集聚区 9 类国际交往功能的空间布局。

科技创新中心建设方面，规划以中关村科学城、怀柔科学城、未来科学城、创新型产业集群和中国制造 2025 创新引领示范区等“三城一区”为主平台，优化科技创新布局，加快建设具有全球影响力的全国科技创新中心。

（二）“一字之变”名城保护的再认识

北京已有 860 多年建都史。习近平曾说：“北京是世界著名古都，丰富的历史文化遗产是一张金名片。”政治中心和文化中心的战略定位也是北京 7 版总体规划始终坚持的。因此，优化提升首都功能必须要处理好新与老的关系，从贯通历史、现在、未来的长远视角，加深对北京历史文化内涵的理解，擦亮首都“金名片”。

“旧城”是很长一段时间内对总面积为 62.5 平方千米的北京二环以里地区的惯用叫法。在本次城市总体规划征求意见过程中，有市民代表提出，“旧城”在字面上往往被联想到陈旧、破败、衰落等含义，不建议使用，而“老城”在寓意上更为积极，常言道“越老越香醇”。因此，规划参考市民意见，将“旧城”调整为“老城”，既体现了对历史的尊重、延续，也寓意着以此为起点指引未来的发展，体现了对城市发展规律更深的认识。

“老城不能再拆”概括了本次城市总体规划对历史文化名城保护的核心认识。在坚持上版总体规划老城整体保护“十个重点”的基础上，通过功能疏解、城市修补、严控建筑高度、恢复历史水系、塑造文化精华区、加大整治和治理力度等措施，进一步强化了 10 个重点的保护。明确提出要保护 1000 多条现存胡同及胡同名称，原则上不再拓宽道路，保护老城原有棋盘式道路网骨架和街巷胡同格局。保护北京特有的胡同–四合院传统建筑形态，老城内不再拆除胡同、四合院，最大限度留存有价值的历史信息。

通过更精心的保护，使北京老城成为保有古都风貌、弘扬传统文化、具有一流文明风尚的世界级文化典范地区，强化北京“首都风范、古都风韵、时代风貌”的城市特色。

二、以疏解非首都功能为抓手，实现减量提质发展

（一）“划定红线”，严格实行底线约束

本次城市总体规划坚持以资源环境承载能力为刚性约束条件，确定人口总量上限、生态控制线、城市开发边界三条红线，以缓解人口持续过快增长给城市交通、公共服务、基础设施和社会管理带来的巨大压力，遏制城市无序蔓延，避免生态空间被继续侵占。

本次城市总体规划坚持集约发展，框定总量、限定容量，以资源环境承载能力为硬约束，按照以水定人的要求，根据可供水资源量和人均水资源量，确定北京市常住人口规模在2015年2171万人的现状基础上，规划到2020年控制在2300万人以内，2020年以后长期稳定在这一水平。

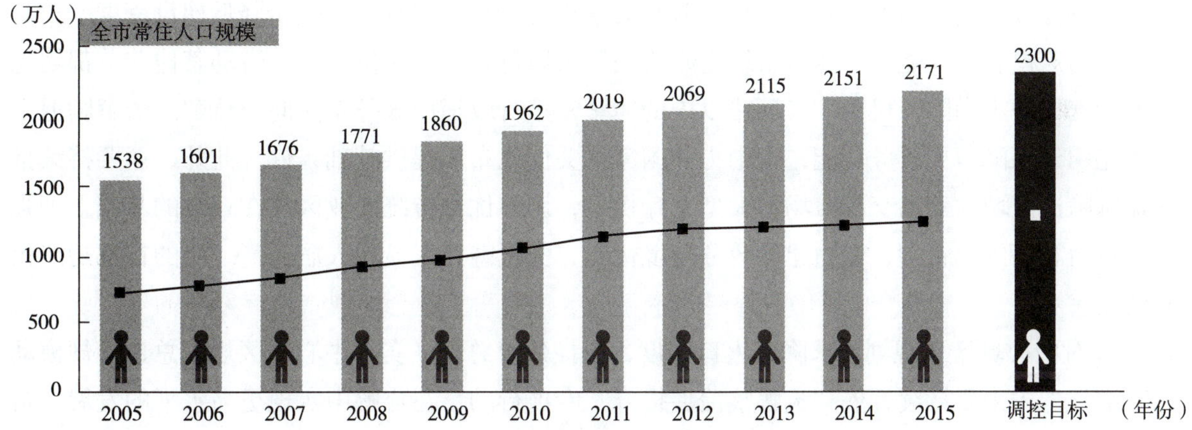

北京市常住人口规模发展历程和调控目标

为实现这一目标，规划提出：

一是要抓住疏解非首都功能这个“牛鼻子”，通过疏解非首都功能，实现人随功能走、人随产业走。

二是调整人口空间布局，降低中心城区人口规模，中心城区以外平原地区的人口规模有减有增、增减挂钩，山区保持人口规模基本稳定。健全分区域差异化的人口调控机制，实现中心城区人口规模减量与其他区人口规模增量控制相衔接。

三是优化人口结构，改善人口服务管理，形成与首都城市战略定位、功能疏解提升相适应

的人口结构。积极应对人口老龄化问题，保持人口合理有序流动，提高城市发展活力。构建面向城市实际服务人口的服务管理全覆盖体系，建立以居住证为载体的公共服务提供机制，扩大基本公共服务覆盖面，提高公共服务均等化水平。

（二）“结构调整”疏解非首都功能

在北京城市功能繁多、城市超负荷运行的现状下，为了保障好“四个中心”的首都功能，就必须要疏解部分非首都功能，以改善城市运行状况，为首都功能的提升腾出空间。本次城市总体规划以空间结构调整为抓手，着力疏解非首都功能，探索人口经济密集地区优化开发的新模式，为实现首都长远可持续发展奠定坚实基础。优先疏解的四类非首都功能包括一般性制造业、区域性物流基地和区域性批发市场、部分教育医疗等公共服务功能以及部分行政性、事业性服务机构。

空间结构规划调整与以往相比最大的不同是跳出北京看北京，站在京津冀协同发展的高度，用更广阔的空间来布局首都功能、谋划首都未来。在北京市域范围内形成“一核一主一副、两轴多点一区”的城市空间结构，明确了“核心区功能重组、中心城区疏解提升、北京城市副中心和河北雄安新区形成北京新的两翼、平原地区疏解承接、新城多点支撑、山区生态涵养”的规划任务，做到功能清晰、分工合理、主副结合，走出一条内涵集约发展的新路子。这一空间格局更加突出了首都功能、疏解导向和生态建设。

具体来说，针对首都功能核心区，规划要求合理降低人口密度、逐步降低建设密度、提高开敞空间规模和服务能力。通过市级党政机关和市属行政事业单位疏解，带动其他非首都功能疏解。支持中央和国家机关在二环路以内的非紧密型行政辅助服务功能向外疏解。疏解腾退空间优先用于保障中央政务功能，为中央和国家机关优化布局提供基础条件。此外，还要持续推动疏解腾退区域性商品交易市场、大型医疗机构，调整优化传统商业区。在疏解的基础上加强环境整治和精细化管理，努力建设政务环境优良、文化魅力彰显和人居环境一流的首都功能核心区。

针对中心城区，规划要求降低人口密度，严控建设总量，实现中心城区规划总建筑规模动态零增长。未来要持续开展“疏解整治促提升”专项行动，在疏解中实现更高水平的发展。疏解腾退空间的再利用遵循“五个优先”原则：优先用于保障中央政务功能，预留重要国事活动空间；优先发展文化与科技创新功能；优先增加绿地和公共空间；优先补充公共服务设施、增加公共租赁住房、改善居民生活条件；优先完善交通市政基础设施。

为示范带动中心城区非首都功能疏解，规划建设北京城市副中心。通过有序推动市级党政机关和市属行政事业单位搬迁，带动中心城区其他相关功能和人口疏解。与此同时，北京将推动非首都功能和人口向河北雄安新区疏解集聚，促进河北雄安新区与北京城市副中心形成北京新的两翼，通过整体谋划、功能分工、错位发展，努力形成“比翼齐飞”的新格局。深入推进京津冀协同发展，促进北京及周边地区的融合发展，构建京津冀网络化多支点城镇空间格局，有效推动区域视角下的非首都功能疏解和承接。

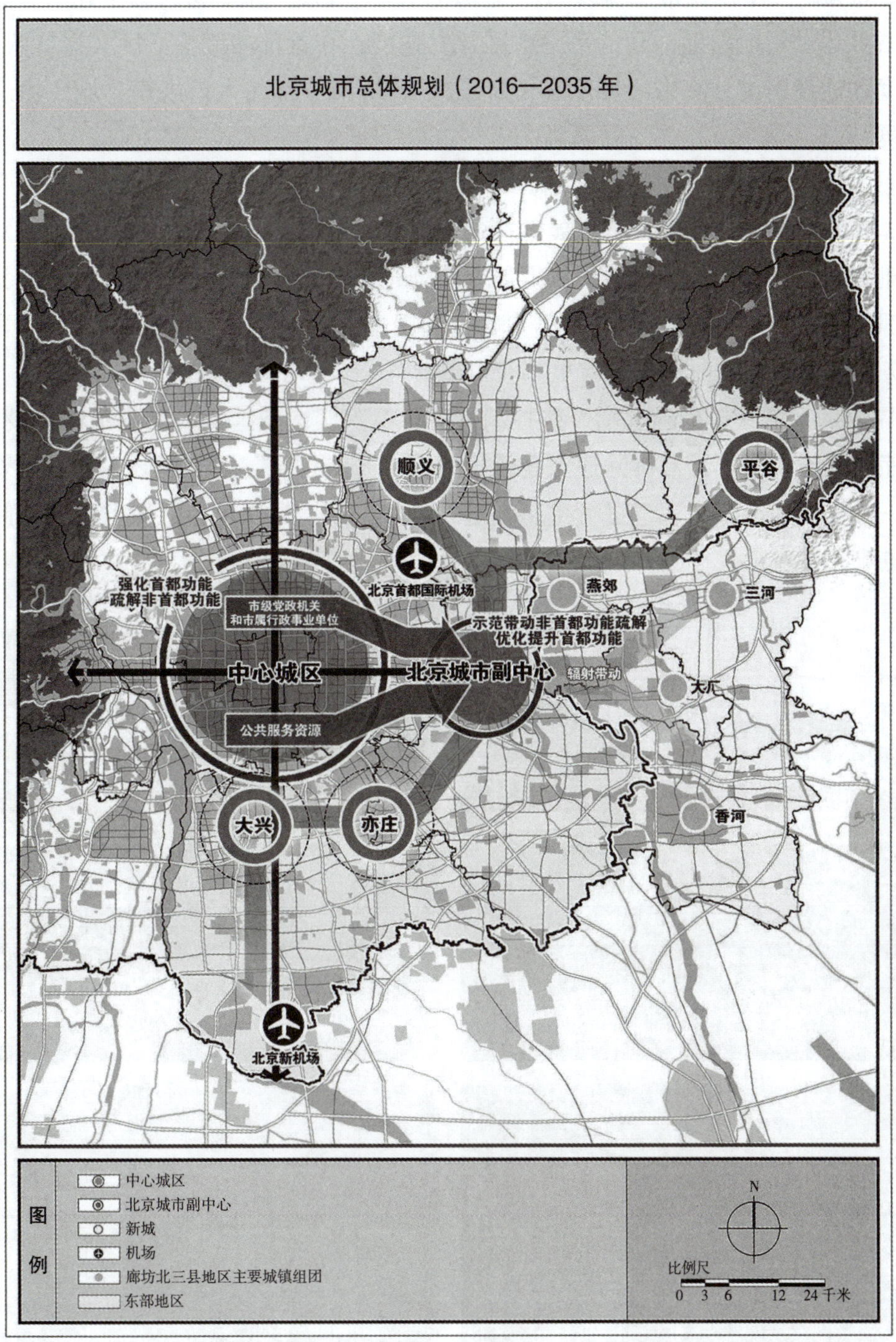

城市副中心建设示范带动非首都功能疏解示意图

（三）“减量提质”倒逼城市发展转型

本次北京城市总体规划首次突破了以往的发展惯性，实现了名副其实的“减量规划”。由增量发展转变到减量发展，是一次根本性的转型和改革，是在经济转型、城乡建设转型过程中提出的一种新策略。本次城市总体规划在促进城市减量发展上主要包含以下几个方面内容：在全市减少城乡建设用地总量，降低平原地区开发强度；在首都功能核心区实行“两减”，即降低人口密度和建设密度；在中心城区进行“三减”，即减少常住人口规模、城乡建设用地和产业用地规模。

在减量发展的过程中，一是牢牢把握“舍”与“得”的关系，不纠结于量的扩张，而是立足于质的提高，通过舍掉低效粗放发展的产业，促进符合首都战略定位的产业创新发展和高端发展，构建高精尖经济结构，打造北京发展新高地；二是牢牢把握好疏解和提升的关系，通过疏解非首都功能，治理“大城市病”，腾出的空间用于提升首都功能和促进和谐宜居之都建设，更好地服务国家发展，同时让群众有更多获得感。

规划提出的减量具体措施包括严格控制拆占比、落实增减挂钩、实施集体建设用地减量、严厉打击违法建设行为等。对拆除违法建设、整治“开墙打洞”后的街区，加强规划设计导则的引导，一方面增加小微绿地，进行生态重塑；另一方面增加便民生活服务设施，使疏解和提升相互促进、相得益彰。

三里屯北小街（上）、夕照寺西里小区（下）拆违整治前后对比

三、以问题导向为路径，提升城市均衡发展与和谐宜居水平

（一）“南北平衡”推动功能整体优化

如何加强统筹协调，促进南城发展，实现南北平衡，是困扰北京城市发展多年的难题之一。本次城市总体规划针对这一问题提出了有针对性的策略和措施，主要从明确功能定位、重大基础设施建设、生态环境治理、公共设施建设和重点功能区建设等几个方面入手，整体推进南部地区发展。

具体来说，从优化提升中心城区首都功能的角度，对中心城南部的丰台区和朝阳区南部地区重新研究和确定了新的功能定位。从完善中轴线及其延长线的角度，提出在南部地区结合南苑周边改造进行功能优化和资源整合，建设南中轴森林公园，在北京新机场建设城市南部国际交往新门户。

为实现城市整体功能优化，除了南北均衡发展之外，规划还提出了主副结合发展的要求，即加强中心城区非首都功能和人口疏解与北京城市副中心承接的紧密对接、良性互动。加强北京城市副中心与顺义、平谷、大兴（亦庄）等东部各区联动发展，实现与廊坊北三县地区统筹发展。此外，还提出了加强中心城区功能有序疏解与外围各区合理承接的内外联动发展、山区和平原地区互补发展、城乡发展一体化等一揽子均衡发展的要求。

（二）“留白增绿”提高宜居环境品质

生态环境保护和建设是本次城市总体规划重点着力的部分。规划提出三个层次的措施。

第一，在区域层面，强化区域生态环境联防联控联治。

一是加强大气污染联动治理。以治理细颗粒物（PM2.5）为重点，合力实施压减燃煤、控车节油、治污减排、清洁降尘等措施，推动区域大气污染防治统一规划、统一标准、统一监测、统一行动。二是协同治理水环境，保护水生态。推进重要河流、湿地、湖泊等的生态修复，实施跨界河流综合治理，推进流域性防洪及水资源控制工程建设，带头建立流域上下游横向生态保护补偿机制。三是携手共建绿色生态空间。推动环首都森林湿地公园建设，加强山、水、林、田、湖保护修复，构建区域生态网络，建设多条楔形跨界生态廊道。

第二，在全市层面，大幅度提高生态规模与质量。

一是划定生态控制线，并严格管理生态控制区内建设行为，严格控制与生态保护无关的建设活动。二是健全市域绿色空间体系，构建“一屏、三环、五河、九楔”的网络化市域绿色空间结构，充分发挥山区整体生态屏障作用。三是建设森林城市，2020 年全市森林覆盖率达到 44%，2035 年不低于 45%。与此同时，构建由公园和绿道相互交织的游憩绿地体系，优化城市绿地布局，结合体育、文化设施，打造绿荫文化健康网络体系。

第三，在中心城区层面，加强城市修补，坚持留白增绿，创造优良人居环境。

一是因地制宜，增加绿地游憩空间。通过腾退还绿、疏解建绿、见缝插绿等途径，增加公园绿地、小微绿地、活动广场，为人民群众提供更多游憩场所。二是开展生态修复，建设“两道一网”，提高生态空间品质。对绿地、水系、湿地等自然资源和生态空间开展生态环境评估，针对问题区域开展生态修复。重点规划建设城市绿道系统、通风廊道系统、水系“蓝网”系统。研究建立生态修复支持机制，不断提高生态空间品质。

利用城市空间中的边角地建设小微绿地

四、以统筹落实为根本，提升超大城市治理能力

（一）“多规合一”绘就北京发展蓝图

按照2017年2月24日习近平视察北京时提出的“落实多规合一，形成一本规划、一张蓝图”要求，本次城市总体规划建立了多规合一的规划实施及管控体系，以城市总体规划为统领，统筹各级各项规划，实现底图叠合、指标统合、政策整合，确保各项规划在总体要求上方向一致，在空间配置上相互协调，在时序安排上科学有序。

第一，坚持全域空间规划，通过城市总体规划与土地利用总体规划的两图合一，形成全域空间规划的基础底图。

第二，加强指标统合，实现对城市总体规划总目标的分解细化。综合社会发展、产业、住房、交通、市政、环境保护、公共服务等各级各类专项规划的核心指标，形成两套指标体系：建设国际一流的和谐宜居之都评价指标体系、城市总体规划实施指标体系。在下一步规划实施中将对指标体系进行实时监测，将监测结果作为规划实施评估和行动计划编制的基础。

建设国际一流的和谐宜居之都评价指标体系表

坚持创新发展，在提高发展质量和效益方面达到国际一流水平	
1	全社会研究与试验发展经费支出占地区生产总值的比重（%）
2	基础研究经费占研究与试验发展经费比重(%)

续表

3	万人发明专利拥有量（件）
4	全社会劳动生产率（万元/人）
坚持协调发展，在形成平衡发展结构方面达到国际一流水平	
5	常住人口规模（万人）
6	城六区常住人口规模（万人）
7	居民收入弹性系数
8	注册志愿者占本地区人口比重（%）
9	城乡建设用地规模（平方千米）
10	平原地区开发强度（%）
11	城乡职住用地比例
坚持绿色发展，在改善生态环境方面达到国际一流水平	
12	细颗粒物（PM2.5）年均浓度（微克/立方米）
13	基本农田保护面积（万亩）
14	生态控制区面积占市域面积的比例（%）
15	单位地区生产总值水耗降低（比 2015 年）（%）
16	单位地区生产总值能耗降低（比 2015 年）（%）
17	万元地区生产总值二氧化碳排放下降率（%）
18	城乡污水处理率（%）
19	重要江河、湖泊水功能区水质达标率（%）
20	建成区人均公园绿地面积（平方米）
21	建成区公园绿地 500 米服务半径覆盖率（%）
坚持开放发展，在实现合作共赢方面达到国际一流水平	
23	入境旅游人数（万人次）
24	大型国际会议个数（个）
25	大型国际展览个数（个）
26	外资研发机构数量（个）
27	引进海外高层次人才来京创新创业人数（个）
坚持共享发展，在增进人民福祉方面达到国际一流水平	

续表

28	平均受教育年限（年）	
29	人均期望寿命（岁）	
30	千人医疗卫生机构床位数（张）	
31	千名老人养老机构床位数（张）	
32	人均公共文化服务设施建筑面积（平方米）	
33	人均公共体育用地（平方米）	
34	一刻钟社区服务圈覆盖率（%）	
35	集中建设区道路网密度（千米/平方千米）	
36	轨道交通里程（千米）	
37	绿色出行比例（%）	
38	人均水资源量（包括再生水量和南水北调等外调水量）（立方米）	
39	人均紧急避难场所面积（平方米）	
40	社会安全指数	社会治安：10万人刑事案件判决生效犯罪率（人/10万人）
41		交通安全：万车死亡率（人/万车）
42	重点食品安全检测抽检合格率（%）	

第三，加强政策整合，通过完善政策机制，推动政府、社会、市民同心同向行动。鼓励企业和市民通过各种方式参与城市建设、管理。围绕疏解、整治、提升、发展，细化完善配套落实政策，加强各项政策的协调配合。完善技术标准和规范体系，建立“两规合一”的用地分类标准和规则。按照区域统筹、综合平衡的原则，建立以区为主体、以乡镇（街道）为基本单元的统筹规划实施机制。

（二）“三治一改”聚焦城市治理提升

本次北京城市总体规划并不停留在一个物质空间布局的蓝图式规划上，而是要转型为一个经济、社会的全方面治理型规划。随着城市发展越来越复杂与综合，对城市治理能力的要求越来越高，许多规划愿景需要通过实际建设管理中的新型治理手段来实现。北京必须要加快构建超大城市治理体系，促进首都治理体系和治理能力现代化。

因此，规划提出，从精治、共治、法治、体制机制改革入手，创新城市治理方式。加强精细化治理，建立精细治理的长效机制，推进城市环境治理更加精准全面，既要管好主干道、大街区，又要治理好每个社区、每条小街小巷小胡同。推动多元治理，畅通公众参与城市治理的渠道，加强社会工作者队伍建设，调动企业履行社会责任积极性，形成多元共治、良性互动的治理格局。坚持依法治理，完善综合执法体系，搭建城市管理联合执法平台。围绕停车管理、垃圾分类等专项，研究建立管理标准，运用法规、制度、标准来管理好城市。此外，要深化城市综合管理体制改革，理顺城市管理职责关系，加强城市管理统筹。

（三）“考核问责”维护新版总规权威

《北京城市总体规划（2016—2035 年）》已成为北京城市发展的法定蓝图。本次城市总体规划为维护总体规划的严肃性和权威性，调动各方面参与和监督规划实施的积极性、主动性和创造性，从明确规划任务分解落实方案、建立城市体检评估机制、建立实施监督问责制度、完善规划实施统筹决策机制等方面提出统筹实施机制，保障规划实施。

一是明确规划任务分解落实方案。市委、市政府制定并下发《北京城市总体规划实施重点任务清单（2017—2020 年）》，按照内容全覆盖、任务可量化可考核的原则，提出总体规划实施的主要内容和工作要求，形成任务清单，共计 102 项具体任务。其中，规划编制任务 11 项，重点功能区和重大项目推进工作 27 项，专项行动工作 29 项，政策机制改革工作 35 项。通过这种形式，将规划实施工作落实到各部门、各区，同时市里成立总规实施专班，以确保把总规要求一环扣一环地落实下去。

二是建立城市体检评估机制。搭建多规合一的城市空间基础信息平台和全覆盖、全过程、全系统的规划信息综合应用平台，对城市总体规划中确定的各项指标进行实时监测。定期发布监测报告，将监测结果作为规划实施评估和行动计划编制的基础。建立一年一体检、五年一评估的常态化机制，定期对社会公布规划评估情况。结合规划评估，开展规划动态维护。

三是建立实施监督问责制度。完善城市规划法律法规体系，推进重点领域法规的立、改、废、释，形成覆盖城市规划建设管理全过程的法律法规制度。健全规划公开制度，完善各级各类规划实施的社会公开和监督机制，促进形成全社会共同遵守和实施规划的良好氛围。建立规划实施的监督考核问责制度，对违反规划和落实规划不力、造成严重损失或者重大影响的，一经发现，依法依规追究责任。

四是完善规划实施统筹决策机制。加强首都规划建设委员会的组织协调作用，完善部门联动机制，优化调整市区两级政府规划事权，创新区域协同机制，加强宣传培训，建立重大事项报告制度。

五、总结

2017 年 9 月 13 日，党中央、国务院批复《北京城市总体规划（2016—2035 年）》。批复认为：《总体规划》深入贯彻习近平总书记系列重要讲话精神和治国理政新理念、新思想、新战略，紧紧围绕统筹推进“五位一体”总体布局和协调推进“四个全面”战略布局，牢固树立新发展理念，紧密对接“两个一百年”奋斗目标，立足京津冀协同发展，坚持以人民为中心，坚持可持续发展，坚持一切从实际出发，注重长远发展，注重减量集约，注重生态保护，注重多规合一，符合北京市实际情况和发展要求，对于促进首都全面协调可持续发展具有重要意义。《总体规划》的理念、重点、方法都有新突破，对全国其他大城市有示范作用。

新版北京城市总体规划体现了国家和人民对首都发展的新要求、新期待，掀开了首都城市发展的新篇章。同时，首都的规划建设本身就是国家治理体系和治理能力现代化的重要组成部分。北京城市总体规划编制的改革与创新，对中国特色社会主义发展新阶段下，迈向国家“两个一百年”奋斗目标的中国城市发展转型之路有着积极的探索意义和先行的引领作用。

（作者：石晓冬，北京市城市规划设计研究院副院长，教授级高级工程师；伍毅敏，北京市城市规划设计研究院工程师）

关于雄安新区规划的几点认识

一、雄安新区设立的背景与意义

（一）有利于缓解北京“大城市病”

缓解首都北京的“大城市病”，是设立雄安新区的“初心”。在高度压缩的城镇化背景下，我国大城市普遍存在交通拥堵、环境污染、房价高企、安全韧性不足、公共服务水平不均衡等问题。北京由于功能过度集聚，尤其是很多不必要的非首都功能过度集聚，使得这些问题显得尤为突出，充分体现了“体量大、质量低”的发展矛盾，并没有在城市发展与治理上起到“首善之区”的引领作用。同时，北京“大城市病”的产生，与城市行政资源过度集中以及由此产生的“虹吸效应”紧密相关，这种“黑洞式”的发展模式不仅导致北京过度臃肿，也制约了区域内其他城市的健康发展。因此，北京的“大城市病”一方面带有明显的行政色彩，难以仅仅依靠市场力量解决，必须结合强有力的政府干预才有可能实现；另一方面也具有典型的区域因素，化解北京的“大城市病”，不能就城市论城市，而是要汲取“大禹治水”的智慧，着眼区域视角。从伦敦、东京等全球城市的发展历程看，依靠行政手段推动，通过设立新城、新区从区域层面疏解中心城市功能，是化解“大城市病”行之有效的重要经验。党的十八大以来，党中央提出疏解北京非首都功能的重大战略决策，雄安新区作为疏解北京非首都功能的集中承载地，与北京城市副中心形成北京发展新的两翼，共同承担起解决北京“大城市病”的历史重任。

（二）有利于促进京津冀城市群协同发展

京津冀是我国具有国家战略意义的三大世界级城市群之一，但与长三角和珠三角相比，京津冀的发展水平偏低，尤其是区域发展不平衡的问题突出，北京的极化和周边地区的增长乏力形成鲜明对比。设立雄安新区，是党中央为深入推进京津冀世界级城市群发展做出的一项重大决策部署，对于调整优化京津冀城市布局和空间结构、促进区域协同发展具有重大意义。雄安新区选址距离北京、天津均在 100 千米左右，通过承接北京、联动天津，未来雄安将与京、津两市共同形成京津冀地区的核心三角，通过合理分工协作，带动区域协同发展和生态环境协同治理，构建京津冀世界级城市群；北京作为大国首都，是全国政治、文化、国际交往和科技创新中心，将继续通过非首都功能疏解，提升城市发展质量，发挥城市的区域辐射带动作用；天津是京津冀地区重要的门户城市，将作为全国重要的先进制造研发基地和京津冀国际联系的重要窗口，与北京共同发挥高端引领和辐射带动作用；雄安新区通过提升科技创新能力和建设现代化经济体系，将成为区域新增长极，带动冀中南人口密集地区产业转型升级，提高区域的经济社会发展质量和水平，有利于补齐区域发展短板，也有利于探索人口密集地区优化开发模式。

（三）有利于树立新时代高质量发展的标杆

每个时代都应该有每个时代的核心追求与样板城市，面向未来、改革创新是时代赋予深圳、浦东和雄安的历史责任，回应时代发展诉求，是雄安新区能够与深圳特区、浦东新区在大历史观上相提并论的要义所在。作为我国改革开放的先锋城市和前沿阵地，深圳在我国经济起步与腾飞阶段，在数十年间从一个小渔村发展成为千万人口的现代化大都市，是我国快速崛起的典范，“深圳速度”成为我国高速发展阶段的代名词。浦东新区的设立，肩负着 20 世纪 90 年代我国对外开放、融入世界的历史重任，目前已经成为我国改革开放的重要窗口，“浦东形象”也成为这一时期我国城市现代化建设的时代缩影。经过几十年的高速发展，我国经济进入新常态，党的十九大指出中国特色社会主义进入新时代，我国经济将由高速增长阶段转向高质量发展阶段。作为继深圳经济特区和上海浦东新区之后又一具有全国意义的新区，雄安新区肩负着进一步深化改革开放、引领我国发展模式转型的历史重任，雄安新区将成为培育推动高质量发展和建设现代化经济体系的新引擎，“雄安质量”也将成为继“深圳速度”和“浦东形象”之后，又一个具有时代意义的全国样板，在规划理念、建设标准、发展模式等方面为新时代高质量发展树立标杆、提供经验。

二、雄安新区规划探索的核心：回归本源

雄安新区规划在理念和方法上进行了很多有价值的探索，涉及新区建设的方方面面，如坚持生态优先、绿色发展，坚持以人民为中心、注重保障和改善民生，坚持保护弘扬中华优秀传统文化、延续历史文脉，着力建设绿色智慧新城、打造优美生态环境、发展高端高新产业、提供优质公共服务、构建快捷高效交通网等。但这些探索无论表现为何种形式，都万变不离其宗，共同指向一个目标：回归规划的本源，回归规划最根本的原理和最根本的价值。

（一）创造美好家园，避免“大城市病”

雄安新区把建设美好家园作为规划的首要任务，努力创建一个“让生活更美好”的新城。

从历史来看，现代城市规划诞生于近代工业革命时期，英国于 1875 年制定了世界第一部《公共卫生法》，意在解决人类聚居模式改变后产生的城市公共卫生问题。同时期在欧洲兴起的环境保护运动、城市美化运动，也都聚焦解决城市环境恶化、生活品质下降等问题。治理“城市病”，给城市居民创造一个美丽宜居的生活家园，始终是城市规划的根本目的；合理有序安排好城市的生活就业、交通出行、休闲游憩等各类空间，也是开展城市规划的基本要求。中国城市的城市病蔓延，其根本恰恰在于以往的规划建设中，我们过于注重城市的经济发展功能，而忽视了

城市作为生活家园的基本属性。2015 年中央城市工作会议明确指出，城市工作要把创造优良人居环境作为中心目标，努力把城市建设成为人与人、人与自然和谐共处的美丽家园。

从新时代的要求来看，高质量发展的核心在于发展动力从要素驱动、投资驱动转向创新驱动，而创新驱动的基础在于人才，吸引人才的关键则在于城市环境品质。正如美国未来学家乔尔·科特金所言："知识人群在哪里聚集，财富就在哪里聚集；哪里环境好，精英就在哪里聚集。"塑造优美宜居的城市环境，不仅仅是为了满足城市居民对美好生活的向往，同时也可以为城市高质量发展创造必要的软硬环境，是以人为本思想的重要体现。雄安新区的建设和发展，行政力量只是第一推动力，主要在新区的起步阶段发挥作用，城市的生活品质和环境治理才是新区实现可持续发展的持久动力。这也是为什么在雄安新区的四大定位中，"绿色生态宜居新城区"排在首位。其目的就是要求雄安新区规划要高度重视生活环境和城市品质的塑造，避免新区"留得住单位，留不住人；留得住人，留不住心"。

雄安新区的一个重要特点，就是现状要素几乎是"一张白纸"，这使新区规划与其他城市的规划有着明显区别。作为一个新建城市，雄安新区有条件在一开始就从根本上避免"大城市病"，并为其他城市（特别是新建城市）避免产生"城市病"起到示范与借鉴作用。因此，规划认真梳理和总结了国内外城市发展中出现的各种"城市病"和解决策略，并在编制过程中系统整合过往规划实践中采用的人性化空间尺度、用地功能混合、公共交通引导、邻里生活圈等成熟经验和做法，奠定城市长远发展的基本框架，为城市居民创造高质量的生活环境。

为避免交通拥堵，规划首先从城市空间结构入手，一改传统的单中心结构，采用多中心、组团式结构，分散城市中心区过度集中的交通压力。其次，在城市功能布局上，规划改变了简单的功能分区，而是强调功能混合、职住平衡，避免产生"大进大出"的潮汐型、钟摆式交通。最后，规划雄安新区形成以轨道交通为骨干、公共交通为核心、步行和自行车交通为主体的绿色交通出行结构，通过提高公交系统效率，使公交服务水平接近甚至超过私人小汽车，引导和鼓励居民出行摆脱对私人小汽车的依赖。

在公共服务方面，规划以提供完善的公共服务设施、营造有活力的生活圈为目标，避免出现公共服务供给不均、使用不便等问题。规划构建了"城市—组团—社区"三级公共服务设施体系，按合理服务半径下的实际服务人口完成设施配置，形成多层次、全覆盖、人性化的基本公共服务网络。同时，为了提升公共服务水平，规划还明确引入京津优质教育、医疗卫生、文化体育等资源，增强新区的吸引力。

（二）坚持因地制宜，防止"千城一面"

每一个城市都会因为自身自然地理、人文环境的差异而采取不同的规划，没有可以照搬照抄的规划方案，只有可以延续和不断深化的规划理念和思想。要在充分"理解"城市自身特质的基础上开展规划编制，这是城市规划工作的基本要求，也是雄安新区规划的基本出发点。"千城一面"的症结就在于规划忽视了城市自身的特点。地处华北平原、拥抱白洋淀，是雄安最为关键的特质。雄安新区规划正是在对这一特质深刻认识的基础之上开展编制工作。

白洋淀有“华北之肾”之称，湿地特性突出，淀泊风光独特，具有重大的区域生态价值和景观价值。塑造雄安空间特色的核心，就是处理好城淀关系，将雄安新区塑造为城淀共荣、人地和谐的典范。本次规划的核心原则是不能“因城废淀”，以保护和修复白洋淀生态环境为城市规划建设的先决条件，坚持“城水林田淀”一体化规划理念，坚持人与自然、城市与白洋淀和谐共处的设计方针，坚持“禁入淀、慎临淀、宜望淀”的城市建设基本原则。临淀地区结合白洋淀的优美生态景观，点状布局休闲旅游观光等功能；城市集中建设区域通过城市设计的方法，从视觉景观、可达性等方面加强淀区与城区的联系，借鉴传统造园手法，使城淀之间相互应和、相得益彰，体现中国传统文化的自然观。此外，规划充分利用北高、中低、南洼的现状地形，不挖湖堆山，随形就势，在梳理现状建设条件和城淀关系的基础上形成起步区“北城、中苑、南淀”的基本格局。

雄安新区地处华北平原，“平原建城”是新区规划的另一个重要特征。对比中外平原建城的历史传统，虽然各国历史文化迥异，但平原营城的方式却较相近。古罗马时期的城市大多建立在河畔的平原地区，形态规整，呈网格状布局，强调广场、凯旋门等空间秩序；美国东部平原的殖民地城市选址在滨河的平原地区，以特定尺度的方格网建设城市，其肌理沿袭至今；华北平原历史上诸多知名城市的格局，则反映了我国平原建城的基本范式。新区规划在平面布局上定点立轴、形态周正，立体空间则做到平缓舒展、韵律起伏。

在城市风貌方面，规划也力图避免千城一面，做好建筑风貌指引，不搞奇奇怪怪的建筑。具体而言，新区城市空间格局突出礼序乐和，秩序规整而灵动自然，体现起步区城市建设的中华风范；环境景观强调城景应和，凸显清新明亮、蓝绿交织的淀泊风光；建筑设计坚持古今融合，展示多元包容、传承文化、面向未来的创新风尚。规划尤其强调严谨细致做好单体建筑设计和管控，通过对不同地区建筑空间组合设计的引导，塑造多样化、有活力的建筑空间环境，并针对新区的住宅、文化、教育、科研等建筑类型提出空间组合与风貌设计指引。

（三）顺应历史潮流，回应时代诉求

雄安新区规划是站在新时代起点上的规划，与深圳和浦东一样，同样要“摸着石头过河”。与深圳和浦东不同的是，雄安发展的基础更好，但是难度更大、要求更高。要充分认识新阶段我国的发展思想、理念，探索城市发展与规划建设的转型范式。雄安新区规划要深刻理解新时期人类社会的发展潮流，给出从工业文明走向生态文明的中国方案；要准确把握新时代全球科学技术的进步趋势，为城市创新发展树立样板；要顺应时代发展特征，规划强调对绿色、创新、智能等重点领域的深化研究，针对绿色生态、创新发展、智能城市等领域展开全方位的系统研究。

（1）绿色生态领域。雄安新区规划把国土空间格局作为新区开发和保护的总体框架，坚持生态优先、绿色发展，统筹生产、生活、生态三大空间，构建蓝绿交织、和谐自然的国土空间格局。新区规划践行生态文明理念，尊重自然、顺应自然、保护自然，将新区“淀水林田草”作为一个生命共同体进行统一保护、统一修复。强化对白洋淀湖泊湿地、林地以及其他生态空间的保护，确保新区生态系统完整，蓝绿空间占比稳定在70%。坚持以资源环境承载能力为刚性约束条件，“以水定城、以水定人”，严格控制建设用地规模和人口规模，严格控制开发强度，合理控制人口密度，突出节约集约，促进城乡建设用地高效利用。

（2）创新发展领域。新区规划围绕“创新驱动发展引领区”的总体定位，坚持把创新作为高质量发展的第一动力，推进以科技创新为核心的全面创新。首先，积极承接北京非首都功能疏解，通过打造优质的硬件、服务、政策环境，重点承接高等学校和科研机构、金融机构、高端服务业、高技术产业等创新功能。其次，高起点布局高端高新产业，推进军民深度融合发展，加快改造传统产业，建设实体经济、科技创新、现代金融、人力资源协同发展的现代产业体系。再次，搭建国际一流的科技创新平台，建设国际一流的科技教育基础设施，构建国际一流的创新服务体系，打造成为全球创新高地。最后，创新体制机制与政策，坚持深化改革、扩大开放，制定出台支持政策，打造体制机制新高地，为新区建设发展创造良好条件，发挥对全国全面深化改革扩大开放的引领示范作用。

（3）智能城市领域。规划坚持数字城市与现实城市同步规划、同步建设，适度超前布局智能基础设施，构建高速、移动、安全、广泛存在的新一代信息基础设施体系，形成万物互联、人机交互、天地一体的网络空间。规划提出构建全域智能化环境，建立数据资产管理体系，形成自主可控的大数据产业链、价值链和生态系统，搭建与城市基础设施同步建设的感知设施系统，打造全球首个数字化智能城市，建设面向科技的未来之城。

（四）实现多规合一，确保“一张蓝图干到底”

高质量发展需要以高标准的长远谋划为支撑，这不是一次规划、一个规划能够解决的问题。“一张蓝图干到底”，核心是通过规划把新时代的发展思想贯穿雄安的整个发展过程。协调建设、国土、环保、林业等各个部门，统筹土地利用、环境保护、文物保护、水利防洪、森林城市等多项规划，实现多规合一，则是“一张蓝图干到底”的基本前提。

按照“一张蓝图干到底”的要求，坚持开门编规划，规划体系贯穿各个层次，以大量专题专项为基础支撑，并注重发挥城市设计的指导和管控作用。城市规划是一项系统性工程，雄安新区规划在加强专业领域创新的同时，同样注重系统集成和建设实施的整体谋划。在四个综合规划的基础上，河北省同步委托国内相关机构开展55个专题研究和专项规划，初步形成了雄安新区的规划体系，全方位保障规划编制推进。

已经公布的新区规划纲要是编制新区各级各类规划的准则和指南，是指导新区建设发展的基本依据。要坚持以规划纲要为统领、以控制性详细规划为重点、以专项规划为支撑，形成全域覆盖、分层管理、分类指导、多规合一的规划体系。按照把每一寸土地都规划得清清楚楚后再开工建设的要求，结合建设时序，深化细化控制性详细规划、修建性详细规划及各类专项规划，为新区全面建设做好准备。

三、雄安新区规划如何体现十六字方针

坚持“世界眼光、国际标准、中国特色、高点定位”是党中央对雄安新区规划的基本要

求，也是指导新区规划工作的重要理念。对这十六字方针的准确把握和理解，是开展新区规划工作的重要前提。“世界眼光，国际标准”就是要开阔眼界，吸取全人类城建文化的经验，“中国特色，高点定位”则是要规划体现文化自信，传承创新中国营城文化的智慧。

坚持“世界眼光”，要求规划着眼世界问题，站在人类城市发展的历史高度，从中提炼出中国方案、中国智慧，不仅为中国的城市建设树立样板，同时也为世界其他国家提供借鉴和经验。一方面，规划通过邀请世界各国的专家参与，集世界智慧、聚中国力量。新区设立的消息公布后，中国城市规划设计研究院在组织国内6家单位，建立规划方案工作营持续深化起步区规划设计方案的同时，邀请国内外200多位知名专家、学者，包括两院院士15名、欧盟专家4位，召开了多场专题研讨会，对新区规划建设的关键领域进行集中研究。另一方面，规划注重吸收国内外规划界已有的共识，对自霍华德“田园城市”以来的全球规划思想和理论进行了系统梳理，特别是对以吴良镛教授为首的中国学者主导制定的《北京宪章》、第三次联合国住房和城市可持续发展大会通过的《新城市议程》等指导21世纪城市建设发展的纲领性文件进行了深入研究，将其中人与自然和谐共荣的生态文明发展理念等全球共识作为指导新区规划的基本原则。

坚持“国际标准”，核心是吸收借鉴国际上先进的理念、方法和技术，对标国际发展与规划建设标准。总体来看，目前没有任何一个国家能够在全部规划领域保持领先地位，不同国家和地区在城市交通、社区服务、绿色发展、智慧城市等领域各有所长，积累了丰富的经验。雄安新区规划的目标，就是要在所有规划领域，向最先进的国家看齐，甚至领先。为实现这一目标，雄安新区规划开展了宜居城市、智慧城市、绿色发展、美丽乡村等多个标准专题研究，比较研究国际国内经验，结合雄安的发展条件，形成具有国际领先水平的“雄安标准”。

坚持“中国特色”，核心就是要在规划中体现文化自信，通过融合传统文化与先进文化，着力发挥本土建设力量，力求雄安新区规划不仅成为新时代中国城市建设的模范与标杆，同时为世界城市建设提供“中国智慧”和“中国方案”。城市是文化的载体，一个城市的魅力就是竞争力，一个城市的特色就是软实力。作为一个时代的标杆，雄安要代表中国在这一历史时期对城市认知的最高水平。中国有非常深厚的传统城市与建筑文化底蕴，天人合一的山水格局、田园栖居的宜居环境、诗情画意的景观意境等，反映了我国历史上人与自然和谐共处的朴素宇宙观；明清北京城、唐长安城等历史都城体现了中国古代与文化传统相契合的营城范式；元大都、商丘古城的城水关系，则展现了古人的理水智慧。雄安新区规划过程中，十分注重从传统文化中吸取营养，城市中轴线的设计、城市风貌的塑造、城淀关系的处理，都体现了中国传统的理水营城理念和智慧，具有强烈的可识别性。

坚持“高点定位”，实际是要求新区规划要站在国家发展的高度，看到新区所肩负的历史使命。设立和建设雄安新区是重大的历史性战略选择，是千年大计、国家大事。因此，雄安新区规划不仅仅是为当代建设一个城市，而是要新区建设成为传世之作，经得起历史的检验，成为人类城市发展史上的一座丰碑。

（作者：杨保军，中国城市规划设计研究院院长，全国工程勘察设计大师）

观察篇

2017年中国市长协会舆情观察

一、舆情综述

2017年，谷尼舆情大数据平台共检测到约45万条相关信息，主要分布在教育、环保、反腐、改革、招商旅游、安全维稳等领域。

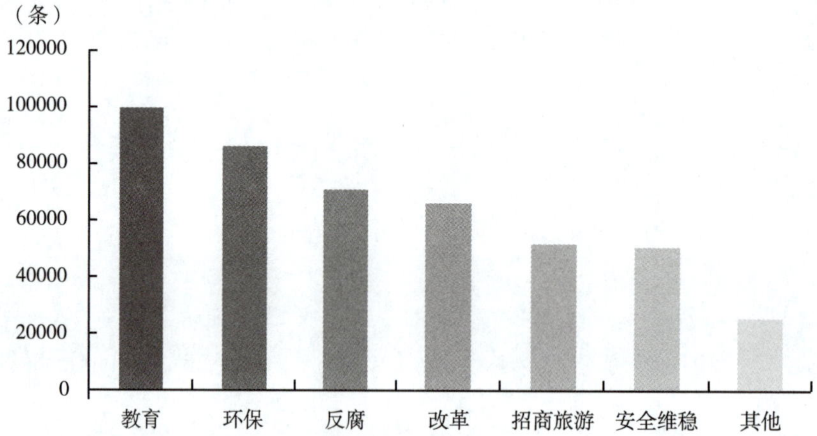

“教育”“环保”“反腐”等得到的关注度最高。其中教育话题较多（如教育改革、北京红黄蓝事件、云南4名男童烤火身亡事件等），总体占22%，排第一位；因重污染天气受到当前全社会关注，环保话题占比为19%，居第二位；反腐话题占比19%，占第三位；改革类话题占15%，因改革相关话题较多，关注度也一直较高。

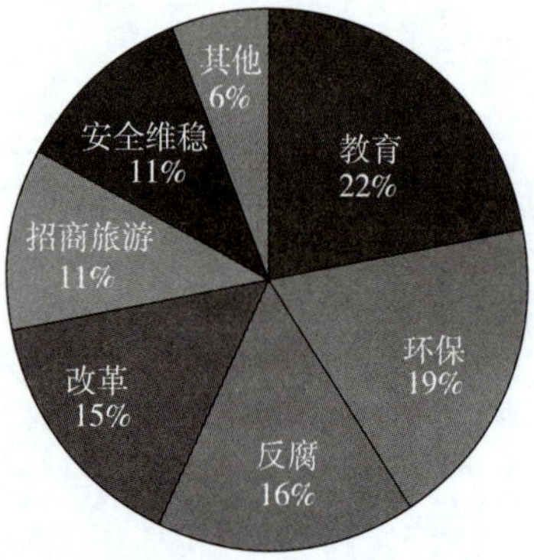

2017年，关于市长的新闻稿件有36080篇，从媒体关注度舆情趋势图看来，4月和12月关注度最高。发布新闻量占比较高的是网易（31.04%）、人民网（16.17%）、新浪网（16.06%）等媒体。值得关注的事件有：网络媒体“搜狐网”发布的《媒体：雾霾围城环保部长陈吉宁和北京市代市长蔡奇说了实话》（转载数390）；新浪微博“头条新闻”发布的《近日，一段时任大同市长耿彦波视频广为流传，该片记录了耿彦

波任职期间在古城修复工作中的艰辛历程》（转载数 6386，评论数 5415）；微信公众号“上海发布”发布的《杨雄辞去上海市市长职务，全体人大代表热烈鼓掌向杨雄致敬》（阅读数超过 10 万，点赞数 4625）。

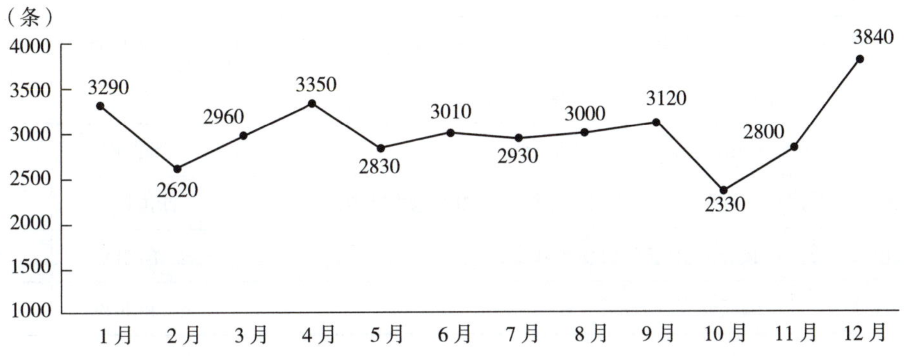

媒体涉“市长”每月数据图（1 月 1 日至 12 月 31 日）

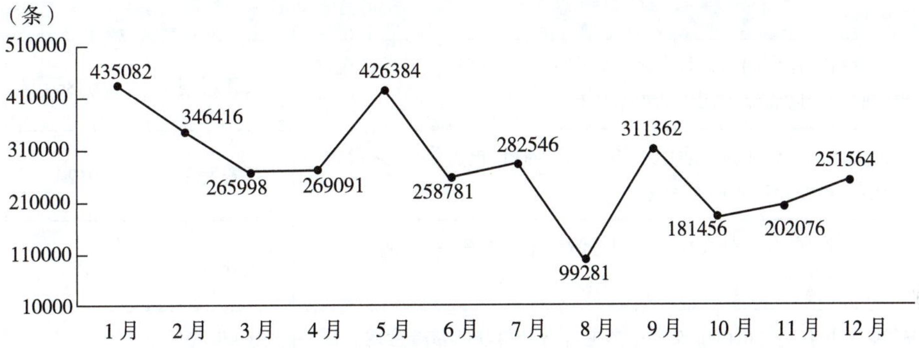

微博涉“市长”每月数据图（1 月 1 日至 12 月 31 日）

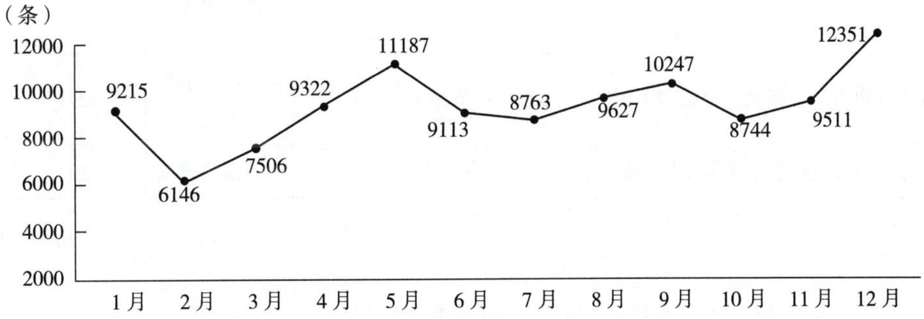

微信涉“市长”每月阅读数据图（1 月 1 日至 12 月 31 日）

新闻

序号	事件	来源	转载量
1	北京市市长蔡奇：加强区域生态保护迫在眉睫、刻不容缓	凤凰网	354
2	上海市市长应勇：不希望看到上海房价太高	人民网	218

续表

序号	事件	来源	转载量
3	南宁市市长周红波：推进多边合作，加快智慧城市建设	大众网	201
4	重庆市副市长刘桂平：重庆将一体谋划两大开放载体	凤凰网	201
5	河北三河市副市长刘增禄发声：有房产证就有合格产权	中国新闻网	182
6	天津市市长：京津冀所有公交今年有望实现一卡通行	网易网	190
7	文化+旅游+农业+城市建设 助力山西走出国门	西部网网	174
8	北京市副市长卢彦：各区利用集体用地建租赁房相关地块已拟定	澎湃网	172
9	武汉市市长万勇：服务国家战略 引领区域发展	金羊网网	124
10	浙江建德获评“中国气候宜居城市”	新民晚报网	101

微博

序号	事件	来源	转载量	评论
1	近日，一段时任大同市长耿彦波视频广为流传,该片记录了耿彦波任职期间在古城修复工作中的艰辛历程	头条新闻	6386	5415
2	上官吉庆与禾商企业家代表团座谈：把握商机 抢占先机 赢得未来 携手共建大西安实现大发展	西安发布	9124	21
3	北京市委书记蔡奇三赴大兴：专项整治要坚定有序 有人文关怀	澎湃新闻	689	112
4	4月24日下午，兰州市市长栾克军主持召开市政府常务会议，深度融合文化旅游资源 着力打造城市文化标志	兰州非常有意思	446	21
5	3月16日，吉林省四平市副市长黄成主持召开生态环境保护工作推进会	四平发布	409	12
6	浙江台州市市长张兵：打造“中国制造2025”示范城市	财经咨询师安露	291	11
7	上海市市长应勇表示不希望沪房价太高，影响年轻人的发展	新浪房产	209	75
8	9月6日，泸州市副市长马宗慧督导学校创文工作，要求加强新生入学后的创文知识宣传和文明礼貌教育	醉美泸州	130	14
9	3月21日，天津市红桥区区长梁永岑与甘肃省庆阳市合水县签署区县扶贫协作框架协议	红桥发布	127	24
10	12月21日，宿州市市长杨军主持召开市政府第100次常务会议，审议并原则通过《宿州市电动汽车充电基础设施建设规划（2017—2030）》《宿州市公共租赁住房分配和运营管理办法》	宿州发布	99	10

微信

序号	事件	公众号	阅读数	点赞数
1	杨雄辞去上海市市长职务，全体人大代表热烈鼓掌向杨雄致敬	上海发布	10万以上	4625
2	武汉市副市长陈瑞峰很快回应ETC收费违规一事	魅力黄陂	10万以上	4001
3	市长梁维东透露东莞总投资5779亿，未来5年东莞发展将让你不认识	我们的东莞	10万以上	1996
4	6月5日，福州市市长尤猛军在《福州日报》头版发表署名文章《守护绿水青山共建生态福州——纪念第46个世界环境日》	福州日报	9万以上	102
5	北京市代市长蔡奇回应“令人深感不安”的雾霾问题	政事儿	8万以上	174
6	鹰潭市委书记曹淑敏挂帅摘国家科技进步特等奖	手机江西网	7万以上	298
7	丽江市市长郑艺怒斥：“爱来不来”的思想会葬送丽江旅游	人民网	6万以上	327
8	“网红山西市长王振宇”放大招，“私人定制”玩转临汾	人说山西好风光	6万以上	236
9	珠海市市长郑人豪透露未来5年更加注重创新驱动，构建以先进装备制造业为重点的产业大格局	我们的珠澳	5万以上	547
10	江苏省宿迁市市长王天琦的讲话稿刷爆了朋友圈	澎湃新闻	3万以上	205

二、反腐倡廉舆情分析

（一）舆情走势

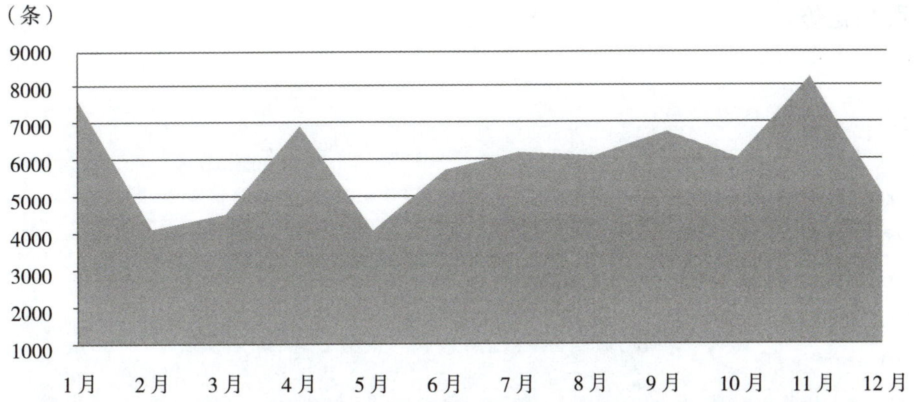

由上图可以看出，2017年反腐舆情信息量走势起伏较大。1月，中纪委专题片《打铁还需自身硬》如约而至，引发全网互动热潮。4月，《人民的名义》热播，该剧真实震撼地演绎了“打虎”，引起观众的强烈反响，不但收视告捷，在社交媒体上也引发热议。十九大闭幕不到一个月，首个部长被查消息发布后，迅速引爆舆论场，主流媒体纷纷在显著位置转载，致使11月相关信息量达到又一个高点。

（二）2017 年重点话题事件

1. 中纪委推反腐片《打铁还需自身硬》

检测数据：共检测到 2510 条相关数据。

事件背景：1 月 2 日，由中央纪委宣传部、中央电视台联合制作的电视专题片《打铁还需自身硬》于 1 月 3 日至 5 日在中央电视台综合频道每晚 8 点首播，新闻频道每晚 9:30 重播。专题片共分三篇：上篇《信任不能代替监督》、中篇《严防“灯下黑”》、下篇《以担当诠释忠诚》。专题片反映了党的十八大以来，纪检监察机关认真贯彻习近平总书记的指示要求，全面从严治党，把自己摆进去，加强自身建设、完善内控机制、坚决清理门户、严防“灯下黑”，努力打造一支忠诚干净有担当的纪检监察队伍，体现“打铁自身硬、永远在路上”的清醒和韧劲，回应党内关切和人民群众期盼。

2. 十九大闭幕不到一个月即打下“首虎”，反腐败斗争一刻不停歇

检测数据：共检测到 7720 条相关数据。

事件背景：11 月 21 日晚，中央纪委监察部网站发布消息，“中共中央宣传部原副部长涉嫌严重违纪，目前正接受组织审查”。这是党的十九大后首次公布中管干部纪律审查消息，再次彰显了以习近平为核心的党中央坚定不移全面从严治党，深入推进党风廉政建设和反腐败斗争的坚定决心和必胜信念，释放了全面从严治党永远在路上、管党治党一刻不停歇的强烈信号。

三、安全维稳舆情分析

（一）舆情走势

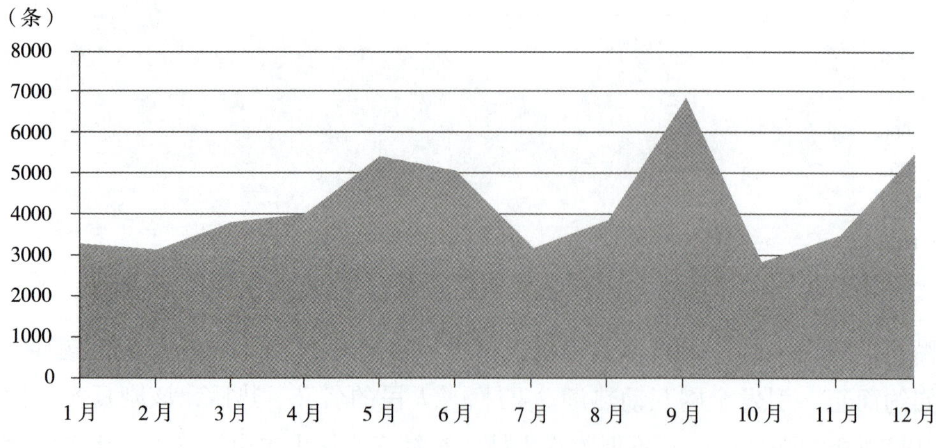

由上图可以看出，安全维稳舆情在 2017 年信息量起伏较大，前几个月信息走势较缓。相较而言，“国家网络安全宣传周开幕”成为网络媒体关注焦点的 9 月，信息量全年最高。

（二）2017 年重点话题事件

1. 2017 年国家网络安全宣传周在上海隆重开幕

检测数据：共检测到 198000 条相关数据。

事件背景：9 月 16 日，2017 年国家网络安全宣传周（以下简称“安全周”）在上海隆重开幕。安全周的主题是“网络安全为人民，网络安全靠人民”，由中央宣传部、中央网信办、教育部、工业和信息化部、公安部、中国人民银行、新闻出版广电总局、全国总工会、共青团中央九部门共同举办。国家层面举办网络安全宣传周，到 2017 年已是第四届；与往年相比，2017 年宣传周期间不但举办了网络安全博览会，还新增了网络安全成就展。

2. 习近平对食品安全工作做出重要指示

检测数据：共检测到 2130 条相关数据。

事件背景：1 月 3 日，中共中央总书记、国家主席、中央军委主席习近平强调，各级党委和政府及有关部门要全面做好食品安全工作，坚持最严谨的标准、最严格的监管、最严厉的处罚、最严肃的问责，增强食品安全监管统一性和专业性，切实提高食品安全监管水平和能力。要加强食品安全依法治理，加强基层基础工作，建设职业化检查员队伍，提高餐饮业质量安全水平，加强“从农田到餐桌”全过程食品安全工作，严防、严管、严控食品安全风险，保证广大人民群众吃得放心、安心。

四、改革舆情分析

（一）舆情走势

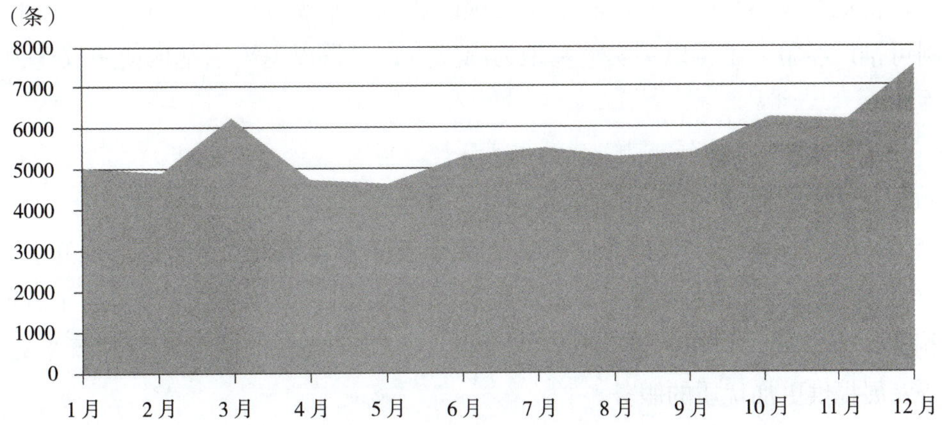

由上图看出，改革舆情在 2017 年信息量起伏较平缓，每次习近平主持召开中央深改会议都引起媒体和网民的大量关注。3 月，经济体制改革措施逐步落实，舆情迅速上升并达到全年最高值。

（二）2016年重点话题事件

1. 习近平：坚定不移推进司法体制改革

检测数据：共检测到6970条相关数据。

事件背景：7月10日，中共中央总书记、国家主席、中央军委主席习近平近日对司法体制改革做出重要指示强调，司法体制改革在全面深化改革、全面依法治国中居于重要地位，对推进国家治理体系和治理能力现代化意义重大。全国政法机关要按照党中央要求，坚定不移推进司法体制改革，坚定不移走中国特色社会主义法治道路。

会议强调，要全面贯彻党的十八大和十八届三中、四中、五中、六中全会精神，以习近平总书记系列重要讲话精神和治国理政新理念、新思想、新战略为指南，认真贯彻落实习近平总书记关于加强社会主义法治建设的一系列重要指示，更加积极主动拥抱大数据、人工智能时代，把理念思路提升、体制机制创新、现代科技应用和法律制度完善结合起来，全面落实司法责任制和相关配套改革，深入推进以审判为中心的刑事诉讼制度改革，推动加快建设公正、高效、权威的社会主义司法制度，以优异成绩迎接党的十九大胜利召开。

2. 习近平：宅基地制度改革不得以买卖宅基地为出发点

检测数据：共检测到1470条相关数据。

事件背景：中共中央总书记、国家主席、中央军委主席、中央全面深化改革领导小组组长习近平11月20日主持召开十九届中央全面深化改革领导小组第一次会议并发表重要讲话。他强调，过去几年来改革已经大有作为，新征程上改革仍大有可为。各地区、各部门学习贯彻党的十九大精神，要注意把握蕴含其中的改革精神、改革部署、改革要求，接力探索，接续奋斗，坚定不移将改革推向前进。李克强、张高丽、汪洋、王沪宁出席会议。

会议强调，拓展宅基地制度改革试点范围，已经有了前期的实践基础，要严守土地公有制性质不改变、耕地红线不突破、农民利益不受损的底线，平衡好国家、集体、个人利益，加快形成可复制可推广经验。不得以买卖宅基地为出发点，不得以退出宅基地使用权作为农民进城落户的条件。

3. 国务院发文推广支持创新相关改革举措

检测数据：共检测到2660条相关数据。

事件背景：国务院办公厅日前印发《关于推广支持创新相关改革举措的通知》，明确将在全国或京津冀、上海、辽宁沈阳等8个全面创新改革试验区域内，推广涉及4个方面共13项支持创新相关改革举措，旨在营造有利于大众创业、万众创新的制度环境和公平竞争市场环境，为创新发展提供更加优质的服务。

《通知》还强调，各地区、各部门要深刻认识推广支持创新相关改革举措的重大意义，将其作为深入贯彻落实创新、协调、绿色、开放、共享发展理念和推进供给侧结构性改革的重要抓手。要着力推动政策制度创新，推进构建与创新驱动发展要求相适应的新体制、新模式，持续释放改革红利，激发全社会的创新创造活力，加快培育壮大经济发展新动能。

4. 习近平：推进供给侧结构性改革是一场硬仗

检测数据：共检测到 53400 条相关数据。

推进供给侧结构性改革是以习近平为核心的党中央科学认识发展大势、深刻把握发展规律、主动引领经济发展新常态的重大战略部署，对于解决长期积累的结构性矛盾、提高供给结构对需求变化的适应性和灵活性、促进经济持续健康发展具有重大意义。2016 年以来，在党中央坚强领导下，各地区、各部门以推进供给侧结构性改革为主线，全力落实去产能、去库存、去杠杆、降成本、补短板五大任务，供求关系明显改善，转型升级持续推进，经济运行质量效益不断提高，呈现稳中有进、稳中向好的发展态势，为实现全面建成小康社会战略目标打下坚实基础。

五、招商旅游舆情分析

（一）舆情走势

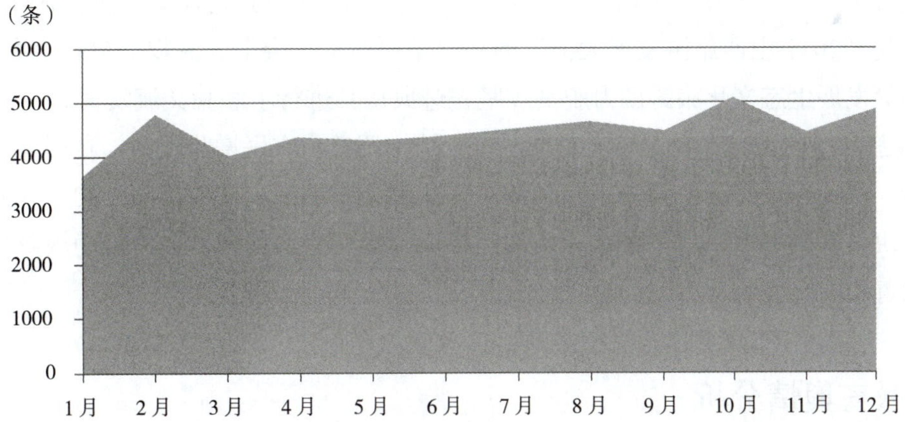

由上图可以看出，2017 年招商旅游舆情信息与 2016 年波动相似。因春节来临及国庆长假，人们出游较多，使 2 月、10 月招商旅游舆情信息量达到最高。其他时间段相关舆情信息较为稳定。

（二）2017 年重点话题事件

1. 我国将建 2442 千米红色旅游公路

检测数据：共检测到 2404 条相关数据。

事件背景：交通运输部印发《全国红色旅游公路规划（2017—2020 年）》，确定了 126 个红色旅游公路项目，涉及 28 个省（区、市），建设总里程约 2442 千米，大致相当于北京到上海距离的 2 倍，总投资约 231 亿元。

通过《规划》的实施，到“十三五”末，将基本形成所有红色旅游经典景区景点至少有一条三级及以上公路衔接，50%以上的红色旅游经典景区景点有二级及以上公路（城市道路）衔接，景区与周边城区、交通网络的衔接更加顺畅，交通服务能力和水平显著提升，为促进红色旅游持续健康发展、带动革命老区经济社会协调发展提供有力支撑。

2. 联合国世界旅游组织第22届全体大会在成都开幕

检测数据：共检测到2150条相关数据。

事件背景：9月13日，联合国世界旅游组织第22届全体大会开幕式在成都世纪城国际会议中心举行，来自130多个国家的上千名旅游界精英齐聚成都，共话全球旅游发展。

本次大会召开6次全体大会、30多场专题和区域性会议，就旅游与竞争力、建立发展的伙伴关系、旅游道德公约等话题展开讨论。大会还将选举产生联合国世界旅游组织新一任秘书长。2017年是国际可持续旅游发展年，大会旅游部长会议围绕“旅游及可持续发展目标，建立发展的伙伴关系，以‘一带一路’倡议为例”进行讨论，而大会主会场的布置也充分体现“一带一路”主题，别具特色。

3. 把“绿水青山”变为“金山银山”，山西省发展生态文化旅游助力脱贫攻坚

检测数据：共检测到2750条相关数据。

事件背景：11月23日，山西全省发展生态文化旅游助力脱贫攻坚推进会在左权县召开，此次会议也是“2017山西旅游发展大会”的一项重要活动。会上，左权、灵丘、右玉、宁武、壶关、永和等发展生态文化旅游助力脱贫攻坚先进典型县进行了经验交流发言。

乡村旅游已经成为促进农村经济发展、农业结构调整、农民增收致富、贫困人口减贫脱贫的重要力量，成为建设美丽乡村的重要载体。这次大会要求深入贯彻落实党的十九大精神，精准施策，坚决打赢脱贫攻坚战。要求相关部门各负其责，密切配合，合力推动旅游扶贫，把山西的“绿水青山”转变为助力脱贫的“金山银山”。

六、教育舆情分析

（一）舆情走势

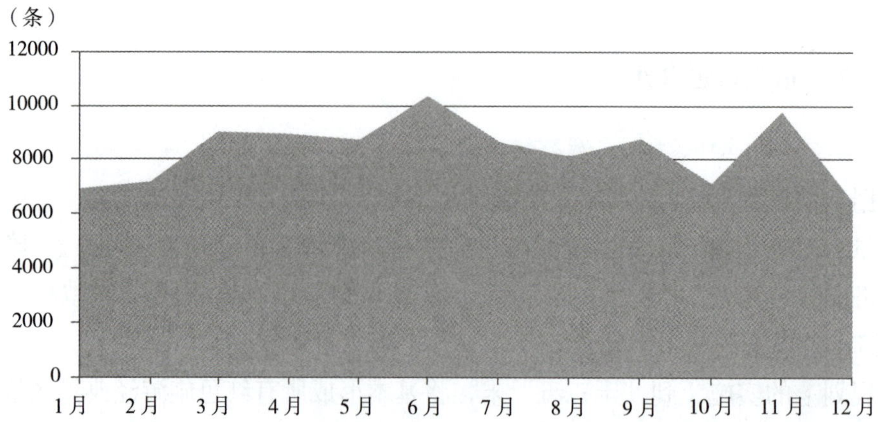

从上图可以看出，教育舆情在2017年信息量起伏较大。从整体来看主要有两个峰值，一个是6月中宣部等7个部门组织开展纪念建党95周年群众性主题教育活动，迅速成为网络热门话题，引起了广泛关注。11月，北京市红黄蓝幼儿园事件再次引发社会各界广泛关注。其他时间段信息量走势较平稳。

（二）2017年重点话题事件

1. 教育部:2020年我国高中阶段教育毛入学率达到90%

检测数据：共检测到6090条相关数据。

事件背景：4月6日，教育部召开新闻发布会，介绍《高中阶段教育普及攻坚计划（2017—2020年）》（以下简称《攻坚计划》），提出到2020年我国高中阶段教育毛入学率将要达到90%。该项《攻坚计划》共提出了1个总目标和5个具体目标。一个总目标是：到2020年，全国普及高中阶段教育，适应初中毕业生接受良好高中阶段教育的需求。5个具体目标包括：一是全国、各省（区、市）毛入学率均达到90%以上，中西部贫困地区毛入学率显著提升；二是普通高中与中等职业教育结构更加合理，招生规模大体相当；三是学校办学条件明显改善，满足教育教学基本需要；四是经费投入机制更加健全，生均拨款制度全面建立；五是教育质量明显提升，办学特色更加鲜明，吸引力进一步增强。通过实现以上目标，努力形成结构合理、保障有力、多样特色的高中阶段教育。

2. 河北:高校可实行高层次人才“年薪制”

检测数据：共检测到1870条相关数据。

事件背景：河北省教育厅、省编委办、省发改委、省财政厅、省人社厅五部门印发的《关于深化高等教育领域简政放权 放管结合 优化服务改革的实施意见》提出，将逐步推行高校人员总量管理制度，高校可自主设置内设机构、自主进行岗位设置和调整、自主公开招聘人才。对“总量外”人员，可实行劳务派遣和社会购买服务的方式，其劳动报酬纳入部门预算。

按照实施意见，河北将下放高校教师职称评审权，改进教师职称评审方法，将“师德表现”作为评聘的首要条件，师德考核不合格“一票否决”；提高教学业绩在评聘中的比重；完善同行专家评价机制，建立以“代表性成果”和实际贡献为主要内容的评价方式，注重论文、科研成果、作品的质量，淡化数量要求。

3. 教育部:取消中考系不实消息

检测数据：共检测到2890条相关数据。

事件背景：12月5日，针对网传的“九年义务教育升级为十二年制，中考将取消”等消息，教育部基础教育司负责人回应表示，现阶段不可能将九年义务教育升级为十二年制：“当前，还不具备把高中阶段教育纳入义务教育的条件，高中阶段教育的主要任务是加快普及步伐，满足初中毕业生接受高中教育的需要。”

该负责人表示，2017年教育部等四部门印发了《高中阶段教育普及攻坚计划（2017—2020年）》，提出到2020年全国普及高中阶段教育，但普及、义务和免费是三个不同的概念，普及高中阶段教育重在解决“有学上”的问题，不是将高中阶段教育纳入义务教育或者实施免费教育。另外，教育部负责人还一直强调，本次改革推行初中学业水平考试，并不是取消中考，而是将初中毕业考试和高中招生考试合二为一，实现一考多用，避免多次考试，减轻学生重复备考的负担和压力。

4. 教育部:从 2020 年起所有高校停止省级优秀学生保送

检测数据：共检测到 2890 条相关数据。

事件背景：1 月 8 日，教育部办公厅下发《关于做好 2017 年普通高等学校部分特殊类型招生工作的通知》(以下简称《通知》)，对当前社会关注度较高的艺术类、高水平艺术团、高水平运动队、保送生 4 项特殊类型招生工作进行了进一步规范。对 2017 年秋季及以后进入高中阶段一年级的学生，将取消省级优秀学生保送资格条件，2020 年起所有高校停止省级优秀学生保送生招生。

根据《通知》要求，2017 年各地各高校要严格落实责任制和责任追究，严格考试安全保密管理，完善考生资格审核程序，逐步提高对考生文化课成绩的录取要求。对在特殊类型考试招生中违规的考生、高校及有关工作人员应从严查处，涉嫌违法犯罪的，移交司法机关，依法严肃处理。

七、环保舆情分析

（一）舆情走势

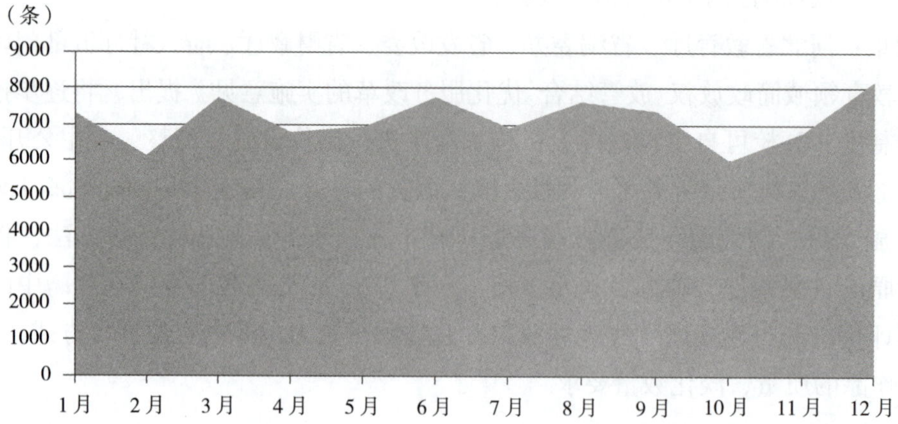

由上图可见，环保舆情在 2017 年信息量浮动较小。因大气污染物和水污染物环境保护税的实施，使 12 月信息量达到最高。可以看出，对于影响群众健康的环境问题，网络关注度一直较高。

（二）2017 年重点话题事件

1. 环保部将对 18 个城市进行空气质量专项督查

检测数据：共检测到 2120 条相关数据。

事件背景：2月15日至3月15日，环境保护部会同有关省份，赴京津冀及周边18个城市，开展2017年第一季度空气质量专项督查。这18个城市分别是北京市，天津市，河北省石家庄、廊坊、保定、唐山、邯郸、邢台、沧州、衡水，山西省太原、临汾，山东省济南、德州，河南省郑州、鹤壁、焦作、安阳。

环保部由部领导带队，联合相关省市组成18个督查组，分54个小组同步开展工作，涉及督查人员260多人，采取部长巡查、走访问询、现场抽查等方式，坚持以督政为主导，督政与督企相结合，分阶段推进，不断传导督查压力，切实督促地方落实大气污染防治责任。

2. 环保税征收实施方案

检测数据：共检测到1570条相关数据。

事件背景：12月12日，国家税务总局微博透露，《中华人民共和国环境保护税法》将于2018年1月1日起施行。作为中国第一部专门体现“绿色税制”、推进生态文明建设的单行税法，环保税法规定，应税大气污染物的税额幅度为每污染当量1.2元至12元，水污染物的税额幅度为每污染当量1.4元至14元，具体适用税额的确定和调整，可由各地人民代表大会常务委员会在法定税额幅度内决定。

3. 首批46个水生态文明城市试点完成建设

检测数据：共检测到47704条相关数据。

事件背景：12月12日，水利部在成都举行南方片水生态文明试点现场交流会。经过三年多的努力，全国首批46个水生态文明城市试点已完成建设并取得显著成效，探索了不同发展水平、不同水资源条件、不同水生态状况下的建设模式和经验，将为全国全面创建水生态文明城市提供引领和示范。

截至12月12日，首批试点城市中的28个已通过验收，其余试点城市将陆续完成验收。水利部副部长周学文表示，各地在试点中根据自身实际和特点，探索形成了许多符合实际、各具特色的建设模式，这些模式可供全国推进水生态文明建设学习和借鉴。未来，水利部将在这些经验基础上，进一步完善推行河长制湖长制、生态红线划定和生态空间管控、水生态补偿等方面的制度体系，针对不同水资源禀赋、水生态特点、水文化底蕴和水景观特色，指导各地更高水平、更大力度地推进水生态文明城市创建。

（作者：中国市长协会。技术支持：谷尼舆情智库）

世界级湾区发展特征及粤港澳大湾区发展趋势

一、前言

随着全球化进程日益加快，城镇群成为国家参与全球竞争的重要载体。作为我国三大城市群之一，粤港澳地区区域合作由来已久并不断加深，成为引领我国对外开放、经济腾飞的前沿阵地。为进一步扩大开放、维持港澳繁荣稳定，2017 年 3 月李克强总理在政府工作报告中明确“推动内地与港澳深化合作，研究制定粤港澳大湾区城市群发展规划，发挥港澳独特优势，提升在国家经济发展和对外开放中的地位与功能”，让粤港澳大湾区上升成为国家层面的总体战略。

粤港澳大湾区包括广东的广州、深圳、珠海、佛山、惠州、东莞、中山、江门、肇庆 9 市加香港、澳门两个特别行政区。湾区总面积 5.6 万平方千米，人口规模 6145 万人，2016 年 GDP 达到 8.9 万亿元人民币，以全国 0.6% 的国土面积承载着 4.7% 的人口和 12% 的经济产出，在国家经济社会发展中承担着举足轻重的地位和作用。

自粤港澳大湾区战略提出以来，粤港澳三方高度重视，国家、省及各市也加紧部署，政府层面的动作不断加大，如加快连通过江通道、推进整合珠三角港群、提速建设城际铁路及如火如荼地开展环湾新区开发等。在推进湾区建设的热潮中，开展粤港澳合作历程梳理及全球知名湾区特征总结的工作，有利于厘清三地职能分工，明确区域协同工作重点，为未来深入推进粤港澳大湾区建设发展找准方向。

二、粤港澳地区合作历程

粤、港、澳三地区位相邻、历史同源、文化同根，自古以来就具有紧密的经济联系与社会交往。改革开放以来，在国内扩大经济开放局面及全球产业转移浪潮的双重推动下，三地合作全面进入“快车道”，合作的深度与广度不断加大。本研究从香港、广州、深圳三大核心城市经济地位的视角出发，将改革开放以来粤港澳地区的区域合作历程划分为三个阶段。

（一）第一阶段（1979—2002）：香港一家独大

改革开放初期，香港经济发展水平远超珠三角地区，香港 GDP 占粤港澳地区的八成以上，是广州的近30倍，人口则是广州的1.5倍；而此时的深圳尚在起步阶段，经济产出及人口在湾区中的占比分别仅有0.1%和1%（图1，图2）。由于经济实力悬殊，此时粤港澳地区的合作主要体现为港澳对珠三角地区的单边要素输出。

20世纪80年代，香港产业面临转型升级，制造业以“三来一补”的形式向珠三角地区转移，粤港澳形成初期的产业链合作关系。这一阶段，在珠三角地区引进的外资中，港澳地区占74%以上。在港资的推动下，珠三角顺利完成起步，“三来一补”产业促使顺德、南海、中山、东莞等地方的乡镇企业迅猛发展，县、镇域经济的快速发展成为珠三角城镇群的基础。

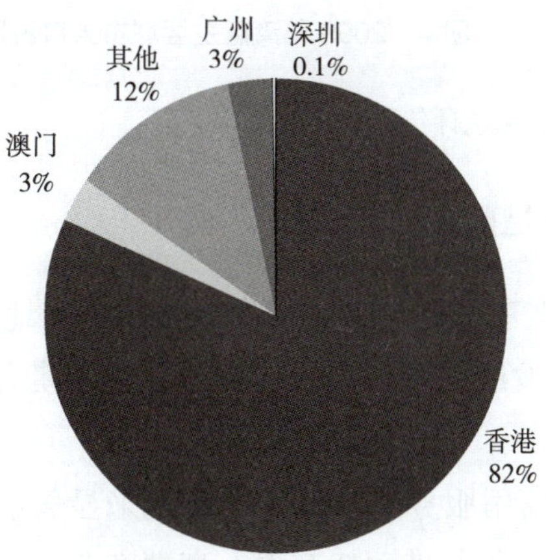

图1 1980年湾区主要城市GDP占比

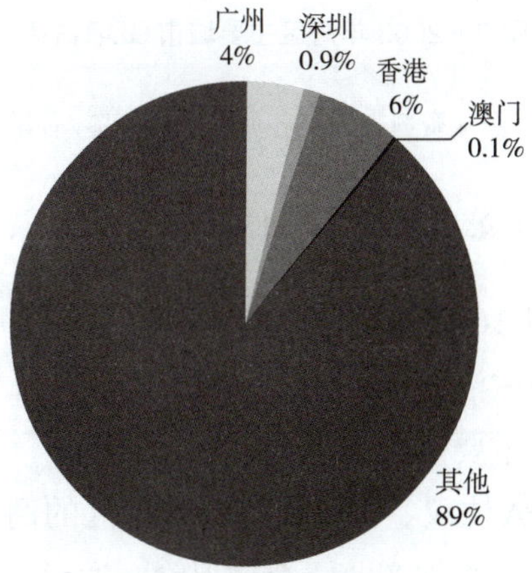

图2 1980年湾区主要城市人口占比

图1、图2资料来源：各城市统计年鉴/香港数据来自《香港产业结构及转型分析》。

（二）第二阶段（2003—2014）：广深两城逐步崛起

经过第一阶段发展，广州、深圳逐渐崛起。广州经济总量在湾区中的占比上升至13%，是上一阶段的70倍，深圳的占比也迅速提升至12%，比上一阶段增长近100倍（图3，图4），广、深两城在珠三角的核心地位日益显现。而在经历1997年亚洲金融风暴及2003年“非典”带来的发展低潮后，香港更加意识到中国内地对于本地经济繁荣稳定的重要后盾作用，香港未来发展必须进一步与内地扩大相互开放，因而推动粤港澳区域合作进入新阶段。

2003年，中央政府与香港、澳门特区政府签订《关于建立更紧密经贸关系的安排》（以下简称为CEPA协议），推动包括货物贸易、服务贸易、贸易投资三大领域的合作便利化。2003—2013年，三地又先后签署了10份补充协议，经贸合作范围逐步扩大。这一阶段的粤港澳合作逐步从港澳的单边输出走向三地要素流动、优势互补、互惠共赢。

在CEPA协议的推动下，珠三角与港澳之间的人流、资金流、货物流、信息流的交换速度迅速加快。据统计，香港和珠三角之间的港口货运量从2004年的6250万吨增长至2014年的1.18亿吨，占香港港口总货运量的比例也从28.3%提升至39.8%，其6.6%的年增长率远超我国香港、其他国家和地区港口货运量的平均年增长率（3%）。

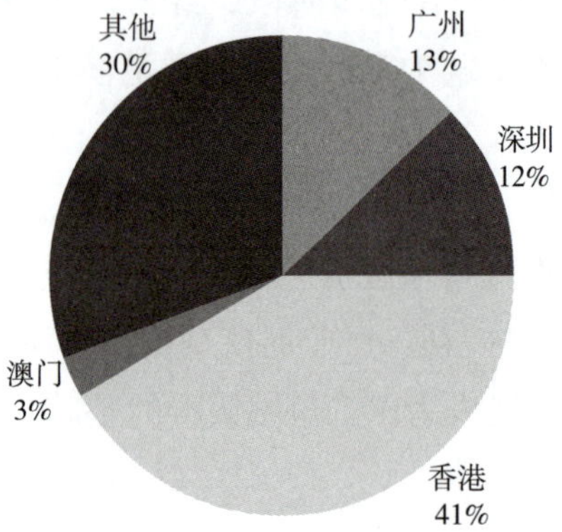

图 3　2003 年湾区主要城市 GDP 占比

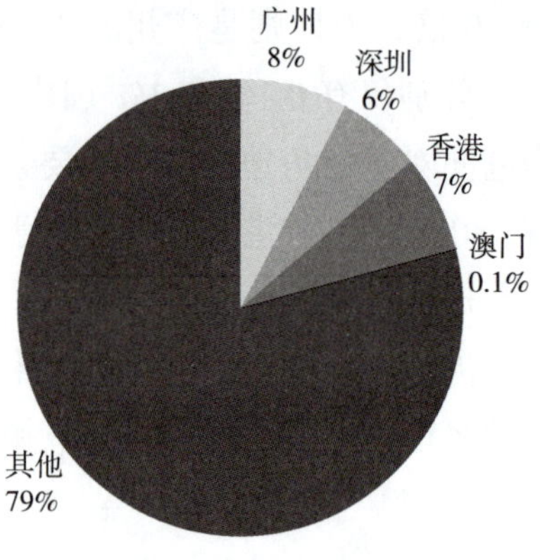

图 4　2003 年湾区主要城市人口占比

图 3、图 4 资料来源：各城市统计年鉴/香港数据来自《香港统计年鉴 2003》。

（三）第三阶段（2015 年至今）：广、深、港三足鼎立

经过 10 年发展，粤港澳地区形成了广、深、港三足鼎立的经济发展格局，三地 GDP 总量接近，各占湾区 20% 左右（图 5、图 6）。核心城市发展水平的接近为新时期粤港澳大湾区的合作提供了重要的前提基础。

CEPA 协议签订以来，港澳地区的商业贸易、商用服务以及地产行业迎来显著增长，但协议对港澳的高端产业（金融保险、通讯咨询、社会服务）带动却有限。高端产业市场狭小且输出不足导致年轻人失业率居高不下（图 7），为港澳地区的繁荣稳定带来挑战。同时，在新一轮全球产业转移的浪潮下，珠三角传统制造业面临巨大的转型压力（图 8），亟须港澳地区的资本及科技创新要素助力。

粤港澳地区合作呈现出新的供需格局，以进一步扩大对外开放、助力珠三角地区产业升级、维持港澳繁荣稳定为目标的粤港澳大湾区发展战略应运而生。如何更好地发挥粤港澳三地发展优势，巩固深化区域合作，提升湾区全球竞争力，成为各级、各地政府的重要命题。

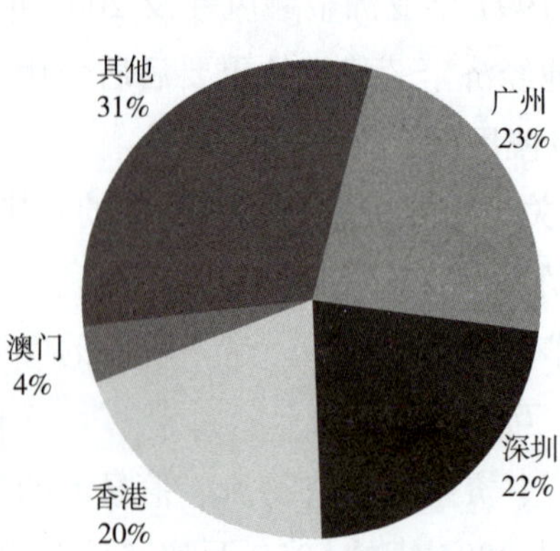

图 5　2016 年湾区主要城市 GDP 占比

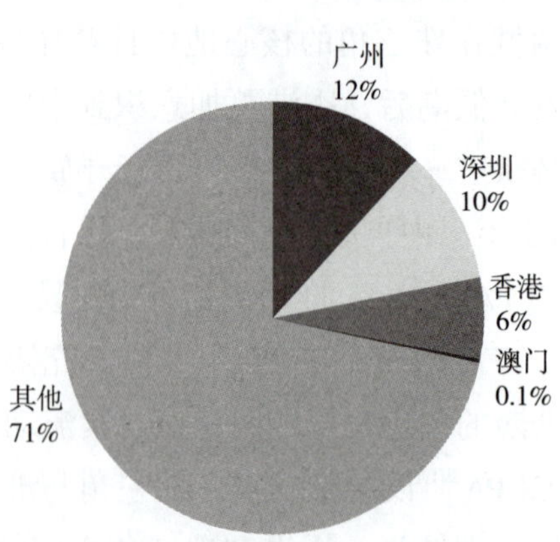

图 6　2016 年湾区主要城市人口占比

图 5、图 6 资料来源：三城市国民经济与社会发展统计公报/香港数据来自《香港统计年鉴 2016》。

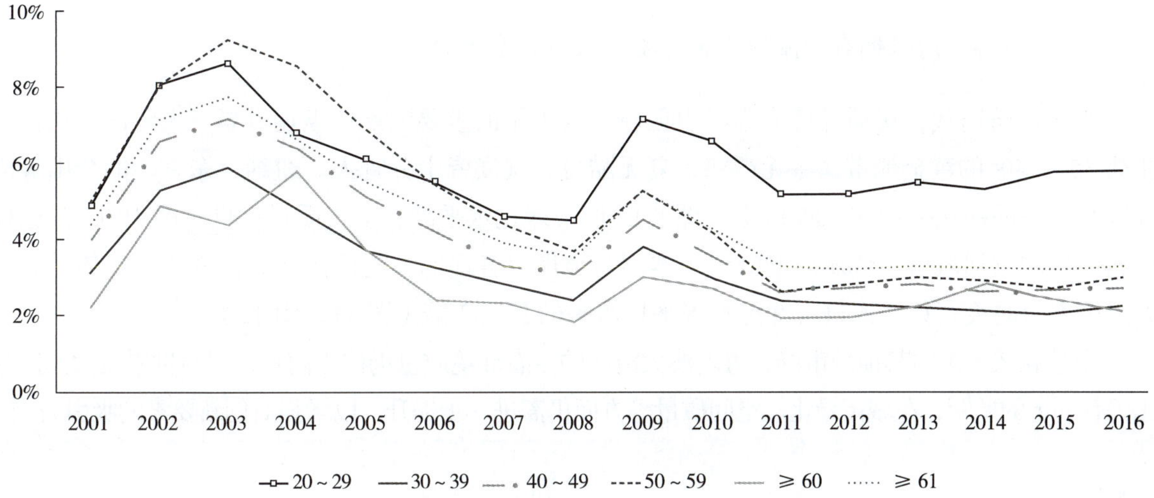

图 7　2001—2016 年香港不同年龄段人口失业率

资料来源：香港特别行政区政府政府统计处。

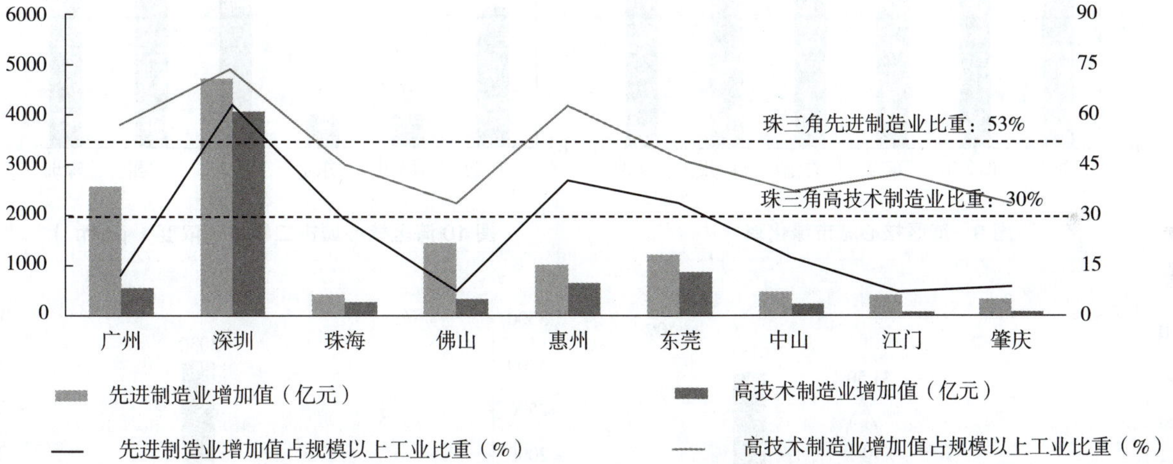

图 8　2015 年珠三角先进制造业、高技术制造业占规模以上工业比重

资料来源：广东省统计年鉴（2016）。

三、世界三大湾区发展特征及与粤港澳大湾区的比较

目前，世界知名的湾区主要包括日本东京湾区、美国东岸纽约湾区以及西岸旧金山湾区。三大世界级湾区均是全球重要的金融中心、创新中心、航运中心，对全球产业升级、资源配置、创新发展等产生强大的引领和带动作用。通过与世界三大湾区进行对标比较，有利于明确粤港澳大湾区未来发展方向与策略举措。

（一）世界级湾区拥有一流的人居环境，人口高度集聚

知识经济时代，优质环境成为吸引创新要素集聚的重要因素。纵观世界三大湾区，均位于北纬 35°～40° 的黄金地带，冬无严寒，夏无酷暑，气候皆十分宜人。纽约、东京、旧金山等湾区核心城市的绿化率均在 60% 以上（图 9），城市绿化水平高，空气质量优良（图 10），是全球首屈一指的宜居城市。优质环境吸引了本国乃至世界各地的人前往湾区居住就业，促使世界三大湾区人口高度密集，人口密度是本国平均水平的 9～32 倍（图 11，图 12）。

虽然相较于国内其他城市群，粤港澳大湾区的生态环境质量仍位于前列，但与世界三大湾区相比仍有一定的差距，在城市绿化、空间质量等方面仍需进一步提升，以增强对创新要素的吸引力。

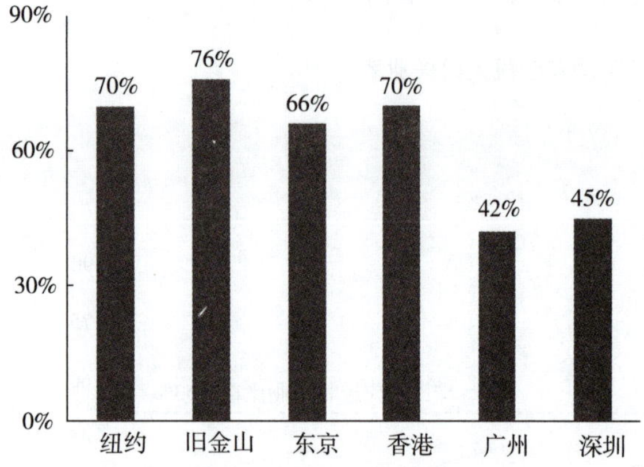

图 9　湾区核心城市绿化率

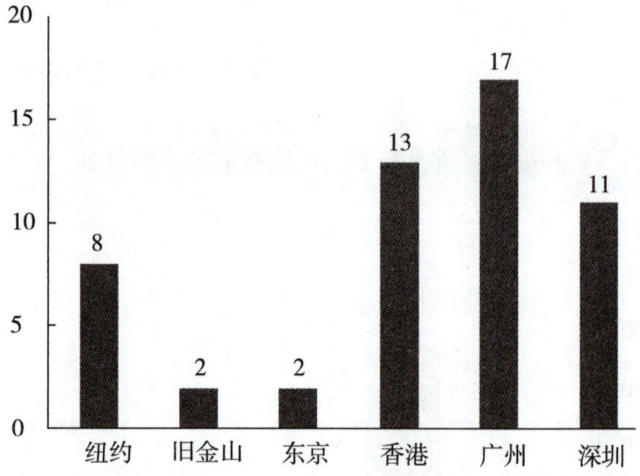

图 10 湾区核心城市二氧化硫浓度（μg/m³）

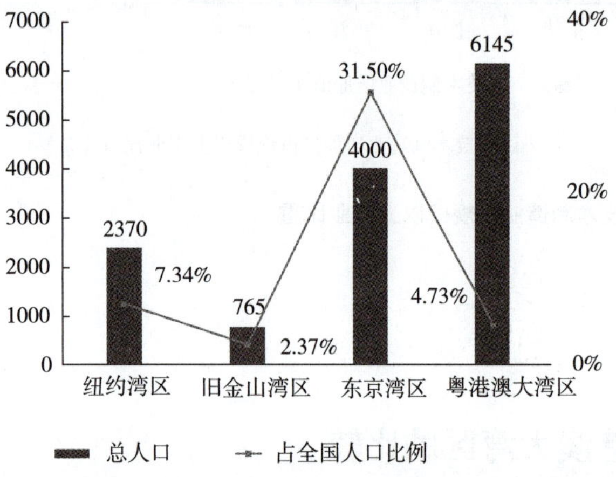

图 11　湾区人口规模（万人）

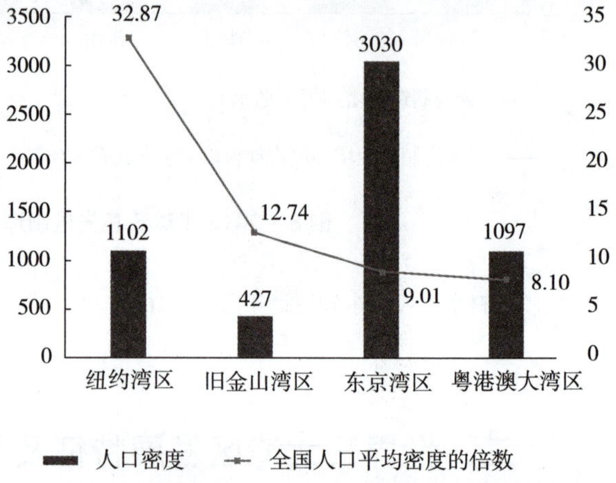

图 12　湾区人口密度（人/平方千米）

（二）世界级湾区业结构呈现高级化发展特征，是全国乃至全球经济的中枢

世界级三大湾区均是代表国家参与全球竞争的经济实体，GDP 在全国中的占比一般达到

5%以上，尤其东京湾区占比更是达到37%（图13），在全国经济发展中扮演着举足轻重的角色作用。湾区内往往集聚多家跨国企业总部（图14），对全国和全球经济具有绝对控制力，是全球生产要素资源的配置中心。

纵观湾区发展历程，便捷的港口交通条件促使湾区一般以国际贸易、重工产业起步，完成城市原始积累，此后经历产业服务化、高端化的发展过程，服务业占比均在80%以上，形成以金融保险、信息技术、网络通信、医疗保健、文化娱乐为主的产业体系（表1）。以纽约湾区为例，湾区发展早期以传统制造、军工、石油为主，而经过近20年的转型，制造业从业人口减少近40万，以制造业为代表的二产比重大幅缩减，而金融保障、文化娱乐、健康服务及信息技术等服务业比重不断上升，湾区完成了从传统产业向创新产业转型升级的发展过程。

反观粤港澳大湾区，其经济总量已比肩世界三大湾区，但就人均发展水平而言，与世界三大湾区仍有一定差距，人均GDP仅为东京湾区的1/2、纽约湾区的1/3、旧金山湾区的1/5。同时，粤港澳大湾区对全球经济的掌控力也远不如世界三大湾区，世界500强企业总部的数量仅为16家。而产业结构方面，除了港澳地区以现代服务业为主以外，内地九市仍面临着传统制造业转型压力凸显、服务业内部结构水平不高等问题，产业结构的高级化进程仍需进一步加快。

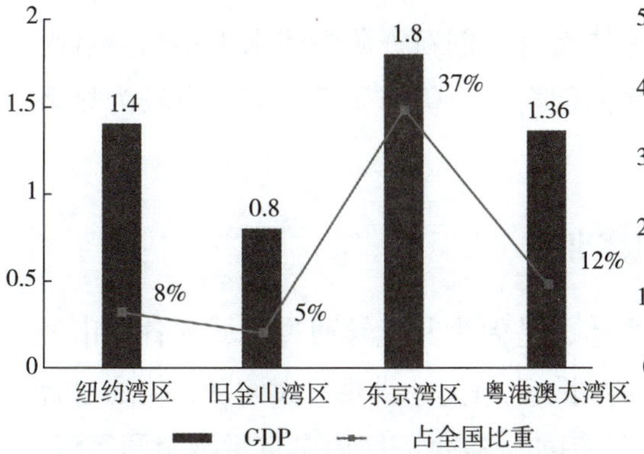

图13　湾区GDP总量（亿美元）

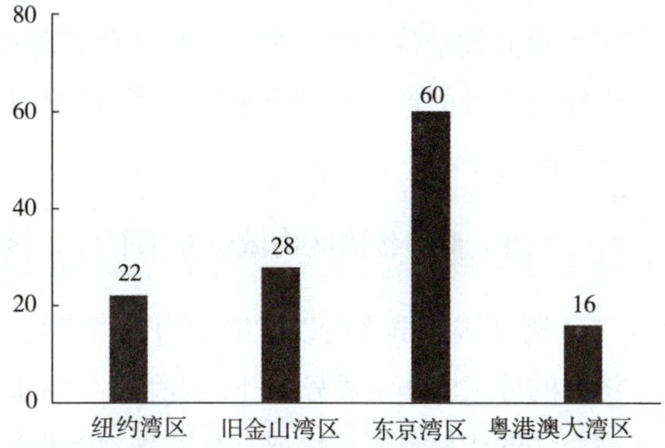

图14　湾区世界500强企业总部数量（家）

表1　湾区产业发展情况

类别	东京湾区	旧金山湾区	纽约湾区	粤港澳大湾区
三产比重	80%	82%	89.5%	62%
起家产业	重工业	贸易、科技创新	重工业、贸易	对外贸易
代表产业	装备制造、钢铁、化工和物流	电子、互联网和生物	金融、航运和计算机	金融、航运、电子和互联网
发展方向	日本核心临港工业基地	全球高新科技研发中心	世界金融核心中枢	全球创新发展高地

（三）世界级湾区是引领全球技术变革的领头羊

世界三大湾区均集聚了具有国际顶尖水平的高等院校及研究机构，并依托其形成了高精尖的产业体系，成为全球技术创新的前沿阵地。

例如，作为世界最重要的科技创新中心之一，旧金山湾区分布有斯坦福大学、加州大学伯克利分校、加州大学旧金山分校、加州大学戴维斯分校以及加州大学圣克鲁兹分校 5 所世界级研究型大学，集中了来自世界各地的科技人口 100 万人以上，其中美国科学院院士就有近千人，获诺贝尔奖的科学家有 30 多人。湾区“硅谷”内承载着思科、苹果、谷歌、英特尔等世界级技术公司总部，同时坐拥大量的风险投资公司，为科技创新提供资本支持。

同样的，东京湾区内也集中了东京大学、早稻田大学、东京工业大学、筑波大学等全球知名院校，以及日本国家材料科学研究所、日本国家高能物理研究所、日本高能加速器研究机构、筑波高能物理研究所等世界顶级研究实验室。其中“超级科学城”筑波尤以设备精良、人才众多、研究基础雄厚著称，是湾区的科技创新引擎。湾区内分布有索尼、三菱、佳能等诸多高科技公司，在材料科学、尖端机器人、光学领域拥有全球领先的实力，成为重要的高端制造业基地和世界顶级的科研中心。

与世界三大湾区相比，粤港澳大湾区具备优越的创新条件组合，高等院校、在校学生、科研机构的数量位于湾区前列，科研创新基础良好。但总体而言，创新资源整体水平不高，且尚未能为湾区的产业转型升级提供有效的科技支撑，湾区的创新能力仍与先进地区具有较为显著的差距。

（四）世界级湾区内城市分工有序，核心城市作用突出

湾区城镇群之所以能够作为国家参与全球竞争的主体，是因为其能够通过区域内各城市经济体的分工协作、优势互补，达到单个城市所难以企望的国际竞争力。纵观三大湾区，均通过合理有序的职能分工，形成具有世界领先水平的产业集群。例如，东京湾区内东京承担全国经济、文化、政治及金融中心，而横滨、筑波、千叶、成田等湾区城市则分别承担国际交往、科技创新、临港工业、航空物流等作用，共同构筑了东京湾区的综合职能体系。又如，旧金山湾区三大核心城市也形成有机统一的职能分工，其中旧金山主要承担金融中心职能，奥克兰依托美国西岸最大的集装箱码头，承载航运物流及高端制造功能，而圣荷塞依托“硅谷”成为全球科技创新中心，重点发展信息技术、生物医药、文化娱乐以及与科技创新相关的风投金融等（表 2）。

同时也应看到，尽管湾区城市之间实行互补分工，但核心城市仍发挥着重要的引领和带动作用。核心城市是湾区人口、经济的集聚地，占领产业链分工的顶端，对于区域产业组织具有关键枢纽的作用。以东京湾区为例，湾区核心城市东京都 2015 年人口为 1339 万，GDP 总量 7590 亿美元，以不足 16% 的面积承载着湾区 37% 的人口与 57% 的经济产出，承载着全球金融商贸以及全国政治文化中心等职能，对湾区发展具有绝对的掌握力（图 15，图 16）。

粤港澳大湾区目前已形成香港、广州、深圳三足鼎立的格局态势，三大核心城市经济总量占

湾区的60%以上，核心地位日益突出并已初步形成各具特色的发展路径。但是，湾区各城市之间的职能分工尚不够清晰明确，产业结构同构、内部同质竞争仍是湾区未来发展面临的重要问题。

表2　旧金山湾区各核心城市职能定位

城市	总体定位	产业职能
旧金山	金融中心	旅游业、国际贸易、高端服务业、金融业、宇航装备、汽车装配、电子信息等先进制造业
奥克兰	制造业中心	港口服务业、综合交通枢纽、高端制造业（电动设备、玻璃、化学、数控机械、儿童食品、汽车和生物制药）
圣荷塞	科技创新中心	信息技术、生物技术、科技金融业

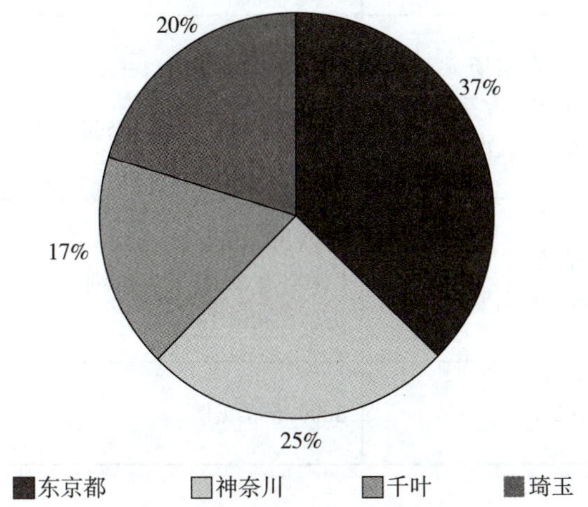

图15　东京湾区各城市人口占比（2015）

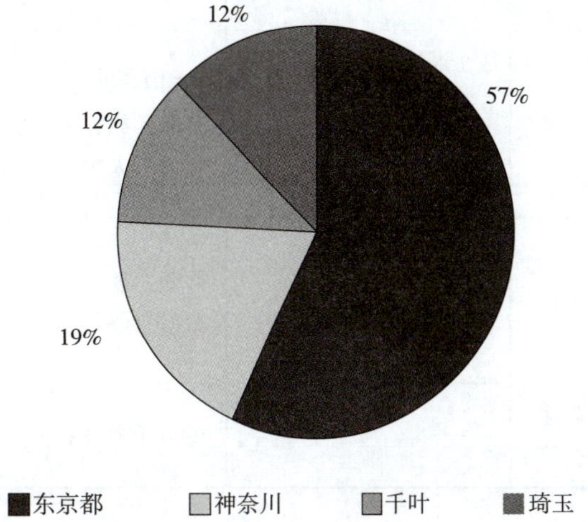

图16　东京湾区各城市GDP占比（2015）

图15、图16资料来源：《日本统计年鉴2016》。

（五）世界级湾区拥有分工明确的港口群和机场群，一体化轨道系统发达

东京、旧金山、纽约三大世界湾区均为全球顶尖的国际航运、航空中心，湾区内部分布有高密度的机场群与港口群，航空、航运量位居世界前列，国际化交通联系水平高（表3）。同时，湾区各机场与港口之间形成良好的职能分工，避免区域恶性竞争。以东京湾区为例，东京、川崎、横滨、横须贺、千叶、木更津等环湾港口承担着各有侧重的航运功能（表4），共同组成了集地方贸易、原料运输、旅游服务等功能于一体、具有国际竞争力的港口群。

在湾区内部，各城市之间则形成由高速公路、轨道交通构成的一体化互联互通交通网络，其中尤其注重轨道交通的一体化建设，轨道线网密度一般远高于国内其他地区。例如，东京湾区轨道网络由国铁、私铁、地铁、有轨电车共同组成，2016年湾区轨道线长度达4714.5千米，线网密度高达10.47千米/平方千米，半小时即可从东京到达千叶、横滨、川崎，1小时即可

达木更津、横须贺、成田。同样的，纽约湾区也建有由通勤铁路、地轨构成的湾区巨型公交系统。其中地铁线路长 369 千米，通勤铁路长 2234 千米，738 个轨道站点覆盖 2 个州、12 个城市，从纽约中心区出发，60 分钟可基本到达湾区主要城市。

就外部交通而言，粤港澳大湾区港口吞吐量超过旧金山、东京、纽约三大湾区之和，而机场旅客吞吐量则分别是东京、纽约湾区的 1.5 倍，旧金山湾区的 2.5 倍，粤港澳湾区的航运、航空规模已达到世界顶级水平。但也应看到，湾区各港口、机场间仍存在严重的同质竞争问题，航运航空资源缺乏统筹协调。而在湾区内部，目前粤港澳地区已建有较为完善的高速公路网络，公路运输在城市联系中发挥着重要作用，但目前粤港澳大湾区仍缺乏一体化的轨道交通网络建设。

表 3　湾区机场、港口及高速公路建设情况

类型	纽约湾	旧金山湾	东京湾	粤港澳大湾区
机场	3 个通用机场 6 个商务机场 2016 年旅客吞吐量 11200 万人次	3 大国际机场 2016 年旅客吞吐量 7100 万人次	2 个国际机场 2016 年旅客吞吐量 11200 万人次	5 个机场 2016 年旅客吞吐量 17500 万人次
港口	纽约港 465 万标箱	奥克兰港 227 万标箱	东京港 766 万标箱	6291 万标箱 （深圳港 2422 万，香港港 2011 万，广州港 1858 万）
高速公路	——	1000 千米以上	426.2 千米	3000 千米以上

表 4　东京湾区环湾港口分工

港口	功能	港口	功能
东京港	商品进出口港、集装箱港	川崎	原料进口与成品输出港
千叶港	能源输入港	横滨	国际贸易港、工业品输出港；集装箱货物集散港
木更津	地方商港和旅游港	横须贺	军事港口兼贸易港

四、粤港澳大湾区未来发展趋势

（一）粤港澳大湾区当前政策举措

海洋经济时代，湾区已成为世界经贸发展、文化交往、科技创新的核心载体。粤港澳大湾区战略的提出，将是我国带动香港、澳门、珠三角新一轮飞跃发展，深度参与国际竞争的重要举措。

当前，在粤港澳大湾区的战略框架下，国家发改委正加快制定《粤港澳大湾区城市群发展规划》，以作为指导湾区当前和今后合作发展的行动纲领和规划依据。2017 年 7 月，粤港澳三地政府正式签署《深化粤港澳合作推进大湾区建设框架协议》，提出三地重点合作领导，明确总体机制体制安排，为进一步推进粤港澳合作提供基本框架。文化旅游、健康服务、青年创业等专项合作协议也在加快推进实施当中。湾区内部各城市间也在积极谋求更为紧密、更深层次的区域合作。例如，自湾区提出以来，粤港澳三地城市间已先后签订了《关于深化深澳合作共同参与粤港澳大湾区建设备忘录》《广州市人民政府、东莞市人民政府深化战略合作框架协议》等多个合作协议（表 5）。可以说，从国家、省到各地级市，各级政府抓紧以建设粤港澳大湾区为契机，加强三地的经济、社会、文化、教育等多领域的全面合作，促进粤港澳区域合作进入了前所未来的发展高潮。

表 5　粤港澳大湾区相关政策文件（部分）

文件类型	序号	文件名称	签订日期
总体框架	1	《粤港澳大湾区城市群发展规划》	制定中
	2	《深化粤港澳合作 推进大湾区建设框架协议》	2017.07
专项协议	3	《粤港澳大湾区青年行动框架协议》	2017.07
	4	《粤港澳大湾区旅游业界合作协议书》	2017.12
	5	《粤港澳大湾区卫生与健康合作框架协议》	2018.01
城市合作协议	6	《关于深化深澳合作共同参与粤港澳大湾区建设备忘录》	2015.12
	7	《港穗旅游合作框架协议》	2016.01
	8	《广州市人民政府、东莞市人民政府深化战略合作框架协议》	2017.10
	9	《江澳商事登记直通车服务合作协议》	2018.01
	10	《粤澳节能环保产业合作协议》	2018.01
	11	《粤澳保护知识产权合作协议（2017—2018 年）》	2018.01

（二）基于国际对标的粤港澳大湾区发展趋势研判

通过与世界三大湾区进行对标，可以看出粤港澳大湾区的总量规模已与世界三大湾区比肩，在航空航运吞吐量、高速公路建设里程等方面甚至已超过其他湾区，湾区发展已具备良好的条件基础。以世界三大湾区的发展历程及总体特征为参照，结合粤港澳三地当前的发展态势及合作势头，可以预见未来粤港澳大湾区的发展品质将实现显著飞跃，在提升产业功能水平、加快区域深度融合、完善区域交通网络、营造宜居城市环境方面达到世界级湾区的水平。

1. 核心城市地位进一步加强，广深港城市带集聚带动作用更加突出

从世界三大湾区的城镇体系结构可以看到，东京、纽约、旧金山、圣荷塞、奥克兰等核心城市往往掌握着金融保险、科技创新、政府管理等区域高端职能，是湾区、全国乃至全球的经济中心。因此，随着粤港澳大湾区的服务能级不断提升，可以预见香港、广州、深圳等核心城市将进一步集聚湾区资金、人才、技术、信息等高端发展要素（图 17、图 18）。

自 20 世纪 90 年代以来，粤港澳大湾区在空间上扩展迅速，但以广州、深圳、香港为主的形态重心移动幅度却不大。近年，随着广州南沙新区、东莞滨海湾新区、深圳大空港地区、深圳前海自贸区、香港落马洲地区等区域的建设发展，三大核心城市之间的空间进一步得以缝合，广深港城市带呼之欲出。广深港城市带将通过不断增强对湾区腹地的资源整合与辐射带动能力，在区域乃至全球资源要素组织与配置中扮演中枢作用，携领湾区共同参与国际竞争。

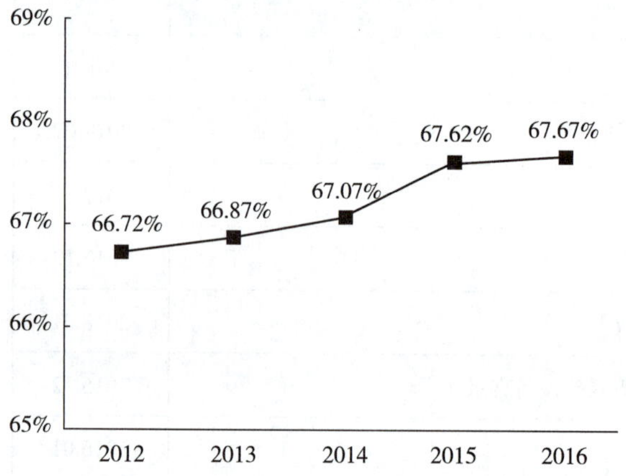

图 17　三大核心城市在湾区中的 GDP 比重

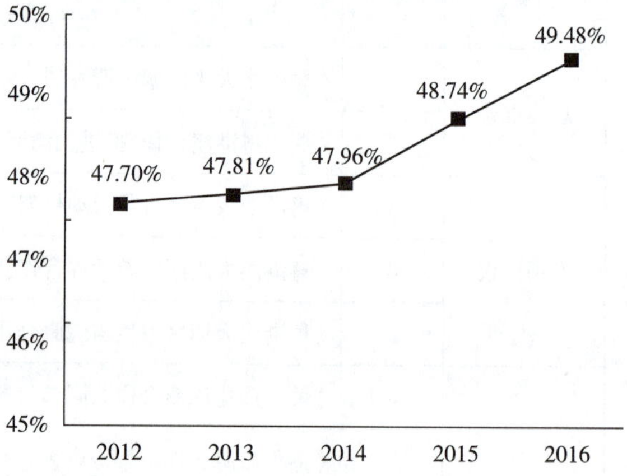

图 18　三大核心城市在湾区中的人口比重

资料来源：粤港澳大湾区各市统计年鉴。

2. 粤港澳合作全面深化，实现湾区城市深度融合

根据世界三大湾区发展经验，湾区城市之间形成互补共进、相互融合的功能整体，共同参与全球竞争。在国家提出“一带一路”倡议的背景下，粤港澳大湾区迎来了前所未来的对外开放机遇格局，但同时由于沿线国家的法律制度、货币政策、发展需求等存在巨大差异，湾区的对外发展也面临诸多风险与挑战。上述风险与挑战单凭湾区中任一城市都难以完全承担，因此，抱团发展、深度融合将成为粤港澳大湾区未来发展的重要主题。

以实现粤港澳三地融合发展为目标，未来粤港澳大湾区的发展资源将会得到更为高效的整合，形成以核心城市为龙头的特色化区域产业分工体系。各城市在区域产业链条中找准自身的功能地位，从而构建起更为扁平化、网络化的功能组织架构。同时，随着市场在湾区发展中日

益发挥主导作用，城市之间的行政、贸易壁垒将逐步消失，珠三角广阔的市场空间将为港澳的发展注入新动力，而港澳的高端发展要素也将有力推动珠三角产业转型升级，从而形成三地互促共进的良好局面。

3. 湾区互联互通交通体系逐步形成，空间结构从中心—腹地走向枢纽—网络

三大湾区均拥有世界级的机场、港口以及网络化的高速公路、轨道交通网络，内联外达、互联互通的交通体系成为巩固湾区全球竞争力、促进内部资源要素优化配置的重要支撑体系。未来，随着全球经济重心进一步东移，粤港澳大湾区的对外交通需求将进一步凸显。因此，航空、航运等对外交通功能将日益加强（图 19），机场、港口的国际化水平也将逐步赶上乃至超过世界先进湾区水平，在中国融入“一带一路”发展中发挥出应有的桥头堡作用。另外，随着广深港高铁、广中珠澳城际等铁路线网密度不断加大，以及深中通道、粤港澳大桥、深茂通道等一批跨江通道的推进建设，各城市之间的时空距离不断缩小，湾区一体化进程将显著加快。

得益于外通内达的交通体系网络，地方和企业不再依托单一的中心城市发展，生产要素可以在区域的任意节点流动。因此，各节点必须努力改善自身的通达性以吸引资源流向。在此背景下，机场、轨道交通站点等要素高效流通的节点将成为枢纽机会地区，吸引生产要素快速集聚的作用和地位愈发突出，传统“中心—腹地”的湾区空间结构将逐步转向“枢纽—网络”的发展格局。

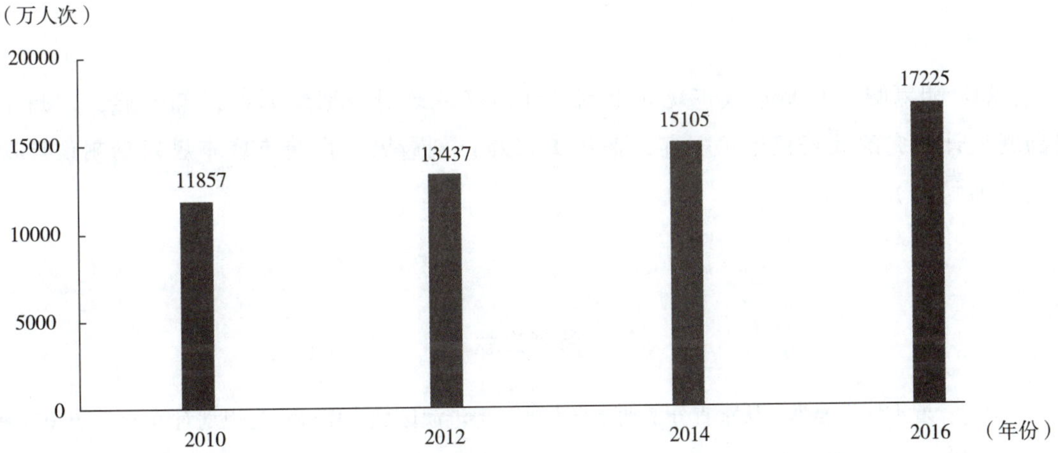

图 19　2010—2016 年粤港澳大湾区机场旅客吞吐量增长情况

资料来源：粤港澳大湾区各市统计年鉴。

4. 湾区优质宜居生活圈日益成型，对创新要素吸引力不断增强

三大湾区均为全国人口集聚中心，而优质宜居的城市环境则是其不断吸引创新人才、企业前往驻留的重要因素。在国家发展进入“新常态”的背景下，粤港澳大湾区发展的支撑要素已从资金、项目逐步转向创新人才（图 20），通过提升居住就业环境品质来吸引人才驻留，成为湾区城市发展的普遍策略。

随着粤港澳湾区制度壁垒逐步消失、交通联系不断增强，人员流动日益频繁；通过营造良好的生态基底、完善的公共服务、创新的政策环境，环湾新区将有望成为三地高端人才的首选居住地。同时，为满足人才对品质生活的要求，湾区中更多地区将对标国际一流城市进行空间营造，随着大型公共文体设施以及国际学校、国际医院、国际社区等配套服务的进驻，粤港澳大湾区的国际化宜居水平不断提升。

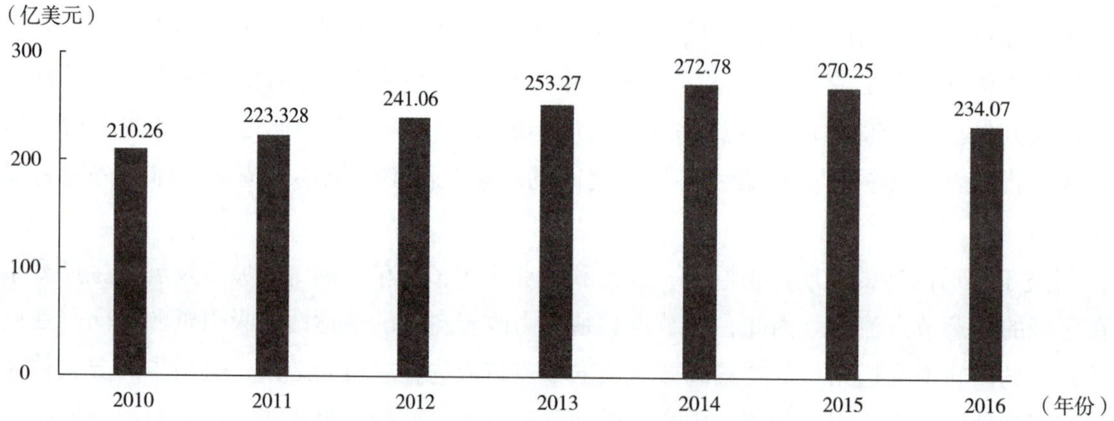

图 20　2010—2016 年广东省实际利用外资

资料来源：广东省统计年鉴。

（作者：胡嘉佩，广州市城市规划勘测设计研究院政府规划编制部；刘松龄，广州市城市规划勘测设计研究院政府规划编制部，高级工程师；刘冠男，广州市城市规划勘测设计研究院政府规划编制部）

参考文献

［1］罗勇，罗小虹，温雅．从垂直分工到融合发展：粤港澳区域合作进程与规划对策［C］//2011 中国城市规划年会，2011.

［2］陈广汉．港澳珠三角区域合作的回顾与展望［C］//粤港澳区域合作与发展报告，2011.

［3］李浩然，袁晓航，孙文彬．数字香港：回归 20 年［M］．香港：三联书店（香港）有限出司，2017：144.

［4］基思，卞继．纽约大都市的发展经验［J］．国际城市规划，1994（1）：16-19.

［5］尹宏玲，吴志强．极化＆扁平：美国湾区与长三角创新活动空间格局比较研究［J］．城市规划学刊，2015（5）.

［6］卢明华，李国平，孙铁山．东京大都市圈内各核心城市的职能分工及启示研究［J］．地理科学，2003，23（2）：150-156.

［7］钱林波，顾文莉．以快速轨道交通支撑和引导城市发展：日本东京都市圈的实践与启示［J］．现代城市研究，2001（6）：56–58．
［8］张铮，陈丽莎，汤宇轩，等．纽约大都市区市郊铁路发展的启示［C］//中国城市交通规划2012年年会暨第26次学术研讨会论文集，2012．
［9］丰佳佳．基于夜间灯光数据的珠三角城市群城镇化空间过程重建［J］．亚热带资源与环境学报，2015，10（2）：71–76．
［10］马向明，陈洋．粤港澳大湾区：新阶段与新挑战［J］．热带地理，2017，37（6）：762–774．
［11］任思儒，李郁，陈婷婷．改革开放以来粤港澳经济关系的回顾与展望［J］．国际城市规划，2017，32（3）：21–27．

中国城市营商环境评价指标体系

企业的经济活动需要良好的规则，其特征是能够建立和界定财产权，减少解决冲突的成本，提高经济往来的可预测性，并为合同伙伴提供制止有害行为的核心保护规则。为此，政府需制定高效率的监管规则，提供给所有需要使用监管规则的商事主体，规则应简单而便于实施。2017 年 10 月，世界银行发布了《2018 年全球营商环境报告：促进就业》，报告显示 2017 年全球共有 137 个经济体推行了 283 项关键性营商改革，使全球营商环境和中小企业创立运营便利程度不断改善。自 2004 年首次推出《全球营商环境报告》以来，世界银行共记录了 443 项纳税指标改革，数量仅次于简化开办企业要求的改革，后者共有近 600 项。世界银行认为，优良的营商环境即政府提供清晰、透明、高效的监管规则，有助于推动市场运行，同时不对企业发展设置不必要的障碍，实现"聪明的"监管，而不是一味减少监管或没有监管。改善营商环境的终极目标即为企业提供更为便利的氛围、更加透明的空间。政府应在实现有效监管和防止监管负担过重这两者之间不断维持平衡，以达到改善营商环境的目的。

2001 年 Joseph E. Stiglitz 教授凭借信息不对称理论获得诺贝尔经济学奖，2016 年 Oliver Hart 教授以不完全契约论获得诺贝尔经济学奖。2002 年，Joseph E. Stiglitz 作为世界银行首席经济学家组建了研究团队，基于信息不对称理论开创全球营商环境评价，此后每年都会发布针对各个经济体的营商环境排名，不断推动世界各国及地区营商环境的改善。2017 年，不完全契约论开创者 Oliver Hart 教授受聘世界银行担任顾问，将不完全契约理论纳入全球营商环境评价体系。按照世界银行的工作办法，营商环境评估是企业在遵循政策法规的前提之下，对企业开办、获得场地、企业运营、获得融资、问题处理等企业生命周期过程中所需要的手续、时间和成本数据进行获取，通过对不同国家主要城市进行对标、排名，促进各国企业营商便利性的改善。考察对象要求限定在当地内资企业，重点评估在企业生命周期内相关的适用法规和实际运行效果。《全球营商环境报告》为了解和改善世界各国及地区的营商环境提供了一个客观依据。通过对城市营商环境的评估，可以从微观出发，提出有针对性的改革措施，如切实简化当地企业面临的政策束缚、加强产权保护、调节税负、增加信贷获取渠道、减少进出口成本等，从而为企业营造一个更加有利的生存环境，使得它们能够创造更多的就业机会。

2018 年 1 月 3 日，李克强总理主持召开国务院第 196 次常务会议，明确部署构建中国营商环境评价体系；5 月 16 日李克强总理主持召开国务院第 215 次常务会议，部署推进政务服务一网通办和企业群众办事“只进一扇门”“最多跑一次”，决定在全国推行外资企业设立商务备案与工商登记“一口办理”，确定进一步降低实体经济物流成本的措施。会议指出，近年来，按照党中央、国务院部署，各地区、各部门深化“放管服”改革，运用“互联网+政务服务”便民利企，取得积极成效；下一步，围绕优化营商环境、激发市场活力和社会创造力，推进政务服务一网通办。

良好的营商环境，是吸引力、竞争力，更是创造力、驱动力，还是经济社会发展的风向标。对政府来说，营商环境既能反映一个地区的政府工作效率和办事便利程度，还能衡量其思想解放程度和对外开放水平，刻画其市场发育程度和社会服务程度，综合表征地方经济社会发展的潜力。改善或优化营商环境是我国深化改革、挖掘发展潜力、提高国际竞争力、建设现代城市体系、推动高质量发展的重要抓手。但是国内目前尚无针对每个城市营商环境的权威性和标准化评价体系，使得我国营商环境的改善缺乏适合中国国情的方向指引和改革抓手。为了能够从整体上了解和认识中国城市营商环境的当前状况，研究出相对有效的营商环境改善政策，加快推动我国各级城市形成更有吸引力的国际化、法治化、便利化营商环境，稳步推进国务院部署的各项改革措施顺利开展，迫切需要构建城市营商环境指标体系和评价机制，促进城市营商环境的竞争，推动城市创新创业活力，提高城市社会经济发展水平和国际竞争力。

一、评价目的和指导思想

按照世界银行首席经济学家Stiglitz的观点，改善营商环境，核心目标是降低信息不对称，通过法制保障和政策规定完善市场机制，促进企业发展活力；具体目标是为中国各级城市的营商环境改善工作提供依据，为各地市政府如何服务中小企业提供一个理性分析框架。

（一）评价目标

在全国开展城市营商环境评价，发现监管过程存在的不足并提出改善建议，宏观目标是减少企业在商业经济活动中与政府及其他企业之间的营商信息不对称现象，促进现代化经济体系构建，促进高质量发展和增加就业机会。具体目的主要包括：一是导向改革深化，即为进一步深化“放管服”改革，促进政府有关部门提高监管质量和服务效率，提供可操作的量化工具和改革抓手（开展营商环境评价是“以评促改”的关键前提，客观、公正、系统、科学地反映各经济区域的真实营商环境，对标世界先进地区，以问题为导向，分析所评价各专项指标朝理想目标取值改变的可能性和可行性，给出每个专项指标的各影响因素取值如何达到对标值的系统化提升路径，确保营商环境改善、优化对策建议的实用性和有效性）；二是促进合理竞争，即为地方政府提供指挥棒，切实为当地企业营造宽松且有效率的营商环境，促进合理化竞争；三是服务引导企业，即为企业和投资者提供优质的政府服务并切实保障其合法权益，引导企业和投资者向具备国际化、法治化、便利化的营商环境城市集聚，为其提供风向标。

（二）指导思想

以习近平新时代中国特色社会主义思想为指引，坚决贯彻落实党中央治国理政新理念、新战略，以及国务院关于“放管服”改革的决策部署，适应统筹推进“五位一体”总体布局、协调推进“四个全面”战略布局的要求，减少微观管理事务和具体审批事项，最大限度减少政府对市场资源的直接配置，最大限度减少政府对市场活动的直接干预，提高资源配置效率和公平性，激发各类市场主体活力。营商环境评价要加强顶层设计，坚持问题导向，突出重点领域，摆正监管与服务之间的关系，围绕“便利化和法治化”，重点聚焦“导向改革、促进竞争、引导企业”三个目标，在一些重要领域和关键环节引导深化营商环境优化，为我国构建现代化经济体系，推动高质量发展提供有力保障。坚持以供给侧结构性改革为主线，以深化“放管服”改革为抓手，以市场主体期待和诉求为导向，以营造稳定公平透明、可预期的营商环境为目标，在借鉴国际营商环境评价理论与方法的基础上，深入调研国内营商环境现状，提出既适应我国国情，又与国际通行做法相衔接的营商环境评价体系，综合评价优化营商环境政策措施的实施效果，尤其是提高企业等商事主体对于营商环境政策及其执行效率的获得感，切实“提高政府监管效率，提升政务服务水平”，为实现“减环节、优流程、压时限、提效率”的改革目标提供指引。

二、构建思路和设计原则

中国营商环境评估体系以国际上获得广泛认可的通行标准为重要参考对象，借鉴其评估体系架构和测算办法，并基于国内政治、经济、社会发展特点进行创新，融入中国特色化的考评指标。

（一）构建思路

营商环境的改善举措主要有两个：一是便利化，即降低政府对企业监管的复杂性，但绝不是简单地放松监管甚至不监管，而是通过合理的制度设计和适用的信息技术来提高监管效率和提升服务水平。二是法治化，即建设法制环境，提高法律法规对企业营商的保障。过度放松监管，又没有周密的法律法规保障，必然会导致违法犯罪滋生，反而破坏宏观营商环境。鉴于此，世界银行构建的营商环境评价指标主要有两类：一类侧重于政府对企业监管的复杂程度和成本，如开办企业、登记财产、办理施工许可、获得电力、纳税和跨境贸易等，这些指标从企业的角度，通过基于“时间-动作”方法的案例研究，衡量根据相关规定完成一项交易所需的手续、时间和成本。第二类指标专注于法律法规的保障程度，尤其是指对企业产权和保护中小投资者法律法规框架的力度，如获得信贷、保护中小投资者和执行合同等指标。除此之外，营商环境指标体系还有其他划分方式，比如以指标分类维度或角度，作为营商环境指标设计的逻辑依据。常用的划分角度有：①国际化、便利化和法治化；

②企业的生命周期流程；③企业内部的微观环境（以企业的生命周期为线索）和企业外部的宏观环境（以企业的要素需求为线索）；④程序、时间、花费、质量和满意度；⑤监管和服务（或“放管服”）；⑥信息化、法治化、公平化等；⑦劳动力、人才、科学技术、基础设施、土地等要素的支持或供给。在上述指标体系逻辑梳理的基础上，城市营商环境指标体系的构建可以从政府工作效率提升、城市营商效果监测、企业投资引导等角度，构建三维相互衔接又相对独立，并可以相互校验的指标体系（图 1）。

本文对中国营商环境评估指标体系的构建，即围绕“办事流程、影响因素、实际效果”三条主线，建立三维立体的指标框架（图 2）。一是围绕企业自身生命周期主线，即一个企业在开办、建设、经营、退出等全生命周期过程中办理相关事项的经济性、时效性、便利性，构建反映政府效能的企业微观营商环境指标，属于流程维。二是围绕企业发展外界影响因素主线，构建影响企业发展的创新创业、要素支撑、公共服务、法制保障等宏观营商环境指标，属于因素维。三是围绕企业营商的实际效果，构建包括企业关于本地营商环境的总体感受和企业在融资、劳动力获取和成本付出方面的分项感受，以及本地新注册登记的企业数增长率等中观营商环境指标，属于效果维。

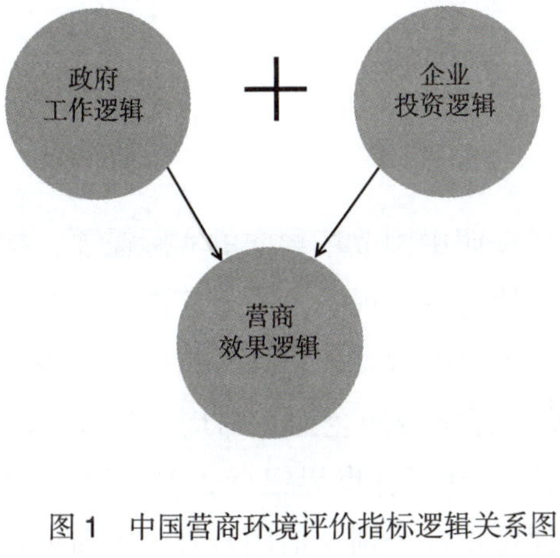

图 1　中国营商环境评价指标逻辑关系图

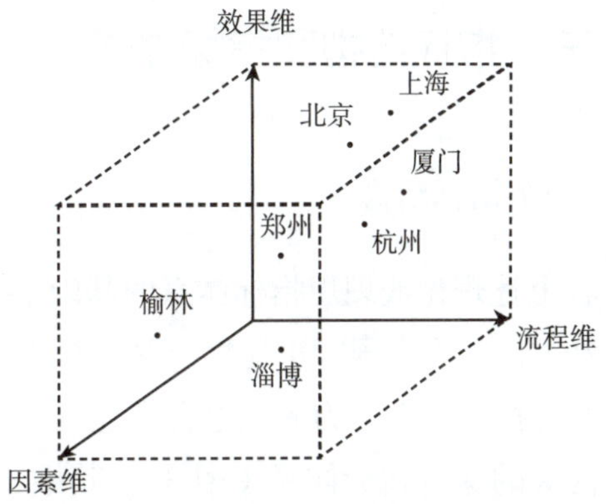

图 2　中国营商环境评价的三维立方体

（二）设计原则

紧紧围绕国家深化改革的战略需要和地方政府发展的问题导向，从实际出发，突出重点，对标国际，结合国情，以国际可比性、突出实用性、数据可得性和区域可比性为基本构建原则。

一是国际可比性。对标国际最高标准和通行规则，紧跟国际城市营商环境前沿，主要参考国际上获得广泛认可的世界银行“企业营商环境便利度”，同时借鉴了世界经济论坛“全球贸易便利指数”和“全球竞争力指数”、经济学人智库“营商指标模型”等国际通用营商环境评估指标，具备与国际通行做法的可比性。

二是突出实用性。营商环境指标既要有相关理论为依据，使指标的涵义、计算单位、计算方法符合科学的要求，还要充分考虑现阶段经济、社会发展特点，紧紧围绕我国各地区在推进“放管服”改革中存在的突出问题，立足于实际情况，准确、实用地反映营商环境重点领域，避免指标脱离现实基础。遴选指标要以能够真正反映营商环境优劣、企业真正需求，或直接影响企业生产经营等情况为出发点，突出影响营商环境的核心要素，避免指标大而全、面面俱到。

三是数据可得性。营商环境指标尽量简单明了、含义明确、便于收集数据，通常能够依靠统计调查、行政记录等方式获得真实准确的数据，具有现实可操作性。指标应尽最大努力采用客观数据，对由于客观因素暂时还无法做到精准的指标，不轻易采用主观权重法等方法，确保发布的信息经得起时间的考验。将营商环境转化为具体的可量化指标，突出指标的可获得性，指标要有能够获取的相关数据或资料支撑。

四是区域可比性。营商环境指标要能表征地区或城市之间的差异，具有纵向和横向可比性，确保地区或城市之间能够进行比较分析。对于国别间有差异、但国内地区或城市间无差异的指标没有必要设立。

三、指标结构和指标体系

（一）指标结构

在上述理论或理想指标体系的基础上，迫切需要按照中国改革导向的实际需要，构建既对标世界银行，具有国际可比性，又符合中国城市发展的特点，现阶段易于获取数据开展营商环境评价的指标体系。为此，融合上述三个逻辑导向，提出由微观环境评价指标和宏观环境评价指标构成的综合指标体系（图 3）。其中，微观评价指标是按照企业生命周期的 5 个环节（创业阶段、获得场地、获得融资、日常运营和出现问题），在对标世界银行 2018 营商环境报告提出的“10+1”个评价指标的基础上扩展而成；宏观评价指标分别从信用监管、创新创业、要素成本、社会服务、基础设施和政务服务等角度，反映政府有义务和责任推动改善，也有能力通过改革更好服务企业营商的宏观环境。

（二）指标体系

围绕“办事流程、影响因素、实际效果”三条主线，从符合企业全生命周期流程、刻画企业投资影响因素、体现城市高质量发展水平 3 个维度，立体构建三维立体的指标框架，形成包括 23 项一级指标和 106 项二级指标的营商环境评价体系（表 1）。

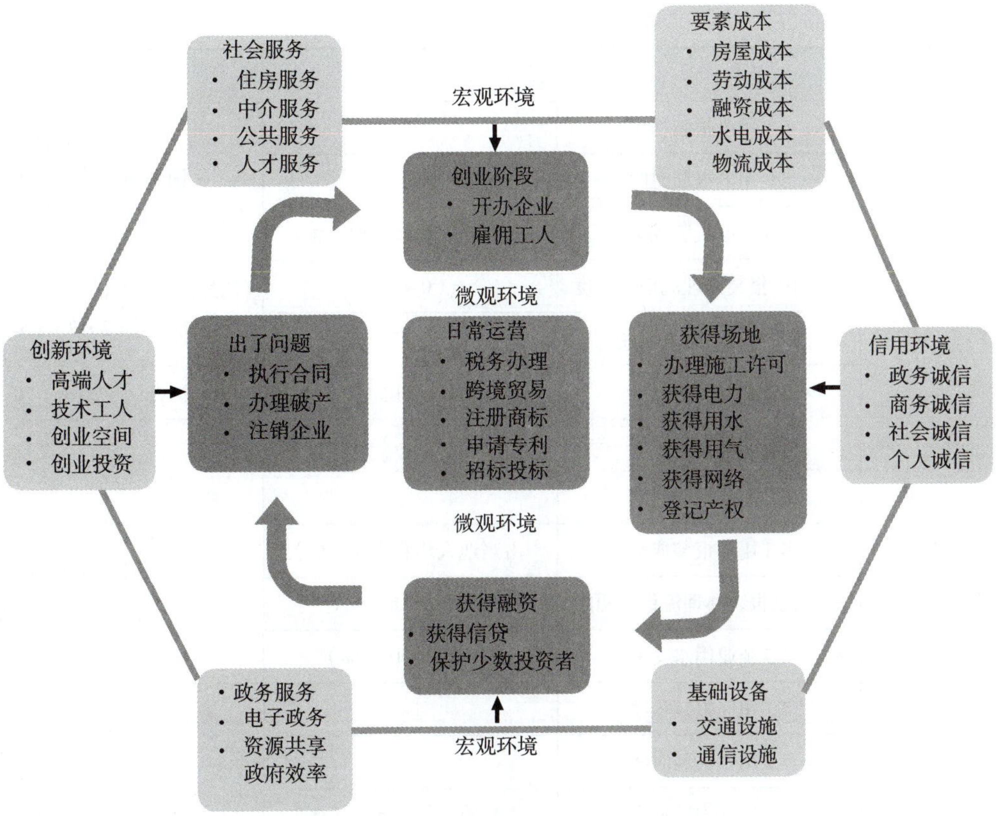

图 3　中国营商环境评价指标体系内容框架

表 1　中国城市营商环境评价指标体系一览表

一级指标	二级指标	单位	依据
1. 市场开放度 *	1.1 市场准入开放度	（0～8）	国发〔2015〕55 号
	1.2 市场竞争开放度	（0～3）	
2. 企业信心 *	2.1 中小企业投资意愿	（0～100）	
	2.2 新登记注册企业数	%	
3. 开办企业	3.1 企业开办程序	项	世界银行指标 国办函〔2016〕70 号 国家统计局〔2018〕4 号
	3.2 企业开办时间	天	
	3.3 企业开办成本	占当地人均收入比（%）	
4. 办理施工许可	4.1 施工许可程序	项	世界银行指标 国办函〔2016〕70 号 国办发〔2018〕33 号
	4.2 施工许可时间	天	
	4.3 施工许可成本	占建设项目价值比（%）	
	4.4 建筑质量控制指数	（0～15）	

续表

一级指标	二级指标	单位	依据
5.获得电力	5.1 用电报装程序	项	世界银行指标 国办函〔2016〕70号 《供电监管办法》(电监会令第27号) 《压缩用电报装时间实施方案》(国能监管〔2017〕110号)
	5.2 用电报装时间	天	
	5.3 用电报装成本	占当地人均收入比（%）	
	5.4 用电报装办理流程透明度	（0~4）	
	5.5 电力供应可靠性	（0~7）	
	5.6 企业用电支出	占总营收比（%）	国办函〔2016〕70号
6.获得用水*	6.1 用水报装程序	项	国办函〔2016〕70号 国家统计局〔2018〕4号
	6.2 用水报装时间	天	
	6.3 用水报装成本	占当地人均收入比（%）	
	6.4 用水报装办理流程透明度	（0~8）	
	6.5 企业用水支出	占总营收比（%）	
7.获得用气*	7.1 用气报装程序	项	国办函〔2016〕70号 国发〔2016〕48号 国家统计局〔2018〕4号
	7.2 用气报装时间	天	
	7.3 用气报装成本	占当地人均收入比（%）	
	7.4 用气报装办理流程透明度	（0~4）	
	7.5 企业用气支出	占总营收比（%）	
8.获得网络*	8.1 网络报装程序	项	国发〔2016〕55号
	8.2 网络报装时间	天	
	8.3 网络报装成本	占当地人均收入比（%）	
	8.4 网络报装办理流程透明度	（0~4）	
	8.5 4G网络质量	（0~4）	
	8.6 企业用网支出	占总营收比（%）	
9.知识产权保护*	9.1 法律政策的衔接配套水平	（0~100）	国办函〔2016〕70号 中发〔2016〕28号 国家统计局〔2018〕4号 国发〔2015〕71号 国发〔2016〕86号 国知战联办〔2017〕17号*
	9.2 执法效果	（0~100）	
	9.3 管理与服务水平	（0~100）	
	9.4 宣传教育效果	（0~100）	
	9.5 行政执法监管力度	（0~100）	
	9.6 非讼纠纷解决机构数量	个	
	9.7 创造和运用程度	（0~100）	

续表

一级指标	二级指标	单位	依据
10. 获得信贷	10.1 合法权利力度指数	（0～12）	世界银行指标 国办函〔2016〕70 号 国家统计局〔2018〕4 号
	10.2 信用信息深度指数	（0～8）	
	10.3 信贷服务质量	（0～6）	
	10.4 中小微企业申贷获得率	%	
	10.5 直接融资便利度	%	
	10.6 中小微企业贷款平均利率	%	
11. 不动产登记	11.1 不动产登记程序	项	世界银行指标 国办函〔2016〕70 号
	11.2 不动产登记时间	天	
	11.3 不动产登记成本	占产权价值比（%）	
	11.4 土地管理质量指数	（0～30）	
12. 缴纳税费	12.1 纳税次数	次	世界银行指标 国家统计局〔2018〕4 号
	12.2 纳税时间	小时	
	12.3 总税率和社会缴纳费率	%	
	12.4 报税后程序指标	（0～100）	
	12.5 税收执法规范水平	（0～5）	
	12.6 税外负担	占总营收比（%）	
13. 跨境贸易	13.1 出口耗时（单证合规）	小时	世界银行指标 国办函〔2016〕70 号 世贸组织《贸易便利化协定》
	13.2 出口耗时（边界合规）	小时	
	13.3 出口所耗费用（单证合规）	美元	
	13.4 出口所耗费用（边界合规）	美元	
	13.5 进口耗时（单证合规）	小时	
	13.6 进口耗时（边界合规）	小时	
	13.7 进口所耗费用（单证合规）	美元	
	13.8 进口所耗费用（边界合规）	美元	

续表

一级指标	二级指标	单位	依据
14.政府采购	14.1 在线访问信息和服务：可访问性和透明度	（0～11）	世界银行指标 《中华人民共和国政府采购法》
	14.2 投标担保保证投标活动的严肃性	（0～8）	
	14.3 履行合同义务后获得付款时间	天	
	14.4 政府采购市场上中小企业参与度	%	
	14.5 建立公平有效的投诉机制	（0～11）	
15.招标投标	15.1 在线访问信息和服务：可访问性和透明度	（0～11）	《中华人民共和国招标投标法》
	15.2 投标担保保证投标活动的严肃性	（0～8）	
	15.3 履行合同义务后获得付款时间	天	
	15.4 招标投标市场上中小企业参与度	%	
	15.5 建立公平有效的投诉机制	（0～12）	
16.信用环境 *	16.1 守信激励和失信治理	（0～8）	信用中国
	16.2 信用制度和基础建设	（0～8）	
	16.3 诚信文化和诚信建设	（0～8）	
	16.4 信用服务和信用创新	（0～8）	
17.交通服务 *	17.1 公交站点覆盖率	%	国发〔2012〕64 号，交运发〔2016〕126 号
	17.2 交通路网密度	千米/平方千米	国发〔2017〕11 号
	17.3 物流成本	占总营收比（%）	国发〔2016〕48 号
	17.4 物流监管信息开放度	（0～15）	国务院令第 492 号

续表

一级指标	二级指标	单位	依据
18.社会服务*	18.1 每 10 万人拥有的高质量教育资源	个	
	18.2 每 10 万人拥有的高质量医疗资源	个	
	18.3 住房成本	占个人收入比（%）	
	18.4 写字楼租金	占总营收比（%）	
	18.5 每 10 万人拥有的市场中介数	个	
19.保护中小投资者	19.1 披露程度指数	（0~10）	世界银行指标
	19.2 董事责任程度指数	（0~10）	
	19.3 股东诉讼便利度指数	（0~10）	
	19.4 股东权益程度指数	（0~10）	
	19.5 所有权和控制程度指数	（0~10）	
	19.6 公司透明度指数	（0~10）	
20.执行合同	20.1 解决商业纠纷的时间	天	世界银行指标
	20.2 解决商业纠纷的成本	占索赔金额比（%）	
	20.3 司法程序质量指数	（0~18）	
21.办理破产	21.1 回收率	（分/元，%）	世界银行指标
	21.2 破产框架强度指数	（0~16）	
22.注销企业*	22.1 注销程序	项	
	22.2 注销时间	天	
	22.3 注销成本	占当地人均收入比（%）	
23.人力资源市场监管	23.1 就业监管灵活性	（0~8）	世界银行指标
	23.2 工作质量控制方面的灵活性	（0~8）	
	23.3 万人城镇新增就业数	人/万人	
	23.4 劳动力成本	占总营收比（%）	世界经济论坛全球竞争力评价报告
	23.5 人力资源市场服务有效性	（0~28）	人力资源和社会保障部令第 23 号

注：*为非世界银行指标。未标注者为世界银行指标。

1. 覆盖企业全生命周期流程的指标

沿用并完善世界银行营商环境指标体系，主要从企业经营周期和办事流程上，衡量政府工作效率，体现国际可比性，包括开办企业、办理施工许可、获得电力、获得用水、获得用气、获得网络、不动产登记、缴纳税费、办理破产、注销企业 10 个一级指标和 44 个二级指标。

2. 刻画企业投资影响因素的指标

全面反映改革开放成就和“放管服”改革成效，主要从市场、要素、法治等角度，重点围绕公平有序的投资环境，衡量影响企业投资的因素，包括市场开放度、获得信贷、政府采购、招标投标、跨境贸易、保护中小投资者、执行合同 7 个一级指标和 35 个二级指标。

3. 体现城市高质量发展水平的指标

十九大报告提出，着力加快建设实体经济、科技创新、现代金融、人力资源协同发展的产业体系，是实现高质量发展的关键因素。采用世界经济论坛等国际评级机构相关指标，主要从人民群众和企业获得感以及发展效果等角度，围绕“实体经济、科技创新、人力资源、民生发展”等方面衡量城市高质量发展的基本面，包括企业信心、信用环境、知识产权保护、社会服务、交通服务、人力资源市场监管 6 个一级指标、27 个二级指标。

（三）指标特点

中国城市营商环境评估指标体系包含了国际通行的营商环境评估指标，同时结合中国国情和地方特色，突出评价体系的创新性，体现以下三个方面的特点。

一是立足企业视角。营商环境评估围绕市场主体展开，重在衡量企业运营的客观环境，采取问卷调查、案例分析等方法，通过客观视角衡量营商环境水平。将企业的生存周期划定为创业阶段、获得场地、获得融资、日常运营和出现问题 5 个阶段，每个阶段均选取影响或制约企业运营的关键因素作为评估指标。

二是具有国际视野。评估指标体系完整纳入了世界银行的指标体系，保证了指标体系的国际性和与国际间的可对比性，便于对标国际，找出与国际营商环境高地之间的差距，有针对性地开展营商环境创建工作。

三是结合中国国情。纳入了适合国情的相关指标，保证了评估的适用性和准确性，便于从实际层面核查营商环境的真实情况。考虑时代特点，在国内外已有成果的基础上，纳入了部分特色指标，如产业配套指标、公共服务指标等。

四、调查对象和评价方法

（一）评价对象

借鉴俄罗斯和印度区域营商环境评价的经验，建议全国城市营商环境评价的对象分为三个层次：一是示范评价对象，主要包括北京、上海、广州、深圳和厦门 5 个示范市，主要找指标的标杆、前沿和标准；二是试评价对象，每省选择 2 个市，共 62 个地级以上城市，主要验证调查方法和优化指标体系；三是全面评价对象，即以全国 334 个地级行政单元为评价对象，包括 294 个地级市、30 个自治州、7 个地区、3 个盟，以此构建营商环境评价机制，发布中国城市营商环境报告。

（二）数据来源

中国城市营商环境评价指标的数据来源主要有 5 个途径。一是来自企业填报的调查问卷。企业是市场的主体，是营商环境的服务对象，营商环境调查一定要充分考虑到企业的体会和评价。可以从企业的业务记录里获取程序、时间、花费等信息，从企业获得感角度获取对政府服务方式、服务质量等的评价。二是来自政府职能部门填报的调查问卷。营商环境的许多信息在政府工作文件备案记录或在政务信息系统中留有备份，可以从政府的行政信息系统业务记录中获取调查样本企业的实际业务流程。三是来自经济社会统计资料，既包括公开出版的统计年鉴，也包括有关政府部门和行业协会的调查报告等资料。四是来自电子政务系统或政府网站的数据。通过关键词搜索和文本信息提取等方式，从电子政务系统或政府网站（包括部分非政府网站）采集数据。具体包括国务院及有关部委的官网、地区政务大厅、地区国（地）税务局、地区工商局、地区知识产权局、海关等政府职能部门网站，从中可以采集行政审批项目的批复时间等信息，通过评价城市的政府官网、政府采购中心、政府招投标公共服务平台等网站来采集政府服务的数据，通过招聘网站、金融类网站、中国法律裁判文书网、地区人民法院网等采集其他营商环境的数据。五是来自互联网大数据的信息挖掘。互联网大数据已经成为国家治理的重要资源，与实体经济数据和社会调查数据相互补充。通过网络爬虫技术，从国际互联网的海量公开信息中可获取金融、信用、电力、燃气、自来水、道路交通、客运、住房、海关、出入境、旅游、医疗、教育、不动产登记、环保等信息。

（三）评价方法

营商环境指数是对每个城市营商环境的一个综合评价，是对大量信息的汇总。通过不同城市之间营商环境指数的得分比较，可以总体上看出一个城市营商环境的发展程度。中国城市营商环境评价的基本方法为“前沿距离法”，即通过计算各个指标的实际值与“前沿值”之间的距离，对处理后的数据进行加权求和，逐级得到总的城市营商环境指数。为了便于对不同城市之间的比较，营商环境指数最终的计算结果表现为一个映射在 0 ~ 100 之间的数值。

1. 最差值的计算方法

最差值是以确定年度的《全球营商环境报告》数据为依据，以 5 年内的最低值作为最差值。对于数据分布特别分散的指标，将该指标位于最后几位百分数的值作为最差值。指标分散程度可以用标准差来衡量。

$$\sigma=\sqrt{\frac{1}{N}\sum_{i=1}^{N}(x_i-\mu)^2}$$

2. 前沿值的计算方法

(1)时间范围法。前沿值的定义是现状及历史一段时期内达到的最高水平，借鉴世界银行营商环境报告的做法，前沿值每 5 年确定一次，将 5 年间的最高水平作为指标的前沿值，以确定年度的《全球营商环境报告》数据为依据，并在 5 年时间内保持不变，不会受到 5 年期间任一年度数据变化的影响，这是大部分指标都适用的前沿值计算方法。

（2）最大理论值法。该方法适用于指数指标，将指数指标的取值区间的最大值，也就是指标的理想值作为该指标的前沿值。

（3）阈值法。该方法适用于某些带阈值的指标，如总税率。有些城市通过向外资企业征税，向除制造业以外的其他部门征税等，使总税率的考核指标很低，会使总税率指标对不同城市造成不公。因此，需要对这一类指标设定一个阈值，如将位于所有城市第 15 位百分数的值作为前沿值，高于第 15 位百分数的城市得分都一样。

（作者：黄金川，中国科学院地理科学与资源研究所城市地理与城市发展研究室副主任，博士，副研究员；杨洁，国家发改委法规司司长，博士；王琦，中国政法大学，博士）

参考文献

［1］DJANKOV S. The Regulation of Entry: A Survey［J］. World Bank Research Observer, 2008, volume 24(2): 183–203.

［2］DJANKOV S, MCLIESH C, SHLEIFER A. Private Credit in 129 Countries［J］. Journal of Financial Economics, 200784 (2):299–329.

［3］DJANKOV S, PORTA R L, LOPEZ–DE–SILANES F, et al. The Law and Economics of Self–Dealing November 132006［J］. Journal of Financial Economics, 20055046496(3): 430–465.

［4］DJANKOV S, GANSER T, MCLIESH C, et al. The Effect of Corporate Taxes on Investment and Entrepreneurship［J］. American Economic Journal: Macroeconomics, 2010. 2(3): 31–64.

［5］DJANKOV S, CONG S P. TRADING ON TIME［J］. Review of Economics & Statistics, 200692(1): 166–173.

［6］DJANKOV S, SHLEIFER A. Debt Enforcement Around the World［J］. Journal of Political Economy, 2008116(6): 1105–1150.

［7］POLLARD S K, PIFFAUT P V, SHACKMAN J D. Business Infrastructure and the Ease of Doing Business［J］. British Journal of Management & Economics, 20133(03): 224–241.

［8］ROHAM M, GABRIELYAN A R,ARCHER N P. Fuzzy Linguistic Modeling of Ease of Doing Business Indicators［J］. International Journal of Uncertainty Fuzziness and Knowledge–Based Systems, 200917(4): 531–557.

［9］ALEMU A M. The Nexus between Governance Infrastructure and the Ease of Doing Business in Africa［J］. International Journal of Global Business, 20136(2): 34.

［10］JAYASURIYA D. Improvements in the World Bank's Ease of Doing Business Rankings: Do they Translate into Greater Foreign Direct Investment Inflows?［J］. Social Science Electronic Publishing, 2011.

[11] PAVONE A, PIANURA P. Ease of Doing Business: an efficiency comparison of the G20 economies [J] . Mathematical Methods in Engineering and Economics, 201417(04): 49–57.

[12]Bank, World. Doing Business in 2018: Going beyond efficiency [M] . The World Bank, 2018.

[13] 杨涛．营商环境评价指标体系构建研究：基于鲁苏浙粤四省的比较分析 [J]. 商业时代，2015，34（13）：28–31.

[14] 史长宽，梁会君．营商环境省际差异与扩大进口：基于 30 个省级横截面数据的经验研究 [J]. 山西财经大学学报，2013，（05）：12–23.

[15] 董志强，魏下海，汤灿晴．制度软环境与经济发展：基于 30 个大城市营商环境的经验研究 [J]. 管理世界，2012，28（4）：9–20.

[16] 许可，王瑛．后危机时代对中国营商环境的再认识：基于世界银行对中国 2700 家私营企业调研数据的实证分析 [J]. 改革与战略，2014，30（07）：118–124.

[17] 王少辉．中国贸易便利化与通关管理问题研究 [D]. 北京：首都经济贸易大学，2014.

[18] 曾铮，周茜．贸易便利化测评体系及对我国出口的影响 [J]. 国际经贸探索，2008（10）：003.

[19] 黄育容．基于《营商环境报告》的营商环境评价体系研究 [J]. 企业改革与管理，2015（16）：091.

[20] 魏下海，董志强，张永璟．营商制度环境为何如此重要？来自民营企业家“内治外攘”的经验证据 [J]. 经济科学，2015（2）：105–116.

[21] 张瑄．先进国家和地区优化国际营商环境的经验对广东的借鉴 [J]. 港澳经济，2014，35（13）：22–26.

张家口市建设服务于首都“两区”的战略思考*

2017年1月23—24日，习近平在视察张家口市及冬奥会建设场馆时，做出了“建成首都水源涵养功能区和生态环境支撑区”（以下简称“两区”）、“交出冬奥会筹办和本地发展两份优异答卷”等重要指示。为贯彻落实总书记的指示精神，受张家口市政府委托，中科院地理资源所研究团队围绕建设服务于首都“两区”对张家口市进行了深入的实地调研，对建设“两区”的战略意义、总体思路与战略构想形成了一些初步看法。

一、建设服务于首都“两区”的战略意义

首都“两区”所在的张家口市地处内蒙古高原与华北平原过渡地带，位于首都的上风上水方向，距北京约200千米。加快首都“两区”建设，对保障首都水资源安全和生态环境安全，具有不可替代的特殊战略地位，具有十分重要的战略意义。

（一）首都“两区”的重要地位

（1）重要的生态屏障：是保障首都生态安全的最近一道屏障。张家口与首都有着“山同脉、水同源、气相通”的天然生态格局，山脉南北互接、水系上下互连和空气东西互通的天然地理格局决定了张家口市具有特殊的生态地位。首都（北京）平原由张家口的潮白河和永定河冲积形成，是典型的山前冲积平原，张家口山川河流与首都（北京）平原是一个包含地表水、地下水、大气环流、物种分布等，完整的自然生态系统。保障首都生态环境安全是张家口的历史使命和责任担当，保护张家口的生态环境，就是保护首都的生态环境。

（2）重要的水源涵养功能：是保障首都水资源安全的最近一座“水塔”。官厅水库入水量的90%、密云水库入水量的53%来源于张家口市。一旦张家口的水资源出现问题，将无法为首都涵养和输送水源，官厅水库和密云水库等将面临干涸威胁，必将直接威胁到首都的水安全甚至生态安全。维持好张家口的水源涵养功能对护卫首都特别重要。

（3）举办绿色冬奥的核心区：是保障绿色冬奥并展示中国百年发展成果的重要窗口。建设

* 国家自然科学基金重大项目“特大城市群地区城镇化与生态环境耦合机理及胁迫效应”（编号41590842）资助。

好首都“两区”，促进生态环境的大幅度改善和生产生活方式革命性的转变，就是为实现“精彩、非凡、卓越”的冬奥会目标奠定基础。2022 年冬奥会举办之时，正值中国第一个百年梦实现之际，届时张家口将代表中华民族让世界看到一个山清水秀的中国、一个生机盎然的中国、一个欣欣向荣的中国。首都“两区”建设不仅为了保障绿色办奥，更重要的是向世界展示中华民族百年发展成果，这种特殊的冬奥地位不可替代。

（4）京津冀精准脱贫的重要示范区：是保障首都与周边地区同步小康并率先基本实现现代化的示范区。张家口市目前仍有 12 个县（区）是国定、省定贫困县，贫困人口仍有 27 万多人，占河北省贫困人口的 13.5%。其中康保、沽源、尚义、张北、阳原 5 县为全国深度贫困县。贫困人口基数大，范围广，脱贫任务艰巨。必须通过首都“两区”建设，构建绿色发展体系，探索一条经济欠发达地区生态兴市、生态强市的新路子，到 2020 年才能全面实现精准脱贫战略目标，保障张家口与首都同步进入小康社会，并率先基本实现现代化。

（5）首都北部的重要门户：是拱卫首都的“北大门”。首都“两区”所依托的张家口市地处中蒙俄经济走廊建设的过渡带，是沟通蒙古高原和华北平原的交通要道，历来是兵家必争的军事要塞和重要关口，是奠定中华民族融合统一基石的重要圣地，如今则是京津冀世界级城市群建设的战略节点。

（二）建设首都“两区”的战略意义

加快推进首都“两区”建设，对于贯彻落实十九大报告和习近平总书记的指示精神、夯实首都生态安全屏障、推进京津冀协同发展，对于举办一届“精彩、非凡、卓越”的冬奥盛会，对于国家生态文明建设和可持续发展等具有十分重大的战略意义。有利于加快整治生态受损区域，恢复水源涵养和水源供给能力，保障首都生态和水资源安全；有利于扩大京津冀区域环境容量和生态空间，为京津冀协同发展提供生态屏障；有利于转变发展方式，打赢全面建成小康社会的扶贫攻坚战，探索出一条经济欠发达地区生态兴市、生态强市的新路子；有利于促进改革创新和扩大对内对外开放，以北京冬奥会为契机，提升国际影响力。

一是国家生态文明建设落地生根与绿水青山就是金山银山理念的具体体现。加快首都“两区”建设，直接关系到国家生态文明建设和美丽中国建设进程，直接关系到国家生态安全和中华民族永续发展。加快首都“两区”建设，就是对习近平总书记提出的“绿水青山就是金山银山”和“山水林田湖草是一个生命共同体”新理念的具体落实，就是对《中共中央、国务院关于加快推进生态文明建设的意见》的落地生根，更是推进张家口市科学发展、绿色崛起的必然选择。

二是交出冬奥会筹办和本地发展两份优异答卷，向世界展示中国全面小康面貌的战略举措。加快首都“两区”建设，就是要找准筹办冬奥会和本地发展的契合点，就是要抓住历史机遇，结合国家“十三五”规划和京津冀协同发展，通过筹办北京冬奥会带动各方面的建设，努力交出冬奥会筹办和本地发展两份优异答卷。通过首都“两区”建设，促进张家口市大幅度地改善生态环境，彻底改变传统的生活和生产方式，在 2022 年冬奥会举办之时，代表中国向世界展示山清水秀、生机盎然、欣欣向荣、美丽富强的全面小康面貌形象，向世界展示中国走绿色可持续发展道路的成功样板，为“精彩、非凡、卓越”的冬奥会增光添彩。

三是按照自然生态系统构建张家口－首都－雄安生命共同体的必然选择。从生态系统角度分析，张家口与北京位于同一个完整的自然生态系统，又处于北京的上风上水方向，承担着为首都挡风沙、保水源、输清泉、送清风、供洁能的生态重任，与首都生态息息相关，是首都不可替代的“首都水塔”和“生态安全屏障”。从生命共同体角度分析，张家口与首都、雄安新区是一个上下联动、唇齿相依、分工明确、相互依赖的生命共同体。

四是为全国欠发达地区探索一条生态强市之道的成功尝试。加快首都“两区”建设，就是要最大限度地发挥张家口市的生态资本优势，彰显生态系统服务价值，提供宝贵的生态产品，推动欠发达地区由传统粗放的生产方式转为绿色低碳的生产方式，由黑色发展的路径依赖转变为绿色发展的战略转型，走出一条生态建设与经济发展的双赢之路。

二、推进服务于首都“两区”建设的总体思路

按照生态优先、绿色发展，互为支撑、互为安全，内外联动、互利双赢，特殊地位、特殊建设等原则，实施绿色穿越战略和“绿色+”发展模式，走以水定市、生态强市、奥运名市、旅游活市的绿色发展之路，经过“退化控制—逐步恢复—稳定完善—综合提升”的建设路径，确保首都水源涵养功能显著提升，生态环境质量明显改善，全面建设好首都水源涵养功能区与生态环境支撑区，形成“伞”形保护格局，全面保障首都水安全和生态环境安全。

（一）指导思想

深入贯彻落实党的十九大报告和习近平总书记关于张家口市“建设好首都水源涵养功能区和生态环境支撑区”的最新指示精神，牢固树立“创新、协调、绿色、开放、共享”和“绿水青山就是金山银山”的发展理念，紧紧抓住京津冀协同发展与冬奥会筹办的重大历史机遇，实施绿色穿越战略和“绿色+”发展模式，正确处理好保护与发展、保首都与保民生、短期与长期、支撑与被支撑、国家支持与自身努力等关系，推动建设水同源、山同脉、气相通的京张生态共同体、发展共同体和命运共同体。全力保障首都水资源安全和生态环境安全的“双安全”，全力推进首都支撑张家口发展和张家口支撑首都发展的“双支撑”；全力推动首都优化发展与张家口实现绿色发展的“双发展”，建成国家绿色现代化示范区；全力交出国际冬奥会筹办和本地发展的“两份优异答卷”，探索出欠发达地区实现生态强市的新路子，最终走出一条张家口与首都互利共赢、“两区”建设与绿色发展互动共赢的“双赢”之路。在把首都建成国际宜居之都的同时，把张家口建成美丽富强的绿色之城。

（二）基本原则

（1）生态优先，绿色发展。将生态保护和绿色发展作为首都“两区”建设的核心原则与核

心要求，依托生态资本，积累生产资本，提升生活资本，推动绿水青山为张家口和首都产生巨大的生态效益、经济效益和社会效益。

（2）互为支撑，互为安全。立足张家口位于首都上风上水方向和作为首都水源地及生态环境安全核心保障地的特殊地理位置，将张家口与首都建成互为支撑、互为安全、唇齿相依、荣辱与共的生态共同体。

（3）内外联动，互利双赢。以水源涵养与生态系统服务为纽带，推动张家口为首都持续提供良好的生态系统服务和生态福利，推动首都为张家口提供绿色发展权和经济福利，推动张家口与首都的双联动、与雄安新区的三联动和与京津冀协同发展的多联动，实现与首都目标同向、措施一体、互利共赢的发展目标，建成京张发展共同体。

（4）特殊地位，特殊施策。着眼于张家口在京津冀协同发展、首都功能支撑、冬奥会举办和河北新两翼建设中不可替代的特殊地位，采取特殊的发展战略、特殊的政策支持，进行特殊的建设。

（三）功能定位

（1）建好首都水源涵养功能区与生态环境支撑区。以永定河、潮白河等流域一体化为主线，通过地表蓄水、地下保水、高效节水、跨区调水、再生用水、空中增水等途径，提升水源涵养功能，建好保好“首都水塔”，全面保障首都水资源安全；以生态保育及污染治理为抓手，大力开展植树造林、退耕还林、矿山生态环境修复、高原湿地链修复和环境污染综合治理，建好护好首都最后一道“绿色生态屏障”。

（2）建成国家绿色现代化示范区。按照大生态、大旅游、大健康、大数据等绿色发展理念，立足巨大的生态资产和绿色现代化的绿色资本优势，把绿色化与现代化有机结合起来，创新“绿色+”发展模式，推动形成独具特色的绿色发展体系，包括绿色生态体系、绿色产业体系、绿色能源体系、绿色城镇体系和绿色服务体系，推进国民经济发展的绿色化和经济社会活动的绿色化；通过体制机制创新和重点领域突破，逐步将张家口建成国家可再生能源示范区、国家公园体制试点区和乡村振兴试验区，最终建成国家绿色现代化示范区，成为推动绿色发展、循环发展、低碳发展，加快生态文明建设的“试验田”。

（3）建成京津冀世界级城市群的绿色战略支点。深入贯彻落实《京津冀协同发展纲要》，围绕打造京津冀世界级城市群，利用北京新两翼和河北新两翼建设机遇，强化张家口作为战略支点城市的支撑作用，将张家口打造为京津冀世界级城市群的绿色战略节点和美丽富强的绿色之城。

（4）建成国际冰雪运动与休闲旅游胜地。以冬奥筹办及奥运遗产为牵引，整合张家口丰富多样的自然生态旅游和人文景观旅游资源，大力发展冰雪运动旅游、体育休闲旅游、草原天路旅游、长城文化旅游、温泉度假旅游、高原湿地旅游、工业矿山旅游、乡村民俗旅游等多种旅游业态，建成全域旅游发展示范区，建成国际冰雪运动与休闲旅游胜地，建成首都的“上花园”。

（四）总体思路

（1）探索一条绿道。探索将生态文明建设融入经济、政治、文化、社会建设各方面和全过程的途径与方法，走出一条生态建设与经济发展的双赢之路。改变先污染后治理的重工业化传统发展路径，依托生态优势和生态资源，大力发展绿色产业，构建绿色发展体系，走出一条绿色穿越的发展道路和“绿色+”模式，包括绿色+产业、绿色+城镇、绿色+旅游、绿色+服务、绿色+能源、绿色+交通、绿色+生活、绿色+消费等。为全国欠发达地区实现绿色穿越和绿色发展积累经验，提供成功样板，发挥示范效应。

（2）实现五大转变。推动发展方式由传统粗放方式转为绿色低碳方式，由黑色发展的路径依赖转为绿色发展的战略转型，由资源驱动型转为创新驱动型，由工矿业强市转为绿色生态强市，由单向支撑型转为互为支撑型，将首都发展和张家口发展视为一个不可分割的有机整体，由过去由张家口单方面作为首都水源涵养和生态环境支撑区，转为首都同时将张家口作为非首都功能疏解和绿色现代化发展支撑区。

（3）协调五大关系。正确处理好保护与发展、短期与长期、保首都与保民生、冬奥与后冬奥、国家支持和自身努力的关系，把冬奥会对首都“两区”建设带来的巨大动能发挥到极致，转化为“两区”建设和绿色发展的新动能，近期强化中央财政支持实现绿色转型，中远期通过自身努力走生态强市发展之路，建成美丽富强的绿色之城。

（4）实施四大战略。将水资源作为城市与经济社会发展不可突破的红线，实施以水定市、生态强市、奥运名市、旅游活市发展战略，在建设好首都水源涵养功能区和生态环境支撑区的同时，得到首都的反哺、辐射带动和双向支撑，依托首都的繁荣昌盛实现张家口的兴旺发达。

三、推进服务于首都“两区”建设的战略构想

围绕水源涵养、生态支撑、环境整治、绿色发展、国家公园等，按照“退化控制—逐步恢复—稳定完善—综合提升”的建设路径，通过15～20年的阶段性努力，确保首都水源涵养功能显著提升，生态环境质量明显改善，全面建设好首都水源涵养功能区与生态环境支撑区，全面保障首都水安全和生态环境安全。把张家口建成“首都水塔”和“绿色屏障”，建成国家绿色现代化示范区，成为矗立于冀北大地上美丽富强的绿色之城。

（一）全力建设“首都水塔”，建好首都水源涵养功能区

通过对森林、草原、湿地等自然生态系统的恢复与保护，改善水文条件、调节径流、净化水质，提升水源涵养能力；通过水利基础设施建设与高效的水资源管理，优化配置水资源，提高用水效率，解决水源涵养地区与下游供水矛盾，为首都保障供应足量的清洁水资源。

（1）高效蓄水，不断提升水源涵养功能。通过植树造林、草场建设、湿地恢复等生态工程建设，大幅度增加森林、草原、湿地等面积，拦截、蓄滞、过滤、净化降水，发挥高效的水

源涵养作用。到2020年、2022年和2030年，年均水资源涵养量分别提升到28.0亿立方米、30.4亿立方米和35.4亿立方米，森林涵养水源量分别提升到18.76亿立方米、20.48亿立方米、24.15亿立方米，湿地涵养水源量分别提升到2.86亿立方米、3.03亿立方米和3.27亿立方米，草原涵养水源量分别提升到6.34亿立方米、6.83亿立方米和7.94亿立方米。涵水于地，涵水于气，涵水于林草，全面恢复首都水源涵养功能。

（2）量水发展，逐步压减水浇地面积和用水量。在遵循自然规律的前提下，通过水源涵养、跨界调水、开发非常规水资源等“开源”手段，逐步增加水资源总量。到2020年、2022年和2030年，将水资源总量从2016年的15.43亿立方米分别提升到16.1亿立方米、16.5亿立方米和16.8亿立方米；通过以水定需，重点核减农业用水量，提高农业与工业用水效率，实行生活节水，推进从供水管理向需水管理转变，从粗放用水向集约用水方式转变，到2020年、2022年和2030年，将用水量从2016年的9.13亿立方米减少到8.16亿立方米、7.69亿立方米和7.5亿立方米。将水浇地面积由2016年的425.7万亩分别压减到390万亩、370万亩和300万亩。

（3）量力输水，适度恢复向首都的输水量。通过水源涵养和节水，到2020年、2022年和2030年，在50%保证率下将向首都的输水量由2016年的2.21亿立方米分别增加到2.3亿立方米、2.9亿立方米和3.5亿立方米；永定河入官厅水库水量由2016年的0.28亿立方米分别恢复到0.33亿立方米、0.8亿立方米和1.2亿立方米，潮白河水系入北京白河堡水库水量由2016年的1.83亿立方米分别恢复到1.87亿立方米、2.2亿立方米和2.3亿立方米。

（4）总量控制，最大限度地压采地下水。通过地下保水工程、农业压采工程和调整农业用水结构等措施，加强地下水开采管理，实行区域地下水开采总量控制。到2020年、2022年和2030年，将地下水开采量从2016年的6.5亿立方米分别压减到5.5亿立方米、5.0亿立方米和4.5亿立方米，促使地下水位逐步回升。

（5）工程主导，重点加快“首都水塔”工程建设。充分尊重自然水循环和河湖演变规律，考虑水资源的承载能力，因势利导合理开发利用水资源，优化水资源利用结构与效益，加快推进从供水管理向需水管理转变，从粗放用水向集约用水方式转变，重点建设地表蓄水工程、水资源配置工程、跨区调水工程、再生水工程、雨水资源化利用工程、空中增水工程、高效节水工程、地下保水工程、水环境工程，落实最严格的水资源管理制度和市县乡三级河长制度，建立现代化水资源信息化管理系统，不断提高水资源科学管理水平，全面保障首都水资源安全。

（二）筑牢首都生态屏障，建成首都生态环境支撑区

采取“宜乔则乔，宜灌则灌，宜草则草，宜水则水，宜湿则湿，宜农则农”的思路，充分发挥区域生态环境系统的整体性规律，加强森林、草原、河湖、湿地、生物多样性等核心要素的一体化保护与修复，充分发挥水源涵养、水土保持、生物多样性保护、调蓄洪水、防风固沙、气候调节、景观休憩、碳汇服务、农田防护九大功能，构筑要素齐全、功能完整的首都生态屏障。

（1）优先加强森林生态系统建设，显著提升森林生态系统服务功能。根据自然条件差异，将全市划分为坝上及沿坝防风固沙防护林区、坝下山地水源涵养林区、坝下浅山丘陵水保经济林区和主城区城市园林绿化区四大森林生态系统功能区，进行差异化的科学造林和管护，坝下以人工造林与封山育林为主，坝上以抚育管护和种草为主。到2020年、2022年、2025年和2030年，森林覆盖率分别达到45%、47.6%、49%和50%。显著提升森林生态系统服务价值与功能。到2020年、2022年、2025年和2030年，森林资产价值分别提升到25122.1亿元/年、26573.6亿元/年、27355.2亿元/年和27913.4亿元/年，森林生态服务价值分别提升到546.3亿元/年、594.7亿元/年、606.7亿元/年和625.9亿元/年，森林涵养水源价值分别提升到144.6亿元/年、148.4亿元/年、151亿元/年和154.4亿元/年，森林维持生物多样性价值分别提升到124.1亿元/年、136.1亿元/年、138.6亿元/年和142.4亿元/年。

（2）逐步加强草原生态系统建设，恢复“风吹草低见牛羊”景观。遏制草场退化并扩大草原面积，提升草原植被覆盖度。到2020年、2022年、2025年和2030年，草原面积分别达到1655万亩、1679万亩、1711万亩和1758万亩，草原植被覆盖率分别达到70%、72%、75%和80%，草原“三化”面积治理率达到90%以上，确保草原生态系统服务价值功能全面提升。加大轮作休耕与退耕还草面积，改善草原生态环境。尝试建设国家草原公园及精品牧场。

（3）抢救恢复坝上高原湿地生态系统，建设一批国家湿地公园。适度扩大湿地面积，提升湿地生态系统服务功能。到2020年、2022年、2025年和2030年，湿地覆盖率分别达到6.61%、6.74%、6.91%和7.17%，湿地生态系统服务价值分别提升到311.21亿元/年、320.2亿元/年、331.71亿元/年和340.47亿元/年。抢救恢复坝上高原湿地链，对坝上30万亩高原湿地链进行抢救性恢复保护，保护并修复潮白河与永定河上游67万亩湿地，加大湿地植被与生态恢复、科普教育、科研监测、湿地合理利用、湿地灾害防御、保护管理能力、基础设施建设力度，提升湿地资源保障能力和湿地监测体系。推进建设一批国家湿地公园和省级湿地公园。

（4）推动“蓝天碧水工程”建设，全面提升环境质量。实施蓝天工程，全面改善大气环境质量，重点完善清洁能源供应保障体系，全面淘汰35蒸吨/时及以下燃煤锅炉，完成移动源治理，新能源公交车比重提高到100%，全面融入京津冀区域联防联控与预警应急体系。到2020年、2022年、2025年和2030年，PM2.5浓度分别降低到27 $\mu g/m^3$、25 $\mu g/m^3$、25 $\mu g/m^3$和25 $\mu g/m^3$，空气质量优良天数分别达到310天、320天、320天和320天，达到冬奥会空气质量标准。实施碧水工程，不断提升水环境质量。重点构建“城园镇村全域化”污水排放防控和处理体系，以清水河、洋河、桑干河、壶流河、白河等河流为重点，完善流域内企业污水排放监控体系，严格执行水污染物排放总量和浓度双控制度。实施净土工程，提升固体废物资源化利用效率。

（三）创建绿色发展体系，率先创建国家绿色现代化示范区

守住生态和民生两条底线，正确处理发展与生态、速度与质量、经济增长与收入分配、新旧动能转换等重大关系，以实现产业绿色转型升级为目标，坚持产业链、创新链、资本链、生态链四链联动，加快创建绿色生态体系、绿色产业体系、绿色能源体系、绿色城镇体系和绿色服务体系“五位一体”的绿色发展体系。

（1）构建“五位一体”的绿色发展体系。一是构建绿色生态体系。坚守生态保护红线、环境质量底线、资源消耗上限，坚持生态保护优先、自然恢复为主，推进自然生态系统保护与修复，加快绿色森林体系、绿色草原体系、绿色水系、湿地系统和城乡绿地系统建设，构建山水林田湖草绿色生态体系，实现张家口市绿量明显增加，碳汇能力和水源涵养能力明显增强，生态价值明显提高。二是构建绿色产业体系。大力推进“传统产业生态化、特色产业规模化、新兴产业高端化、产业发展绿色化”，着力发展大生态、大旅游、大数据、大健康、大文创和新能源、新技术、高端制造“五大、两新、一高”产业，加快淘汰落后产能，改造提升传统产业，全面提高经济发展的质量和效益。三是构建绿色能源体系。以建设国家可再生能源示范区为引领，构建绿色能源供给和消费体系、绿色能源产业体系和绿色能源储运体系，提升可再生能源生产能力，建设千万千瓦级风电基地和太阳能光伏（热）开发应用基地，打造京津冀可再生电能供应基地。四是构建绿色城镇体系。根据资源环境承载能力，严格管控城镇开发边界，科学确定城镇发展规模；围绕绿色城镇特色，提高规划品质、建设标准和管理水平，形成中心城市、中小城市、特色城镇、美丽乡村相互支撑、互相促进、共同发展的绿色城镇体系。五是构建绿色服务体系。按照标准化、绿色化、均等化的原则，因地制宜，统筹规划，加强与人民生活环境紧密关联的城乡交通、通信、公用设施、环境保护、教育、就业、社会保障、医疗卫生、住房保障、文化体育等绿色基础设施和绿色公共服务设施建设，促进城乡绿色公共资源均衡配置，构建绿色监管和绿色服务相配套的绿色公共服务体系。

（2）率先创建国家绿色现代化示范区。遵循创新、协调、绿色、开放、共享发展理念，全力推进绿色可再生能源示范区、绿色农业现代化示范区、绿色制造业现代化示范区、绿色旅游业现代化示范区、绿色科技现代化示范区和治理能力现代化示范区建设，重点发展生态旅游产业和绿色能源产业，适度发展绿色净土产业，因势发展冰雪运动休闲产业，积极发展大数据与云计算产业，合理发展健康养生养老产业，承接发展高新技术产业，培育壮大现代物流业，最终建成京津冀世界级城市群的国家绿色现代化发展示范区。

（四）加快绿色城乡融合发展，创建国家乡村振兴试验区

坚持绿色城镇布局与资源环境承载力相协调，农业人口转移市民化和生态扶贫相结合，城镇功能提升与绿色产业壮大相同步。做大做强中心城市，做优做美中小城市，积极培育特色小镇，加快建设美丽乡村，完善绿色城乡融合发展体系。

（1）构建生态产业引导的绿色城镇体系。引导产业绿色生态化、地区差异化布局，将城镇分为综合性中心城市、商贸型城镇、工贸型城镇、旅游型城镇、农贸型城镇等职能类型。重点建设 11 座综合型城镇，10 座商贸型城镇，19 座工贸型城镇，19 座旅游型城镇，33 座农贸型城镇。促进县城向综合型城镇转变，积极培育有条件的农贸型城镇向商贸型城镇与旅游型城镇转变。

（2）重点培育以绿色产业为支撑的特色小镇。为深入推进新型城镇化，加快特色小城镇建设，发挥示范带头作用，重点培育建设崇礼冰雪文化小镇、察北乳业小镇、张北德胜亿利光伏小镇、赤城县温泉小镇、蔚县剪纸艺术小镇、张北大数据小镇、怀来桑园葡萄小镇、怀来航空航天小镇、阳原井儿沟运动休闲小镇、张北小二台旅游度假小镇、宣化红石山旅游度假小镇、涿鹿始祖文化小镇、康保卧龙图草原风情小镇、沽源体育运动特色小镇、怀安左卫能源物流与汽车文化小镇、怀来鸡鸣驿康养小镇、尚义察汗淖尔草原度假小镇、阳原泥河湾人类遗址小镇、下花园绿色能源示范小镇、万全郭磊庄辣椒小镇20个特色小镇。按照提高质量、体现特色等要求，促进其提高建设发展的水平，努力建成为经济发达、环境优美、功能完善、特色鲜明的小城镇。

（3）加强空心村整治，建成国家乡村振兴试验区。实施乡村振兴战略，以建设社会主义美丽乡村为目标，加快空心村撤并与综合治理。科学编制乡村全域规划，将美丽乡村建设与特色小镇创建、空心村撤并进行有机结合，有序推进乡村人口和产业集聚，稳步推进农村人口市民化进程，加强乡村基础设施和服务网络建设，加快乡村社会事业发展，提升乡村管理水平。结合脱贫攻坚任务，推进贫困村美丽乡村建设，完善以基本养老、基本医疗、最低生活保障制度为重点的社会保障体系，将张家口建成国家乡村振兴试验区。

（五）创新运行体制机制，试点建设国家公园

（1）继续推进国家可再生能源示范区试点。创新体制机制，与国际组织、科研院所、相关企业合作，积极探讨可再生能源的可持续利用、节约、能源保障，创新科技与体制，在清洁能源生产、消费、体制、机制改革方面先行先试、积极探索创新。

（2）探索推进国家公园建设试点。将张家口国家公园试点面积确定为8025平方千米，试点范围涵盖小五台山国家级自然保护区、大海陀国家级自然保护区、黑龙山国家级森林公园、闪电河国家级湿地公园等7个国家级自然保护地，涉及蔚县、怀安县、张北县等8个县、40个乡镇，形成由坝上湿地草原园区、大海陀–官厅水库园区和小五台山园区构成的“一园三区”空间布局。

（3）探索开展国家草原公园建设试点。建议近期界定国家草原公园于张家口市张北县、崇礼区和桥西区的交界处，涉及6个乡镇，园区总面积为1130平方千米。中远期在试点基础上扩展到张家口市坝上张北、康保、沽源、尚义4县和承德市的丰宁、隆化两县。建议建立“政府主导、经管分离”的草原公园管理体系，探索“因地制宜、分区施策”的草原公园管理模式，编制“科学规范、突出重点”的草原公园自然资源负债表，秉持“完整原真、多样永续”的草原公园管理办法。

（4）完善各类管理制度与政策。建立首都“两区”建设的市场准入负面清单制度，流域跨界河长制度、河流水质跨界达标和水量控制交接制度，生态护工制度，跨区域水权市场和政府生态购买制度；建立林草经营权市场化拍卖、转让与继承制度，探索编制自然资源资产负债表制度，完善湿地生态效益补偿制度与湿地管理制度。制定可再生能源示范与新能源电价优惠政策、绿色现代化示范与绿色产业倾斜政策、矿山退出回购与生态修复政策、风电清洁供暖补贴政策，完善政府主导的生态补偿政策，建立市场机制运作的生态补偿政策。

（六）纳入国家发展战略，建成首都重要生态屏障

（1）作为国家发展与首都建设的千年大计。首都水源涵养功能区和生态环境支撑区建设是国家行为，建议全力争取优先将首都“两区”建设纳入国家发展战略，纳入京津冀协同发展战略，提升到和雄安新区建设同样的战略高度，作为国家发展与首都建设的千年大计。将首都“两区”作为国家实施重要生态系统保护和修复的重大工程，作为国家生态安全屏障体系和国家生态廊道建设，纳入永定河流域综合治理重大工程建设体系。

（2）纳入推动京津冀生态协同发展大局。建议按照京津冀协同发展和建设京津冀世界级城市群的战略要求，统一编制“京津冀生态建设协同发展规划”，统一投资标准、质量标准，划定资源上限、环境底线和生态红线，建立京津冀区域生态联动的协同合作机制，实现三地建设资金、任务、进度统筹安排，实现森林资源总量和质量双提升，消除“生态梯度差”，推动京津冀生态建设协同发展，形成生态建设的有效合力，为持久稳定地保障首都水安全和生态安全建好坚实的屏障。建议国家在京津冀协同发展大框架下出台支持首都“两区”建设的指导意见。

（致谢：参加实地调研和讨论工作的专家有国际欧亚科学院院士毛汉英研究员、中国科学院院士叶大年研究员，以及刘毅研究员、王劲峰研究员、张贵祥教授、刘盛和研究员、鲍超副研究员、王振波副研究员、李广东副研究员、马海涛副研究员、张蔷高级工程师、孙思奥助理研究员、康蕾助理研究员，博士生刘海猛、任宇飞、罗奎、崔学刚等，他们为本文的完成做出了重要贡献，在此一并致以非常诚挚的谢意！）

（作者：方创琳，中国科学院地理科学与资源研究所研究员，国际欧亚科学院院士，长江学者特聘教授，博士生导师）

城镇化进程中城乡接合部村庄管理体制转型

一、城乡接合部村庄管理体制转型问题的提出

城镇化的推进在地域空间上通常是一个“插花式”渐进过程，随着城市扩张，城乡接合部新设立街道办事处时，其辖区范围内仍有不少村庄。由于区位条件便利、居住成本较低，“城中村”集聚了大量外来人口和低端产业，并普遍表现出管理水平低、人口密度过高、人居环境恶劣、安全隐患突出等问题，成为城镇化进程中矛盾最为集中的地区。

在各类“城中村”中，“非属地城中村”的问题尤为突出。依照法律，新设街道辖区范围内的“城中村”均应由属地街道办事处统一管理。但是受到“街不管农，乡不管居”的二元管理体制束缚，部分地区依然将之交给原所属乡镇管理，这样的村庄就是“非属地城中村”。

当前，“非属地城中村”的行政管理体制不顺问题已成为制约新型城镇化建设的瓶颈。比较而言，那些实现了属地化管理的村庄虽然也存在基础设施建设滞后、居住环境差、卫生和社会治安差等问题，但管理主体明确，职责分工相对清晰，在发展与转型过程中社会管理矛盾相对较小。而“非属地城中村”由于隶属关系复杂，涉及的利益主体众多，造成管理交叉、职责不清等问题，利益矛盾十分集中，私搭乱盖、治安混乱、环境脏乱差等问题难于治理。更为严重的是，非属地管理固化了二元体制矛盾，阻碍了农转居和市民化的进程。由于缺乏改革动力，不论是乡镇还是街道、农民还是居民，都没有足够的改革意愿，致使非属地问题久拖不决、遥遥无期，城镇化质量受到严重影响。

近年来，各地为推动城中村的整治改造出台了许多政策举措。例如，北京市从两道绿化隔离带建设到城中村改造的“一村一策”，从城乡接合部规划实施到50个重点挂账村整治，从集体土地建设公租房试点到60个市级重点整治地区重点村专项整治，政府付出了巨大努力。虽然这些工作为城乡一体化改造和打破城乡二元体制积攒了不少经验，但是城中村的属地化管理体制改革问题尚未引起足够重视，未纳入试点的村庄缺乏有效的政策指导，而且不断还有更多的“非属地城中村”出现，成为新的政策难题。

针对以上问题，迫切需要开展城中村属地化管理问题的研究，这不仅有助于推进管理主体

和管理职责的移交，解决属地化管理这一区划法制的矛盾，更能够通过理顺管理体制，解决城中村改革的瓶颈，对于推动以人为核心的新型城镇化建设具有极其重要的意义。

二、北京市“非属地城中村”的基本情况

近年来，北京市的城镇化水平不断提高，居于全国前列。北京市统计局和国家统计局北京调查总队2014年发布的首都城镇化发展分析报告显示，北京的城镇化率已达86.2%，居全国第二位，与高收入国家城镇化水平接近。然而，由于城镇化建设的快速推进和城市建设用地的拓展，农村与农业用地不断受到城市发展的排挤和占用。根据2014年统计数据，北京原有的3900多个村庄中，有1200个村已经纳入中心城区、郊区新城和小城镇的城市建设范围。其中，一部分村庄已经实施属地化管理，但仍有相当一部分“非属地城中村”。

2016年，笔者在北京市民政局的支持和配合下，向各区及其下属街道发放了问卷，从而系统掌握了各辖区范围内“非属地城中村”的总体情况。调查表明，北京市共有“非属地城中村”155个，分布在丰台区、海淀区、通州区、顺义区、大兴区、怀柔区、延庆区7个市辖区的32个街道办事处（表1）。

表1 北京市“非属地城中村”数量统计

市辖区	功能区	城中村个数	涉及街道个数
丰台区	城市功能拓展区	54	11
海淀区		8	6
通州区	城市发展新区	12	3
顺义区		39	5
大兴区		9	2
怀柔区	生态涵养发展区	12	2
延庆区		21	3
总计		155	32

上述“非属地城中村”的面积总计337742.4亩；共有户籍人口33.5万人，其中农业户籍人口占34.2%；常住人口618879人，其中外来人口占47.7%；有29个“城中村”规划拆迁，20个“城中村”正在进行拆迁，60个“城中村”已完成拆迁，另有46个“城中村”未进行拆迁规划工作。根据问卷调查所获得的103个“城中村”集体资产数据，共涉及可量化的集体资产70.1亿元，其中约42%已经以股份形式分配到个人，未分配的集体资产占58%（表2）。

表 2 北京市“非属地城中村”基本情况统计

	总数	均值	最大值	最小值
数量（个）	155	—	—	—
城中村面积（亩）	337742	2179	17467	28
集体管理土地（亩）	117439	758	5933	0
农业户籍人口（人）	335290	2164	10800	0
常住人口（人）	618879	3993	67000	0
可量化集体资产（亿元）	70.1	0.45	—	—
无拆迁规划（个） 已规划拆迁（个） 正在拆迁（个） 已完成拆迁（个）	46 29 20 60	未量化（个） 量化但未股权分配（个） 量化且完成股权分配（个）		56 40 59

城中村在地理位置，与中心城区或新城的空间关系，人口、耕地和集体资产状况以及城镇化进程等方面存在很大差异，这些因素对于城中村的改造及管理都有很大影响。基于以上影响因素，结合辖区调研、实地走访及调查问卷的结果，确定以区位、外来人口比例、户籍人口、集体管理土地、户籍转非比例、村庄拆迁进展、集体资产处置情况和街道－乡镇相邻度 8 项指标作为体现城中村差异性的关键指标。其中，“街道－乡镇相邻度”指城中村所在街道与所属乡镇是否相邻，属于区划管理维度指标，反映乡镇对下辖非属地城中村提供服务、进行管理的难易程度。“区位”指标反映城中村的地理位置，具体分为处于“中心大团”范围内的城中村和外围市辖区的城中村。“集体管理土地”和“户籍人口”是村庄规模维度指标，反映村庄建设规模和未来拆迁体量等情况。“集体管理土地”具体指不包括宅基地、农业用地在内的由村集体统一管理处置的土地。“户籍转非比例”“村庄拆迁进展”和“集体资产处置情况”是城镇化进程维度指标，三者从人口、拆迁和集体资产三个角度反映城中村改造的推动进展。其中，“村庄拆迁进展”分为“尚未拆迁”“规划拆迁”“进行拆迁”和“已拆迁”四类；“集体资产处置情况”分为“未量化”“量化但未股权分配”和“量化且以股份形式分配”三类。

根据上述 8 项指标对非属地城中村进行聚类分析，将它们分为 4 类，分别命名为“滞后村”“完成村”“难题村”和“飞地村”。分类情况见表 3，分布情况见图 1。

表 3 北京市“非属地城中村”的类型及其特征

指标		类型一：滞后村 49 个 （31.6%）	类型二：完成村 37 个 （23.9%）	类型三：难题村 57 个 （36.8%）	类型四：飞地村 12 个 （7.7%）
区划管理	街道－乡镇相邻度	相邻（100%）	相邻（100%）	相邻（100%）	不相邻（100%）

续表

指标		类型一：滞后村 49 个 （31.6%）	类型二：完成村 37 个 （23.9%）	类型三：难题村 57 个 （36.8%）	类型四：飞地村 12 个 （7.7%）
空间区位	区位	外围（100%）	外围（100%）	中心（98.2%） 外围（1.8%）	中心（50%） 外围（50%）
	外来人口比例	35.1%	4.8%	38.0%	14.8%
村庄规模	户籍人口（人）	1130	1349	3367	3172
	集体统一管理土地（亩）	446	302	1260	1047
城镇化进程	户籍转非比例	47.2%	98.1%	55.1%	86.7%
	拆迁进展	尚未拆迁（81.6%） 已拆迁（18.4%）	尚未拆迁（2.7%） 已拆迁（97.3%）	尚未拆迁（54.4%） 正在拆迁（31.6%） 已拆迁（14.0%）	尚未拆迁（25.0%） 正在拆迁（16.7%） 已拆迁（58.3%）
	集体资产处置进展	尚未量化（44.9%） 量化未分配（24.5%） 量化且已分配（30.6%）	尚未量化（27.0%） 量化未分配（18.9%） 量化且已分配（54.1%）	尚未量化（31.6%） 量化未分配（1.7%） 量化且已分配（66.7%）	尚未量化（50.0%） 量化未分配（33.3%） 量化且已分配（16.7%）

第一类（滞后村），指农民转居、集体资产处置等城镇化进程较为滞后的“城中村”。此类“城中村”占总数的31.6%。其特点是分布在延庆、怀柔、顺义、通州等外围市辖区，外来人口比例比较高，城镇化进程也较为缓慢。农业户籍人口转非比例仅为47.2%，八成以上的城中村尚未拆迁，完成集体资产量化且以股份形式分配到个人的“城中村”仅占30.6%。

第二类（完成村），指拆迁、农转非等工作基本完成的“城中村”。该类“城中村”占总数的23.9%，主要分布在大兴区、顺义区和通州区。绝大多数“城中村”已完成拆迁工作（97.3%），转非比例也高达98.1%，外来人口比例很小，平均集体管理土地最少，仅有27%的完成村尚未完成集体资产量化。

第三类（难题村），指改革措施和城镇化进程难以推动的“城中村”，共有57个，分布在丰台区和海淀区。其特点是区位条件好，处在中心城区范围内，集聚了大量的外来人口。村民对未来从“城中村”改造中获得收益持有较高期望，因而转居意愿并不强烈。受此影响，这类“非属地城中村”的改革措施实施难度极大。

第四类（飞地村），指所在街道与所属乡镇不相邻的“城中村”共有12个，表现出明显的

“飞地”特点。主要分布在顺义区和丰台区，其中大部分“城中村”正在拆迁或已完成拆迁上楼（75%），转非比例也较高（86.7%），尚未量化集体资产的占50%。

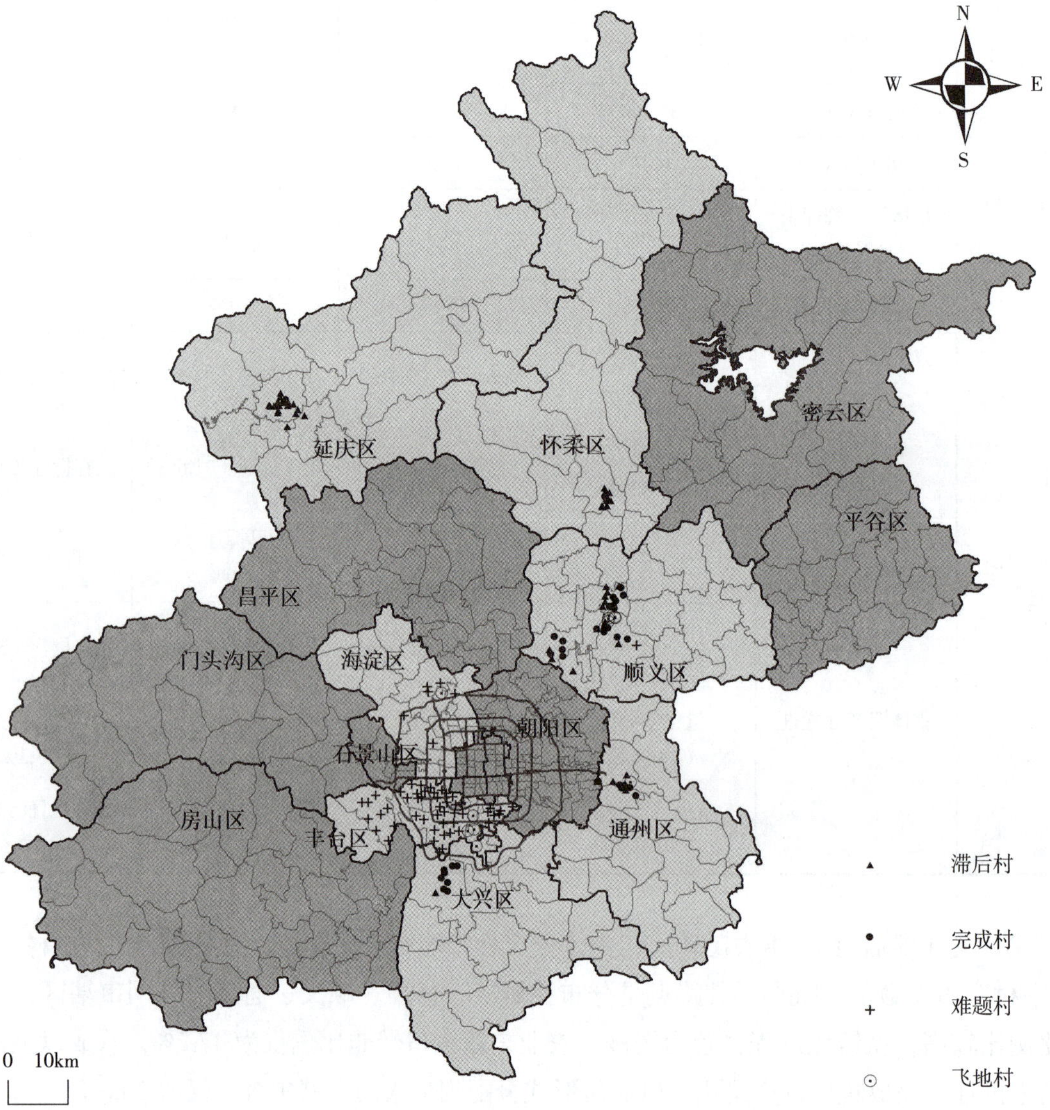

图1 北京市各类型“非属地城中村”的空间分布情况

三、“非属地城中村”的主要问题及其形成原因分析

“非属地城中村”存在的主要问题，一是管理主体和职能模糊，街道难以涉足“城中村”的管理和监督，形成街道“有责无权”，乡镇“有权无责”的局面。二是行政管理效率低下，百姓办事不便。街道与乡镇、村居委会、各部门之间的很多事项均需协调解决，工作机制不畅，管理效率低下。居民既要与街道及辖区内职能部门打交道，又要与乡镇的相关部门打交

道，办理日常事务十分不便。三是环境、治安问题突出，管理力量不足。“非属地城中村”治理水平滞后，缺乏规范和标准，管理较为松懈，环境和治安问题尤为突出，环境卫生“脏乱差”，基础设施严重超容，居住环境恶劣，安全隐患突出。由于流动人口较多，人员构成复杂，管理力量不能满足需求，管理人员捉襟见肘。

通过对区县和街道的走访调查，笔者对“非属地城中村”的形成及其迟迟无法转为属地管理的原因进行了深入探讨，发现主要存在以下三方面的原因。

一是设立街道时，人为“制造”“非属地城中村”。新设立街道通常要满足一定的人口规模标准，为了满足街道设立标准，人为扩大区划范围、增加区域人口。由于街道没有能力承担过多的农业人口和涉农事务，只好由原属乡镇进行管理。设立街道以后，“城中村”集体土地征用、农民转居工作等问题未能及时解决，政策又规定“城中村”管理的交接工作暂缓，保留乡镇和“城中村”原有管理权属不变。在“城中村”转制工作迟迟不能收尾的情况下，“非属地城中村”问题便被长期遗留下来。

二是村庄异地搬迁产生整体回迁小区。在城市道路建设和基础设施改造项目中，原有村庄用地转化为城市非居住用地，居民只好搬迁到其他街道的社区居民点中。由于回迁村农民转居、集体资产处置工作滞后以及集体土地问题的长期遗存，“城中村”的建制保留下来，形成“非属地城中村”。

三是北京市的“逢征必转”政策引发农民转居遗留问题，造成大量“非属地城中村”。2004 年，北京市政府印发《北京市建设征地补偿安置办法》（第 148 号令）。其中第十九条规定：“征用农民集体所有土地的，相应的农村村民应当同时转为非农业户口。应当转为非农业户口的农村村民数量，按照被征用的土地数量除以征地前被征地农村集体经济组织或者该村人均土地数量计算。”根据上述规定，如果村集体还有部分土地未被征用，那么就会有相应比例的村民不能实现转居，且村级建制不能撤销，成为引发“非属地城中村”的根源，同时也给有条件“撤村建居”、纳入街道管理的“城中村”带来了制度障碍。

四、“城中村”管理体制转型的难点和政策障碍

基于对顺义区、昌平区、海淀区民政部门及相关街道、“城中村”的调研和实地考察，笔者对北京市“非属地城中村”纳入街道办事处管理存在的难点进行了归纳。

第一，管理制度和管理思想束缚。由于二元管理体制，街道办事处和乡镇的管理体制、管理职能存在明显差异。“城中村”具有城市和乡村的双重特征。街道既要管理居民，又要管理农民，既要进行社会事务的监督管理，又要处理大量涉农事务，统一管理有较大难度。“非属地城中村”的管理也受到街道和乡镇两方管理思想的限制，街道不愿意管，管起来麻烦；乡镇不愿意放，放不下利益。城中村纳入街道后，街道需承担更多的管理职责，增加了管理的工作量；而乡镇也不愿放下对城中村的管理权利，对交出“城中村”的管辖权后的经济收益也存在很多顾虑。

第二，集体资产量化和处置滞后影响制度改革。其中包括：集体资产种类多，范围大、核查和价值清算难；集体资产享有者的身份不易认定，缺乏公平、统一的量化和分配标准；集体经济发展自身存在的资金闲置和集体资产流失等问题阻碍集体资产的量化和处置等。

第三，“城中村”村民转居意愿不强，阻碍制度转型。受各种因素影响，“城中村”村民的转居意愿并不强烈。首先，对未来征地拆迁补偿价格提高存有预期，对拆迁转居工作持保留、观望态度，农转居难度越来越大。其次，村民可以从集体获得更多实际利益，影响转居意愿，一旦转为城市居民，享受补贴的资格也随之失去。再次，作为房屋和土地的既得利益者，村民转居和就业积极性普遍不高，有的甚至存在抵触情绪。此外，村民担心融入城市后能否适应角色转换，存在心理压力，在教育、卫生、供水供电、社会治安等日常生活方面对村委会产生惯性依赖。

第四，城镇化征地拆迁办法存在漏洞，造成新的历史遗留问题。城市建设征地以利益为出发点，遗弃低价值土地，土地问题的长期遗留阻碍城镇化进程。政府和开发商通常只征收需要的、容易征收的、具有开发价值和潜力的土地，对于难以开发或经济价值不高的土地则不予征收，从而剩下了部分细碎化程度很高、缺乏经济价值的“边角”土地，成为“城中村”转制过程中的遗留问题。此外，征地补偿政策和农民转居政策不符合实际，异地安置政策和后续措施不到位。148 号令将转居人员比例与土地比例挂钩，受此影响，很多“城中村”都剩余少部分未征用土地和少数未转居村民，形成村居混杂局面，成为“非属地城中村”管理和转制的难点。

五、对“城中村”纳入属地街道进行管理的建议

根据实地调研，笔者认为具备以下条件的“非属地城中村”可以实行属地化管理。一是“城中村”集体资产股份制改革完成度较高，实现股权分配到人、产权量化到人。在集体经济改革基础上按照法定程序建居，先改制后改居，对于保护村民利益具有重要意义。二是“城中村”的城市化进程发展到一定程度。这样的“城中村”一般具有“四多四少四难”的特点，即拆迁征地多、涉及农民多、外来人口多、历史遗留问题多；集体经济发展空间少、农民就业岗位少、农民收入少、文化娱乐少；社会治安管理难、集体经济组织发展难、村民就业安置难、凝聚广大人心难。这样的“城中村”在发展过程当中面临更多问题，推动改革的必要性更强。三是已基本完成旧村改造，村集体和农户的土地基本已被完全征用，村民也已实现转非安置并回迁上楼，村改居、农民转为市民已成为必然，宜及时进行改革，纳入街道管理。

基于前面对北京市“非属地城中村”的摸查情况，目前北京市已有超过半数的“非属地城中村”符合以上条件。这些“城中村”已经发展到一定程度，资源、资金、人力等要素也形成了一定集聚。资金的积累可以对改革过程中所需的一系列投入提供基础性帮助，而人力和资源要素也为村域内市政、环境设施、基础设施与城市整体相接轨提供了必要条件，这些都是“城中村”纳入街道管理必不可少的。

1. 完善政策措施，避免产生新的“非属地城中村”

一是取消农民转居与征地比例挂钩政策。停止现有148号令征地“农转居”政策，将农民转居作为独立的城镇化程序实施，避免出现由征地引起的村民、市民混杂。在农民转居时，实行农村居民的全征全转，防止多主体交叉管理。建议在征地或搬迁上楼时将“城中村”村民全部统一转为城市居民，一次性实现农民户籍身份的市民化。剥离依附在农业户口上的一系列权益和关系，避免相关权益阻碍“城中村”的“农转非”进程。在户籍制度方面，保障“城中村”顺利纳入属地街道管理。

二是完善街道办事处设立标准。以能否完成辖区内村庄的管理和涉农工作作为设置街道的参考依据，避免划入过多的农业人口，超出街道管理能力。在取消传统户籍制度、建立居民户口登记制度后，街道设立标准也应进行相应更改，不宜按照非农人口比例进行设置，而应考虑将城市社区的数量和比例纳入体系中。街道办事处的设立是城镇化发展到一定程度的产物，而非城镇化发展的目的。街道办事处在中心城区和远郊区的设立标准可以有所不同，但应有利于各类资源的整合利用，节约管理成本，强化地区建设和统一管理。街道办事处在设立之初应明确与辖区内城中村的管理关系，完成管理职责从乡镇到街道的移交工作。街道办事处要转变管理观念，把“城中村”工作重点放在提供公共服务和社会事务管理上，不必等“城中村”土地、转居和集体资产问题彻底解决后再开展过渡工作。

三是对“城中村”土地实行整块征用，避免产生土地遗留问题。针对尚有剩余土地未被征用的“城中村”，未来土地征用要实行整块征用。不仅对项目规划内有价值的土地进行征用，也要对周边小块、零散、边角、低价值土地进行征用，实现土地征用的一步到位，避免因土地遗留问题阻碍“城中村”的转制和属地化进程。

四是完善“城中村”转居的管理，推进农村市民化进程。加强对村民的服务和管理工作，推进农村居民的市民化进程。提前谋划居委会的筹建，实现村、居委会的顺利衔接和过渡。在居委会成立之前率先成立党组织机构，对建居之前的各项工作进行统一管理，对建居前的几项重要工作进行重点把关与监督。对于存在村委会和居委会共存的特殊情况的“城中村”，要将工作重点放在理顺村委会、居委会工作机制方面。另外，不断完善社区公共服务和管理制度，积极引导村民的健康生活方式，实现村民向市民的过渡，促进村民市民化。

2. 理顺管理机制，为城中村的属地化管理铺平道路

一是明确属地责任，建立“费随事转”的工作机制，避免出现多头管理、推诿扯皮问题。出台政策文件，明确街道的辖区管理责任，确定改革时限。在规定期限内完成“非属地城中村”由乡镇到街道的移交，乡镇不再负责街道辖区内“城中村”的管理，同时出台政策规定，为移交工作提供制度保障。街道不仅要对属地内的户籍居民负责，而且要依法承担起辖区内全体居民的管理责任。属地辖区内的居民，不论集体组织是否撤销、农业户口性质是否改变，都享有属地公共服务和参政议政的权利，同时也必须依法承担相应义务。探索公共事务管理工作机制，权随事走、费随事转，充分调动街道的管理积极性。街道承担“城中村”社会管理和公共服务的同时，要同时享有乡镇、集体企业、政府等委托组织划拨的相应经费，保障权利、义

务、责任对等。明确工作标准和管理职责，减少由政策规定不到位而引起的管理缺位、相互推诿等现象，避免出现模糊性规定，减少误会与争端，避免管理交叉。

二是完善街道对集体经济的扶助和监督机制，保障集体经济的良性发展。其一，街道要积极对集体经济发展进行指导帮扶，积极开展招商引资工作，不断为集体经济注入活力。其二，对集体资产的合理经营予以帮助，引导村集体企业从土地财政向实体经济转变，健全完善各项管理制度，真正建立激励与约束相结合的现代企业运行机制。其三，对于已经成立的、具有现代企业制度特征的公司，街道应对集体资产的运营管理进行监督，严格执行财务会计和审计制度，规范集体资金的用途。

3. 确定改革优先级，对各类“城中村”进行有针对性的指导和改革

由于北京市各“城中村”处于改革与发展的不同阶段，有针对性地制定措施很有必要。根据调研分析，笔者认为应优先进行完成村和飞地村的管理模式转变，其次进行难题村的社会事务管理改革，最后推动滞后村的属地化管理进程。

第一步：尽快完成飞地村和完成村向属地化管理模式转变。完成村主要为城镇化工作基本完成的远郊区“城中村”。在政府的政策扶持与政策推动下，“城中村”已经基本完成农民转居和资产量化工作，部分“城中村”居民也已顺利实现搬迁上楼。但是由于集体资产的处置和分配缺乏相关政策规定与指导，大量“城中村”在清产核资后集体资产处置工作处于停滞状态，村级建制无法在短期内撤销，很大程度上延迟了“城中村”的撤村建居工作，严重阻碍了“城中村”纳入街道管理的进程。尽快完成相关工作能够有效避免未来产权分配时出现更多的不确定性，若暂时搁置反而容易出现更多问题。飞地村与所属乡镇距离较远，街道与乡镇间的沟通协调、“城中村”居民日常办事很不方便。因此，也应把飞地村的属地化管理放在优先位置。

推行村集体资产交由街道办事处代管、监督的财务管理模式，推动“城中村”属地管理进程。一是建立适应村转居社区纳入街道管理的相关工作机制。进一步明确村转居社区两委和集体经济组织之间的关系与各自职责，特别是经济职能应单独剥离开，把社区两委的职责定位在管理社区、服务居民上，通过集体资产改制解决经济管理的职能问题。二是在街道办事处设立“城中村”财务管理的相关科室，负责“城中村”账务和资金的管理。村委会会计定期到街道办事处财务管理办公室报账并进行代管资金的核对，村里所有的资金和收入都交由财务办公室，街道将资金统一存入各村单独的银行账户。村监督委员会和街道办事处审计员要对资金进行审计与监督，以避免村委会和街道办事处对村集体资金的滥用或挪用。三是加强资金管理网络平台建设，促使村集体资金管理与使用的公开与透明，实现街道对集体资产的信息化管理。通过信息化建设，对各“城中村”的资金、资产、资源进行网络化管理，将农村财务管理、土地承包和流转管理、招投标管理、合同管理、资产监督等整合在网络平台当中，构建村集体资产管理的数据库，使村集体和街道办可以进行统一管理与监督。

第二步：着力推进难题村的社会事务管理改革。近年来，随着土地价格的飙升，中心城区内“农民”身份的价值也显著提升，“农民”标签不仅意味着可以在地价高涨时从集体土地中分一杯羹，也可以从集体经济中不断获得补贴、分红。农民对自身身份的价值期望越来越高，

大大增加了难题村改革的难度。强行推进改革工作，会大大增加成本，结果很可能收效甚微。由于多头管理与交叉现象严重，管理的矛盾和难度也十分突出，难题村改革工作带有很强的必要性。因此，在坚持改革的基础上，可以将重点放在社会事务管理改革方面，尽可能地理顺管理机制，减少管理矛盾，逐步实现城中村管理主体的更替。

对难题村进行改革，首先要合理分解村委会工作职能，完善“费随事转”的工作机制。村委会只保留处置集体资产的职能，逐渐消化其他社会职能，在村集体成员不再增加的前提下，逐渐完成“城中村”城镇化进程。完善“费随事转”的工作机制，由村集体对街道的管理成本和管理费用进行补贴，保障管理和服务工作的顺利进行。其次，充分利用土地流转试点、棚户区改造等各类政策，推动难题村改革进程。最后，将“城中村”社会事务交由街道负责，通过责权利的重新分配，逐步实现城中村管理主体的更替。将“城中村”的社会管理、城市管理和社区工作交给街道办事处，改变街道“权小责大”的普遍现状，由街道履行村民的公共服务和社会管理工作。街道对辖区内村民和居民的日常事务进行统一管理，完善属地化职责，进行管理资源的整合，逐步实现管理主体由村委会向街道办事处的更替。

第三步：有序推动滞后村的城镇化和属地化管理改革进程。滞后村大部分为处于远郊的“城中村”，城镇化水平较低，管理矛盾相对较弱。另外，由于这些地区近年来才逐步完成了县改区和设立街道的工作，街道职能尚不完善，将“城中村”直接移交街道管理的条件有限，宜将滞后村改革放在各类“非属地城中村”改革的最后，进行“城中村”纳入街道的准备工作，将集体经济产权制度改革和农民转居作为“城中村”的工作重点，扎实推进城镇化基础工作，为“城中村”纳入属地街道管理奠定基础，有序推动属地化进程，在条件成熟时期完成管理职能的移交。

因此，要加速推进农民转居和农村集体资产的界定与清产核资工作，在明确权属关系的前提下，保留村集体所有或交由属地街道办事处代管。同时，要合理、公平地完成集体资产的量化与分配工作，明确集体资产的分配对象和分配依据。充分考虑到农民履行的村集体发展义务和应享有的相关权益，设计出合理的股权分配方案。

（作者：高晓路，中国科学院地理科学与资源研究所；许泽宁，中国科学院大学；王忠云，北京市民政局）

城市共享单车观察

一、共享单车的发展现状

知识经济已成为继农耕经济、工业经济之后的第三种新经济形态，知识已成为放大全部生产力的“乘数型”生产力。知识化带动工业化，知识经济与传统实体经济深度融合催生了大量的新服务、新业态、新模式，形成了引领经济社会转型发展的新动能。共享经济、租赁经济都是知识经济的形态，本文将以此为基础，研究城市共享单车的发展现状及发展策略。

（一）共享单车现状

“互联网+”背景下孕育而生的共享经济，带来了全新的生产模式、消费模式和企业运营模式。共享单车是伴随着互联网、云计算、大数据和人工智能等浪潮而兴起的与出行息息相关的新事物，将互联网和自行车租赁进行融合，是新型环保共享经济的典型应用场景。它的出现，解决了“最后一公里”的难题，有利于缓解城市交通拥堵，方便了人们的日常出行。共享单车作为中国本土创新的一张名片，被誉为互联网时代“新四大发明”之一、“中国民族品牌”，并走出国门，“骑”向世界。

中国共享单车市场经历了三个发展阶段。第一阶段，国外公共单车模式开始引进国内，由政府主导，分城市管理，大部分为有桩单车。第二阶段，专门经营单车市场的中小型企业开始大量涌现，但公共单车仍以有桩单车为主。第三阶段，随着互联网时代经济社会的快速发展，以OFO为首，各种大大小小的互联网共享单车企业应运而生，由于无桩单车更加便捷，大量的无桩单车开始取代有桩单车。

各大城市道路两边摆满了各式各样的共享单车，种类繁多：OFO、摩拜（mobike）、永安行、1步单车、小白单车、优拜单车、小鸣单车等，共享单车企业已经达到60多家。截至2017年7月，国内共享单车累计投放量约1600万辆，带动10万人就业。共享单车全行业日订单5000万左右。平均每辆共享单车的骑行频次超过3次，达到3.125次。

从需求方面看，原本定位主要在校园的共享单车开始走向城市，为地铁站点、公交站点、居民区、商业区、公共服务区等提供单车共享服务。2017年共享单车用户规模达2.09亿人，市场规模为102.8亿元；预计2018年用户规模将达到2.98亿人，市场规模将达到178.2亿元。

从市场融资情况看，60多家共享单车品牌中，仅仅有15家公司公开宣布过获得融资。2017年上半年内，共享单车以22起融资成为分享经济领域内融资事件数最多的细分领域，融资额达到104.33亿元。其中，摩拜和OFO两大龙头已经获得几轮融资，累计金额也超过10亿美元。从用户分布上来看，20~39岁的年轻化群体成为单车用户的主力军,12~19岁的用户更多集中于初中、高中学生，而20岁以上的用户则更多为大学生以及城市上班族。大部分用户根据自身需求择期选择单车出行，每天都使用的用户则是在上学、工作中已形成使用习惯，成为共享单车的黏性用户。从使用者的地区分布上看，主要集中在一二线等人口密集城市。

（二）盈利模式

与大多数新兴互联网业态一样，融资是互联网企业生存和发展的主要模式，如何实现快速盈利，仍是未来相当长一段时间内困扰共享单车运营企业的“痛点”。共享单车当前主要的收入渠道如下。

一是租金收入。共享单车的第一个收入来源是租金收入，它也是共享单车企业的主要收入来源。决定共享单车租金的因素主要有三个：注册用户数、使用频次和价格。目前摩拜和OFO的注册用户都在千万以上，OFO超过3000万用户，这对企业收入增长起着至关重要的作用。注册用户数量越庞大，说明愿意使用共享单车的目标客户越多。从使用频次看，根据有关媒体的公开报道，杭州城市公共自行车的使用频率为3.75次，这个数据考虑到了天气等情况，是全年数据的平均值。从杭州的地理位置看，这个数据作为全国的平均数应该有较强的参考性。而无桩公共单车的消费频次理论上会更高，每天7次左右的使用频次是比较客观的。从价格看，各共享单车的价格一般在0.5元至1元之间。

二是用户保证金。准确地说，应该是用户保证金运营所产生的收益，这是共享单车的第二个收入来源。按照摩拜和OFO两大共享单车企业各1000万用户计算，摩拜收取的保证金在30亿元左右，而OFO也有10亿元以上。这笔巨额沉淀资金，在现阶段互联网金融投资的模式下，在法律允许的范围内，运营商可以利用网络平台进行资金的交易与其他服务，创造利润。即使按保守的银行理财产品收益率计算，每年也会给公司带来数千万乃至过亿元的收益。

三是广告收入。用户群体的扩大，带来了广告效应，运营企业可以在App上植入广告，也可以在共享单车的车身上印刷广告。

就共享单车自身运营而言，虽然车辆本身的使用寿命、骑行次数直接关系到企业的盈利能力，但是就资金流动而言，活跃用户数、沉淀资金及资金运用能力则是短期内能否带来更多收入的核心指标。

（三）新技术创新与应用

各家单车公司在拼颜色、拼价格、拼入口、拼融资的同时，一系列诸如云平台、大数据、智能硬件和物联网技术（IOT）等高科技都集中应用到了这一新兴事物上。

共享单车设点的广泛性使得共享单车的可操作性大大提高，“随靠随停，无后顾之忧”的宣传也吸引了用户的眼球；云平台提供弹性伸缩的基础设施，使数据中心的计算资源能够支撑扩张的速度；在复杂的城市里，人流在商业区、娱乐区、办公区、社区、居民区的轨迹，车辆离散的半径，都对数字化管理能力提出很高的要求。共享单车在运营的过程中产生车辆分布信息、运行数据、使用频率等短途出行大数据，通过对平台大量用户使用数据进行挖掘，能够依靠数学模型提前预测什么时候挪车、挪车数量，优化路径，为共享单车管理提供解决方案，为政府的城市规划、公共交通疏导、人口流动监测等模块提供“可视化”参考，促进共享单车的资源有效配置，提高共享单车维护管理的效率，降低共享单车运营成本，从而增大盈利。

智能硬件和物联网技术等主要表现在以下方面。

1. GPS智能锁

共享单车锁利用锁里面的GPS定位模块传输定位数据到运营商的服务器，然后由服务器处理这些数据。用户骑车时只需要扫一扫二维码，App就会把开锁请求发送给服务器处理，处理完之后，服务器就会给锁下达解锁的命令。GPS智能锁里面都会装有SIM卡或者集成了SIM卡的IC芯片，数据通过GPRS流量来传输。

2. 智能充电和刹车技术

永磁无刷直流电机利用电磁感应原理实现自充电和刹车功能。电机的转子上固定着由钕铁硼制成的圆环状磁钢，磁钢套设在缠绕多个线圈的定子外周。当自行车行驶时，带动套设在车轮轴上的行星齿轮系转动，同时利用离合器单元传输来的力带动转子转动，从而与定子发生相对运动。根据电磁感应原理，线圈中会产生感应电流，经过整流电路后，为电池充电。当接受用户的刹车操作时，CPU会控制开关器件，将原本作为负载的蓄电池转换为供电电源，定子中的交流电变大，使得定子磁场强度增大。该磁场会在相邻绕线柱、气隙、转子之间形成一个磁回路，从而阻碍转子的运动。

3. 免充气防爆轮胎

现有的充气轮胎容易被扎或者爆胎，给骑行带来极大的不便，而且会缩短轮胎的使用寿命。现有一种镂空加强筋免充轮胎，该轮胎由轮胎体、双排通孔和加强筋构成，具有不怕扎、弹性好、耐磨、节能环保等特点。轮胎体由可降解的橡胶制成，其侧面均匀环形分布有两排通孔，通孔内部设置有弹性的加强筋。

4. 无桩技术

有桩单车需要打桩、埋线设停放点，前期投入大，需要到固定桩点借车还车，且长期占用城市土地资源。无桩共享单车主要靠的是定位系统和计费系统，随借随还。

5. 电子围栏技术

电子围栏是目前最先进的周界报警系统，它由电子围栏主机和前端探测围栏组成。电子围栏主机产生和接收高压脉冲信号，并在前端探测围栏处于触网、短路、断路状态时产生报警信号，同时把入侵信号发送到安全报警中心；前端探测围栏是由杆及金属导线等构件组成的有形周界。共享单车用户在取车、骑行、停车时均能在手机App上看到清晰的禁停提示信息，引导用户将车辆停放在这一区域以外。

6. NB-IoT

NB-IoT（narrow band internet of things，窄带蜂窝物联网）是IoT领域一个新兴的技术，支持低功耗设备在广域网的蜂窝数据连接，也被叫作低功耗广域网（LPWA）。NB-IoT支持待机时间长、对网络连接要求较高设备的高效连接。

共享单车采用的具备NB-IoT芯片技术的智能锁，相比传统的机械锁来说，具有低功耗不再用发电的巨大优势。NB-IoT基于现有蜂窝无线网络2G基础，能为物与物间的通信提供更全面、更好的网络覆盖度，也支持多处连接，对终端的功耗要求更低。NB-IoT芯片能让单车在网络信号非常差的情况下仍然可以扫码开锁。

7. 集成芯片小型化

MT2503是联发科在2015年年底推出的针对可穿戴设备设计的芯片，是一枚高度集成、体积小巧的系统级封装物联网芯片，单核设计，频率260MHz。支持蓝牙3.0，集成2G调制解调器。支持GPS和北斗多重卫星定位系统，具有全球卫星导航系统（GNSS）。共享单车的位置信息可以通过MT2503进行定位、发送、传输。

二、共享单车的问题与治理

（一）共享单车的问题

知识经济是一种以信息技术研发为动力，以信息产业发展为载体，以信息基础设施为支撑，以信息化增值应用为核心导向的新型经济形态。

共享单车被称为城市里的一面镜子，既照出了骑车人的个人素养、文明程度，又照出了各家单车公司技术上的漏洞、管理上的缺陷。它存在着法律法规规制不足、消费者道德义务观念不强等问题，特别在经营方面，存在涉嫌侵害消费者财产安全权、人身安全权、公平交易权、信息安全权等情况和隐患，直接影响消费者权益。

在共享单车火爆的背景下，由于共享单车商业模式的“几何式”复制，新的共享单车企业不断涌现，共享单车的投放量也节节攀升，短时间内也为社会、共享单车平台企业带来了诸多难题。

1. 共享单车的使用与停放问题

（1）用户层面。共享单车使用过程中普遍存在恶意损毁、占为己有等不文明行为。对共享单车的破坏行为可谓多种多样，如扒轮胎、卸车座、拆链条、涂车牌号和二维码，甚至存在将车辆扔到河或湖中、喷漆占为己有、在车座上插针等种种恶劣行为。种种破坏行为给共享单车平台企业的运营带来了新的挑战。

（2）企业层面。企业的问题主要是激烈竞争下的粗放式投放策略，缺少对用户不文明用车、违规停车的相关惩罚措施，对共享单车的管理也不到位。企业为抢占市场纷纷大量增加单车的投放量，用户选择过多。

企业对用户使用单车过程中出现的不文明行为很难进行约束，也缺乏有效的引导规范机制。

企业持续发展的动力归根结底是盈利能力，在进入一个新领域时，必须进行严格的风险评估。如果企业对市场状况、企业自身缺乏足够的认识，就注定会出局。

（3）政府层面。制定制度滞后，缺乏精细化的标准和规定。政府对共享单车乱停乱放现象，采取的措施往往是城管机构收缴车辆，无法像机动车辆违规那样对用户进行直接处罚。用户的违法成本相当低，这就无法起到规范市场的作用。

2. 共享单车企业运营问题

高科技在共享单车中的应用，能够降低企业在共享单车回收、管理方面的成本支出，但其高昂的制造和维护成本，也成为共享单车运营不得不面临的问题。在共享单车企业中，OFO单车造价在500元左右；以高科技著称的摩拜一代，成本在2000元左右，实现批量生产后成本才有所下降；小蓝单车一直不吝于在单车上下成本，其发布的一代产品造价就达到了1000元，二代产品Bluegogo pro的造价达到2000元，几乎与摩拜一代的造价持平，被称为最好骑的单车。小蓝单车高昂的造车成本和运维成本，是造成小蓝单车倒闭的原因之一。

3. 用户权益缺乏保障

由于行业发展的自发性、高效性，以及相关监管政策的滞后性，面对复杂多变的局面、不断涌现的各种问题，用户的权益也难以得到维护。

共享单车模式中存在涉嫌侵害用户的人身、财产、信息安全权、知情权等问题。例如，人们普遍关注的押金问题，共享单车平台承诺“押金、余额随时可退”，而实际上押金退还屡屡遭到无故拖延或不能直接退还。

对整个行业而言，这笔押金是庞大的。那么在一充一退这段时间，这部分账户是不是处在监管的灰色地带？企业又拿这些钱去做什么了呢？这些问题都亟须得到第三方机构的监管，以防止押金被挪作他用。

共享单车的质量也存在着一定的隐患，原因在于共享单车绝大多数都是行业外进入的，除了摩拜单车建立了自己的生产基地外，其余运营商均委托自行车生产企业进行生产。用户的信息安全、骑车过程中遇到意外事故如何保障等问题仍需要解决，这也是共享单车企业必须承担的义务。

4. 骑行环境有待改善

长期以来，城市道路规划理念突出机动车优先，导致自行车出行基础设施缺乏，出行环境差，缺少自行车道，共享单车的火爆与自行车道的数量不匹配。现有的自行车道宽度不够，骑行人的路权得不到保障，机动车进入非机动车道、公共汽车进出站，严重威胁骑行人的安全。自行车基础设施大多仅限于现有城市道路，未从居民出行便捷方面考虑，设计粗糙、简单，缺乏长期的规划。城市普遍重视休闲绿道建设，忽视日常出行的自行车设施的改善。

5. 社会环境问题

共享经济能够发展和壮大的前提是信用体系的存在，由于历史原因，部分居民信用意识缺乏，导致在市场经济活动中出现了失信行为。目前我国的整体信用环境处于较低水平，国家层面权威统一的信用体系仍亟须建立和完善，社会整体的信用文化和信用环境仍需不断培养和提高。

我国信用体系的建设过于落后，针对个人信用信息管理的法律法规较少。一方面是信用相关法律法规的缺乏；另一方面是我国各信用机构没有统一标准，信用市场缺少统一规范和有效管理，导致出现不正当竞争现象，损害了公民的个人权益，使公民对于公共信用体系的建设在一定程度上有所抵制。法律法规的缺失带来的最直接影响就是惩罚机制不健全，违法成本过低，致使不能对信用犯罪形成强有力的法律威慑。同时，个别地方政府存在地方保护主义，不严格执法甚至包庇信用犯罪行为，进一步加大了信用体系建设的难度。市场的不成熟还导致难以吸引优秀人才，进一步导致行业发展缓慢。

企业除了承担传统的经济角色之外，还要承担社会代理人的社会角色。企业作为社会资源的代理人，不仅应该为其所有者服务，而且也要为员工、消费者、所在社区群体等利益相关者服务。

总的来说，无论是从信用相关行业整体运行机制、行业规模，还是从所提供的服务质量来看，与西方发达国家相比，我国的信用体系仍存在一定差距，需进一步完善和提高。

（二）共享单车的治理

共享单车解决了“最后一公里”的出行难题，低碳环保，也不失为一种健身方式，但是，它也给城市管理带来了诸多难题，如车辆乱停乱放侵占出行空间、过量投放催生新型城市垃圾、部分人恶意破坏丢弃、押金监管缺位以致发生危机等。“共享单车”已进入“下半场”，“上半场”暴露出来的问题，将继续考验企业、政府和众多用户。

为了让共享单车的市场更加有序和稳定，管理规范化，本文将从政府环境、经济环境、社会环境和技术环节等因素影响进行相关讨论。

1. 政府规范管理措施

首先，应当建立共享单车准入和退出的法治化机制。目前，多家共享单车企业分布在各大城市，这些单车的性能关乎道路交通的安全与秩序，然而，许多城市没有设定共享单车的准入门槛。企业登记信息中经营范围的表述，没显示共享单车的类别。究其原因，企业经营范围的登记是参照国家统计局《国民经济行业分类表》中的表述，而表中未列入共享单车，只能选看上去近似的“网络科技”。共享单车投放的数量也没有精准控制，部分企业投放共享单车之前并没有准确地向政府职能部门报备。从管理的角度看，企业在投放单车之前，必须向所在地交通行政管理部门如实通报投放的数量，由政府根据辖区慢行交通的停车空间、人口数量、交通结构等因素进行大数据分析，确定投放车辆的规模。目前，上海已牵头由自行车行业协会制定共享单车的性能标准、服务标准。在退出机制方面，应树立以下准则：一是对投放使用的单车设定安全技术指标。一旦投放市场的单车出现毁损、报废，应及时回收维护。二是投入运营的单车企业，应接受政府有关部门的抽查，对企业的服务质量进行考核。目前存在的问题主要是现行立法规定产品流通领域归工商部门管，但共享单车并未流通，而是直接投入使用，因此质量抽查存在的执法盲点有待填补。三是对于使用一定期限的车辆强制报废。如果发现企业在运营中丧失行业准入条件的，应及时予以淘汰，通过动态监管使行业退出机制发挥实效，保证行业服务水平。

其次，政府应当对共享单车企业的押金进行监管。绝大多数企业要求用户必须先缴纳押金才能使用单车。可以预计的是，一辆共享单车可同时与好几个用户签约，押金将成倍增长，但投入的成本却几乎不变。大量资金完全由企业掌控会不会引发变相融资？如果企业宣布破产造成资金链条断裂怎么办？例如，2017 年，随着各大城市严格限制共享单车的投放量，部分企业也出现用户“押金挤兑”的现象，导致企业陷入诚信危机，部分企业被迫退出市场。对此，政府应当实现对企业押金专户专用的监管。例如，《上海市规范发展共享自行车指导意见（试行）》提出中国人民银行上海分行负责企业资金监管，但由于许多共享单车企业总部注册地在北京，在其他地方只成立分公司，它们的开户行只设立在北京，造成地方银行无法有效监管企业的押金账户。弥补目前资金监管的短板，必须通过完善立法的手段解决。

最后，政府应适时控制共享单车的投放量，并通过城市规划实现停车难题的综合治理。2012 年《国务院关于城市优先发展公共交通的指导意见》提出“构建以公共交通为主的城市机动化出行系统，同时改善步行、自行车出行条件”的发展目标，并明确推进自行车道、公共停车场等配套服务设施建设的手段。但由于城区规划较早，停车场地不足，车辆占道停车问题严峻。共享单车出现之前，城市规划并没有预见到大量的共享单车会成为接驳工具，因此在公交站台、地铁站、商业街区附近并没有预留足够的单车停放点。共享单车的出现令城市规划部门始料不及，有限的城市停车空间和快速增长的单车之间形成新的矛盾。共享单车的投放量必须由企业与政府沟通决定，尤其是在市中心，由于城市规划布局留给停车的场所有限，大量单车涌入必然挤压空间。为了推进骑行交通发展，城市规划中应适当考虑增加非机动车辆停放场所，截至 2017 年 4 月，上海中心城区共有非机动车停车点 17481 个，停放点长度 409 千米。但停车区域空间仍然有限，企业维护力度不够，用户随意停放造成停车问题依然严峻。各区政府应以“交通相宜、衔接接驳”为原则，合理规划非机动车停放点。企业也应投入人力、物力，解决共享单车的无序停放和“潮汐”问题。

此外，司法机关应当加强对共享单车的司法保护，抓典型案例开展普法教育。良好的秩序必须靠规则去培育，司法机关要加大力度保护公众财物免受非法侵害。对此，一要加大对盗窃、毁损共享单车违法行为的惩戒，抓典型个案实现普法目的；二要借助互联网、大数据手段，通过企业信息共享，将违法骑行人纳入黑名单以示惩罚。

2. 企业规范管理措施

政府部门需要在第一时间与企业对接，积极要求企业建立独立实时的大数据的共享平台，在服务企业发展的同时，也要严格要求企业规范管理旗下的共享单车。共享单车的融资方式虽然受到政府的支持，但不能仅是融资的工具，也需要企业承担一定的社会责任。例如，企业需要对自己生产的每一辆共享单车的质量进行保证，并且制定好相关租借的条款，向公众展示，积极为营造良好的社会环境做出努力。同时，不断研发新科技，记录、定位自己公司旗下的共享单车，防止出现共享单车乱停乱放、阻碍交通的现象，也可防止出现共享单车被私用的乱象。

实时监控和定位，也能给使用者一定的压力，能有效减少共享单车乱穿马路、闯红灯的情况，甚至能大大降低撞车、损坏车辆事件的发生。针对共享单车阻碍社会交通的现状，企业也应当增加管理人员，尽可能做到实时监控，及时改变单车不合理的停靠位置，在和其他共享单车企业竞争时，不能为了体现自己低价便捷的优势而放弃承担自己的社会责任，要形成企业互联网文化，形成共享经济意识。

3. 个人规范管理措施

个人作为共享单车的消费者和受益者，也应当自觉遵守道德及法律原则。虽然共享单车推出的初衷是为了方便人们的生活，甚至可以随取随停，但是，没有人被允许将共享单车停靠在高速公路上或是私藏共享单车于家中，刻意损坏共享单车更是对社会道德的挑衅。城市服务的进步，设备的完善，是社会经济发展的体现。因此，每个人的心里应有一套衡量的标准，不能因为自己需要而将共享单车据为己有，停入自家的车库等；也不能因为自己心情不佳而损坏公共财产，恶意破坏共享单车，或者给共享单车双重上锁。自律是一切行为的前提，自律的同时也要劝阻他人的不文明行为，营造文明的社会环境、经济环境。

共享单车的发展，打破了公共汽车、私家车、地铁出行的固定模式，在一定程度上使得原有交通结构产生了改变，其治理须兴利除弊，发挥其绿色低碳、便捷接驳的优点。同时，低成本、便捷的共享单车也会使得购买自行车的群体数量大大减少，会冲击当前自行车零售和维修业。但不可否认的是，站在共享观念发展和改善民生的高度来看，共享单车毫无疑问是利大于弊的。

为了更好地使共享单车服务于大众群体，政府应统一认识，重新认识定义这一产业，制定相关规范并严格执行，积极引导共享单车在当前激烈的市场竞争中有序发展，努力让大众的出行变得更加便利，城市交通更高效。大力倡导共享经济的文化，推动共享经济治理体系和治理能力。企业应更加提升自己品牌共享单车的技术水平，完善监督管理机制。使用者则应当努力提升自己的素质和修养，做到严以律己、高度自律、文明行车。只有三管齐下，才能营造良好的政府、经济、技术环境，为我国共享经济更好、更规范、更健康的发展保驾护航。

三、共享单车发展的前景分析及相关建议

党的十九大报告提出，推动互联网、大数据、人工智能和实体经济深度融合，在创新引领、绿色低碳、共享经济等领域培育新增长点，形成新动能。这为地方政府推动互联网共享单车的发展提供了新思路。共享单车不仅是知识经济推广发展的载体之一，而且也是当前交通领域重要的社会化表现形式。

在过去两年中，共享单车企业从强势崛起到面临危机；共享单车领域的两巨头摩拜和OFO在滴滴和阿里的资本角逐下，推到了被合并的边缘；当前也出现了共享单车商业模式是伪

命题的声音，但共享单车作为共享经济的一个成功的应用场景仍然被看好。

（一）前景分析

1. 投融资机制更加透明，资本管理更加规范

共享单车产生之初，就有不少人对其押金的使用途径提出过质疑，随着融资规模和融资轮数的增加，相信其投融资机制会更加透明。同时，有效引入社会民间资本，在保障融资渠道畅通的同时，确保资金用到实处，进而保证用户押金安全，减小融资失败所带来的舆论压力和资金风险。

2. 单车种类进一步缩减，合并是趋势化选择

种类繁多的单车是企业在抢占市场时期的典型特征，但随着市场占有率的稳定和消费习惯的形成，单车市场将会逐步合并重塑。到了成熟阶段，很可能市场上仅存在两三个不同的单车品牌，单车用户的选择也将趋于一致化。

3. 移动支付深度融合，单车使用更加便捷

以前使用不同种类的单车需要下载不同的App，而目前除了摩拜外，其余的单车都可以通过支付宝进行开锁使用，简化了手机应用，方便了用户。未来支付宝等平台会覆盖所有单车种类，实现支付统一化。

4. 单车管理更加规范，成熟机制逐步形成

共享单车将构建一套完整的用户信用系统来激励用户规范骑行并举报违规行为。多家共享单车公司可能会借助公安系统、银行征信系统，建立一个具有共同基础标准的信用系统。另外，未来应出台关于乱停乱放的处罚、适用人群的规定、事故责任判定、相关赔偿机制等一系列相关法律法规，单车用户的守法意识和维权意识将得到增强。

5. 单车覆盖面更广，向三四线城市及海外城市发展

目前大部分的共享单车分布于国内的一二线城市，由于共享单车使用方便、成本低廉，随着人们短途出行习惯的形成，共享单车将成为生活必需品。因此，在当地政府的积极支持和推动下，相信共享单车的使用范围将会得到进一步拓展。

（二）相关建议

互联网技术的发展造就了共享单车在我国的快速发展，但不可否认的是，目前我国共享单车走的还是资本轰炸的粗放型发展道路，共享单车运营企业的发展压力仍然巨大。资本的逐利特性决定了它不会允许所投资的企业无休止地烧钱，这就迫使企业必须以战略眼光，尽快从技术、管理和服务创新入手，迅速改变目前的困境，走上持续健康发展的道路。

（三）政府方面

1. 加强市场监管，政府有所作为

市场的道德不足，需要政府来弥补。政府应将共享单车纳入城市公共交通体系，从政策上

完善配套措施，将市场与宏观调控相结合，加强监管和维护，通过政策保障需求方利益，同时规范消费者行为，为共享单车创造更好的运营环境。

2. 引导建立统一的市场规则，适度鼓励市场竞争

没有竞争就没有发展，没有发展就没有进步。对于市场来说，竞争会让企业有危机感，竞争是企业进步和创新的动力和源泉，一定要鼓励竞争，防止单车市场走向过度垄断，导致企业随意控制价格，破坏市场和消费者的利益。同时，过度竞争会带来产能过剩和资源不合理分配，政府一定要把控好这个“度”。

（四）企业方面

1. 客户押金纳入监管，按比例进行缴存

由第三方官方平台按企业收取押金的一定比例进行缴存，将客户押金纳入管理。其目的是为了更好地运用经济手段管理共享单车机构，促进融资渠道畅通的同时，也保证了用户的资金安全。

2. 对使用人群进行实名认证，方便责任追究

企业在用户使用前需对每一个用户进行实名认证，对 12 岁以下的小孩及一些不适合使用单车的人群应不允许其使用。使用时间、单车号码及客户名字应通过大数据进行统一记录，方便有关责任的追究。

3. 收费标准与用户信用挂钩

共享单车应构建一套完整的用户信用系统，用户的信用评分根据单车每次还车质量、落锁位置、支付是否及时等结果要素共同构成智能反馈，进行综合评估，不同的信用等级对应不同的消费单价，从而激励用户爱护单车，自觉养成遵守法规的行为。

4. 配套相应保险，完善保障机制

可以为每辆单车投入一个平均单价较低的保险，保费缴纳比例可以在用户和商家间进行合理分配。一旦有事故发生，不但可以保障用户的赔偿权益，同时也可以减少意外事故给运营商带来的损失。

（五）个人用户方面

加强精神文明建设宣传，培养互联网文化认同感。加快推进个人诚信记录建设，制定个人失信行为认定、等级划分和分类监管制度，对存在严重失信行为的个人，将相关信息共享至联合奖惩信息系统，采取联合惩戒措施。

当今的知识经济时代，在知识驱动下，人们生活、学习与生产的节奏空前加快，各种经济现象及其支撑体系的生命周期则加速缩短。这导致企业面对的市场环境、竞争态势云谲波诡，企业的生存与发展面临空前挑战。共享经济作为知识经济的一种特殊经济形式，通过网络技术使闲置资源在供方与需方之间得到精准配置，实现“物尽其用”和“按需分配”的价值目标。共享单车的发展是“互联网+共享模式”下的趋势，未来或许还会出现如共享汽车、共享住房

等很多的共享模式。共享单车市场虽然存在一些问题，但从全寿命周期成本和经营效益来分析，在短期内都有很大的前景，不论是对政府、企业还是用户，都有着十分重要的意义。

发展共享单车，应从绿色化、制度化、系统化和方法化入手，不断培育用户共享经济思维，营造社会知识经济文化。参与各方也应勇敢担负起互联网时代应有的社会责任，通过信息技术改造社会，创造利润和价值，赢得移动互联网时代的一席之地。

（作者：葛新权，北京信息科技大学教授，博士生导师，绿色发展大数据决策北京重点实验室主任，主要研究方向为循环经济、大数据决策等；胡涵清，北京信息科技大学讲师，高级工程师，主要研究方向为数据治理与流通、物联网技术等）

民间评议政府的“金秤砣奖”

2013年，为落实中央“保障人民知情权、参与权、表达权、监督权”的精神，积极实践《中华人民共和国政府信息公开条例》及相关文件的规定，深圳市马洪经济研究发展基金会（以下简称“马洪基金会”）在深圳创立了“金秤砣奖”民间评议活动，至2017年已连续举办4届，并在2016年成功推广至全国，开展了针对31个省/自治区/直辖市和32个省会城市/自治区首府/计划单列市的政府财政信息公开“金秤砣奖”评议活动。2017年在广东省开展了针对广东21个地级市（包括广州、深圳等两个副省级城市）2016年度政府信息公开“金秤砣奖”评议活动。“金秤砣奖”评议活动在全国开了民间对政府工作进行评议的先河，促进了政府信息公开，加强了公众对政府的监督力度，增进了政府与社会的互信，是民间自行发起的一次富有探索意义的实践，也是马洪基金会带领智库百人会坚持主动创新，充分发挥群众首创精神，主动根据新形势和新要求，坚持改革创新精神的重要体现，展现了建设性公众参与这一推进社会治理现代化与政府决策科学化的重要路径。

一、“金秤砣奖”的背景和初衷

（一）马洪基金会及智库百人会简介

马洪基金会和智库百人会是“金秤砣奖”评议活动的发起者、举办者和活动主体。

1. 马洪基金会简介

马洪基金会，是我国国家级高端智库——中国（深圳）综合开发研究院（以下简称“综合开发研究院”）为纪念中国经济研究咨询事业的创始人、中国社会智库的创始人、综合开发研究院的创办者马洪，于2011年发起成立的社会公益性组织。马洪基金会开社会公益组织之先河，自成立以来，以敢为天下先的独立精神，在深圳连续举办了五届政府工作民间评价论坛，成功举办了四届评价政府工作的“金秤砣奖”民间评议活动；建立了我国第一家具有鲜明草根特色的民间智库平台——深圳智库百人会；依借强大理事资源，举办了系列高端理事专题报告会；发挥政府的参谋助手作用，推动社会治理的改革和创新。马洪基金会于2015年荣获“全国先进社科组织”称号。

马洪基金会现任理事长李罗力，是南开大学教授、博士生导师，现任中国经济体制改革研究会副会长、综合开发研究院副理事长。李罗力曾长期担任综合开发研究院副理事长兼秘书长职务，2007 年退休后，仍然坚持为社会做出自己的贡献，并且将自己发挥作用的领域从原来的经济研究和智库管理的领域，延伸到社会公益领域。2011 年在综合开发研究院常务理事会的批准支持下，他发起并创建了马洪基金会。

2. 智库百人会简介

智库百人会是由马洪基金会于 2013 年发起的新型智库组织，吸纳深圳市各界的行业智者和专才精英，建成深圳市范围最广、内容最丰富、影响最大的“智愿者”智库平台。

智库百人会建立的宗旨是汇聚民间智慧，聚焦民意民情，搭建民间智库平台，致力于发现和解决当前社会发展过程中存在的热点、焦点、难点问题；开展政府工作民间评价，推动社会改革和社会创新，实现政府民间良性互动，共建民主法治不断进步的和谐社会。智库百人会已成为马洪基金会开展政府工作评价的骨干力量和支撑点。

作为马洪基金会建立的智库平台，智库百人会最大限度地发挥自己的影响力，为改进和提高政府工作的效率和质量献计献策，并在撰写“政府工作民间评价报告”中发挥主力作用。作为活跃在深圳各行各业第一线的，有社会抱负、有专业能力的“精英智愿者”，智库百人会以开放、多元、包容、理性的精神，整合民间智慧；用建设性的态度，推动发现和解决各种社会发展过程中存在的问题；用精湛的专业能力、聪慧的头脑和丰富的实际工作经验，为各级政府决策者处理社会、经济、科技、城市发展、社区建设等各方面问题出谋划策，提供最佳的理论、策略、方法。

（二）开展“金秤砣奖”评议活动的目的和创意

“金秤砣”之名称来源于广为传播的“天地之间有杆秤，那秤砣是老百姓”的民谣，这一想法源自智库百人会中的一位智者。在新形势下，行政体制改革和政府机构改革过程中，仍存在着行政权力运行不透明、不公开、不规范的问题，而目前亟须实现政府职能转变，打造服务型、责任型、阳光型、效能型政府，这就必须实现社会对政府的监督和评价，帮助政府解决过去实践中存在的问题，促进政府施政理念、治理能力、管理水平的全面提升，评议政府信息公开的“金秤砣奖”评议活动便应运而生。

2013 年，马洪基金会在深圳首创“金秤砣奖”民间评议活动，直至今日，已获得全国多家媒体的持续报道和社会各界的广泛关注，得到了大众的普遍支持与政府的高度评价。

特别值得一提的是，马洪基金会所开展的“金秤砣奖”评议活动，与党中央所提出的在完善和发展中国特色社会主义制度的基础之上，推进国家治理体系和治理能力现代化的全面深化改革总目标完全一致。推进国家治理体系和治理能力现代化需要来自社会的主动创新，马洪基金会充分发挥群众首创精神，主动根据新形势和新要求，坚持改革创新精神，推进国家治理体系和治理能力现代化，是其在坚持党的领导下进行民间主动创新的一次重要尝试。

二、“金秤砣奖”评议活动的启动：对深圳市政府公共服务白皮书的评议活动

（一）前两届深圳“金秤砣奖”的发起和举办

前两届金秤砣奖评议活动，主要是针对深圳市政府年度公共服务白皮书开展的民间评议活动。

深圳市政府年度公共服务白皮书是政府各有关部门向全社会公开承诺要解决的本年度公共服务事项，深圳市政府的这一举措实为政府公开透明和政府转型的重大改革举措，走在全国政府体制改革的前列。但是各部门白皮书中向社会承诺要解决的公共服务事项是否做到，社会和公众并不知情。尽管政府内部有绩效管理部门对此进行统计和考核，但缺乏社会第三方机构的监督，使得这项工作变成了政府的“自说自话”，缺乏社会的监督和政府公共服务信息的公开透明。因此，由社会第三方机构对这些公共服务事项是否完成以及完成的质量进行调查、评议和监督，就成为顺理成章的必要之举，而且完全符合党中央有关“保障人民知情权、参与权、表达权、监督权”的精神，完全符合习近平提出的党和政府各部门要进一步密切联系群众的精神，也完全符合政府工作要进一步公开、透明、规范和进一步加强社会对政府工作的监督的总体要求。

因此，马洪基金会带领智库百人会于2013—2014年主办了首届“金秤砣奖”评议活动——“2013年度深圳市政府公共服务白皮书金秤砣奖评选活动”，首次对深圳市43个区、委、办、局2013年度公开承诺的公共服务白皮书工作任务完成情况进行调查、评议，并根据得分高低评定奖项。完成白皮书任务得分最高者被评为“金秤砣奖”，其次是“银秤砣奖”，再次是“铜秤砣奖”，得分最低者被评为“纸秤砣奖”。活动于2013年7月开始筹划，由智库百人会总召集人及各小组召集人召开多次专题讨论会，形成工作方案。活动于2014年1月1日正式启动，至2014年2月23日举行百人专家现场评议会后结束。

第二届的“金秤砣奖”评议活动，再度以深圳市43个政府部门（包括各区及管委会、各市职能部门）公布的“2014年度公共服务白皮书”为评价内容。该活动于2015年1月开始策划，3月28日通过“开秤”仪式正式启动。6月13日百人专家现场评议会的成功举办，宣告第二届评议活动圆满结束。

（二）第一届评议活动首创对政府公共服务白皮书开展民间评议的维度和方法

第一届“金秤砣奖”评议活动以深圳市43个政府部门公布的“2013年度公共服务白皮书”中的工作任务目标为主要内容，主要评价四个维度：一是任务目标完成情况；二是社会公众的综合认同；三是网络舆情的年度表现；四是智库专家的整体评议。

同时，第一届“金秤砣奖”评议活动还首创了第三方民间机构评价政府工作的七大评议

方法，其中包括网络信息查询、政府部门自查自报、政府部门信息公开态度评价、社会问卷调查、奥一网跟踪评议、深圳新闻网年度舆情评价以及社会智库专家评议打分等。

（三）第二届评议活动不断完善对政府公共服务白皮书进行评价的指标体系和方法

第二届“金秤砣奖”评议活动的评议指标在上届基础上更加细化、科学、规范。

首先，第二届“金秤砣奖”评议活动在首届的基础上，对评议方法做了完善和细化。第一，排除了网络舆情的评议方法。第二，将深圳市10个区政府与其他职能部门分成两个独立的体系进行评议，即对10个区政府进行单独评议，且根据政府职能分类，将市政府办公厅、市法制办、市外办、市台办、市监察局、市审计局和市统计局这7个主要对内服务的职能部门与其余26个主要对外服务的职能部门加以区分。该届活动不再将这7个部门列入政府公共服务白皮书“金秤砣奖”评议，只对其他26个主要面向社会和公众服务的职能部门进行公共服务白皮书“金秤砣奖”评议。第三，深化了社会调查评议方法。问卷调查制定了14大指标，共66项内容，数据十分翔实，最后发布了《2014年度“金秤砣奖”民间评选活动政府公共服务白皮书社会调查报告》。第四，在奖项上，增设“政府部门政务信息公开金秤砣单项奖”。

其次，第二届“金秤砣奖”评议活动的评议指标也在上一届的基础上进一步完善，构建了“四方五度”的评价体系。“四方”是指这项评奖活动的参与方：马洪基金会、政府部门、社会公众和评奖专家；“五度”是指在整个评分过程中，都严格按照白皮书的“设计合理度”“完成履约度”“执行效能度”“公众参与度”和“社会满意度”来进行评价和计分。另外，在向政府发出的信息公开申请函中，更细化到每一项内容的完成情况，并请各政府部门按“五度”对各自的白皮书进行自评。将基础信息和数据提前3天提供给专家，让专家们有时间充分认真地考虑分析。将市文明办公布的2014年度各区公共文明指数纳入了对各区政府白皮书的评价体系，并作为一个重要的参考指标，增加了评价标准的客观性和准确性。

三、“金秤砣奖”评议活动的深化：针对深圳市政府信息公开的评议活动

（一）第三届“金秤砣奖”评议活动改为对政府信息公开水平进行评价

2016年，深圳市各政府部门不再公布年度公共服务白皮书，马洪基金会立即组织有关人士召开专家讨论会，认为“金秤砣奖”评议活动不能停止，而是应该继续对政府工作开展第三方的民间评价。为此，决定根据《中华人民共和国政府信息公开条例》等相关规定，对政府部门信息公开的水平进行第三方民间评价。因为政府信息公开是新时期政府转型的重要标志，是国家行政管理体制改革的重要内容，是党和政府依法行政的具体体现，是社会主义民主政治建设的必然要求。

本次评议活动最终将评议内容定为对深圳市42个政府部门（包括各区及管委会、各市职能部门）2015年度政府信息公开情况进行评价，关键是考察和评价政府部门信息公开工作是否

按照《中华人民共和国政府信息公开条例》等相关法律法规执行，以及执行的水平如何。

本次评议活动选取深圳市各区及管委会、各市职能部门的信息公开情况进行评议，通过不断深化及完善评议内容，科学化、客观化评议方法及评议指标体系，最终赢得了深圳市许多政府部门的认可和大力支持，客观上帮助了政府改进自身工作，推动政府科学施政，增进了政府与社会的互信。

（二）第三届“金秤砣奖”评议活动首创了对政府信息公开进行评议的方法

第三届“金秤砣奖”评议活动是第一次对深圳政府信息公开情况开展评议，在评议指标和评议方法上均进行了重新设计。

第三届评议活动设置了信息公开制度建设、信息公开范围、信息公开的方式和程序、信息公开工作年度报告、申请信息公开制度建设反馈情况 5 个一级指标。信息公开制度建设下设健全的协调机制等 4 个二级指标；信息公开范围下设社会发展规划及相关政策、政府采购预算等 9 个二级指标；信息公开的方式和程序下设是否通过各渠道主动公开政府信息等 10 个二级指标；信息公开工作年度报告下设是否有发布工作年度报告等 3 个二级指标；申请信息公开制度建设反馈情况主要为各部门 2015 年度政府信息公开制度建设反馈表。

采用的评议方法：一是完全客观地对各政府网站所公开的政府信息进行网络查询；二是按照政府信息公开条例的规范要求，向各政府部门申请公开其相关制度建设的情况；三是对政府部门是否在公共场所设立信息公布及查询设施，进行现场调查和实地复核；四是首次委托市信息无障碍研究会，对各政府部门能否按照国家规定做到无障碍信息公开，进行专项调查和评议；五是对政府各部门的年度信息报告进行分析和研究。为了凸显信息无障碍的重要性，第三届评议活动特设立一个单项奖——政府信息无障碍民间评议活动金秤砣奖。

（三）第四届“金秤砣奖”评议活动进一步完善对政府信息公开进行评价的指标体系和方法

首先，第四届“金秤砣奖”评议活动在第三届的基础上，继续完善并细化评议指标。共设置三项一级评议指标：政府信息主动公开评议指标、政府信息依申请公开评议指标、政府信息无障碍化建设水平测评指标。政府信息主动公开评议指标包含政府信息公开的范围、政府信息公开的方式和程序、工作年度报告、政府政策解读及互动回应、政府网站功能 5 个二级指标，政务信息、机构信息等 24 个三级指标。政府信息依申请公开评议指标更注重考察政府信息公开的时效性、规范性、完整性、准确性。同时仍委托专业信息无障碍化团队对各官网展开信息无障碍化测试打分。

其次，第四届“金秤砣奖”评议活动对上届的评议方法又做了进一步完善。一是完全客观地对各政府网站所公开的政府信息进行网络查询；二是以信函方式向政府发起信息公开申请；三是委托市信息无障碍研究会，对各政府部门能否按照国家规定做到无障碍信息公开，进行专项调查和评议。

总的来说，第四届“金秤砣奖”评议活动使得对政府信息公开的评议标准和评议方法不断完善，进一步坚持了依法评议和客观公平评议的原则。今后每年的评议活动都将继续保持科学、客观、公平，不断优化评议方法，肩负起政府工作民间评价的使命。

四、马洪基金会在深圳市开展“金秤砣奖”评议活动的效果

（一）深圳市政府各部门对金秤砣奖评议活动的态度由怀疑、抵触到支持、欢迎

在第一届“金秤砣奖”评议活动中，马洪基金会向深圳市 43 个政府部门发送了申请信息公开函，只有 26 个部门给予回复，回复率为 60.5%；第二届评议活动中同样向 43 个部门发送了申请函，有 40 个部门主动给予回复，回复率为 93%，回复率提高了 30% 以上。第三届评议活动中向 42 个部门发送了申请函，有 37 个部门主动给予回复，回复率为 88%。而第四届评议活动中向 41 个部门发送了申请函，有 39 个部门主动给予回复，回复率为 95%。很多部门的态度也从质疑、抵触向积极支持和积极配合转变。

正如连续获得四次“金秤砣奖”的深圳市福田区政府代表、区委副书记余智晟在 2015 年度深圳“金秤砣奖”评议结果发布会上发表获奖感言时所说的那样：民间评议活动以民间、民众、民主的视角，对政府的信息公开、公共服务水平进行打分评价，其结果充分反映和体现了社会和百姓的感受，且客观、独立、公正，产生了巨大影响力。2016 年，首次获得“金秤砣奖”的罗湖区政府代表、区政府办公室副主任周建军在 2015 年度深圳“金秤砣奖”评议结果发布会上表示：“我们第一届是‘铜秤砣奖’，第二届是‘纸秤砣奖’，这次终于可以拿到‘金秤砣奖’了，这让我觉得过去 3 年在社会各界的监督下，罗湖区领导越来越重视社会第三方机构民间评议工作。”这些都凸显了深圳市政府部门对马洪基金会所开展的“金秤砣奖”评议活动的重视程度，既体现了“致力打造服务型政府”的决心，也体现出马洪基金会开展的“金秤砣奖”评议活动对于促进政府转型所发挥的不可替代的重要作用。

（二）深圳市社会各界及媒体对金秤砣奖评议活动的评价

深圳“金秤砣奖”民间评议活动是马洪基金会在公共治理方面从传统的垂直治理向现代化横向治理转型所开展的富有意义的探索。马洪基金会在民间对政府信息公开水平进行依法监督及评议方面探索出了一条可操作的有效路径，获得了来自社会及媒体的广泛赞誉。

原深圳市市长郑良玉对首届深圳“金秤砣奖”评议活动评价道：“本次活动是落实党的十八大三中全会精神，进一步深化改革的重要创举。”原深圳市社科联副主席、马洪基金会名誉理事黄发玉对第三届深圳“金秤砣奖”评议活动做出如下评价：民间组织作为第三方，有责任、有义务监督政府。以前对政府工作的评价都是上对下，政府部门一般是从上一级政府、上一级部门获得奖项，而不可能获得一个所谓的民间奖项。这次，马洪基金会对政府工作进行评价还颁布奖项，这样的做法符合现代社会的发展趋势。可见这项工作具有合理性与合法性。

不仅如此，《深圳晚报》《深圳商报》《南方日报》《晶报》等数十家媒体也对深圳“金秤

砣奖”评议活动做出了高度评价。例如，《深圳晚报》在 2016 年 6 月 20 日对深圳第三届“金秤砣奖”评议活动做了题为“让‘金秤砣奖’秤出百姓期许之重”的社论中写道：“金秤砣奖”在创办之初，受到舆论颇多质疑，质疑“金秤砣奖”究竟能走多久。毕竟这样的奖项虽然民众热情颇高，却可能遭遇有关部门冷眼。然而，近两年来，“金秤砣奖”评选已经成为常态，官方以热情回应着民众的热情，形成一种良性互动态势，这无疑也是深圳政治文明的一块试金石。

五、“金秤砣奖”评议活动的拓展之一：中国政府财政民生支出信息公开“金秤砣奖”评议活动

马洪基金会所开展的对政府信息公开的“金秤砣奖”评议活动获得了巨大的成功，得到了来自社会各界及深圳各政府部门的广泛支持和赞誉。因此，2016 年，马洪基金会将对政府信息公开进行评议的“金秤砣奖”活动推广到全国，开始对全国 31 个省/自治区/直辖市和 32 个省会城市/自治区首府/计划单列市进行政府财政民生支出信息的“金秤砣奖”评议活动。

（一）评议活动概述

2016 年 3 月至 2017 年 1 月，马洪基金会联合中国（深圳）综合开发研究院和深圳市迪博企业风险管理技术有限公司（以下简称“迪博公司”），开展了首届中国政府财政信息公开“金秤砣奖”评议活动。依据《中华人民共和国预算法》（2014 年修订）、《中华人民共和国政府信息公开条例》（国务院令第 492 号）的相关规定，参照《国务院办公厅关于印发 2015 年政府信息公开工作要点的通知》（国办发〔2015〕22 号）、《财政部关于开展地方预决算公开情况专项检查的通知》（财监〔2015〕84 号）等文件的具体要求，选取政府财政支出中有关教育、医疗卫生与计划生育、社会保障及就业、住房保障、节能环保五大重点民生领域的公开信息为研究对象，以 31 个省/自治区/直辖市（22 个省、5 个自治区、4 个直辖市）和 32 个省会城市/自治区首府/计划单列市（22 个省会城市、5 个自治区首府、5 个计划单列市，以下简称 32 个中心城市）为两个相对独立的评价范围，开展 2015 年度政府财政民生支出信息公开和政府财政民生支出水平两大板块的评价和分析工作。

（二）评议活动指标体系与方法简述

1. 评议指标

对中国政府财政民生支出信息开展“金秤砣奖”评议活动着重在两个方面：一是对各地政府在财政民生支出信息主动公开方面的评价，二是对各地政府在财政民生支出信息依申请公开方面的评价。

政府财政民生支出信息主动公开情况评价包含时效性、完整性、规范性 3 个维度。政府财政民生信息主动公开披露时效性评价，主要评估教育、医疗卫生与计划生育、社会保障和就

业、住房保障、节能环保相关的财政民生支出预算、预算调整、预算执行、决算情况的报告及报表是否在经本级人大或者人大常委会审议批准后的 20 日内对外公开披露，包括 2015 年预算报告披露时效性、2015 年预算执行情况报告披露时效性、2015 年决算报告披露时效性、2015 年调整预算报告披露时效性（若有涉及五大民生支出调整预算）4 项二级指标。

政府财政民生信息主动公开的完整性评价，包含预决算报告披露形式的完整性、预决算数据披露主体的完整性以及预决算报告财政民生领域数据披露的完整性 3 项二级指标。其中，披露形式的完整性着重于评价各项报告是否同时以报告和报表的形式进行披露；披露主体的完整性关注是否同时对本级和全省/自治区/直辖市汇总的财政民生支出数据进行了披露；财政民生领域数据披露的完整性关注是否完整地披露了教育、医疗卫生与计划生育、社会保障和就业、住房保障、节能环保五大民生领域支出的预决算数据。

政府财政民生信息主动公开的规范性评价，包含预决算报告公开形式的规范性、政府财政民生支出数据披露形式的规范性、预决算报表民生支出科目编列的规范性和预决算报表民生支出对比数据披露的规范性 4 项二级指标。其中，预决算报告公开模块的规范性对预决算报告及报表是否在政府或财政部门户网站“财政预决算”公开专栏公布进行评价；政府财政民生支出数据披露形式的规范性评价民生支出数据是否以报表形式进行披露；预决算报表民生支出科目编列的规范性对预决算报表中民生支出数据是否编列至类、款、项级科目进行评价；预决算报表民生支出对比数据披露的规范性，主要针对 2015 年预算报告和 2015 年决算报告中民生支出报表对比数据披露情况进行规范性评价。其中，2015 年预算报表民生支出对比数据，需同时披露 2014 年执行数、决算数和本年预算数，科目编列至类、款、项；2015 年决算报告民生支出报表对比数据，需同时披露年初预算数、调整预算数和决算数的对比数据，科目编列至类、款、项。

各地政府财政信息依申请公开方面的评价，主要是从回函时效性、回函形式规范性与回函内容完整性进行评价。

回函时效性上，各政府机关在收到财政民生支出信息公开申请函的 15 个工作日内予以答复，即为满足回函时效性要求；若申请延长答复期限，则应在收到信息公开申请函 30 个工作日内予以答复。

回函形式规范性上，政府财政民生支出信息公开函复函中，同时回复信息公开申请告知书和申请方要求的数据反馈表的，即为满足回函形式的规范性要求。

回函内容完整性上，若在政府财政民生支出信息公开函中以本研究所需的信息公开申请反馈表的格式提供政府财政民生支出数据，则称为以规范的反馈表提供了本研究所需的政府财政民生支出数据；若以其他表格形式、在信息公开告知书中以文字形式或网址链接形式提供了本研究所需的财政民生支出数据，则称之为以其他形式提供了本研究所需的政府财政民生支出数据。

政府财政民生支出水平评价是对各级政府 2015 年度财政五大重点基础民生领域支出情况进行分析，一是政府财政民生支出总体投入力度分析；二是分区域政府财政民生支出水平分析。

政府财政民生支出总体投入力度分析基于五大基础民生支出总额角度，对各地区2015年度政府财政民生支出总额增长率进行分析，评价各级政府财政民生支出水平总体变动情况，并将政府财政民生支出总额增长率与GDP增长率进行比较，以考察各地区在经济发展水平与财政民生投入上的差距。

分区域政府财政民生支出水平分析根据各省/自治区/直辖市2015年度人均GDP水平进行区域划分，并从财政民生支出水平和目标完成率两个维度，分别对各区域内政府财政在教育、医疗卫生与计划生育、社会保障和就业、住房保障和节能环保五大领域的民生投入情况进行评价分析，涉及22项具体指标。教育支出评价领域分为教育支出占财政支出比重的增长率、教育支出占GDP比重、人均教育支出、教育支出预算目标完成率、教育支出4%目标完成率5项具体指标。医疗卫生与计划生育支出评价领域分为医疗卫生支出占财政支出比重的增长率、医疗卫生支出占GDP比重、人均医疗卫生支出、医疗卫生支出目标完成率4项具体指标。社会保障和就业支出评价领域分为社会保障和就业支出占财政支出比重的增长率、社会保障和就业支出占GDP比重、人均社会保障和就业支出、社会保险基金累计结余增长率、社会保障和就业支出预算目标完成率5项具体指标。住房保障支出评价领域分为住房保障支出占财政支出比重的增长率、住房保障支出占GDP比重、人均住房保障支出、住房保障支出预算目标完成率4项具体指标。节能环保支出评价领域分为节能环保支出占财政支出比重的增长率、节能环保支出占GDP比重、人均节能环保支出、节能环保支出预算目标完成率4项具体指标。

2. 评议方法

政府财政民生支出信息主动公开评价主要是对31个省/自治区/直辖市和32个中心城市通过政府门户网站、财政厅/局官方网站、政务公开信息网、地方人大常委会网站等公开渠道公布的教育、医疗卫生与计划生育、社会保障和就业、住房保障、节能环保五大民生领域的财政民生支出信息的主动公开水平进行评价，涉及2015年预算报告、2015年调整预算报告、2015年预算执行情况报告和2015年决算报告及报表的时效性、完整性和规范性等内容。整个评价过程分为三个阶段来开展：评价指标设计阶段、报告搜集整理阶段、信息公开情况评价阶段。

政府财政民生支出信息主动公开评分采用百分制，取值范围［0,100］。采用层次分析法对财政民生支出信息主动公开的各分项指标进行评分，加总平均计分得到相应的二级指标分值，汇总各二级指标得分求均值，得到最终的信息主动公开评价总得分。此部分满分为100分，在政府财政民生支出信息公开评价体系中占70%的权重。

政府财政民生支出信息依申请公开通过向31个省/自治区/直辖市和32个中心城市发放政府财政民生信息依申请公开函，根据各级政府财政民生支回函情况，对依申请公开的财政民生支出信息披露情况进行评价，内容涉及2015年预算报告、2015年调整预算报告、2015年预算执行情况报告、2015年决算报告，以及2014年决算报告中教育、医疗卫生与计划生育、社会保障和就业、节能环保、住房保障五大基础领域的民生支出预算、调整预算、预算执行、决算数据依申请公开情况。政府财政民生支出信息依申请公开工作分三阶段：前期准备阶段、公开函发放阶段、公开函回收及评价阶段。

政府财政民生支出信息依申请公开评分采用百分制，取值范围［0，100］。评价方法上，采用层次分析法对各评价指标进行评分，汇总求均值，得到最终的依申请公开信息披露情况总评分。此部分满分为 100 分，在政府财政民生支出信息公开评价体系中占 30% 的权重。

政府财政民生支出水平评价基于教育、医疗卫生与计划生育、社会保障和就业、住房保障、节能环保五大重点基础民生领域，以全国 31 个省/自治区/直辖市和 32 个中心城市为两个相对独立的研究范围，对各级政府 2015 年度财政民生支出情况进行分析。在整个评价分析过程中，项目组分阶段从不同维度对政府财政民生支出水平的评价方法进行了探索和实践。具体来说，可以分为三个阶段：未划分区域的政府财政民生支出水平分析、未划分区域的政府财政民生支出水平评价分析（剔除支出结构合理性指标）、政府财政民生支出总体投入力度分析和分经济区域的政府财政民生支出水平分析。

在关于政府财政民生支出水平评价的三阶段评价过程中，若是受制于数据来源等多种因素的局限性，即便是最后一阶段的评价方法也仅能为评价和分析政府财政民生支出水平全貌提供一个视角，而不能精确地评判不同地区政府财政民生支出水平的高低时，则将该地区对应的评价指标评分按零分处理。

最后，根据主动公开和依申请公开所占权重，加权平均得到最终的政府财政民生支出信息公开指数总评分，并根据评价得分高低，分别评出各省/自治区/直辖市和各中心城市的“金秤砣奖”（综合得分最高的前三名）、“银秤砣奖”（综合得分第四至第十名）、“铜秤砣奖”（综合得分第十一名后至末尾三名前）和“纸秤砣奖”（综合得分最差的末尾三名）。

（三）评议活动结果及其简要分析

此次评议活动最终向全社会发布了 2015 年度中国财政民生指数“金秤砣奖”评选结果及 2015 年度中国政府财政（民生支出）信息公开分析报告，并为各省/自治区/直辖市分别撰写了专门的整改分析建议报告。

1. 评议结果

根据政府财政民生支出信息公开金秤砣评议标准，31 个省/自治区/直辖市政府财政民生支出金秤砣评议结果如表 1 所示，32 个中心城市政府财政民生支出金秤砣评议结果如表 2 所示。

表 1　各省/自治区/直辖市政府财政民生支出信息公开金秤砣评议结果

排序	省/自治区/直辖市	主动公开评价总评分（100 分）	依申请公开评价总评分（100 分）	政府财政民生支出信息公开指数（100 分）	评奖等级
1	上海	94.31	93.33	94.01	金秤砣奖
2	湖北	89.58	86.67	88.71	金秤砣奖
3	吉林	87.81	86.67	87.47	金秤砣奖
4	山东	88.96	80.00	86.27	银秤砣奖

续表

排序	省/自治区/直辖市	主动公开评价总评分（100分）	依申请公开评价总评分（100分）	政府财政民生支出信息公开指数（100分）	评奖等级
5	安徽	84.78	86.67	85.35	银秤砣奖
6	宁夏	88.88	76.67	85.21	银秤砣奖
7	湖南	84.33	86.67	85.03	银秤砣奖
8	天津	94.17	63.33	84.92	银秤砣奖
9	江苏	83.95	86.67	84.76	银秤砣奖
10	河北	90.94	63.33	82.66	银秤砣奖
11	黑龙江	82.22	80.00	81.56	铜秤砣奖
12	新疆	73.52	100.00	81.46	铜秤砣奖
13	云南	90.87	56.67	80.61	铜秤砣奖
14	山西	76.48	86.67	79.54	铜秤砣奖
15	江西	76.44	86.67	79.50	铜秤砣奖
16	浙江	78.30	80.00	78.81	铜秤砣奖
17	甘肃	80.60	73.33	78.42	铜秤砣奖
18	青海	73.32	86.67	77.32	铜秤砣奖
19	北京	75.31	80.00	76.72	铜秤砣奖
20	广东	73.88	80.00	75.71	铜秤砣奖
21	河南	68.01	86.67	73.61	铜秤砣奖
22	海南	67.30	86.67	73.11	铜秤砣奖
23	贵州	81.86	50.00	72.30	铜秤砣奖
24	陕西	77.43	50.00	69.20	铜秤砣奖
25	广西	67.18	73.33	69.02	铜秤砣奖
26	辽宁	60.84	86.67	68.59	铜秤砣奖
27	四川	60.66	86.67	68.46	铜秤砣奖
28	重庆	67.15	56.67	64.01	铜秤砣奖
29	内蒙古	63.68	53.33	60.58	纸秤砣奖
30	福建	64.95	0.00	45.47	纸秤砣奖
31	西藏	39.63	0.00	27.74	纸秤砣奖

表 2　各中心城市政府财政民生支出信息公开金秤砣评议结果

排序	城市	主动公开评价总评分（100 分）	依申请公开评价总评分（100 分）	政府财政民生支出信息公开指数（100 分）	评奖等级
1	沈阳	89.72	86.67	88.81	金秤砣奖
2	西安	88.75	86.67	88.13	金秤砣奖
3	青岛	85.54	86.67	85.88	金秤砣奖
4	济南	84.26	86.67	84.98	银秤砣奖
5	宁波	84.12	86.67	84.88	银秤砣奖
6	石家庄	88.23	73.33	83.76	银秤砣奖
7	南宁	85.34	80.00	83.73	银秤砣奖
8	厦门	86.45	76.67	83.51	银秤砣奖
9	深圳	83.69	63.33	77.58	银秤砣奖
10	南昌	70.74	86.67	75.52	银秤砣奖
11	广州	80.74	56.67	73.52	铜秤砣奖
12	昆明	70.19	80.00	73.13	铜秤砣奖
13	武汉	80.09	56.67	73.06	铜秤砣奖
14	呼和浩特	66.16	86.67	72.31	铜秤砣奖
15	合肥	65.80	86.67	72.06	铜秤砣奖
16	长春	65.00	86.67	71.50	铜秤砣奖
17	杭州	74.39	63.33	71.07	铜秤砣奖
18	福州	62.82	86.67	69.98	铜秤砣奖
19	南京	67.34	70.00	68.14	铜秤砣奖
20	海口	57.82	86.67	66.48	铜秤砣奖
21	兰州	61.94	70.00	64.36	铜秤砣奖
22	成都	57.31	80.00	64.12	铜秤砣奖
23	哈尔滨	63.80	50.00	59.66	铜秤砣奖
24	大连	49.72	80.00	58.81	铜秤砣奖
25	郑州	47.50	80.00	57.25	铜秤砣奖
26	乌鲁木齐	50.93	66.67	55.65	铜秤砣奖

续表

排序	城市	主动公开评价总评分（100分）	依申请公开评价总评分（100分）	政府财政民生支出信息公开指数（100分）	评奖等级
27	贵阳	71.53	0.00	50.07	铜秤砣奖
28	拉萨	36.30	80.00	49.41	铜秤砣奖
29	长沙	65.39	0.00	45.78	铜秤砣奖
30	太原	62.71	0.00	43.90	纸秤砣奖
31	银川	51.85	0.00	36.30	纸秤砣奖
32	西宁	49.02	0.00	34.31	纸秤砣奖

2. 评议简要分析

在此次评议活动中发现，各地政府在财政信息主动公开方面，普遍存在着汇总的财政民生支出预决算信息缺失、单独的预算执行情况报表缺失、预决算报表民生支出科目编列的细化程度不足、预决算报表民生支出对比数据披露不统一不规范、调整预算报告的民生支出信息主动公开质量较低、财政民生支出预决算信息公开渠道有待进一步规范等问题。而在政府财政信息依申请公开方面，能够完整公开所申请的财政民生支出信息的地区非常少，依申请公开全省/自治区/直辖市及全市汇总预决算数据的地区也比较少，各地区所提供的调整预算数中，项级科目数据缺失较为严重，对预算执行信息重视程度不高，各中心城市政府信息依申请公开质量普遍低于各省/自治区/直辖市政府。

针对以上问题，马洪基金会评议活动项目组提出了加强人大对政府财政预决算的全过程监督、进一步明确财政信息公开的主体责任、进一步优化财政预决算公开统一平台建设、进一步完善财政预决算编报、重视财政预算执行和预算调整等过程性信息的公开、进一步增强政府财政民生支出信息公开的意识等政策建议，来提升我国政府财政民生支出信息公开水平。

（四）评议活动得到社会各界的高度评价

“2016 中国政府财政信息公开‘金秤砣奖’——2015 年度政府财政（民生支出）信息公开分析报告”发布会暨研讨会于 2016 年 12 月 10 日在北京召开。与会专家、社会各界人士给予了密切关注和广泛好评，新华社、《经济参考报》、光明网等 30 多家新闻媒体做了大量报道及转载。

发布会上，全国人大财经委副主任、原中国人民银行副行长吴晓灵在致辞中表示，完善财税制度要靠三个方面的努力：一是发挥人民代表大会制度的作用；二是发挥审计监督的作用；三是发挥社会公众的监督作用。在社会公众监督方面，社会公众第三方对政府财政信息公开的分析就是社会监督的形式之一，这有助于督促政府财政信息公开，建设公开透明的政府，是约束公权力，促进社会公平的基础性建设。而且，通过第三方对政府财政信息的分析，也可以看出财政支出是否公平，有助于政府进一步改进工作。同时，发挥第三方社会机构的作用能唤起民众的参与意识，搭建利益诉求渠道，促进社会和谐稳定。

研讨会上，原国务院发展研究中心副主任、中国发展研究基金会副理事长刘世锦认为，所谓第三方评估，就是把评估的对象适当拉开距离，拉开距离后客观性、约束性就相对较强。同时，第三方评估对整个社会的信息公开、透明，以及由此产生的社会和谐稳定都很重要，有利于制度创新。而且应继续评估，要具有可持续性和连续性。

中国改革基金会国民经济研究所副所长、马洪基金会名誉理事王小鲁认为，推动和落实财政信息公开的过程中，全社会的、公众的参与和监督特别重要。而马洪基金会和综合开发研究院正是扮演了这样的角色，他们作为一个中立的、民间的研究机构，推动社会监督。

哈尔滨工业大学（深圳）临时党委书记、原深圳市副市长、马洪基金会理事唐杰认为，马洪基金会、综合开发研究院和迪博公司能把专业领域极为复杂的财政预算编列和支出变成一个可解释、可解读、可评估的报告，这是未来建设法治、透明、公开政府的基础。

媒体方面，新华社、中国金融信息网在题为“各地财政民生支出信息公开晒一晒”的报道中指出：政府财政信息是关系国计民生的关键信息，促进政府财政信息公开对提高财政政策水平、提升公众监督意识、推动现代政治文明建设具有重大战略意义。

《中国经济导报》、中国发展网做了题为“政府财政民间评价吴晓灵等人力挺”的报道，报道中这样写道：政府财政信息是关系国计民生的关键信息，促进政府财政信息公开是打造“阳光财政”，建设透明政府、廉洁政府、法治政府的必由之路。

中国财经报网做了题为“全国人大财经委副主任委员吴晓灵：加强民生支出评价，促进财政回归公共服务之本”的报道，评价道：社会公众对政府财政信息公开的评议是社会监督的形式之一，是促进社会公平的基础性建设，更是落实党中央“保障人民知情权、参与权、表达权、监督权”精神的重要一环。

六、“金秤砣奖”评议活动的拓展之二：广东政府信息公开“金秤砣奖”评议活动

为进一步促进政府依法开展政府信息公开工作，扩大评议覆盖面，2017 年，马洪基金会又将政府信息公开“金秤砣奖”评议活动推广至广东省各地级市政府，力争将在深圳摸索出的有益经验和可行模式推广出去，为推动广东各地政府依法提升政府信息公开水平做出应有的贡献。

（一）评议活动概述

2017 年 3 月至 2017 年 9 月，马洪基金会联合中国（深圳）综合开发研究院开展了首届广

东政府信息公开“金秤砣奖”评议活动。按照《中华人民共和国政府信息公开条例》（国务院令第 492 号）、《关于加强政府网站信息内容建设的意见》（国办发〔2014〕57 号）、《〈关于全面推进政务公开工作的意见〉实施细则》（国办发〔2016〕80 号）、《广东省人民政府办公厅关于修订重点领域信息公开专栏建设规范的通知》（粤办函〔2016〕474 号）等国家和省的相关条例和规定，以广东 21 个地级市为评议对象，根据依法评议、客观公平、重点突出等评议原则，通过政府信息主动公开、政府信息依申请公开、政府信息无障碍化建设以及加分项（考察 21 个地级市政府的微信和微博平台建设情况及新闻发布会举办情况）四大评议指标，对广东 21 个地级市 2016 年度政府信息公开情况进行评议。

（二）评议活动指标体系与方法简述

1. 评议指标

以《中华人民共和国政府信息公开条例》（国务院令第 492 号）、《广东省人民政府办公厅关于修订重点领域信息公开专栏建设规范的通知》（粤办函〔2016〕474 号）等法律法规为依据，共设置“政府信息主动公开”评议指标、“政府信息依申请公开”评议指标、“政府信息无障碍化建设”评议指标、“加分项”评议指标。其中，“政府信息主动公开”评议指标共 100 分，占总分权重为 50%；“政府信息依申请公开”评议指标共 100 分，占总分权重为 40%；政府门户网站信息无障碍建设情况共 100 分，占总分权重为 10%；加分项设 3 项评议指标，共 6 分，直接叠加到上述折算后分数上。

“政府信息主动公开”方面，共包含常规内容、重点领域、工作年度报告、政策解读及回应、网站功能 5 个二级指标。

“常规内容”信息公开二级指标共分为政务信息、机构信息、人事信息、法规规章等规范性文件、信息公开指南、国民经济与社会发展规划、国民经济与社会统计信息 7 项三级指标。“重点领域”信息公开二级指标共分为审批改革信息、权责清单、财政资金信息、政府采购、重大项目信息、价格和收费、食品药品安全信息、环境保护信息、国有企业信息、高校信息、安全生产、保障性住房、征地信息 13 项三级指标。“工作年度报告”信息公开二级指标共分为信息公开工作年度报告、政府工作年度报告 2 项三级指标。“政策解读及回应”信息公开二级指标共分为政策解读、互动回应 2 项三级指标。“网站功能”信息公开二级指标共分为信息分类、留言及投诉、检索功能、在线办事、链接有效性、文件表格下载 6 项三级指标。

在“政府信息依申请公开”方面，一级指标着重评议依申请公开平台及渠道建设、信函回函时效性、信函回函规范性、信函回函完整性等。

在“政府信息无障碍化建设”方面，一级测评指标包含整体无障碍情况测试、用户体验主观评价和详细测试 3 个二级指标。整体无障碍情况测评考察是对原网站直接改造还是通过其他技术手段开展无障碍建设，是否存在无障碍声明、说明等；用户体验主观评价考察可用性及易用性；详细测试包括非文本验证码替代形式测试、非文本链接测试、可操作非文本控件测试、非文本内容测试、网页文本大小调整测试等 20 项测试。

“加分项”一级指标共包括微信公众平台开通情况、微博开通情况、新闻发布会举办情况 3 个二级指标。

2. 评议方法

首先，根据相关法律法规文件，设计科学合理的指标体系，包括政府信息主动公开评议指标、政府信息依申请公开评议指标、政府信息无障碍化建设评议指标、加分项评议指标。

其次，评议指标设计完成后，展开具体评议工作。一是根据政府信息主动公开评议指标，对所有评议对象门户网站平台的政府信息进行反复观察与分析，并对其主动公开的政府信息进行搜集、记录与整理。最后以所搜集到的数据为依据，对所有评议对象主动公开情况进行评议打分。二是以马洪基金会和综合开发研究院名义，通过EMS向广东各地级市财政部门、教育部门、卫生管理部门分别寄送了政府信息公开申请函。项目组根据信件送达时间，综合考虑决定从 6 月 5 日起至 6 月 23 日止，满 15 个工作日，至 7 月 14 日止，满 30 个工作日，以此时限来考察信函回函时效性指标。除信函申请外，项目组还通过线上申请方式向各地级市财政部门、教育部门、卫生管理部门发起政府信息公开申请。项目组将线上申请时间作为其收到申请的时间，并从各评议对象收到申请的第二个工作日起算，观察其是否在 30 个工作日内答复申请。记录并登记各评议对象依申请回函情况及线上平台回复情况，根据政府信息依申请公开评议指标，对所有评议对象依申请公开情况进行评议打分。三是政府信息无障碍化建设情况，由专业信息无障碍化团队——深圳市信息无障碍研究会对各评议对象官网展开信息无障碍测试打分。四是通过观察并记录所有评议对象门户网站平台的新闻发布会举办情况、微信微博开通情况，根据加分项评议指标，对所有评议对象的加分项进行评议打分。

然后，在政府信息主动公开、政府信息依申请公开、政府信息无障碍化建设、加分项 4 个模块的数据搜集、整理、评议打分环节结束后，根据各模块所占权重，折算相加后得出各评议对象总分。

最后，根据分数由高至低，评出所有地级市的“金秤砣奖”（总分第一至三名）、“银秤砣奖”（总分第四至十名）、“铜秤砣奖”（总分第十一至十八名）和“纸秤砣奖”（总分第十九至二十一名）。

（三）评议活动结果及其简要分析

本次评议活动最后根据分数高低，评出广东政府信息公开的“金秤砣奖”，并发布《2016 年度广东政府信息公开评议报告》，同时为广东 21 个地级市政府撰写了具有针对性的分析建议报告。

1. 评议结果

根据 2016 年度广东政府信息公开金秤砣奖评议指标对广东 21 个地级市（包括广州、深圳 2 个副省级城市）政府信息公开情况进行了研究及综合评议，具体评议结果如表 3 所示。

表 3　2016 年度广东政府信息公开金秤砣奖评议结果

城市	主动公开（50%）		依申请公开(40%)		信息无障碍(10%)		加分项	总计	排名	评奖等级
	总分	折算分	总分	折算分	总分	折算分				
珠海市	95	47.50	92.00	36.80	76.77	7.677	6	97.98	1	金秤砣奖
佛山市	94	47.00	86.00	34.40	62.5	6.25	6	93.65	2	
潮州市	94	47.00	90.67	36.27	63	6.3	4	93.57	3	
茂名市	94	47.00	91.33	36.53	34.82	3.482	6	93.02	4	银秤砣奖
深圳市	91	45.50	91.33	36.53	67.25	6.725	4	92.76	5	
东莞市	88	44.00	91.67	36.67	52.75	5.275	6	91.94	6	
揭阳市	94	47.00	86.33	34.53	41	4.1	6	91.63	7	
江门市	95	47.50	81.33	32.53	54.67	5.467	6	91.50	8	
汕尾市	94	47.00	80.67	32.27	77.33	7.733	4	91.00	9	
广州市	95	47.50	77.33	30.93	64	6.4	6	90.83	10	
肇庆市	93	46.50	80.00	32.00	57.05	5.705	6	90.21	11	铜秤砣奖
河源市	90	45.00	80.00	32.00	68.67	6.867	6	89.87	12	
汕头市	95	47.50	72.33	28.93	61.33	6.133	6	88.57	13	
云浮市	90	45.00	77.00	30.80	64	6.4	4	86.20	14	
惠州市	82	41.00	82.33	32.93	62	6.2	6	86.13	15	
清远市	89	44.50	73.33	29.33	56.11	5.611	6	85.44	16	
中山市	78	39.00	87.33	34.93	63	6.3	4	84.23	17	
阳江市	83	41.50	68.67	27.47	48	4.8	6	79.77	18	
韶关市	90	45.00	52.67	21.07	45.25	4.525	6	76.59	19	纸秤砣奖
湛江市	92	46.00	48.67	19.47	64	6.4	4	75.87	20	
梅州市	93	46.50	38.33	15.33	66.33	6.633	4	72.47	21	

2. 评议简要分析

在本次评议活动中发现，广东 21 个地级市政府普遍重视政务信息、机构信息、人事信息、国民经济与社会发展规划、国民经济与社会统计信息等常规内容和审批改革信息、权责清单、财政预决算等重点领域信息的公开工作，普遍注重政策主动解读工作，及时回应关切，重视门户网站功能建设，同时政府信息依申请公开的渠道普遍较为畅通且规范，普遍注重“两微一会”平台建设。

与此同时，各地政府也存在着审计信息、政府采购、重大项目等政府信息披露不完整，政府信息多渠道发布且信息不一致，部分地级市门户网站的专栏未起到整合发布某类政府信息的作用，部分政府机关答复申请的随意性仍较大等诸多问题。

根据评议中发现的问题，马洪基金会评议活动项目组向各地政府提出了加快将政府信息公开制度上升为法律的进程、推进政府信息公开工作机构建设和队伍建设、明确政府信息公开标准、加强主动公开信息的平台和机制建设、继续深化政府主动公开信息的重点领域、消除公众获取政府信息的非制度性障碍等进一步深化广东政府信息公开工作的建议。

（四）评议活动得到社会各界高度评价

2016 年度广东政府信息公开“金秤砣奖”评议活动结果发布会暨专家研讨会于 2017 年 9 月 24 日在深圳召开。与会专家学者、媒体等对此次广东政府信息公开“金秤砣奖”评议活动给予了高度赞赏与评价。

广东省体制改革研究会会长、广东省综合改革发展研究院执行理事长周林生认为，广东政府信息公开“金秤砣奖”建立了一套客观科学的评价体系，能够经得起政府、学界乃至第三方的考验。另外，评价体系具有可操作性，这套评价流程成本不高，不需要过多的人力、物力、财力，能够简便快捷地获取评价需要的信息；评价体系体现了公平正义，广东政府信息公开“金秤砣奖”评议特设了信息无障碍建设一项，考量地方政府在保障残疾人群体享有网络服务工作方面的成就和不足；评价体系体现了创新性，评议组选取在普罗大众中具有极高人气的微信和微博作为评价标准，考量政府信息公开制度建设的创新性；评价体系也考量了地方政府“有没有召开新闻发布会”一项，这也是地方政府信息公开化建设创新的重要内容。

中山大学粤港澳发展研究院首席专家、副院长陈广汉认为，2007 年国务院颁布了《中华人民共和国政府信息公开条例》，到 2017 年刚好是 10 周年。值 10 周年之际，把信息公开评议从深圳市推广到广东省，这个事情做得很有意义。首先，反映了智库的社会责任和勇于担当；其次，金秤砣评议活动运用科学的方法体现了先进的理念。

行动亚洲生命关怀能力发展中心负责人、同理心教育专家张媛媛评价道：自 2014 年以来，马洪基金会主办“金秤砣奖”，针对政府信息公开进行评议，是别具一格的改革推进力，为政府信息公开找不足，推动政府政务信息公开透明，更为前瞻的是，为信息公开的发展提出了可能的变革方向。

同时，《经济日报》《南方大视野》《深圳特区报》《深圳晚报》、央广网等 10 多家媒体也做出了赞赏性报道。南方网、央广网等评价道：政府信息公开水平是现代政治文明的重要体现，作为第三方智库机构，马洪基金会已连续举办了 4 届深圳市政府信息公开“金秤砣奖”评议活动，在深圳引起广泛反响。2016 年 12 月，首届中国政府财政信息公开“金秤砣奖”评议活动成果发布会在北京召开。2017 年联合综合开发研究院首次发起广东政府信息公开“金秤砣奖”评议活动，对广东省 21 个地级市政府信息公开水平进行评议，此次评议以公众视角为主，侧重从外部考察被评议对象是否依法公开、信息是否方便获取，同时关注政府内部建设情况。

七、对“金秤砣奖”评议活动重大意义的思考

（一）国家治理体系和治理能力现代化需要来自社会的主动创新

党的十八届三中全会首次创造性地提出：在完善和发展中国特色社会主义制度的基础之上，推进国家治理体系和治理能力现代化的全面深化改革总目标。这一历史性改革总目标的提出，是适应新的历史条件、应对新的经济社会变迁、迎合国家治理新需求的必由之路，是实现中国特色社会主义、完成中华民族伟大复兴、唱响中国梦的必然选择。

习近平指出：“国家治理体系和治理能力是一个国家制度和制度执行能力的集中体现。国家治理体系是在党领导下管理国家的制度体系，包括经济、政治、文化、社会、生态文明和党的建设等各领域体制机制、法律法规安排，也就是一整套紧密相连、相互协调的国家制度；国家治理能力则是运用国家制度管理社会各方面事务的能力，包括改革发展稳定、内政外交国防、治党治国治军等各个方面。”

推进国家治理体系和治理能力现代化需要来自社会的主动创新。以社会组织为主体的社会是现代社会治理体系的主体结构之一，社会组织和民间应将“被动创新”发展为“主动创新”，充分发挥群众的首创精神，主动根据新形势和新要求，坚持改革创新精神，推进国家治理体系和治理能力现代化。

马洪基金会作为一家民间智库，在2013年带领智库百人会在深圳创立了“金秤砣奖”民间评议活动，对政府工作开展第三方评价，让深圳各行各业一线的精英人士、媒体、市民等广泛参与进来，促使政府施政理念、治理能力管理水平的全面提升，加快了深圳市构建服务型政府、责任型政府、阳光型政府和效能型政府“四型”政府的步伐。“金秤砣奖”民间评议活动加强了公众对政府公共服务社会监督的力度，有效提高了政府公共服务的水平，增进了政府与社会的互信，实现国家治理体系和治理能力现代化。

到目前为止，极少有主流机构对政府工作的观点和意见做系统化梳理和引导，发挥社会组织的正能量，并通过某种规范化渠道对政府工作进行常态性、系统性的监督和评价。马洪基金会正是利用民间力量来评价政府工作的“先行者”，聚集社会各行业的专家、学者，为提高政府工作的效率和质量献计献策，并在此基础上形成每年一度的“政府工作民间评价报告”，通过这种方式，构建一种能够对政府工作实施常态性和系统性社会监督评价的机制和体系。从这个意义上说，马洪基金会的这项工作是开创性的，具有重大的现实意义和深远的发展意义，并可有力推进国家治理体系和治理能力现代化。

（二）建设性公众参与是推进治理现代化的有效途径

改革开放以来，中国国家治理的一个基本主题是现有的国家治理体系如何应对快速社会变

迁所产生的大量社会问题，面对日益多元化的社会价值观和制度，寻求有效的资源积累结构，确保现代化的顺利推进与制度转型的平稳进行，以达成民主而有效的国家治理。具体来说，推进中国国家治理现代化的核心举措有创新国家治理理念、建设和完善社会主义核心价值体系以塑造改革共识；增强社会主义制度体系的自我完善能力，大力加强现代国家制度建设；构建国家－市场－社会的网络化治理模式，实现国家治理结构的现代化。

另外，建设性公众参与也是推进治理现代化的有效途径。从政府与社会关系而言，就是要回归人民本位，让人民群众以主体身份参与到社会治理中去，实现自我治理，这是治理能力现代化的突破点。公众应增强治理意识，包括参政意识与自主意识，积极主动地参与公共权力运行的各个环节，为政府决策与政策制定提供建设性意见。

在各届“金秤砣奖”评议活动结束后，马洪基金会旋即召开政府工作民间评价研讨会，广邀各界专家及智库百人会智者参与到研讨会中来，共同深入探讨如何促进政府信息公开等议题，搜集并整理专家提出的意见和建议，发布第三方政府工作民间评价报告。

从第三届“金秤砣奖”评议活动开始，马洪基金会均在评议活动结束后，根据各评议对象具体情况，为其撰写具有针对性的分析建议报告，指出存在的问题，并提出相应的改善意见，帮助政府提升政府工作水平。

（三）社会监督要在不断实践中形成完整的制度程序

为规范权力运行机制、完善对政府监督，社会监督日益受到关注，并在实践中得以应用。然而，现阶段我国社会监督制度的整体运行水平不高且其制度化程度还有待提升。因此，有必要使社会监督在不断实践中形成完整的制度程序。

制度化是有效发挥社会监督效能的基础，而制度化的核心则是社会监督机制的建立。完善的社会监督机制包括社会监督的运行机制、社会监督的组织化机制和社会监督的权利保障机制。

完善社会监督运行机制。首先，公民监督要与人大监督相结合，完善代表性民意表达与运行机制。公民监督要产生真正的效力，成为制衡行政权力的有效手段，必须同人大立法机关有机结合起来，要以广泛的公民监督为基础，以权威的人大监督为后盾，构建强大而统一的民众监督体系。其次，要健全监督评价制度。一是实行群众评议机关制度；二是以公民对政府机关及其工作人员的工作评价考核，确保公民监督的针对性。

完善社会监督组织化机制。当前重点是大力培育民间组织和自治组织，进一步理顺基层政府与群众自治组织的关系，实现政府行政管理与群众自治的良性互动和有效衔接。

完善社会监督的权利保障机制。目前首先要规范举报受理机关，拓宽举报渠道。其次，要尽快制定反贪污、反腐败的公众举报法，建立举报奖励机制。同时，对公民的批评和建议权，也需要用法律形式确定其地位和效力、政府对批评建议的答复义务以及对批评建议者的保障机制等。

马洪基金会不是仅仅依靠自身力量开展“金秤砣奖”评议活动，而是让社会各界专家学者、智库百人会智者、公众、媒体等参与进来。在每届的“开秤”仪式上，专家、媒体等均会对“金秤砣奖”评议活动的评议指标、评议方法等内容提出意见和看法，以求更好地完善评议活动的相关内容；而在评议结果发布会上，专家、学者们均会围绕如何更好地促进政府提升信息公开水平展开深入探讨，并提出建设性意见。马洪基金会在汇聚民间智慧，开展政府工作民间评价工作上积累了丰富经验，通过加强对政府的社会监督，促进政府工作转型，从而提高政府工作的规范化和透明度，对促进行政体制改革乃至政治体制改革都具有重要意义。

今后，马洪基金会每年都会选取政府财政公开信息的若干个特定领域为对象，对我国各地政府财政的信息公开情况展开评价。我们相信，随着“金秤砣奖”走向全国，定能更好地推动政府财政信息进一步向透明化、科学化迈进，加强公众对政府社会监督的力度，为实现中国梦构筑起坚实的基础。

（作者：简婷婷，深圳市马洪经济研究发展基金会项目主管，硕士研究生；李蓓蓓，深圳市马洪经济研究发展基金会办公室副主任）

附录：

金秤砣奖评议活动评议指标摘选

一、2016 年度深圳政府信息公开金秤砣奖评议指标

以《中华人民共和国政府信息公开条例》（国务院令第 492 号）、《关于印发 2016 年政务公开工作要点的通知》（国办发〔2016〕19 号）等相关法律法规为依据，设置“政府信息主动公开”评议指标、“政府信息依申请公开”评议指标、“政府信息无障碍化建设水平”测评指标 3 项一级指标。

（一）政府信息主动公开评议指标

“政府信息主动公开”一级指标共包含 5 个二级指标，24 个三级指标，详见表 1。

表 1　政府信息主动公开评议指标

二级指标	三级指标
政府信息公开的范围（35 分）	政务信息
	机构信息
	人事信息
	法规规章等规范性文件
	国民经济与社会发展规划
	国民经济与社会统计信息
	财政资金信息
	政府采购
	行政许可
	重大项目信息
	公共事件应急情况

续表

二级指标	三级指标
政府信息公开的方式和程序（35 分）	公开方式
	向公共图书馆提供主动公开的政府信息
	信息公开指南
	信息公开目录
工作年度报告（15 分）	信息公开工作年度报告
	政府部门工作年度报告/总结计划
政府政策解读及互动回应（5 分）	政策解读
	互动回应
政府网站功能（10 分）	留言及投诉
	检索功能
	在线办事
	链接有效性
	文件表格下载

（二）政府信息依申请公开评议指标

“政府信息依申请公开”一级评议指标包含回函时效性、回函形式规范性、回函内容完整性和回函准确性 4 个二级指标，详见表 2。

表 2　政府信息依申请公开评议指标

二级	评议指标
回函时效性（30 分）	在收到信息公开申请后的 15 个工作日内回函或依法延期答复，但在延期时效（即最长共 30 个工作日）内回函
	依法延期，回函时间长于共 30 个工作日
	未回函
回函形式规范性（30 分）	同时提供了文字答复及所申请公开内容
	仅提供了所申请公开内容或仅提供了文字答复
	未回函

续表

二级	评议指标
回函内容完整性（30分）	完整提供了依申请公开内容或未完整提供依申请公开内容，且对于未提供的内容，给予了不予提供的合理理由
	未完整提供依申请公开内容，但对未提供的内容，未给予不予提供的合理理由
	未提供依申请公开内容
回函准确性（10分）	准确提供相应文字内容和数据
	未能准确提供相应文字内容和数据

（三）政府信息无障碍化建设水平测评指标

（1）"政府信息无障碍化建设水平"一级测评指标包含"整体无障碍情况测试""用户体验主观评价"和"详细测试"3个二级指标。测试范围包括可感知性、可操作性、可理解性以及兼容性。

（2）评分采用整体与具体相结合，客观与主观相兼顾的方式，适应信息展示传递型与交互功能型等不同网站类型的无障碍测试需求。详见表3。

表3　信息无障碍化建设水平测试指标

测评项目	测评内容
整体无障碍情况测评	（1）对原网站直接改造 （2）通过其他技术手段改造网站
	是否存在无障碍声明/说明
用户体验主观评价	可用性
	易用性
详细测试	非文本验证码替代形式测试
	非文本链接测试
	可操作非文本控件测试
	非文本内容测试
	网页文本大小调整测试
	文本亮度对比率测试
	多媒体概要测试
	预录多媒体替代文本测试
	多媒体手语视频测试
	键盘操作测试

续表

测评项目	测评内容
详细测试	键盘焦点陷入测试
	跳过导航栏测试
	多媒体播放控制测试
	输入提示测试
	错误原因提示测试
	错误修改建议测试
	网页标题测试
	章节标题测试
	定位信息测试
	用户交互兼容性测试

二、2016年度广东政府信息公开金秤砣奖评议指标

以《中华人民共和国政府信息公开条例》（国务院令第492号）、《广东省人民政府办公厅关于修订重点领域信息公开专栏建设规范的通知》（粤办函〔2016〕474号）等法律法规为依据，设置“政府信息主动公开”评议指标、“政府信息依申请公开”评议指标、“政府信息无障碍化建设”评议指标、“加分项”评议指标。其中，“政府信息主动公开”评议指标共100分，占总分权重为50%；“政府信息依申请公开”评议指标共100分，占总分权重为40%；政府门户网站信息无障碍建设情况共100分，占总分权重为10%；加分项设3项评议指标，共6分，直接叠加在上述折算后分数上。

（一）政府信息主动公开评议指标

“政府信息主动公开”一级指标共包含5个二级指标、30个二级指标，详见表4。

表4　广东金秤砣政府信息主动公开评议指标

二级指标	三级指标
常规内容（22分）	政务信息
	机构信息
	人事信息
	法规规章等规范性文件
	信息公开指南
	国民经济与社会发展规划
	国民经济与社会统计信息

续表

二级指标	三级指标
重点领域（47分）	审批改革信息
	权责清单
	财政资金信息
	政府采购
	重大项目信息
	价格和收费
	食品药品安全信息
	环境保护信息
	国有企业信息
	高校信息
	安全生产
	保障性住房
	征地信息
工作年度报告（13分）	信息公开工作年度报告
	政府工作年度报告
政策解读及回应（6分）	政策解读
	互动回应
网站功能（12分）	信息分类
	留言及投诉
	检索功能
	在线办事
	链接有效性
	文件表格下载

（二）政府信息依申请公开评议指标

本模块着重评议：依申请公开平台及渠道建设、信函回函时效性、信函回函规范性、信函回函完整性（表5，表6）。

表5　2016年度广东政府信息公开金秤砣奖评议指标（依申请公开）

二级指标	评议指标
依申请公开平台及渠道建设（30分）	信函渠道
	在线申请系统

注：该部分共30分。与下表合计共占总分40%。

表 6　2016 年度广东政府信息公开金秤砣奖评议指标（信函依申请公开）

二级指标	评议指标
回函时效性（20 分）	在收到信息公开申请后的 15 个工作日内回函
	依法延期答复，但在延期时效（即最长共 30 个工作日）内回函
	依法延期，回函时间长于 30 个工作日
	未申请延期，但在 30 个工作日内回函（超过 15 个工作日）
	未申请延期，但最终予以回函
	未回函
回函规范性（20 分）	提供了规范的文字答复，且以文字或表格形式回复了全部所申请公开内容
	提供的文字答复不规范，且以文字或表格形式回复了全部所申请公开内容
	提供了规范的文字答复，且以文字或表格形式回复了部分所申请公开内容
	提供的文字答复不规范，且以文字或表格形式回复了部分所申请公开内容
	未提供文字答复，但提供了所申请公开内容，即仅提供了表格
	提供了文字答复但未提供所申请公开内容，即告知官网查询
	未回函
回函完整性（30 分）	完整提供了依申请公开内容
	未完整提供依申请公开内容，且对于未提供的内容，给予了不予提供的合理理由
	未完整提供依申请公开内容，但对未提供的内容，未给予不予提供的合理理由
	未提供依申请公开内容

注：该部分共 70 分。与上表合计共占总分 40%。

（三）政府信息无障碍化建设评议指标

（1）“政府信息无障碍化建设”一级测评指标包含“整体无障碍情况测评”“用户体验主观评价”和“详细测试”3 个二级指标。测试范围包括可感知性、可操作性、可理解性以及兼容性。

（2）评分采用整体与具体相结合，客观与主观相兼顾，适应信息展示传递型与交互功能型等不同网站类型的无障碍测试需求。

详见表 7。

表 7　政府信息无障碍化建设测试指标

测评项目	测评内容
整体无障碍情况测评	（1）对原网站直接改造 （2）通过其他技术手段改造网站
	是否存在无障碍声明/说明
用户体验主观评价	可用性
	易用性
详细测试	非文本验证码替代形式测试
	非文本链接测试
	可操作非文本控件测试
	非文本内容测试
	网页文本大小调整测试
	文本亮度对比率测试
	多媒体概要测试
	预录多媒体替代文本测试
	多媒体手语视频测试
	键盘操作测试
	键盘焦点陷入测试
	跳过导航栏测试
	多媒体播放控制测试
	输入提示测试
	错误原因提示测试
	错误修改建议测试
	网页标题测试
	章节标题测试
	定位信息测试
	用户交互兼容性测试

（四）加分项评议指标

“加分项”一级指标共包括 3 个二级指标，详见表 8。

表 8　加分项评议指标

二级指标	评议标准
微信公众平台开通情况（2 分）	（1）已开通，并最近一周内有更新 （2）凡最近一周（含）未更新，视为未开通
微博开通情况（2 分）	（1）已开通，并最近一周内有更新 （2）凡最近一周（含）未更新，视为未开通
新闻发布会举办情况（2 分）	（1）过去 3 个月内举办过至少一次新闻发布会，并在官网公开发布会实录及后续进展等相关信息 （2）过去 3 个月内未举办或未公开

三、2015 年度中国政府财政信息公开“金秤砣奖”评议指标

2015 年度中国政府财政信息公开“金秤砣奖”评议指标由主动公开和依申请公开组成，主动公开部分满分 100 分，在政府财政民生支出信息公开评价体系中占 70% 的权重，具体评价指标体系详见表 9；依申请公开部分满分 100 分，在政府财政民生支出信息公开评价体系中占 30% 的权重，具体评价指标体系详见表 10。

表 9　政府财政民生支出信息主动公开披露情况评价指标体系总表

一级指标	二级指标	评价对象
时效性	预决算报告的时效性	2015 年预算报告 2015 年预算执行情况报告 2015 年决算报告 2015 年调整预算报告（若有涉及五大民生支出的预算调整，下同）
完整性	预决算报告披露形式的完整性	2015 年预算报告 2015 年预算执行情况报告 2015 年决算报告 2015 年调整预算报告
	预决算报告财政民生领域数据披露的完整性	
	预决算报告披露主体的完整性	2015 年预算报告 2015 年预算执行情况报告 2015 年决算报告
规范性	预决算报告公开模块的规范性	2015 年预算报告 2015 年预算执行情况报告 2015 年决算报告 2015 年调整预算报告
	预决算报告政府财政民生支出数据披露形式的规范性	
	预决算报表政府财政民生支出科目编列的规范性	
	预决算报表政府财政民生支出对比数据披露规范性	2015 年预算报告 2015 年决算报告

续表

一级指标	二级指标	评价对象
扣分项	（1）有调整预算审议通过决议，且披露了调整预算报告草案和报表，但调整预算报表中仅列示一般公共预算合计调整数，未披露具体的明细调整科目（扣2分）	2015年调整预算报告
	（2）有调整预算审议通过决议，仅披露了调整预算报告草案，未披露调整预算报表，且从调整预算报告中可知，涉及一般公共预算民生支出调整，但未披露明细调整科目（扣3分）	
	（3）存在预算调整，但未披露调整预算报告和报表（扣5分）；主要有以下几种情形：①有调整预算审议通过决议，但未披露调整预算报告和报表；②存在调入预算稳定调节基金/新增地方政府债券分配方案审议批准决议或者存在新增地方政府债券发行等预算调整情形，但未披露调整预算审议决议以及相关报告和报表	

表10　政府财政民生支出依申请公开评价指标体系

评价指标	评价标准	评价依据
回函时效性	在收到信息公开申请的15个工作日内回函（100分）	《中华人民共和国政府信息公开条例》第二十四条规定，行政机关收到政府信息公开申请，不能当场答复的，应当自收到申请之日起15个工作日内予以答复；如需延长答复期限的，应当经政府信息公开工作机构负责人同意，并告知申请人，延长答复的期限最长不得超过15个工作日
	申请延期并在收到信息公开申请的30个工作日内回函（80分）	
	在收到信息公开申请或申请延期答复的15个工作日之后回函（60分）	
	未回函（0分）	
回函形式规范性	同时回复了信息公开告知书和数据反馈表（100分）	《中华人民共和国政府信息公开条例》第二十六条规定，行政机关依申请公开政府信息，应当按照申请人要求的形式予以提供；无法按照申请人要求的形式提供的，可以通过安排申请人查阅相关资料、提供复制件或者其他适当形式提供
	仅回复了单独的数据反馈表（80分）	
	仅回复了单独的信息公开告知书（60分）	
	未回复任何形式的函件（0分）	
回函内容完整性	以规范的反馈表提供了本研究所需的完整的政府财政民生支出数据（100分）	
	以其他形式提供了本研究所需的完整的政府财政民生支出数据（80分）	
	以规范的反馈表提供了本研究所需的部分政府财政民生支出数据（60分）	
	以其他形式提供了本研究所需的部分政府财政民生支出数据（30分）	
	未提供本研究所需的任何政府财政民生支出数据（0分）	

专题篇

中共中央、国务院决定设立河北雄安新区[①]

日前，中共中央、国务院印发通知，决定设立河北雄安新区。这是以习近平同志为核心的党中央作出的一项重大的历史性战略选择，是继深圳经济特区和上海浦东新区之后又一具有全国意义的新区，是千年大计、国家大事。

雄安新区规划范围涉及河北省雄县、容城、安新3县及周边部分区域，地处北京、天津、保定腹地，区位优势明显、交通便捷通畅、生态环境优良、资源环境承载能力较强，现有开发程度较低，发展空间充裕，具备高起点、高标准开发建设的基本条件。雄安新区规划建设以特定区域为起步区先行开发，起步区面积约100平方公里，中期发展区面积约200平方公里，远期控制区面积约2000平方公里。

设立雄安新区，是以习近平同志为核心的党中央深入推进京津冀协同发展作出的一项重大决策部署，对于集中疏解北京非首都功能，探索人口经济密集地区优化开发新模式，调整优化京津冀城市布局和空间结构，培育创新驱动发展新引擎，具有重大现实意义和深远历史意义。

党的十八大以来，中共中央总书记、国家主席、中央军委主席习近平多次深入北京、天津、河北考察调研，多次主持召开中央政治局常委会会议、中央政治局会议，研究决定和部署实施京津冀协同发展战略。习近平明确指示，要重点打造北京非首都功能疏解集中承载地，在河北适合地段规划建设一座以新发展理念引领的现代新型城区。今年2月23日，习近平专程到河北省安新县进行实地考察，主持召开河北雄安新区规划建设工作座谈会。习近平强调，规划建设雄安新区，要在党中央领导下，坚持稳中求进工作总基调，牢固树立和贯彻落实新发展理念，适应把握引领经济发展新常态，以推进供给侧结构性改革为主线，坚持世界眼光、国际标准、中国特色、高点定位，坚持生态优先、绿色发展，坚持以人民为中心、注重保障和改善民生，坚持保护弘扬中华优秀传统文化、延续历史文脉，建设绿色生态宜居新城区、创新驱动发展引领区、协调发展示范区、开放发展先行区，努力打造贯彻落实新发展理念的创新发展示范区。

习近平指出，规划建设雄安新区要突出七个方面的重点任务：一是建设绿色智慧新城，建成国际一流、绿色、现代、智慧城市。二是打造优美生态环境，构建蓝绿交织、清新明亮、水城共融的生态城市。三是发展高端高新产业，积极吸纳和集聚创新要素资源，培育新动能。四

① 新华社北京2017年4月1日电．http://gov.cn/xinwen/2017-04/01/content_5182824.htm

是提供优质公共服务，建设优质公共设施，创建城市管理新样板。五是构建快捷高效交通网，打造绿色交通体系。六是推进体制机制改革，发挥市场在资源配置中的决定性作用和更好发挥政府作用，激发市场活力。七是扩大全方位对外开放，打造扩大开放新高地和对外合作新平台。

党中央、国务院通知要求，各地区各部门要认真落实习近平重要指示，按照党中央、国务院决策部署，统一思想、提高认识，切实增强“四个意识”，共同推进雄安新区规划建设发展各项工作。河北省要积极主动作为，加强组织领导，履行主体责任。坚持先谋后动、规划引领，用最先进的理念和国际一流的水准进行城市设计，建设标杆工程，打造城市建设的典范。要保持历史耐心，尊重城市建设规律，合理把握开发节奏。要加强对雄安新区与周边区域的统一规划管控，避免城市规模过度扩张，促进与周边城市融合发展。各有关方面要按照职能分工，密切合作，勇于创新，扎实工作，共同推进雄安新区规划建设，为实现“两个一百年”奋斗目标和中华民族伟大复兴的中国梦作出新的更大贡献。

中共中央、国务院批复《河北雄安新区规划纲要》[①]

中共河北省委、河北省人民政府，国家发展改革委：

你们《关于报请审批〈河北雄安新区规划纲要〉的请示》收悉。现批复如下：

一、同意《河北雄安新区规划纲要》（以下简称《雄安规划纲要》）。《雄安规划纲要》深入贯彻习近平新时代中国特色社会主义思想，深入贯彻党的十九大和十九届二中、三中全会精神，坚决落实党中央、国务院决策部署，牢固树立和贯彻落实新发展理念，紧扣新时代我国社会主要矛盾变化，按照高质量发展要求，紧紧围绕统筹推进“五位一体”总体布局和协调推进“四个全面”战略布局，着眼建设北京非首都功能疏解集中承载地，创造“雄安质量”和成为推动高质量发展的全国样板，建设现代化经济体系的新引擎，坚持世界眼光、国际标准、中国特色、高点定位，坚持生态优先、绿色发展，坚持以人民为中心、注重保障和改善民生，坚持保护弘扬中华优秀传统文化、延续历史文脉，符合党中央、国务院对雄安新区的战略定位和发展要求，对于高起点规划、高标准建设雄安新区具有重要意义。

二、设立河北雄安新区，是以习近平同志为核心的党中央深入推进京津冀协同发展作出的一项重大决策部署，是继深圳经济特区和上海浦东新区之后又一具有全国意义的新区，是千年大计、国家大事。雄安新区作为北京非首都功能疏解集中承载地，与北京城市副中心形成北京新的两翼，有利于有效缓解北京“大城市病”，探索人口经济密集地区优化开发新模式；与以 2022 年北京冬奥会和冬残奥会为契机推进张北地区建设形成河北两翼，有利于加快补齐区域发展短板，提升区域经济社会发展质量和水平。要以《雄安规划纲要》为指导，推动雄安新区实现更高水平、更有效率、更加公平、更可持续发展，建设成为绿色生态宜居新城区、创新驱动发展引领区、协调发展示范区、开放发展先行区，努力打造贯彻落实新发展理念的创新发展示范区。

三、科学构建城市空间布局。雄安新区实行组团式发展，选择容城、安新两县交界区域作为起步区先行开发并划出一定范围规划建设启动区，条件成熟后再稳步有序推进中期发展区建设，划定远期控制区为未来发展预留空间。要坚持城乡统筹、均衡发展、宜居宜业，形成“一主、五辅、多节点”的城乡空间布局。起步区随形就势，形成“北城、中苑、南淀”的空间布局。要统筹生产、生活、生态三大空间，构建蓝绿交织、疏密有度、水城共融的空

① 新华社北京 2017 年 4 月 20 日电　中共中央、国务院关于对《河北雄安新区规划纲要》的批复。

间格局。

四、合理确定城市规模。坚持以资源环境承载能力为刚性约束条件，科学确定雄安新区开发边界、人口规模、用地规模、开发强度。要坚持生态优先、绿色发展，雄安新区蓝绿空间占比稳定在70%，远景开发强度控制在30%。要合理控制用地规模，启动区面积20至30平方公里，起步区面积约100平方公里，中期发展区面积约200平方公里。要严守生态保护红线，严控城镇开发边界，严格保护永久基本农田，加强各类规划空间控制线的充分衔接，形成规模适度、空间有序、用地节约集约的城乡发展新格局。

五、有序承接北京非首都功能疏解。雄安新区作为北京非首都功能疏解集中承载地，要重点承接北京非首都功能和人口转移。积极稳妥有序承接符合雄安新区定位和发展需要的高校、医疗机构、企业总部、金融机构、事业单位等，严格产业准入标准，限制承接和布局一般性制造业、中低端第三产业。要与北京市在公共服务方面开展全方位深度合作，引入优质教育、医疗、文化等资源，提升公共服务水平，完善配套条件。要创新政策环境，制定实施一揽子政策举措，确保疏解对象来得了、留得住、发展好。

六、实现城市智慧化管理。坚持数字城市与现实城市同步规划、同步建设，适度超前布局智能基础设施，打造全球领先的数字城市。建立城市智能治理体系，完善智能城市运营体制机制，打造全覆盖的数字化标识体系，构建汇聚城市数据和统筹管理运营的智能城市信息管理中枢，推进城市智能治理和公共资源智能化配置。要根据城市发展需要，建设多级网络衔接的市政综合管廊系统，推进地下空间管理信息化建设，保障地下空间合理开发利用。

七、营造优质绿色生态环境。要践行绿水青山就是金山银山的理念，大规模开展植树造林和国土绿化，将生态湿地融入城市空间，实现雄安新区森林覆盖率达到40%，起步区绿化覆盖率达到50%。要坚持绿色发展，采用先进技术布局建设污水和垃圾处理系统，提高绿色交通和公共交通出行比例，推广超低能耗建筑，优化能源消费结构。强化大气、水、土壤污染防治，加强白洋淀生态环境治理和保护，同步加大上游地区环境综合整治力度，逐步恢复白洋淀“华北之肾”功能。

八、实施创新驱动发展。瞄准世界科技前沿，面向国家重大战略需求，积极吸纳和集聚创新要素资源，高起点布局高端高新产业，大力发展高端服务业，构建实体经济、科技创新、现代金融、人力资源协同发展的现代产业体系。布局建设一批国家级创新平台，加强与国内外一流教育科研机构和科技企业合作，建立以企业为主体、市场为导向、产学研深度融合的技术创新体系。制定特殊人才政策，集聚高端创新人才，培育创新文化和氛围。创新科技合作模式，加强知识产权保护及综合运用，构建国际一流的创新服务体系。

九、建设宜居宜业城市。按照雄安新区功能定位和发展需要，沿城市轴线、主要街道、邻里中心，分层次布局不同层级服务设施，落实职住平衡要求，形成多层级、全覆盖、人性化的基本公共服务网络。构建具有雄安特色、国内领先、世界一流的教育体系。增加雄安新区优质卫生资源总量，建设体系完整、功能互补、密切协作的现代医疗卫生服务体系。提供多层次公共就业服务，创新社会保障服务体系。建立多主体供给、多渠道保障、租购并举的住房制度和房地产市场调控长效机制，严禁大规模房地产开发。优化调整雄县、容城、安新3个县城功能，妥善解决土地征收、房屋拆迁、就业安置等事关群众切身利益的问题，维护社会大局和谐稳定，为雄安新区规划建设营造良好社会氛围和舆论环境，让人民群众有更多的幸福感、获得感。

十、打造改革开放新高地。要把改革开放作为雄安新区发展的根本动力，总结吸收我国改革开放40年来的经验成果，进一步解放思想、勇于创新，探索新时代推动高质量发展、建设现代化经济体系的新路径。对符合我国未来发展方向、对全国起重要示范带动作用、对雄安新区经济社会发展有重要影响的体制机制改革创新在新区先行先试，争取率先在重要领域和关键环节取得新突破，率先在推动高质量发展的指标体系、政策体系、标准体系、统计体系、绩效评价和考核体系等方面取得新突破，形成一批可复制、可推广的经验，为全国提供示范。

十一、塑造新时代城市特色风貌。要坚持顺应自然、尊重规律、平原建城，坚持中西合璧、以中为主、古今交融，做到疏密有度、绿色低碳、返璞归真，形成中华风范、淀泊风光、创新风尚的城市风貌。要细致严谨做好单体建筑设计，追求建筑艺术，强化对建筑体量、高度、立面、色调等要素的规划引导和控制，原则上不建高楼大厦，不能到处是水泥森林和玻璃幕墙。要注重保护弘扬中华优秀传统文化，保留中华文化基因，体现中华传统经典建筑元素，彰显地域文化特色，体现文明包容，打造城市建设的典范。

十二、保障城市安全运行。牢固树立和贯彻落实总体国家安全观，以城市安全运行、灾害预防、公共安全、综合应急等体系建设为重点，构建城市安全和应急防灾体系，提升综合防灾水平。科学确定雄安新区防洪和抗震等安全标准，高标准设防、高质量建设，确保千年大计万无一失。按照以水定城、以水定人的要求，科学确定用水总量，完善雄安新区供水网络，形成多源互补的雄安新区供水格局。实现电力、燃气、热力等清洁能源稳定安全供应，提高能源安全保障水平。

十三、统筹区域协调发展。雄安新区要加强同北京、天津、石家庄、保定等城市的融合发展，与北京中心城区、北京城市副中心合理分工，实现错位发展。要按照网络化布局、智能化管理、一体化服务的要求，加快建立连接雄安新区与京津及周边其他城市、北京新机场之间的轨道和公路交通网络，构建快速便捷的交通体系。要加强对雄安新区及周边区域的管控力度，划定管控范围和开发边界，建设绿色生态屏障，统一规划、严格管控，促进区域协调发展。

十四、加强规划组织实施。雄安新区是留给子孙后代的历史遗产，要有功成不必在我的精神境界，保持历史耐心，合理把握开发节奏，稳扎稳打，一茬接着一茬干，一张蓝图干到底，以钉钉子精神抓好各项工作落实。《雄安规划纲要》是雄安新区规划建设的基本依据，必须坚决维护规划的严肃性和权威性，严格执行，任何部门和个人不得随意修改、违规变更。各有关方面要切实增强政治意识、大局意识、核心意识、看齐意识，坚持大历史观，全力推进雄安新区规划建设。在京津冀协同发展领导小组统筹指导下，河北省委和省政府要切实履行主体责任，加强组织领导，全力推进雄安新区规划建设各项工作，建立长期稳定的资金筹措机制，完善规划体系，抓紧深化和制定控制性详细规划及交通、能源、水利等有关专项规划，按程序报批实施。国家发展改革委、京津冀协同发展领导小组办公室要做好综合协调，中央和国家机关有关部委、单位，北京市、天津市等各地区，要积极主动对接和支持雄安新区规划建设。

《雄安规划纲要》执行中遇有重大事项，要及时向党中央、国务院请示报告。

中共中央、国务院
2018 年 4 月 14 日

河北雄安新区规划纲要

中共河北省委

河北省人民政府

2018 年 4 月

以疏解北京非首都功能为“牛鼻子”推动京津冀协同发展，高起点规划、高标准建设雄安新区。

——习近平总书记在中国共产党第十九次全国代表大会上的报告

前　言

设立河北雄安新区，是以习近平同志为核心的党中央作出的一项重大历史性战略选择，是千年大计、国家大事。习近平总书记亲自谋划、亲自决策、亲自推动，倾注了大量心血，2017年2月23日亲临实地考察并发表重要讲话，多次主持召开会议研究部署并作出重要指示，为雄安新区规划建设指明了方向。

在党中央坚强领导下，河北省、京津冀协同发展领导小组办公室会同中央和国家机关有关部委、专家咨询委员会等方面，深入学习贯彻习近平新时代中国特色社会主义思想和党的十九大精神，坚持世界眼光、国际标准、中国特色、高点定位，紧紧围绕打造北京非首都功能疏解集中承载地，创造"雄安质量"、成为新时代推动高质量发展的全国样板，培育现代化经济体系新引擎，建设高水平社会主义现代化城市，借鉴国际成功经验，汇聚全球顶尖人才，集思广益、深入论证，编制雄安新区规划。

2018年2月22日，习近平总书记主持召开中央政治局常委会会议，听取雄安新区规划编制情况的汇报并发表重要讲话。李克强总理主持召开国务院常务会议，审议雄安新区规划并提出明确要求。京津冀协同发展领导小组直接领导推动新区规划编制工作。按照党中央要求，进一步修改完善形成了《河北雄安新区规划纲要》。

本纲要是指导雄安新区规划建设的基本依据。规划期限至2035年，并展望本世纪中叶发展远景。

第一章　总体要求

中国特色社会主义进入新时代，以习近平同志为核心的党中央高瞻远瞩、深谋远虑，科学作出了设立雄安新区的重大决策部署，明确了雄安新区规划建设的指导思想、功能定位、建设目标、重点任务和组织保障，为高起点规划、高标准建设雄安新区提供了根本遵循，指明了工作方向。

第一节　设立背景

设立河北雄安新区，是以习近平同志为核心的党中央深入推进京津冀协同发展作出的一项重大决策部署，是继深圳经济特区和上海浦东新区之后又一具有全国意义的新区，是重大的历史性战略选择，是千年大计、国家大事。

党的十八大以来，以习近平同志为核心的党中央着眼党和国家发展全局，运用大历史观，以高超的政治智慧、宏阔的战略格局、强烈的使命担当，提出以疏解北京非首都功能为“牛鼻子”推动京津冀协同发展这一重大国家战略。习近平总书记指出，考虑在河北比较适合的地方规划建设一个适当规模的新城，集中承接北京非首都功能，采用现代信息、环保技术，建成绿色低碳、智能高效、环保宜居且具备优质公共服务的新型城市。在京津冀协同发展领导小组的直接领导下，经过反复论证、多方比选，党中央、国务院决定设立河北雄安新区。

规划建设雄安新区意义重大、影响深远。中国特色社会主义进入新时代，我国经济由高速增长阶段转向高质量发展阶段，一个阶段要有一个阶段的标志，雄安新区要在推动高质量发展方面成为全国的一个样板。雄安新区作为北京非首都功能疏解集中承载地，与北京城市副中心形成北京发展新的两翼，共同承担起解决北京“大城市病”的历史重任，有利于探索人口经济密集地区优化开发新模式；培育建设现代化经济体系的新引擎，与以 2022 年北京冬奥会和冬残奥会为契机推进张北地区建设形成河北两翼，补齐区域发展短板，提升区域经济社会发展质量和水平，有利于形成新的区域增长极；建设高水平社会主义现代化城市，有利于调整优化京津冀城市布局和空间结构，加快构建京津冀世界级城市群；创造“雄安质量”，有利于推动雄安新区实现更高水平、更有效率、更加公平、更可持续发展，打造贯彻落实新发展理念的创新发展示范区，成为新时代高质量发展的全国样板。

第二节　新区概况

雄安新区地处北京、天津、保定腹地，距北京、天津均为 105 公里，距石家庄 155 公里，距保定 30 公里，距北京新机场 55 公里，区位优势明显，交通便捷通畅，地质条件稳定，生态环境优良，资源环境承载能力较强，现有开发程度较低，发展空间充裕，具备高起点、高标准开发建设的基本条件。

本次新区规划范围包括雄县、容城、安新三县行政辖区（含白洋淀水域），任丘市鄚州镇、苟各庄镇、七间房乡和高阳县龙化乡，规划面积 1770 平方公里。选择特定区域作为起步区先行开发，在起步区划出一定范围规划建设启动区，条件成熟后再有序稳步推进中期发展区建设，并划定远期控制区为未来发展预留空间。

第三节　指导思想

高举中国特色社会主义伟大旗帜，深入学习贯彻习近平新时代中国特色社会主义思想和党的十九大精神，坚决落实党中央、国务院决策部署，坚持稳中求进工作总基调，牢固树立和贯彻落实新发展理念，紧扣我国社会主要矛盾变化，按照高质量发展的要求，紧紧围绕统筹推进“五位一体”总体布局和协调推进“四个全面”战略布局，着眼建设北京非首都功能疏解集中承载地，创造“雄安质量”，打造推动高质量发展的全国样板，建设现代化经济体系的新引擎，坚持世界眼光、国际标准、中国特色、高点定位，坚持生态优先、绿色发展，坚持以人民为中心、注重保障和改善民生，坚持保护弘扬中华优秀传统文化、延续历史文脉，着力建设绿色智慧新城、打造优美生态环境、发展高端高新产业、提供优质公共服务、构建快捷高效交通网、推进体制机制改革、扩大全方位对外开放，建设绿色生态宜居新城区、创新驱动发展引领区、协调发展示范区、开放发展先行区，努力打造贯彻落实新发展理念的创新发展示范区，建设高水平社会主义现代化城市。

第四节　发展定位

雄安新区作为北京非首都功能疏解集中承载地，要建设成为高水平社会主义现代化城市、京津冀世界级城市群的重要一极、现代化经济体系的新引擎、推动高质量发展的全国样板。

绿色生态宜居新城区。坚持把绿色作为高质量发展的普遍形态，充分体现生态文明建设要求，坚持生态优先、绿色发展，贯彻绿水青山就是金山银山的理念，划定生态保护红线、永久基本农田和城镇开发边界，合理确定新区建设规模，完善生态功能，统筹绿色廊道和景观建设，构建蓝绿交织、清新明亮、水城共融、多组团集约紧凑发展的生态城市布局，创造优良人居环境，实现人与自然和谐共生，建设天蓝、地绿、水秀美丽家园。

创新驱动发展引领区。坚持把创新作为高质量发展的第一动力，实施创新驱动发展战略，推进以科技创新为核心的全面创新，积极吸纳和集聚京津及国内外创新要素资源，发展高端高新产业，推动产学研深度融合，建设创新发展引领区和综合改革试验区，布局一批国家级创新平台，打造体制机制新高地和京津冀协同创新重要平台，建设现代化经济体系。

协调发展示范区。坚持把协调作为高质量发展的内生特点，通过集中承接北京非首都功能疏解，有效缓解北京“大城市病”，发挥对河北省乃至京津冀地区的辐射带动作用，推动城乡、区域、经济社会和资源环境协调发展，提升区域公共服务整体水平，打造要素有序自由流动、主体功能约束有效、基本公共服务均等、资源环境可承载的区域协调发展示范区，为建设京津冀世界级城市群提供支撑。

开放发展先行区。坚持把开放作为高质量发展的必由之路，顺应经济全球化潮流，积极融入“一带一路”建设，加快政府职能转变，促进投资贸易便利化，形成与国际投资贸易通行规则相衔接的制度创新体系；主动服务北京国际交往中心功能，培育区域开放合作竞争新优势，加强与京津、境内其他区域及港澳台地区的合作交流，打造扩大开放新高地和对外合作新平台，为提升京津冀开放型经济水平作出重要贡献。

第五节　建设目标

到 2035 年，基本建成绿色低碳、信息智能、宜居宜业、具有较强竞争力和影响力、人与自然和谐共生的高水平社会主义现代化城市。城市功能趋于完善，新区交通网络便捷高效，现代化基础设施系统完备，高端高新产业引领发展，优质公共服务体系基本形成，白洋淀生态环境根本改善。有效承接北京非首都功能，对外开放水平和国际影响力不断提高，实现城市治理能力和社会管理现代化，“雄安质量”引领全国高质量发展作用明显，成为现代化经济体系的新引擎。

到本世纪中叶，全面建成高质量、高水平的社会主义现代化城市，成为京津冀世界级城市群的重要一极。集中承接北京非首都功能成效显著，为解决“大城市病”问题提供中国方案。新区各项经济社会发展指标达到国际领先水平，治理体系和治理能力实现现代化，成为新时代高质量发展的全国样板。彰显中国特色社会主义制度优越性，努力建设人类发展史上的典范城市，为实现中华民族伟大复兴贡献力量。

第二章　构建科学合理空间布局

坚持生态优先、绿色发展，统筹生产、生活、生态三大空间，构建蓝绿交织、和谐自然的国土空间格局，逐步形成城乡统筹、功能完善的组团式城乡空间结构，布局疏密有度、水城共融的城市空间。

第一节　国土空间格局

坚持以资源环境承载能力为刚性约束条件，以承接北京非首都功能疏解为重点，科学确定新区开发边界、人口规模、用地规模和开发强度，形成规模适度、空间有序、用地节约集约的城乡发展新格局。

坚持生态优先。将淀水林田草作为一个生命共同体进行统一保护、统一修复。通过植树造林、退耕还淀、水系疏浚等生态修复治理，强化对白洋淀湖泊湿地、林地以及其他生态空间的保护，确保新区生态系统完整，蓝绿空间占比稳定在70%。

严格控制建设用地规模。推进城乡一体规划建设，不断优化城乡用地结构，严格控制开发强度，新区远景开发强度控制在30%，建设用地总规模约530平方公里。

划定规划控制线。科学划定生态保护红线、永久基本农田、城镇开发边界三条控制线，加强各类规划空间控制线的充分衔接，统筹土地利用、环境保护、文物保护、防洪抗震等专项规划，实现多规合一。

严守生态保护红线。先期划定以白洋淀核心区为主的生态保护红线，远期结合森林斑块和生态廊道建设逐步扩大。

严格保护永久基本农田。耕地占新区总面积18%左右，其中永久基本农田占10%。落实永久基本农田保护目标任务，加快数据库建设和信息化管理，实行全面监测。结合土地整治措施，加大高标准农田建设力度，确保永久基本农田确定后总量不减少、用途不改变、质量有提高。

严控城镇开发边界和人口规模。划定起步区、外围组团、特色小城镇开发边界，实行战略留白，为国家重大发展战略和城市可持续发展预留空间。合理控制人口密度，新区规划建设区按1万人/平方公里控制。

第二节　城乡空间布局

综合考虑新区定位、发展目标和现状条件，坚持城乡统筹、均衡发展、宜居宜业，规划形成“一主、五辅、多节点”的新区城乡空间布局。

“一主”即起步区，选择容城、安新两县交界区域作为起步区，是新区的主城区，按组团式布局，先行启动建设。“五辅”即雄县、容城、安新县城及寨里、昝岗五个外围组团，全面提质扩容雄县、容城两个县城，优化调整安新县城，建设寨里、昝岗两个组团，与起步区之间建设生态隔离带。“多节点”即若干特色小城镇和美丽乡村，实行分类特色发展，划定特色小城镇开发边界，严禁大规模开发房地产。

美丽乡村为新区城乡体系的重要组成部分，实施乡村振兴战略，以产业兴旺、生态宜居、乡风文明、治理有效、生活富裕为目标，构建一体化、网络化的城乡体系。保持自然风光、田园风貌，突出历史记忆、地域特色，规划建设特色村落，充分利用清洁能源，建成基础设施完善、服务体系健全、基层治理有效、公共服务水平较高的宜居宜业宜游的美丽乡村。美丽乡村规划建设用地规模约 50 平方公里。

第三节　起步区空间布局

顺应自然、随形就势，综合考虑地形地貌、水文条件、生态环境等因素，科学布局城市建设组团，形成“北城、中苑、南淀”的总体空间格局。“北城”即充分利用地势较高的北部区域，集中布局五个城市组团，各组团功能相对完整，空间疏密有度，组团之间由绿廊、水系和湿地隔离；“中苑”即利用地势低洼的中部区域，恢复历史上的大溵古淀，结合海绵城市建设，营造湿地与城市和谐共融的特色景观；“南淀”即南部临淀区域，通过对安新县城和淀边村镇改造提升和减量发展，严控临淀建设，利用白洋淀生态资源和燕南长城遗址文化资源，塑造传承文化特色、展现生态景观、保障防洪安全的白洋淀滨水岸线。

先行规划建设启动区。在起步区适当区域规划建设启动区，面积 20 ~ 30 平方公里，重点承接北京非首都功能疏解，突出创新特色，提供优质公共服务，集聚一批互联网、大数据、人工智能、前沿信息技术、生物技术、现代金融、总部经济等创新型、示范性重点项目，发挥引领带动作用；加强生态环境建设，打造韧性安全的城市基础设施，精心塑造城市特色，形成宜居宜业现代化城市风貌。

第三章　塑造新时代城市风貌

坚持中西合壁、以中为主、古今交融，弘扬中华优秀传统文化，保留中华文化基因，彰显地域文化特色；加强城市设计，塑造城市特色，保护历史文化，形成体现历史传承、文明包容、时代创新的新区风貌。

第一节　总体城市设计

统筹各类空间资源，整合生态人文要素，依托白洋淀清新优美的生态环境，利用城镇周边开阔自然的田野风光，随形就势，平原建城，形成疏密有度、水城共融的城镇空间，清新明亮的宜人环境，舒展起伏的天际线，展现新时代城市形象。

起步区城市设计。融合城水林田淀等特色要素，深化“北城、中苑、南淀”的空间结构设计，形成“一方城、两轴线、五组团、十景苑、百花田、千年林、万顷波”的空间意象。传承中华营城理念，构建布局规制对称、街坊尺度宜人的中心“方城”；按照传承历史、开创未来的设计理念，塑造体现中华文明、凝聚城市精神、承载中心功能的城市轴线；按照功能相对完整、空间疏密有度的理念，布局五个尺度适宜、功能混合、职住均衡的紧凑组团；利用水文地貌和历史文化，塑造以大溵古淀为核心的生态苑囿；保留农耕记忆、营造花海景观，形成三季有花、四季有绿的都市田园风光；大规模植树造林，形成起步区外围林带环绕、内部树木葱郁的良好生态；开展白洋淀生态环境修复，展现碧波万顷、荷塘苇海的水域生态景观，实现城淀共生共荣。

规划设计城市轴线。南北中轴线展示历史文化生态特色，突出中轴对称、疏密有致、灵动均衡；东西轴线利用交通廊道串联城市组团，集聚创新要素、事业单位、总部企业、金融机构等。

塑造城市天际线。传承中华文化基因，充分体现对称、天人合一、街坊等中华营城理念，广泛吸收借鉴全球优秀的城市设计成果，塑造轮廓舒展、韵律起伏的城市天际线，形成独具特色的城市空间形态。严格控制建筑高度，不能到处是水泥森林和玻璃幕墙；根据城市功能布局和产业特点，在新区特定范围规划建设高层建筑，集中承载中央商务、金融、企业总部等功能。精心设计建筑顶部，优化美化建筑第五立面，构建形态色彩整体和谐统一的城市空间界面和轮廓线。

启动区城市设计。充分利用区位条件，以淀泊景观为依托规划设计启动区空间布局，形成城淀相望的格局。通过轴带空间设计，实现启动区核心功能与景观环境的有机融合。组团外构建生态湿地网络，组团内串联景观水体，形成内外相连、城水相依的特色景观。注重园林绿化的文化内涵和景观效果，构建城市公园与游憩绿地，实现城中有园、园中有城。

第二节　城市风貌特色

塑造中华风范、淀泊风光、创新风尚的城市风貌。城市空间格局秩序规整、灵动自然，体现中华风范；环境景观城景应和、蓝绿交织，凸显淀泊风光；建筑设计古今融合、中西合璧、多元包容，展示创新风尚。

打造中西合璧、以中为主、古今交融的建筑风貌。传承中华建筑文化基因，吸收世界优秀建筑设计理念和手法，坚持开放、包容、创新、面向未来，形成独具特色的建筑风格。严谨细致做好建筑设计，塑造出既体现我国建筑特色又吸收国外建筑精华，既有古典神韵又具现代气息，融于自然、端正大气的优秀建筑，营造多样化、有活力的城市空间环境。

因地制宜设计丰富多样的环境景观。结合城市组团布局以及城市各级中心、重要公共空间和标志性建筑，打造城市空间景观廊道和景观节点体系；利用城市森林、组团隔离带，营造大尺度绿色空间；依托白洋淀、重要水系、湿地，塑造滨水活动空间，丰富亲水活动类型；保留有价值历史遗存，推广种植乡土植物，形成多层次、多季节、多色彩的植物群落配置，再现林淀环绕的华北水乡、城绿交融的中国画卷。

营造优美、安全、舒适、共享的城市公共空间。提高公共空间覆盖率、连续性，注重城市绿道、公园布局与开放空间的串联融合，实现 5 分钟步行可达；注重街区、邻里空间设计，形成尺度宜人、亲切自然、全龄友好的社区环境；注重人性化、艺术化设计，提升城市空间品质与文化品位，打造具有文化特色和历史记忆的公共空间。

第三节　历史文化保护

保护与合理利用文物古迹。严格保护省级以上文物保护单位、红色文化以及其他重要文物遗存，重点保护和利用南阳遗址、宋辽边关地道、燕南长城遗址等代表性历史遗存。结合历史遗存保护，建设考古遗址公园、遗址博物馆、陈列馆。

保护与发展历史古城、传统村镇。将标志性历史遗存的保护与城市公共空间的建设有机结合，保护传统村镇内历史空间格局清晰、传统风貌较为完整的核心地段，传承与展示水乡生产习俗和民俗文化活动。

传承与弘扬优秀传统文化。弘扬以雁翎队为代表的红色革命文化，加强圈头村音乐会、安新芦苇画等非物质文化遗产的保护与传承；发掘与保护老地名、老字号、历史名人、民间传说等其他优秀传统文化。开展口述史、民俗、文化典籍的整理、出版、阐释和普及，引导公众自觉保护与传承历史文化。

第四章　打造优美自然生态环境

践行生态文明理念，尊重自然、顺应自然、保护自然，统筹城水林田淀系统治理，做好白洋淀生态环境保护，恢复“华北之肾”功能；大规模植树造林，开展国土绿化，构建宁静、和谐、美丽的自然环境；推动区域流域协同治理，全面提升生态环境质量，建成新时代的生态文明典范城市。

第一节 实施白洋淀生态修复

恢复淀泊水面。实施退耕还淀，淀区逐步恢复至360平方公里左右。建立多水源补水机制，统筹引黄入冀补淀、上游水库及本地非常规水资源，合理调控淀泊生态水文过程，使白洋淀正常水位保持在6.5～7.0米。建设水系连通工程，联合调度安格庄、西大洋、王快、龙门等上游水库水量，恢复淀泊水动力过程。

实现水质达标。优化流域产业结构，加强水环境治理，坚持流域“控源—截污—治河”系统治理，实施入淀河流水质目标管理，全面治理工业污染源，强化城镇、乡村污水收集处理，有效治理农业面源污染，打造良好河流生态环境，确保入淀河流水质达标。合理划定清淤范围，科学有序实施淀内生态清淤，消除内源污染，修复水体底部水生动物栖息生态环境，提升淀泊水环境质量，将白洋淀水质逐步恢复到Ⅲ—Ⅳ类。

开展生态修复。利用自然本底优势，结合生态清淤，优化淀区生态格局，对现有苇田荷塘进行微地貌改造和调控，修复多元生境，展现白洋淀荷塘苇海自然景观。实施生态过程调控，恢复退化区域的原生水生植被，促进水生动物土著种增殖和种类增加，恢复和保护鸟类栖息地，提高生物多样性，优化生态系统结构，增强白洋淀生态自我修复能力。

远景规划建设白洋淀国家公园。完善生物资源保护策略，保护淀区独特的自然生境和景观，保持淀区湿地生态系统完整性，努力建成人与自然和谐共生的试验区和科普教育基地。

创新生态环境管理。优化完善白洋淀及上游生态环境管理机制，加强生态空间管控体系建设，实施智能生态管控，全面建成与生态文明发展要求相适应的生态环境管理模式。

第二节 加强生态环境建设

构建新区生态安全格局。规划建设“一淀、三带、九片、多廊”，形成林城相融、林水相依的生态城市。“一淀”即开展白洋淀环境治理和生态修复，恢复“华北之肾”功能；“三带”即建设环淀绿化带、环起步区绿化带、环新区绿化带，优化城淀之间、组团之间和新区与周边区域之间的生态空间结构；“九片”即在城市组团间和重要生态涵养区建设九片大型森林斑块，增强碳汇能力和生物多样性保护功能；“多廊”即沿新区主要河流和交通干线两侧建设多条绿色生态廊道，发挥护蓝、增绿、通风、降尘等作用。

开展大规模植树造林。采用近自然绿化及多种混交方式，突出乡土树种和地方特色，在新区绿化带及生态廊道建设生态防护林和景观生态林，形成平原林网体系，实现生态空间的互联互通。开展大规模国土绿化行动，将新区森林覆盖率由现状的11%提高到40%。

塑造高品质城区生态环境。建设城市通风廊道，构造城淀局地气流微循环系统，将白洋淀凉爽空气输送到城市中心。构建由大型郊野生态公园、大型综合公园及社区公园组成的宜人便民公园体系，实现森林环城、湿地入城，3公里进森林，1公里进林带，300米进公园，街道100%林荫化，绿化覆盖率达到50%。

提升区域生态安全保障。构建衔接“太行山脉—渤海湾”和“京南生态绿楔—拒马河—白洋淀”生态廊道，形成连山通海、南北交融的区域生态安全格局。实施重要生态系统保护和修复工程，优化生态安全屏障体系，提升生态系统质量。

第三节　开展环境综合治理

推动区域环境协同治理。新区及周边和上游地区协同制定产业政策，实行负面清单制度，依法关停、严禁新建高污染、高耗能企业和项目。提升传统产业的清洁生产、节能减排和资源综合利用水平，加强生态保护和环境整治，强化综合监管。集中清理整治散乱污企业、农村生活垃圾和工业固体废弃物。开展地下水环境调查评估，全面开展渗坑、排污沟渠综合整治。

改善大气环境质量。优化能源消费结构，终端能源消费全部为清洁能源。严格控制移动源污染，实行国内最严格的机动车排放标准，严格监管非道路移动源；巩固农村清洁取暖工程效果，实现新区散煤“清零”；构建过程全覆盖、管理全方位、责任全链条的建筑施工扬尘治理体系。根据区域大气传输影响规律，在石家庄—保定—北京大气传输带上，系统治理区域大气环境。

严守土壤环境安全底线。落实土壤污染防治行动计划，推进固体废物堆存场所排查整治，加强污染源防控、检测、治理，确保土壤环境安全。

第五章　发展高端高新产业

瞄准世界科技前沿，面向国家重大战略需求，通过承接符合新区定位的北京非首都功能疏解，积极吸纳和集聚创新要素资源，高起点布局高端高新产业，推进军民深度融合发展，加快改造传统产业，建设实体经济、科技创新、现代金融、人力资源协同发展的现代产业体系。

第一节　承接北京非首都功能疏解

明确承接重点。在高等学校和科研机构方面，重点承接著名高校在新区设立分校、分院、研究生院等，承接国家重点实验室、工程研究中心等国家级科研院所、创新平台、创新中心。在医疗健康机构方面，重点承接高端医疗机构在雄安新区设立分院和研究中心，加强与国内知名医学研究机构合作。在金融机构方面，承接银行、保险、证券等金融机构总部及分支机构，鼓励金融骨干企业、分支机构开展金融创新业务。在高端服务业方面，重点承接软件和信息服务、设计、创意、咨询等领域的优势企业，以及现代物流、电子商务等企业总部。在高技术产业方面，重点承接新一代信息技术、生物医药和生命健康、节能环保、高端新材料等领域的央企以及创新型民营企业、高成长性科技企业。支持中关村科技园在雄安新区设立分园区。

营造承接环境。打造一流硬件设施环境，有序推进基础设施建设，完善配套条件，推动疏解对象顺利落地。打造优质公共服务环境，率先建设一批高水平的幼儿园、中小学、医院等公共服务设施，提供租购并举的多元化住房保障，有效吸引北京人口转移。打造便民高效政务服务环境，建立新区政务服务平台，简化审批程序和环节，提供一站式服务。打造创新开放政策环境，在土地、财税、金融、人才、对外开放等方面，制定实施一揽子政策措施，确保疏解对象来得了、留得住、发展好。

第二节 明确产业发展重点

新一代信息技术产业。围绕建设数字城市，重点发展下一代通信网络、物联网、大数据、云计算、人工智能、工业互联网、网络安全等信息技术产业。近期依托5G率先大规模商用、IPv6率先布局，培育带动相关产业快速发展。发展物联网产业，推进智能感知芯片、智能传感器和感知终端研发及产业化。搭建国家新一代人工智能开放创新平台，重点实现无人系统智能技术的突破，建设开放式智能网联车示范区，支撑无人系统应用和产业发展。打造国际领先的工业互联网网络基础设施和平台，形成国际先进的技术与产业体系。推动信息安全技术研发应用，发展规模化自主可控的网络空间安全产业。超前布局区块链、太赫兹、认知计算等技术研发及试验。

现代生命科学和生物技术产业。率先发展脑科学、细胞治疗、基因工程、分子育种、组织工程等前沿技术，培育生物医药和高性能医疗器械产业，加强重大疾病新药创制。实施生物技术药物产业化示范工程、医疗器械创新发展工程、健康大数据与健康服务推广工程，建设世界一流的生物技术与生命科学创新示范中心、高端医疗和健康服务中心、生物产业基地。

新材料产业。聚焦人工智能、宽带通信、新型显示、高端医疗、高效储能等产业发展对新材料的重大需求，在新型能源材料、高技术信息材料、生物医学材料、生物基材料等领域开展应用基础研究和产业化，突破产业化制备瓶颈，培育新区产业发展新增长点。

高端现代服务业。接轨国际，发展金融服务、科创服务、商务服务、智慧物流、现代供应链、数字规划、数字创意、智慧教育、智慧医疗等现代服务业，促进制造业和服务业深度融合。集聚银行、证券、信托、保险、租赁等金融业态，依法合规推进金融创新，推广应用先进金融科技。围绕创新链构建服务链，发展创业孵化、技术转移转化、科技咨询、知识产权、检验检测认证等科技服务业，建设国家质量基础设施研究基地。发展设计、咨询、会展、电子商务等商务服务业，建设具有国际水准的总部商务基地。发展创意设计、高端影视等文化产业，打造国际文化交流重要基地。发展国际仲裁、律师事务所等法律服务业。

绿色生态农业。建设国家农业科技创新中心，发展以生物育种为主体的现代生物科技农业，推动苗木、花卉的育种和栽培研发，建设现代农业设施园区。融入科技、人文等元素，发展创意农业、认养农业、观光农业、都市农业等新业态，建设一二三产业融合发展示范区。

对符合发展方向的传统产业实施现代化改造提升，推进产业向数字化、网络化、智能化、绿色化发展。

第三节　打造全球创新高地

搭建国际一流的科技创新平台。按照国家科技创新基地总体部署，积极布局建设国家实验室、国家重点实验室、工程研究中心等一批国家级创新平台，努力打造全球创新资源聚集地。围绕集聚高端创新要素，加强与国内外知名教育科研机构及企业合作，建立以企业为主体、市场为导向、产学研深度融合的技术创新体系。推动建设一批未来产业研究院。

建设国际一流的科技教育基础设施。加强重大科技基础设施建设，实施一批国家科教创新工程，集中资源建设若干“人无我有、人有我优”的开放型重大科研设施、科技创新平台，布局一批公共大数据、基础研发支撑、技术验证试验等开放式科技创新支撑平台，全面提高创新支撑能力。建设世界一流研究型大学，培育一批优势学科，建设一批特色学院和高精尖研究中心；发挥高校在科技创新体系中的作用，集聚人才、学科、资源和平台优势，与科研院所、企业等合作，面向国家重大战略需求，打造知识溢出效应明显的大学园区；按照产教深度融合、中高职有效衔接的要求，建设具有国际先进水平的现代职业教育体系；整合各类科教资源，集中力量打造国际人才培训基地，为创新发展提供源头支撑。

构建国际一流的创新服务体系。创新国际科技合作模式，打造国际科技创新合作试验区，率先开展相关政策和机制试点。举办多层次多领域学术交流活动，搭建国际科技合作交流平台。发挥创新型领军企业引领作用，面向产业链上下游中小企业，构建线上线下融合的创新支撑服务体系。加快培育科技型中小企业，构建全链条孵化服务体系。加强知识产权保护及综合运用，形成产权创造、保护、交易、运用及管理的良性循环。

第四节　完善产业空间布局

坚持产城融合、职住均衡和以水定产、以产兴城原则，采取集中与分散相结合的方式，推动形成起步区、外围组团和特色小城镇协同发展的产业格局。

起步区。构建一流的承接平台、基础设施、公共服务，重点承接北京疏解的事业单位、总部企业、金融机构、高等院校、科研院所等功能，重点发展人工智能、信息安全、量子技术、超级计算等尖端技术产业基地，建设国家医疗中心。

五个外围组团。与起步区分工协作，按功能定位承接北京非首都功能疏解，布局电子信息、生命科技、文化创意、军民融合、科技研发等高端高新产业，以及支撑科技创新和产业发展的基础设施。

周边特色小城镇。因镇制宜，有序承接北京非首都功能疏解，布局形成各具特色的产业发展格局。北部小城镇主要以高端服务、网络智能、军民融合等产业为特色。南部小城镇主要以现代农业、生态环保、生物科技、科技金融、文化创意等产业为特色。

第六章　提供优质共享公共服务

坚持以人民为中心、注重保障和改善民生，引入京津优质教育、医疗卫生、文化体育等资源，建设优质共享的公共服务设施，提升公共服务水平，构建多元化的住房保障体系，增强新区承载力、集聚力和吸引力，打造宜居宜业、可持续发展的现代化新城。

第一节　布局优质公共服务设施

构建城市基本公共服务设施网络。建设“城市—组团—社区”三级公共服务设施体系，形成多层次、全覆盖、人性化的基本公共服务网络。城市级大型公共服务设施布局于城市中心地区，主要承担国际交往功能，承办国内大型活动，承接北京区域性公共服务功能疏解；组团级公共服务设施围绕绿地公园和公交枢纽布局，主要承担城市综合服务功能，提供全方位、全时段的综合服务；社区级公共服务设施布局于社区中心，主要承担日常生活服务功能，构建宜居宜业的高品质生活环境。

构建社区、邻里、街坊三级生活圈。社区中心配置中学、医疗服务机构、文化活动中心、社区服务中心、专项运动场地等设施，形成15分钟生活圈。邻里中心配置小学、社区活动中心、综合运动场地、综合商场、便民市场等设施，形成10分钟生活圈。街坊中心配置幼儿园、24小时便利店、街头绿地、社区服务站、文化活动站、社区卫生服务站、小型健身场所、快递货物集散站等设施，形成5分钟生活圈。

构建城乡一体化公共服务设施。城郊农村共享城市教育、医疗、文化等服务配套设施。特色小城镇参照城市社区标准，配置学校、卫生院、敬老院、文化站、运动健身场地等公共服务设施，提高优质公共服务覆盖率，构建乡镇基础生活圈。美丽乡村配置保障性基本公共服务设施、基础性生产服务设施和公共活动场所。大幅提高村镇公共交通服务水平，实现校车、公交等多种方式的绿色便捷出行。

第二节　提升公共服务水平

优先发展现代化教育。按照常住人口规模合理均衡配置教育资源，布局高质量的学前教育、义务教育、高中阶段教育，实现全覆盖。引进优质基础教育资源，创新办学模式，创建一批高水平的幼儿园、中小学校，培育建设一批国际学校、国际交流合作示范学校。支持“双一流”建设高校在新区办学，以新机制、新模式努力建设世界一流的雄安大学，统筹科研平台和设施、产学研用一体化创新中心资源，构建高水平、开放式、国际化高等教育聚集高地。统筹利用国内外教育资源，开展与国际高端职业教育机构的深度合作，规划建设新区职业院校，建设集继续教育、职业培训、老年教育等功能为一体的社区学院。

高标准配置医疗卫生资源。引进京津及国内外优质医疗资源，建设集临床服务、医疗教育、医学科研和成果转化为一体的医疗综合体；加快应急救援、全科、儿科、妇产科等领域建设，建设国际一流、国内领先的区域卫生应急体系和专科医院；全面打造15分钟基层医疗服务圈，基层医疗卫生机构标准化达标率100%；加快新区全民健康信息平台建设，大力发展智能医疗，建设健康医疗大数据应用中心，构建体系完整、分工明确、功能互补、密切协作的医疗卫生服务体系。

建立完备的公共文化服务体系。围绕建设多层次公共文化服务设施，在数字网络环境下，高标准布局建设博物馆、图书馆、美术馆、剧院等，在街道、社区建设综合文化站和文化服务中心。统筹文化要素资源，合理布局文化产业，促进文化产业高质量发展，推动公共文化服务与文化产业融合发展。

构建完善的全民健身体系。建设体育健身设施网络，鼓励体育设施与其他公共服务设施共建共享。开展全民健身活动，促进群众体育、竞技体育、体育产业、体育文化等各领域协调发展；积极承接京津丰富的赛事资源，引进国内外高端体育赛事，形成高水平、品牌化、持续性的系列赛事；充分发挥新区优势，大力发展健身休闲产业；以信息网络为技术支撑，努力创建智能型公共体育服务体系。

提升社会保障基本服务水平。以普惠性、保基本、均等化、可持续为目标，创新社会保障服务体系，建立健全社会保障基本制度，完善服务项目，提高服务标准，加大投入力度。切实保障残障人员、老人、儿童的教育、文化、医疗等基本公共服务，统筹考虑养老服务设施配置，建立健全未成年人关爱保护体系和殡葬公共服务体系。建立劳动就业服务制度，提供多层次公共就业服务，努力提升人民群众的获得感、幸福感、安全感。

第三节 建立新型住房保障体系

优化居住空间布局。统筹居住和就业，促进职住均衡。在轨道车站、大容量公共交通廊道节点周边，优先安排住宅用地；在城市核心区和就业岗位集聚、公共交通便捷、具有较高商业价值的地区，布局混合性居住空间，实现合理公交通勤圈内的职住均衡。

改革创新住房制度。坚持房子是用来住的、不是用来炒的定位，建立多主体供给、多渠道保障、租购并举的住房制度。坚持保障基本、兼顾差异、满足多层次个性化需求，建立多元化住房供应体系。坚持市场主导、政府引导，形成供需匹配、结构合理、流转有序、支出与消费能力基本适应的住房供应格局。完善多层次住房供给政策和市场调控体制，严控房地产开发，建立严禁投机的长效机制。探索房地产金融产品创新。

第七章　构建快捷高效交通网

按照网络化布局、智能化管理、一体化服务要求，加快建立连接雄安新区与京津及周边其他城市、北京新机场之间的轨道交通网络；完善雄安新区与外部连通的高速公路、干线公路网；坚持公交优先，综合布局各类城市交通设施，实现多种交通方式的顺畅换乘和无缝衔接，打造便捷、安全、绿色、智能交通体系。

第一节　完善区域综合交通网络

优化高速铁路网。构建“四纵两横”区域高速铁路交通网络，重点加强雄安新区和北京、天津、石家庄等城市的联系。“四纵”为京广高铁、京港台高铁京雄—雄商段、京雄—石雄城际、新区至北京新机场快线，“两横”为津保铁路、津雄城际—京昆高铁忻雄段，实现新区高效融入“轨道上的京津冀”，20分钟到北京新机场，30分钟到北京、天津，60分钟到石家庄。

完善高速公路网。构建“四纵三横”区域高速公路网。“四纵”为京港澳高速、大广高速、京雄高速（含新机场北线高速支线）、新机场至德州高速，“三横”为荣乌高速新线、津雄高速、津石高速，实现新区60分钟到北京、天津，90分钟到石家庄。加强新区与天津港、黄骅港交通联系，畅通新区出海通道。

提升航空服务水平。依托高速铁路、高速公路网络，加强新区与北京新机场、首都国际机场、天津滨海机场、石家庄正定机场之间的快速高效联系。

合理布局综合交通枢纽。依托高铁、城际站，强化路网对接和多种交通方式衔接，构建综合交通枢纽，形成“两主两辅”枢纽格局。“两主”为雄安高铁站、城际站，高铁站枢纽布局在昝岗组团，依托国家高铁网，便捷联系全国；城际站枢纽布局在启动区，站城一体，实现与京津冀核心城市直连直通。“两辅”为白洋淀站、白沟站，依托既有线路，服务新区北部外围组团，兼顾货运物流。

第二节　构建新区便捷交通体系

规划建设运行高效的城市轨道交通。按照网络化、多模式、集约型的原则，以起步区和外围组团为主体布局轨道交通网络，实现起步区与外围组团、城镇的便捷联系。根据新区建设步骤和人口规模、交通出行需求，有序建设轨道交通，对地铁作规划空间预留。加强规划控制并预留市域、区域轨道交通通道走廊空间。规划中低运量轨道交通系统，衔接大运量轨道交通。

构建功能完备的新区骨干道路网。外迁荣乌高速新区段，改造原线位为城市快速路，形成起步区与雄县、昝岗组团及保定市区之间的快速通道。外迁G230、G336、G106等公路，形成新区公路外环，分流过境交通。构建以起步区和雄县、昝岗组团为主体，外围组团和特色小城镇全覆盖、网络化布局的骨干道路网络，建设舒适宜人的环淀景观道路。

构建快速公交专用通道。因地制宜构建网络化、全覆盖、快速高效的公共交通专用通道，兼顾物流配送；充分利用智能交通技术和装备，提高公交系统效率，增强安全、便捷和舒适度，实现高品质、智能化的公共交通和物流配送服务。

科学规划路网密度。起步区外围布局交通性干道，内部按城市街道理念设计，提高路网密度，起步区路网密度达到10～15公里/平方公里，合理设计道路宽度。

构建内外衔接的绿道网络。布局区域绿道、城市绿道、社区绿道三级网络，由城市绿道串联各综合公园、社区公园，形成城乡一体、区域联动的城市绿道体系。营造独立舒适的绿道环境，设置适宜骑行、步行的慢行系统，与机动车空间隔离，承载市民健身、休闲、娱乐功能。满足群众性文体活动和赛事需求，安排适宜慢行要求的各类设施。

打造集约智能共享的物流体系。构建由分拨中心、社区配送中心组成的两级城乡公共物流配送设施体系，分拨中心与对外交通枢纽一体布局，社区配送中心依托各城乡社区服务中心布局，服务新区生产生活物资及快件集散。

第三节　打造绿色智能交通系统

提高绿色交通和公共交通出行比例。构建“公交+自行车+步行”的出行模式，起步区绿色交通出行比例达到90%。加强交通与用地布局协调，推广交通枢纽与城市功能一体化开发模式，在公共交通廊道、轨道站点周边集中布局公共服务设施。提升公共交通系统覆盖的人口数量，起步区公共交通占机动化出行比例达到80%。

建立服务优质、形式多样的新型公交系统。新区布局“干线+普线”两级城乡公交网络，干线服务起步区与外围组团、城镇，普线连接外围组团与村镇的公交系统。起步区布局“快线+干线+支线”三级城区公交网络，快线服务区内组团间出行，干线服务组团内出行，支线灵活设置线路、站点深入社区，实现地面地下协同调度、各类公交便捷换乘的高品质服务。

搭建智能交通体系框架。以数据流程整合为核心，适应不同应用场景，以物联感应、移动互联、人工智能等技术为支撑，构建实时感知、瞬时响应、智能决策的新型智能交通体系框架。

建设数字化智能交通基础设施。通过交通网、信息网、能源网“三网合一”，基于智能驾驶汽车等新型载运工具，实现车车、车路智能协同，提供一体化智能交通服务。

示范应用共享化智能运载工具。推进智能驾驶运载工具的示范应用，发展需求响应型的定制化公共交通系统，智能生成线路，动态响应需求。探索建立智能驾驶和智能物流系统。

打造全局动态的交通管控系统。建立数据驱动的智能化协同管控系统，探索智能驾驶运载工具的联网联控，采用交叉口通行权智能分配，保障系统运行安全，提升系统运行效率。

第八章　建设绿色智慧新城

按照绿色、智能、创新要求，推广绿色低碳的生产生活方式和城市建设运营模式，使用先进环保节能材料和技术工艺标准进行城市建设，营造优质绿色市政环境，加强综合地下管廊建设，同步规划建设数字城市，筑牢绿色智慧城市基础。

第一节　坚持绿色低碳发展

严格控制碳排放。优化能源结构，推进资源节约和循环利用，推广绿色低碳的生产生活方式和城市建设运营模式，保护碳汇空间、提升碳汇能力。

确定用水总量和效率红线。按照以水定城、以水定人的要求，强化用水总量管理。实行最严格水资源管理制度，实施节约用水制度化管理，对城市生活、农业等各类用水强度指标严格管控，全面推进节水型社会建设。

建设海绵城市。尊重自然本底，构建河湖水系生态缓冲带，提升城市生态空间在雨洪调蓄、雨水径流净化、生物多样性等方面的功能，促进生态良性循环。综合采用“雨水花园、下沉式绿地、生态湿地”等低影响开发设施，实现中小降雨100%自然积存、净化，规划城市建设区雨水年径流总量控制率不低于85%。

推广绿色建筑。全面推动绿色建筑设计、施工和运行，开展节能住宅建设和改造。新建政府投资及大型公共建筑全面执行三星级绿色建筑标准。

使用绿色建材。引导选用绿色建材，开发选用当地特色的自然建材、清洁生产和更高环保认证水准的建材、旧物利用和废弃物再生的建材，积极稳妥推广装配式、可循环利用的建筑方式。

第二节　构建绿色市政基础设施体系

建设集约高效的供水系统。划分城镇供水分区，各分区间设施集成共享、互为备用，提高供水效率。因地制宜推进雨水和再生水等各类非常规水资源利用，实现用水分类分质供应，采用管网分区计量管理，提高管网精细化、信息化管理水平，有效节约水资源。

完善雨污分流的雨水排除工程系统。加强城市排水河道、排涝渠、雨水调蓄区、雨水管网和泵站等工程建设，实现建成区雨水系统全覆盖。新建雨水系统全部实行雨水、污水分流制，逐步将容城、雄县、安新县城现有合流系统改造为分流制。

建设循环再生的污水处理系统。统筹考虑污水收集处理和再生利用的便捷性、经济性，建设适度分散的设施。在特色小城镇、村庄推广分散式生态化的污水处理技术。

完善保障有力的供电系统。增强区域电力供应，建设区域特高压供电网络。改造提升现有变电站，新建500千伏和220千伏变电站。积极引入风电、光电等可再生能源，作为新区电力供应的重要来源。新区供电可靠率达到99.999%。

建设安全可靠燃气供应系统。根据新区发展需要，以长输管道天然气为主要气源，LNG为调峰应急气源，新建若干门站、LNG储配站，形成多源多向、互联互通的新区燃气输配工程系统。

建设清洁环保的供热系统。科学利用地热资源，统筹天然气、电力、地热、生物质等能源供给方式，形成多能互补的清洁供热系统。

建设先进专业的垃圾处理系统。按照减量化、资源化、无害化的要求，全面实施垃圾源头分类减量、分类运输、分类中转、分类处置，建设兼具垃圾分类与再生资源回收功能的交投点、中转站、终端处理设施、生态环境园，最终实现原生垃圾零填埋，生活垃圾无害化处理率达到100%，城市生活垃圾回收资源利用率达到45%以上。

第三节　合理开发利用地下空间

有序利用地下空间。按照安全、高效、适度的原则，结合城市功能需求，积极利用浅层、次浅层空间，有条件利用次深层空间，弹性预留深层空间；协调各系统的空间布局，制定相互避让原则，明确各系统平面及竖向层次关系，实施分层管控及引导。

优先布局基础设施。在城市干路、高强度开发和管线密集地区，根据城市发展需要，建设干线、支线和缆线管廊等多级网络衔接的市政综合管廊系统。建设地下综合防灾设施，形成平灾结合、高效利用的地下综合防灾系统。

建立统筹协调机制。坚持统筹规划、整体设计、统一建设、集中管理，健全管理体制和运行机制，完善用地制度和权籍管理，推进地下空间管理信息化建设，保障地下空间有序利用。

第四节　同步建设数字城市

坚持数字城市与现实城市同步规划、同步建设，适度超前布局智能基础设施，推动全域智能化应用服务实时可控，建立健全大数据资产管理体系，打造具有深度学习能力、全球领先的数字城市。

加强智能基础设施建设。与城市基础设施同步建设感知设施系统，形成集约化、多功能监测体系，打造城市全覆盖的数字化标识体系，构建城市物联网统一开放平台，实现感知设备统一接入、集中管理、远程调控和数据共享、发布；打造地上地下全通达、多网协同的泛在无线网络，构建完善的城域骨干网和统一的智能城市专网；搭建云计算、边缘计算等多元普惠计算设施，实现城市数据交换和预警推演的毫秒级响应，打造汇聚城市数据和统筹管理运营的智能城市信息管理中枢，对城市全局实时分析，实现公共资源智能化配置。

构建全域智能化环境。推进数字化、智能化城市规划和建设，建立城市智能运行模式，建设智能能源、交通、物流系统等；构建城市智能治理体系，建设全程在线、高效便捷，精准监测、高效处置，主动发现、智能处置的智能政务、智能环保、数字城管。建立企业与个人数据账户，探索建立全数字化的个人诚信体系。健全城市智能民生服务，搭建普惠精准、定制服务的智能教育医疗系统，打造以人为本、全时空服务的智能社区。

建立数据资产管理体系。构建透明的全量数据资源目录、大数据信用体系和数据资源开放共享管理体系。建设安全可信的网络环境，建立安全态势感知、监测、预警、溯源、处置网络系统，打造全时、全域、全程的网络安全态势感知决策体系，加强网络安全相关制度建设。

第九章　构筑现代化城市安全体系

牢固树立和贯彻落实总体国家安全观，坚持政府主导与社会参与相结合，坚持以防为主、防抗救相结合，坚持常态减灾和非常态救灾相统一，针对自然灾害和城市运行安全、公共安全领域的突发事件，高标准规划建设重大防灾减灾基础设施，全面提升监测预警、预防救援、应急处置、危机管理等综合防范能力，形成全天候、系统性、现代化的城市安全保障体系，建设安全雄安。

第一节　构建城市安全和应急防灾体系

构筑城市安全运行体系。在新区水源保障、流域及城市防洪、能源供应、交通运营等与城市运行密切相关的各领域，运用区域协同、层级设防、智慧防灾、立体防护等防灾策略，抓住规划建设运营关键环节，超前布局、高质量建设、高效率管理，构建安全韧性的保障体系，为新区规划建设提供可靠支撑。

健全灾害预防体系。深化城市地震、气象、地质、生物等领域的灾害风险评估，建立水源、防洪、能源、交通等安全隐患防控体系，加强监测预警。优化城市综合防灾布局，合理确定防灾分区。构建城乡覆盖、区域协同，陆、水、空、地下全方位消防系统，加强“智慧消防”建设，城乡消防安全达到国际先进水平。建立安全可靠、体系完备、平战结合的人防工程系统，实现人防建设与城市建设融合发展。

构建城市公共安全体系。用最严谨的标准、最严格的监管、最严厉的处罚、最严肃的问责，建立科学完善的食品药品安全治理体系。加强城乡公共卫生设施建设和制度建设。开展爱国卫生运动，倡导健康文明生活方式，严防生物灾害与疫病疫情发生。高标准建设智能化社会治安防控体系，加强治安协同防控，提升应对突发公共事件的能力。加强电信网、广播电视网、互联网等基础网络的安全监管与保障，建立城市智能信息容灾备份系统。落实安全生产责任制，坚决防止重特大事故发生。

健全综合应急体系。按照防空防灾一体化、平战结合、平灾结合的原则，完善应急指挥救援系统，建立安全生产、市场监管、应急保障、环境保护、治安防控、消防安全、道路交通等部门公共数据资源共享机制。利用公园绿地、体育场馆、各类学校等旷地及地下空间，布局建设合理的避难场所及避难通道，形成就地避难、就近避难、步行避难的分级分类疏散系统。以干线公路网、城市干道网为主通道，建立安全、可靠、高效的疏散救援通道系统。建设供水、供电、燃气、交通等生命线应急保障系统；加强救灾物资储备，形成完备的救灾物资、生活必需品、医药物资和能源储备物资供应系统。严格相关管理制度，统筹加强各种应急保障设施运行维护、管理和保障。

提升综合防灾水平。利用信息智能等技术，构建全时全域、多维数据融合的城市安全监控体系，形成人机结合的智能研判决策和响应能力，做到响应过程无缝隙切换、指挥决策零延迟、事态进展实时可查可评估。全面提高综合防灾和城市设施安全标准，增强城市综合防灾能力。

第二节　保障新区水安全

构建水源保障体系。依托南水北调、引黄入冀补淀等区域调水工程，合理利用上游水、当地水、再生水，完善新区供水网络，强化水源互联互通，形成多源互补的新区供水格局。

完善大清河流域防洪体系。按照上蓄、中疏、下排、适滞的原则，充分发挥白洋淀上游山区水库的拦蓄作用，疏通白洋淀行洪通道，适当加大下游河道的泄洪能力，加强堤防和蓄滞洪区建设，提升大清河流域防洪能力。

建设新区防洪安全体系。按照分区设防、重点保障原则，结合新区城镇规模及规划布局，确定起步区防洪标准为200年一遇，五个外围组团防洪标准为100年一遇，其他特色小城镇防洪标准原则上为50年一遇；综合采用“蓄、疏、固、垫、架”等措施，确保千年大计万无一失。坚持新区防洪设施建设与生态环境保护、城市建设相结合，顺应自然，实现人水和谐共处。

确保新区防涝安全。起步区内涝防治标准整体为50年一遇，五个外围组团内涝防治标准为30年一遇，其他特色小城镇为20年一遇。统筹用地竖向、排水管网、城市河道、调蓄水面等排水防涝设施，构建生态措施和工程措施相结合的系统化排水防涝体系，确保排水防涝安全。起步区内部建立纵横交织、主次分级的排涝通道，利用城市水系、蓝绿空间以及大溵古淀调蓄涝水，在线实时监测白洋淀水位，适时抽排城市内部雨水，构建“北截、中疏、南蓄、适排”的排水防涝格局。

第三节　增强城市抗震能力

提高城市抗震防灾标准。新区抗震基本设防烈度Ⅷ度，学校、医院、生命线系统等关键设施按基本烈度Ⅷ度半抗震设防，避难建筑、应急指挥中心等城市要害系统按基本烈度IX度抗震设防。其他重大工程依据地震安全性评价结果进行抗震设防。

第四节 保障新区能源供应安全

落实安全、绿色、高效能源发展战略，突出节约、智能，打造绿色低碳、安全高效、智慧友好、引领未来的现代能源系统，实现电力、燃气、热力等清洁能源稳定安全供应，为新区建设发展夯实基础。

电力。坚持绿色供电，形成以接受区外清洁电力为主、区内分布式可再生能源发电为辅的供电方式。依托现有冀中南特高压电网，完善区域电网系统，充分消纳冀北、内蒙古等北部地区风电、光电，形成跨区域、远距离、大容量的电力输送体系，保障新区电力供应安全稳定、多能互补和清洁能源全额消纳。长远谋划利用沿海核电。与华北电网一体化规划建设区内输配电网，配套相应的储能、应急设施，实现清洁电力多重保障。

燃气。构建多气源、多层级、广覆盖的城乡燃气供应体系。依托国家气源主干通道和气源点，建设新区接入系统，合理布局区内燃气管网，保障新区用气供应；长远谋划利用更为清洁的替代燃料。

热力。科学利用区内地热资源，综合利用城市余热资源，合理利用新区周边热源，规划建设区内清洁热源和高效供热管网，确保供热安全。

节能。坚持节能优先，发展绿色建筑，推行绿色出行，加快开展梯级利用、循环利用，建设集能源开发、输送、转换、服务及终端消费于一体的多能互补区域能源系统，把新区打造成为高效节能示范区。

智能。结合数字城市建设，运用互联网、物联网融合技术，推进能源管理智慧化、能源服务精细化、能源利用高效化，打造新区智能能源系统，进一步提高能源安全保障水平。

第十章 保障规划有序有效实施

雄安新区是留给子孙后代的历史遗产，必须坚持大历史观，保持历史耐心，稳扎稳打，一茬接着一茬干。完善规划体系，制定配套政策法规和技术规范，创新体制机制，强化政策保障，做好与周边区域规划衔接，加强新区及毗邻地区管控，促进协调发展，加强组织领导，保障规划有序有效实施，确保一张蓝图干到底。

第一节 完善规划体系

完善规划编制体系。新区规划纲要是编制新区各级各类规划的准则和指南，是指导新区建设发展的基本依据。坚持以规划纲要为统领、以控制性详细规划为重点、以专项规划为支撑，形成全域覆盖、分层管理、分类指导、多规合一的规划体系。按照把每一寸土地都规划得清清楚楚后再开工建设的要求，结合建设时序，深化细化控制性详细规划、修建性详细规划及各类专项规划，为新区全面建设做好准备。

健全规划管理体制。河北省承担新区各类规划的组织编制、审批、实施、管理等职责，落实多规合一，按法定程序和要求开展建设项目的审批、管理。

建立规划法规体系。依据国家有关法律法规和本规划纲要，研究推进雄安新区规划条例立法，按照创造“雄安质量”的要求，制定雄安新区规划技术标准、雄安新区规划建设管理技术规定等建设标准和技术规范。

畅通公众参与渠道。坚持开门开放编规划，汇众智、聚众力，搭建全过程、全方位的公众参与平台，健全规划公开制度，鼓励引导各领域专家和公众积极参与，在后续规划编制、决策、实施中发挥作用，确保规划反映民意，凝聚起人民群众建设新区的正能量。

统筹安排规划实施时序。根据相关阶段建设目标要求，制定各类规划实施方案和行动计划，适时启动重大项目建设，确保新区建设顺利进行。

第二节　建立规划实施制度机制

加强组织领导。在党中央、国务院领导下，按照京津冀协同发展领导小组部署要求，领导小组办公室加强综合协调，中央和国家机关有关部委、单位，北京市、天津市等方面大力支持，河北省委和省政府履行主体责任，雄安新区管委会负责规划纲要的具体实施。建立新区规划委员会制度，发挥组织协调和咨询审查作用，完善规划实施统筹决策机制。

加强规划监督评估。健全规划实施监管和考核问责制度，强化对规划实施的监督，确保规划有序落地。搭建新区国土空间基础信息平台和数字规划建设管理平台，建立“实施—监测—评估—维护”机制，提升规划的适应性。

强化规划刚性约束。本规划纲要与相关规划经批准后必须严格执行，任何部门和个人不得随意修改、违规变更，坚决维护规划的严肃性和权威性，确保一张蓝图干到底。

建立重大事项报告制度。在规划执行中遇有重大事项，及时向党中央、国务院和京津冀协同发展领导小组请示报告。

第三节　创新体制机制与政策

围绕推进雄安新区规划实施，坚持深化改革、扩大开放，制定出台支持政策，打造体制机制新高地，为新区建设发展创造良好条件，发挥对全国全面深化改革扩大开放的引领示范作用。

深化行政体制改革。推进新区机构和行政管理体制改革，实行大部门制和扁平化管理，新区管理机构工作人员实行聘任制，优化干部培养选拔机制；按照河北省授权，新区行使有关行政审批权限和管理权限，推进行政审批制度改革，全面实行负面清单管理，建立全新的投资项目审批制度，提高行政服务效率；深化事业单位改革，强化公益属性，探索政事分开、管办分离的有效形式。

深化财税金融改革。建立长期稳定的资金筹措机制，中央财政通过设立雄安综合财力补助、统筹安排各类转移支付资金和加大地方政府长期债务支持力度等方式支持新区建设。对符合税制改革和新区发展方向的税收政策，在现行税收制度框架内支持在新区优先实施，对需要先行先试的可依法依规优先试点。支持雄安新区立足本地实际，率先在相关领域开展服务实体经济的金融创新或金融试验试点示范工作，推动国家级交易平台等重大金融项目先行先试，支持金融业对外开放新举措在新区落地。

创新人才人口管理。探索实行有利于激发新区创新活力的人事、薪酬、住房、税收、养老等政策。探索实行个人所得税改革。实行开放便捷的人才引进制度，在技术移民和外籍人才入境、停居留、永久居留等方面制定更加便利的措施，建立人才特区。推进人口管理创新，实施积分落户和居住证制度，建立以居住证为载体的公共服务提供机制。

推进土地管理制度改革。统筹解决新区所需建设用地规模、耕地保有量、永久基本农田保护面积和耕地占补平衡指标。创新土地供应政策，构建出让、划拨、作价出资（或入股）、租赁或先租后让、租让结合的多元化土地利用和土地供应模式。以土地综合整治为平台，统筹推进城水林田淀系统治理。

积极扩大对内对外开放。主动服务北京国际交往中心功能，利用京津冀三地对外开放基础和雄安新区自然环境优势，构筑对外交流平台。吸引国家对外开放平台、“一带一路”国际组织优先在新区布局，在新区举办国际及国内高端论坛。支持以雄安新区为核心设立中国（河北）自由贸易试验区，建设中外政府间合作项目（园区）和综合保税区，大幅度取消或降低外资准入限制，全面实行准入前国民待遇加负面清单管理模式，更好地以开放促改革、以开放促发展。

第四节　强化区域协同发展

加强新区及毗邻地区管控。划定新区周边一定范围为管控区，实施统一规划、严格管控，实行统一负面清单管理。划定城镇开发边界，严格控制城镇建设方向，防止“贴边”发展。建设新区周边绿色生态屏障，加强流域生态修复、水系连通、入淀河流综合治理，开展平原植树造林和大气污染联防联治。加快腾退与生态功能相冲突的用地，防止城乡建设无序发展，抑制人口过度聚集。严格产业准入管制，新区周边严禁高耗水、高耗能及高污染项目进入。

推进新区与周边地区协调发展。加强与国家有关单位、京津两市经常性、制度性协商，解决好涉及区域协同发展的相关规划建设问题。按照科学规划、合理布局的原则，新区着力与北京中心城区、北京城市副中心和天津市在功能上优势互补，实现错位发展、互利共赢；加强新区与保定、廊坊、沧州等周边地区相关规划的衔接，统筹承接北京非首都功能疏解，统筹推进新型城镇化建设，统筹安排教育、医疗、卫生、体育等功能，统筹布局生态、产业、交通和基础设施，实行协同规划、产业联动，努力打造协调发展示范区。

附表：新区规划主要指标

分项	指标		2035 年
创新智能	1	全社会研究与试验发展经费支出占地区生产总值比重（%）	6
	2	基础研究经费占研究与试验发展经费比重（%）	18
	3	万人发明专利拥有量（件）	100
	4	科技进步贡献率（%）	80
	5	公共教育投入占地区生产总值比重（%）	≥ 5
	6	数字经济占城市地区生产总值比重（%）	≥ 80
	7	大数据在城市精细化治理和应急管理中的贡献率（%）	≥ 90
	8	基础设施智慧化水平（%）	≥ 90
	9	高速宽带标准	高速宽带无线通信全覆盖、千兆入户、万兆入企
绿色生态	10	蓝绿空间占比（%）	≥ 70
	11	森林覆盖率（%）	40
	12	耕地保护面积占新区总面积比例（%）	18
	13	永久基本农田保护面积占新区总面积比例（%）	≥ 10
	14	起步区城市绿化覆盖率（%）	≥ 50
	15	起步区人均城市公园面积（平方米）	≥ 20
	16	起步区公园 300 米服务半径覆盖率（%）	100
	17	起步区骨干绿道总长度（公里）	300
	18	重要水功能区水质达标率（%）	≥ 95
绿色生态	19	雨水年径流总量控制率（%）	≥ 85
	20	供水保障率（%）	≥ 97
	21	污水收集处理率（%）	≥ 99
	22	污水资源化再生利用率（%）	≥ 99
	23	新建民用建筑的绿色建筑达标率（%）	100
	24	细颗粒物（PM2.5）年均浓度（微克/立方米）	大气环境质量得到根本改善
	25	生活垃圾无害化处理率（%）	100
	26	城市生活垃圾回收资源利用率（%）	＞ 45
幸福宜居	27	15 分钟社区生活圈覆盖率（%）	100
	28	人均公共文化服务设施建筑面积（平方米）	0.8
	29	人均公共体育用地面积（平方米）	0.8
	30	平均受教育年限（年）	13.5
	31	千人医疗卫生机构床位数（张）	7.0
	32	规划建设区人口密度（人/平方公里）	≤ 10000
	33	起步区路网密度（公里/平方公里）	10 ~ 15
	34	起步区绿色交通出行比例（%）	≥ 90
	35	起步区公共交通占机动化出行比例（%）	≥ 80
	36	起步区公共交通站点服务半径（米）	≤ 300
	37	起步区市政道路公交服务覆盖率（%）	100
	38	人均应急避难场所面积（平方米）	2 ~ 3

附　　图

1. 京津冀区域空间格局示意图

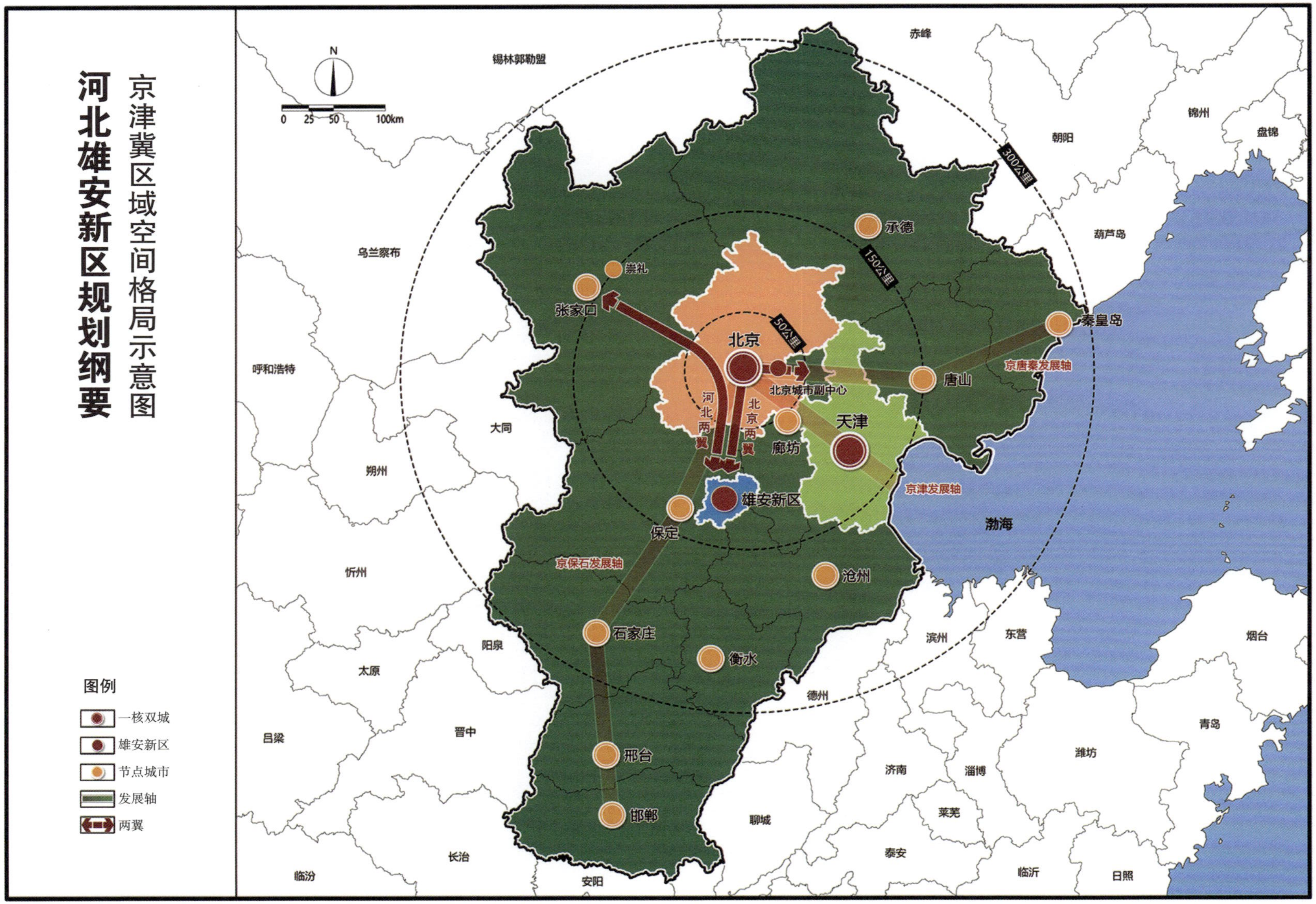

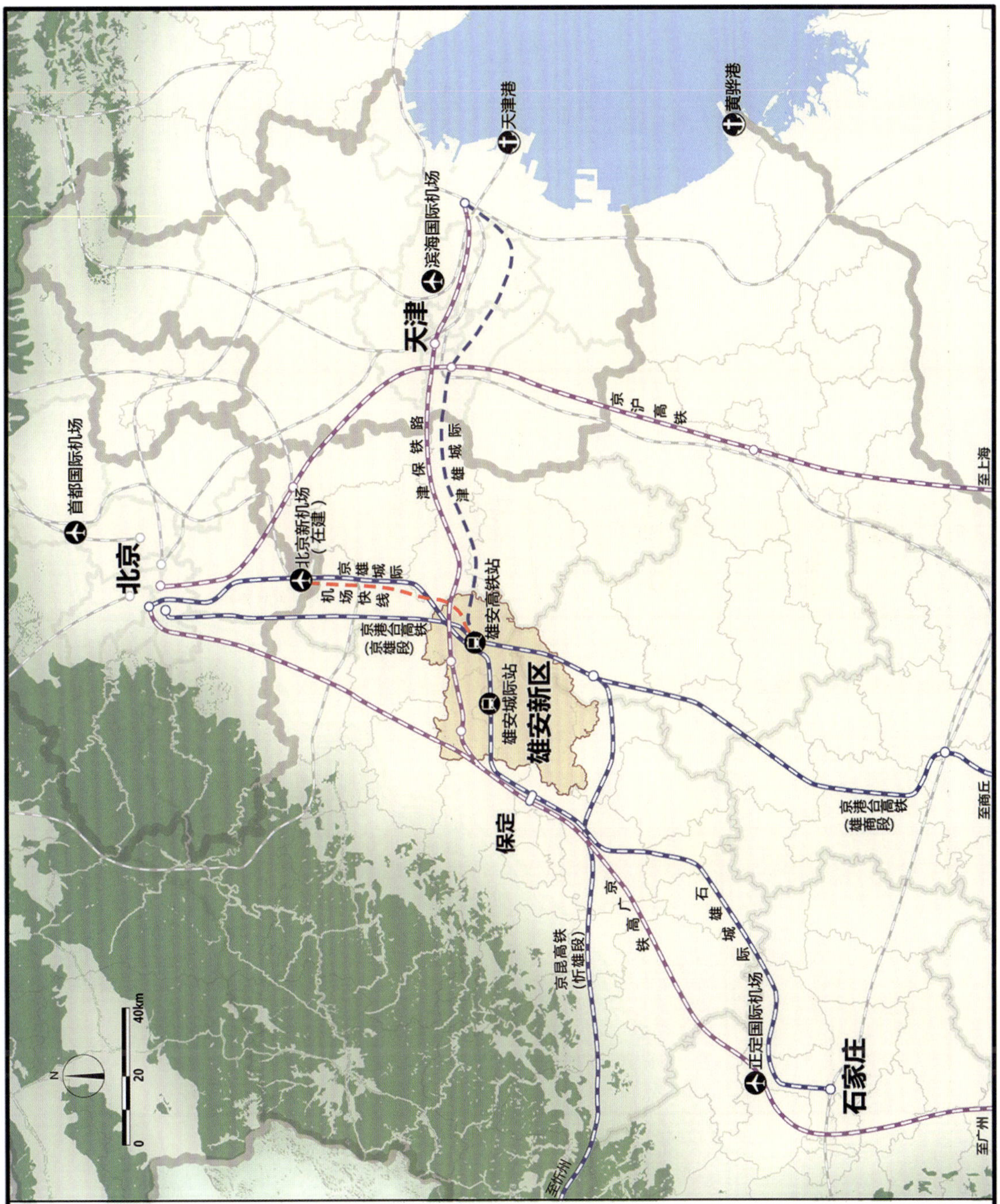

河北雄安新区规划纲要

区域轨道交通规划图

图例
现状铁路
既有规划铁路
新增城际铁路
预留机场快线
高铁/城际站点
机场
港口

3. 区域高速公路规划图

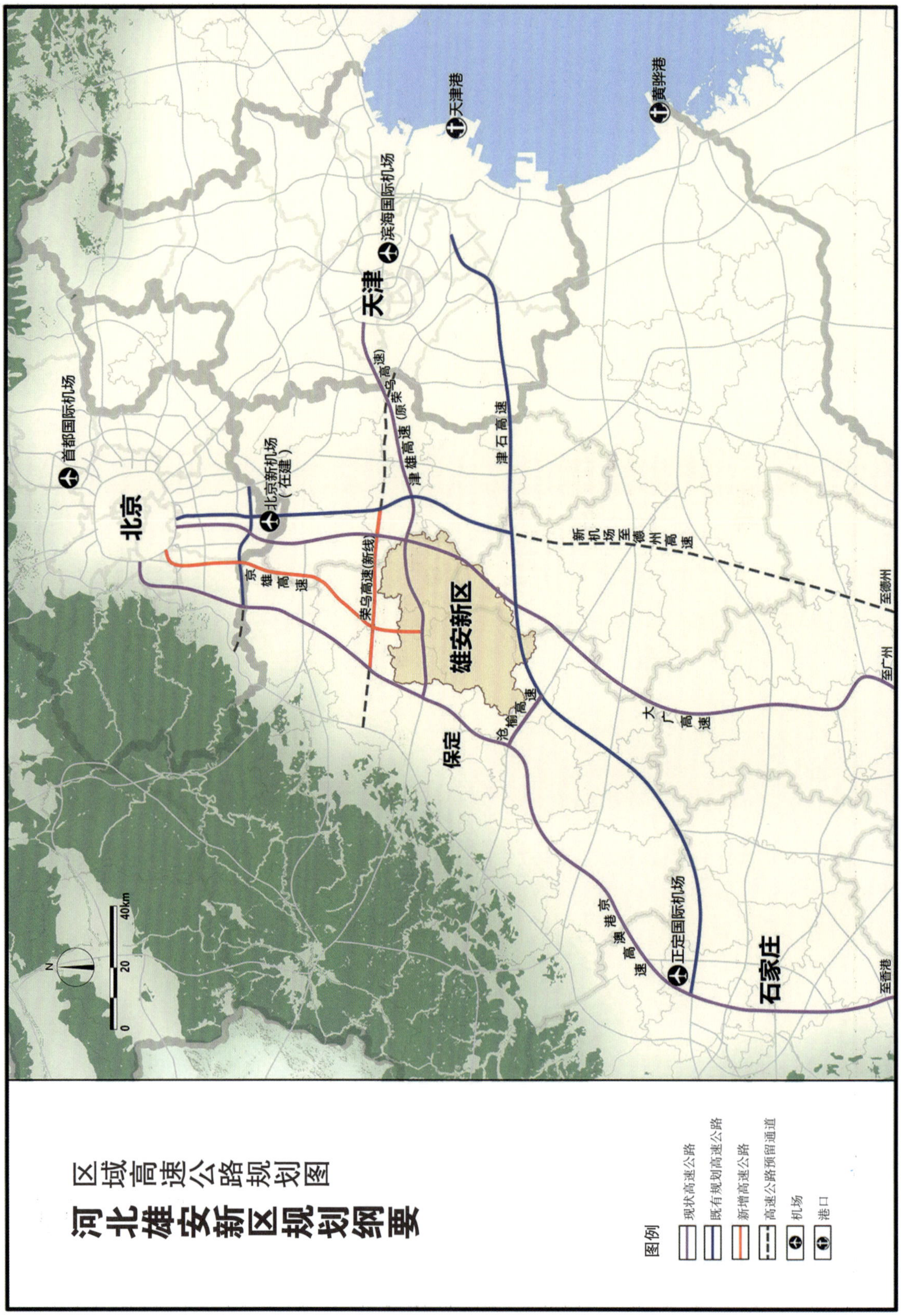

河北雄安新区规划纲要

区域高速公路规划图

4. 新区城乡空间布局结构示意图

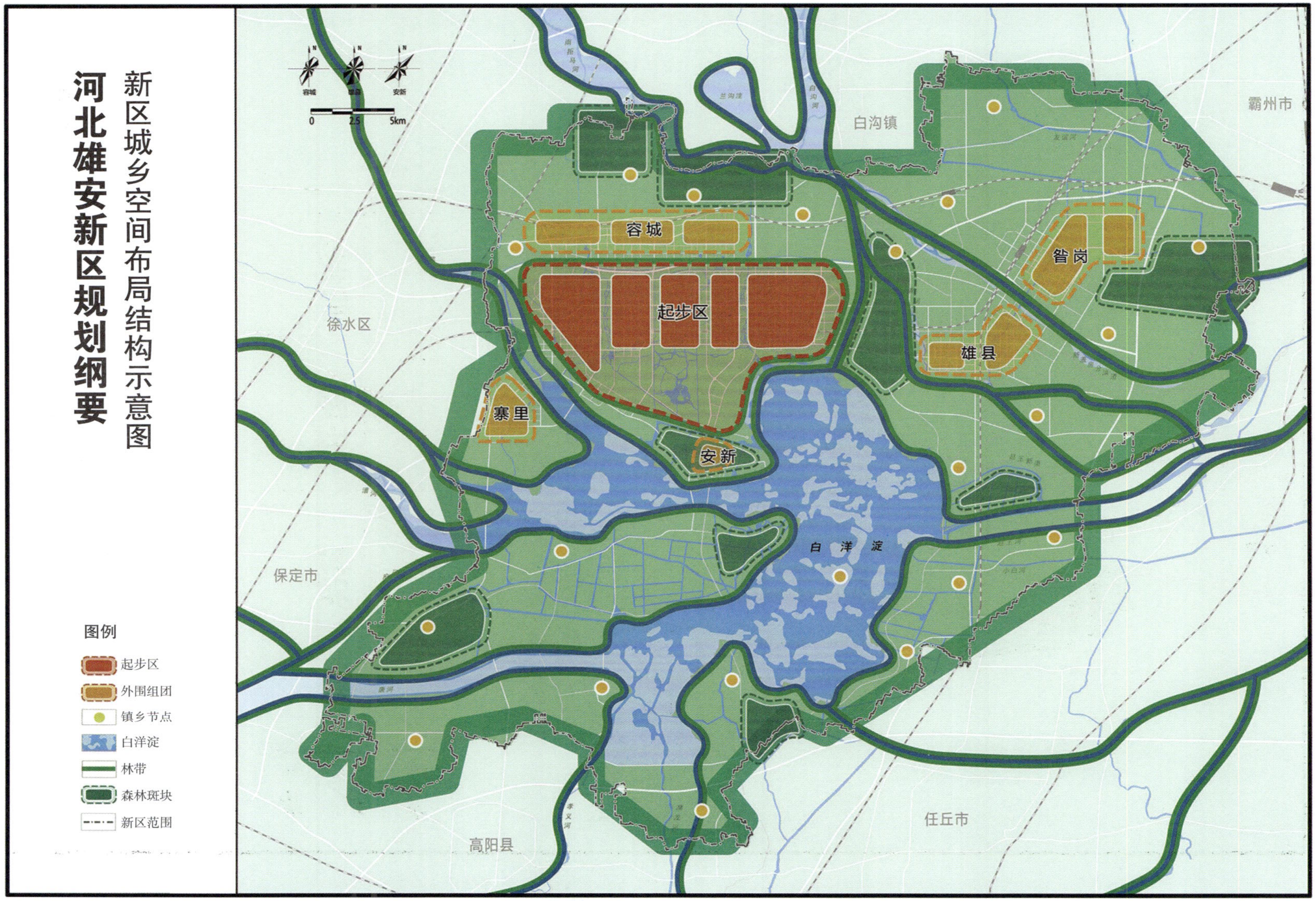

5. 起步区空间布局示意图

6. 白洋淀流域生态环境治理和保护规划图

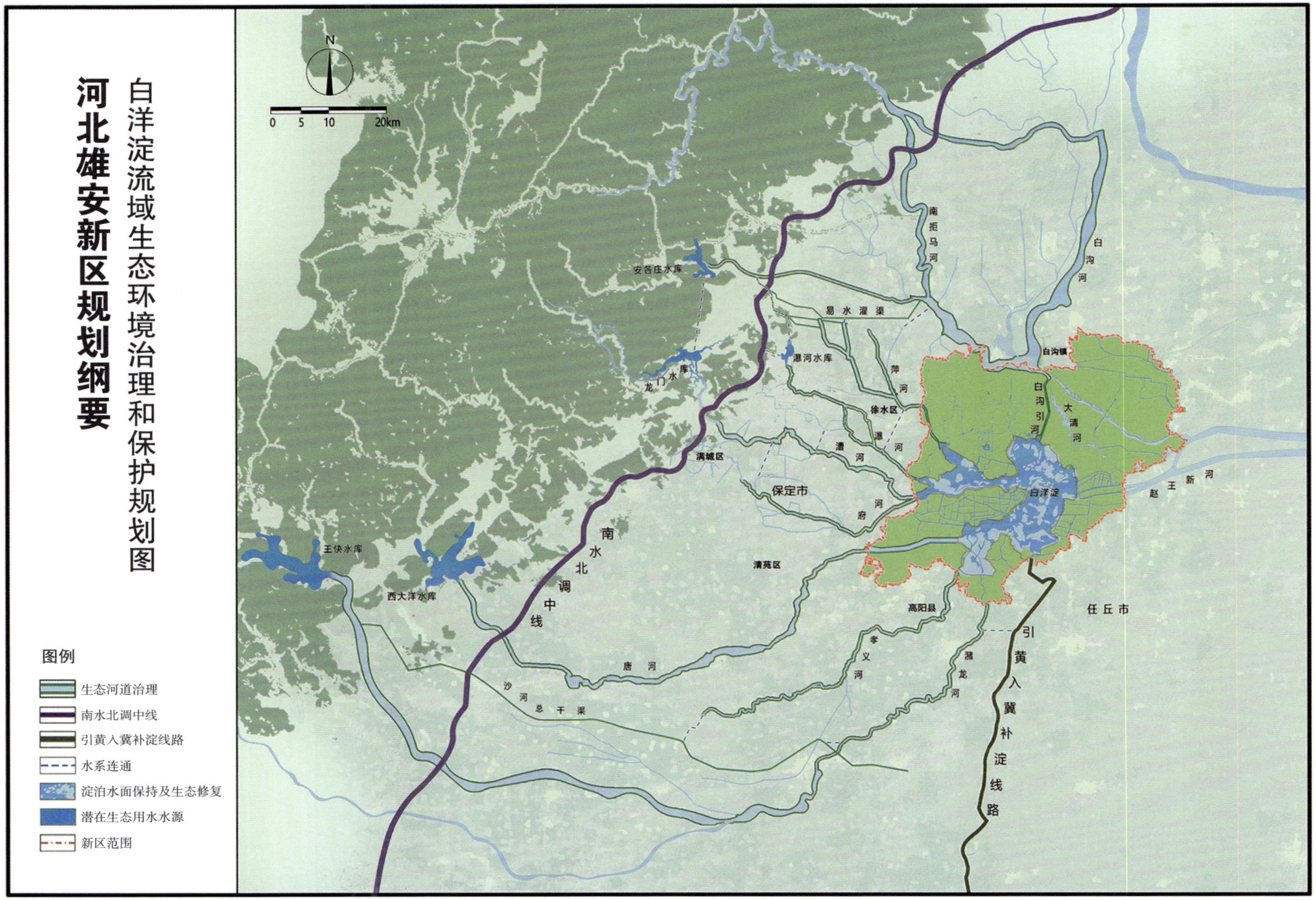

绿色雄安涌春潮

——河北雄安新区规划纲要解读之一①

新时代，新蓝图。

4 月 1 日，河北雄安新区刚满一岁。《河北雄安新区规划纲要》在春光里诞生。

千年大计，国家大事。以习近平同志为核心的党中央高瞻远瞩，提出以疏解北京非首都功能为“牛鼻子”，推动京津冀协同发展这一重大国家战略，建设高水平的社会主义现代化城市。雄安由此落子。

世界眼光、国际标准、中国特色、高点定位。党的十九大提出：高起点规划、高标准建设雄安新区。今年 2 月的中央政治局常委会会议要求：创造“雄安质量”，在推动高质量发展方面成为全国的一个样板。

路走对了，就不怕遥远。在习近平新时代中国特色社会主义思想指引下，坚持生态优先、绿色发展，新蓝图在春天绘就，新征程在春天开启。伴随民族复兴的铿锵脚步，一个伟大构想正在雄安大地上生根发芽、拔节成长。

蓝色梦想，澎湃白洋淀新活力

俯瞰新区，最显眼的是那片蓝色水域——白洋淀，雄安因水而兴，开发建设会不会给白洋淀带来污染？

生态优先、绿色发展，雄安要建成新时代的生态文明典范城市。时代不同了，这里的春天鸟语花香，雄安是生态文明的新生儿。“新区开发建设要以保护和修复白洋淀生态功能为前提。”中国工程院院士、京津冀协同发展专家咨询委员会副组长邬贺铨说。

作家孙犁笔下的荷花淀，小兵张嘎家乡的芦苇荡，无不令人神往。但白洋淀也曾遭遇“口渴”、污染等威胁。

进入雄安时间，白洋淀将焕发新的生机。

划定边界，保护生态。新区先期划定以白洋淀核心区为主的生态保护红线，远期结合森林斑块和生态廊道建设逐步扩大。中国城市规划设计研究院院长杨保军说：“科学划定生态保护

① 人民日报，2018 年 4 月 22 日。

红线等控制线，统筹衔接，确保一张蓝图干到底。”

让水多起来、动起来、活起来。中国工程院院士、中科院生态环境研究中心研究员曲久辉说：“流水不腐，让水动起来，才有活力，恢复‘华北之肾’的功能。”

水从哪里来？引黄入冀补淀，让母亲河的乳汁哺育白洋淀。去年 11 月，引黄入冀补淀工程已试通水。建设白河—潴龙河等水系连通工程，调度上游水库补水。去年 4 月，王快、西大洋水库携手为白洋淀补水。

让水更加净起来。新区坚持流域“控源—截污—治河”，通过流域系统治理，确保水质达标，再现一汪“白洋”。全面清除“散乱污”企业，加大城乡污水收集处理力度，让府河等入淀河流水质达标。

去年 5 月至 10 月，环保部门组织驻雄安新区环保集中执法督查组，对“散乱污”企业、纳污坑塘、垃圾堆存点、畜禽养殖场等进行阶段性督查。新区对 8 条入淀河流进行摸排，封堵沿河非法排污口。

让水更加美起来。通过生态治理，恢复白洋淀良好生态系统。梦里水乡美在“苇绿荷红”，新区将对现有苇田荷塘进行改造，重现白洋淀“苇海荷塘”的美景。

因水而兴，水城共融。曲久辉说：“远景规划将建设白洋淀国家公园，这是一种门槛更高、标准更严的保护，保护白洋淀独特的自然环境，把白洋淀建成人与自然和谐共生的家园。”

白洋淀之于雄安，犹如西湖之于杭州。“水是生命之源，白洋淀对新区的生态涵养，像‘粥油’一样宝贵。”深圳市建筑科学研究院有限公司的教授级高工叶青说。

连山通海，南北交融。一条衔接“太行山脉—渤海湾”和白洋淀周边的生态廊道，构筑区域生态安全格局，呵护雄安新区，滋养京津冀。

绿色诗篇，开启生态宜居新模式

绿色生活，诗意栖居。新区未来的生活场景将怎样打开？雄安要建设绿色生态宜居新城区，建设高水平的社会主义现代化城市。这是中国的探索，也是对世界的回答。

蓝绿是雄安的底色。这是多少都市人向往的美丽家园：新区蓝绿空间占比不低于 70%。“过去一些地方先建房、再配绿，绿色只是装饰品。蓝色水域，绿色植被，蓝绿空间的比例较大，新区像一颗珍珠嵌在绿色大地上。”杨保军说，“新区开发建设用地比例不超过 30%。”

尊重自然，顺应自然。林城相融，林水相依。“建设一座城，竖起一片林。”叶青说起“雄安绿、新区蓝”时，不自觉地提高音量，“新区与自然共生，这里可以让人静下来，让心安下来。”

打开雄安新区规划图，仿佛走进电影里绿色的“童话小镇”，颜值高、气质佳。“一淀、三带、九片、多廊”支撑新区生态安全格局，白洋淀发挥生态涵养功能，建设环白洋淀绿化带、环起步区绿化带、环新区绿化带。在城市组团间和重要的生态涵养地区，将孕育 9 片大型近自然森林。沿主要河道和交通干线两侧将建设绿色廊道。叶青说：“这些可以发挥护蓝、增绿、通风和降尘等作用。”

千年秀林，呵护新区。新区成立不久率先植树造林，截至今春，先期累计种植 700 多万棵。叶青说：“先造林可以形成小气候，起步区绿化覆盖率规划达到 50%。”展望未来，新区森林覆盖率将由目前的 11% 提高到 40%。

新区将培塑中华风范、淀泊风光、创新风尚。公园近在眼前，300 米进公园，1 公里进林带，3 公里进森林，百分百的林荫道。杨保军说：“有了高质量的城区环境，高水平的公共服务，没有‘大城市病’的烦恼，一些人自然会做出选择。”

展望雄安生活场景：林淀环绕的华北水乡，城绿交融的中国画卷。“雄安蓝绿空间占比，公园、绿道等公共服务布局，都是国际一流水准，这里将创造新的城市传奇。”叶青对新区充满期待，“雄安承载着人民对城市的期盼，要有让人幸福的温暖，展现未来城市的曙光。”

水清、地绿，更要自由呼吸。雄安将建设城市通风廊道，打破城市热岛环流，将白洋淀凉爽、清新的空气输送到市中心。叶青说：“自然风是有营养的！”

雄安终端能源消费将全部采用清洁能源，可再生能源消费不低于 50%。中国城市规划设计研究院水务与工程分院生态环境研究所副所长高均海说：“当地有地热，利用芦苇提供生物质能源，张北等地有充裕的风能、电能可以调入。”目前雄县县城冬季采暖主要使用地热，每年替代标煤 12 万吨，县城成了“无烟城”。

雄安倡导“公交+自行车+步行”的低碳出行模式，起步区绿色低碳出行占九成，解决交通拥堵等“大城市病”。建设窄路密网，公交出行和换乘更便捷，公交站服务半径不超过 300 米，枢纽换乘时间不超过 5 分钟。新区将构建内外衔接的绿道网络，让喜欢骑行、步行的人们放松身心，开启城市“慢生活”。杨保军说：“这种布局为人们提供便利的社交、休闲场所，有情怀，有情调，让生活更加美好。”

绿色动能，激荡新发展理念

雄安新区绝不搞土地财政！新区拿什么“吃饭”？靠什么运转？答案是：绿色发展。

雄安新区将开启新动能，走绿色发展之路。新区要建设新发展理念的创新示范区，创造“雄安质量”，打造新时代高质量发展的全国样板。这里将集中承接北京非首都功能，布局高端高新产业，发展成为京津冀世界级城市群的重要增长极。

“改革开放 40 年了，从深圳速度到浦东开发，雄安担负着不一样的历史使命！”参与雄安规划工作的深圳规划国土委副主任徐荣说。

雄安新区推行负面清单，禁止新建高污染、高耗能、高耗水等落后产能，产业体系已经定格：新一代信息技术、生物技术、高端现代服务业以及新材料产业等。承接知名高校、高端医疗等。搭建国际一流的科技创新平台，布局国家实验室、工程研究中心等。

绿色生产，有破有立。过去一年，新区排查“散乱污”企业，取缔关停 9853 家、整治改造 2245 家。

“雄安新区不会照搬北京转移出去的低端产业，新区要培育现代化经济体系的新引擎。”杨保军说。

春江水暖。一年来，腾讯、阿里巴巴和百度等互联网企业纷纷抢滩，百余家高端高新企业核准注册登记，将进驻新区。杨保军说：“数据产业将成为新区的亮点！”

新区推广绿色的市政建设和运营模式，让绿色发展理念深植每一寸土地。

建设海绵城市，让新区“里外顺畅”。“天赐甘露，应回归大地母亲。”叶青感慨，“一些城市地面太‘硬’，才有‘下雨看海’等尴尬。”新区尊重自然本底，提升城市生态空间在雨洪调蓄、雨水径流净化等方面的功能。综合采用“雨水花园、下沉式绿地、生态湿地”等低影响开发设施，实现中小降雨全部自然积存、净化，城市建成区年径流总量控制率不低于85%。

垃圾里也有“宝”。按照“减量化、资源化、无害化”的要求，新区全面实施垃圾源头分类减量、分类运输处置，生活垃圾全部无害化处理。

节能就是绿色行动，雄安推行绿色建筑。“不同于一些地方后期改良，雄安是新城，自带‘绿色基因’。”叶青说，“规划引导选用绿色建材，开发选用具有当地特色的自然建材，以及更高环保认证的建材、旧物利用和废弃物再生的建材。”

目前，雄安新区设立后首个大型建设工程——雄安市民服务中心主体结构全部完工，8栋单体全部为装配式建筑，楼面板等构件均由工厂预制加工，运至现场直接吊装，节省钢材，减少了建筑垃圾。

日出淀泊红胜火，绿色雄安涌春潮！

蓝图变为现实，是一场新的长征。一茬接着一茬干，雄安新区一定能创造属于新时代的光辉业绩。

（记者　徐运平　张志锋　杨　柳　赵展慧）

从规划亮点看雄安“未来之城”

——解读《河北雄安新区规划纲要》之一[①]

一个时代有一个时代的样板和标志。

10个篇章、2万多字，《河北雄安新区规划纲要》一出炉即引起万众瞩目。这张规划“未来之城”的宏伟蓝图，描绘着新时代高质量发展的前景，凸显着“雄安模式”的精髓。

契合党的十九大提出的全面建设社会主义现代化国家的战略安排，《雄安规划纲要》提出了“两步走”——到2035年和本世纪中叶的建设目标。

【亮点之一】“组团式”格局：无单一中心、不摊大饼，城市发展富有弹性

未来雄安，整个城市将呈现组团式格局。

“雄安没有单一城市中心，不会摊大饼一样无序扩展，而是构建尺度适宜、职住均衡的城市组团。”中国城市规划设计研究院院长杨保军说。

《雄安规划纲要》提出，坚持生态优先、绿色发展，统筹生产、生活、生态三大空间，逐步形成城乡统筹、功能完善的组团式城乡空间结构，布局疏密有度、水城共融的城市空间。

雄安将呈现“一主、五辅、多节点”的空间格局——

起步区面积约100平方公里，呈组团式结构，形成“北城、中苑、南淀”格局。“北城”集中布局5个城市组团；“中苑”恢复历史上的大溵古淀，塑造生态苑囿；“南淀”为临淀区域，严控开发建设，塑造白洋淀滨水岸线。在起步区内选择适当区域规划建设启动区，面积20～30平方公里，重点承接北京非首都功能疏解。

雄县、容城、安新县城和寨里、昝岗，作为5个外围组团，布局高端高新产业。

布局若干特色小城镇和美丽乡村。美丽乡村规划建设用地规模约50平方公里。

中国城市规划设计研究院总规划师朱子瑜介绍说，各组团之间，森林、湿地、绿地等蓝绿系统环绕间隔，有明确开发边界。功能相对完整，可满足工作生活需求。

“新区规划了战略留白空间，为国家重大发展战略和城市可持续发展预留了空间，使城市

---

① 新华社北京2018年4月21日电。

发展富有弹性。”京津冀协同发展专家咨询委员会成员李晓江说。

【亮点之二】鲜明“中国面孔”：不都是水泥森林，严格控制建筑高度

雄安新区将是“中国面孔”，规划建设将集中展现中国建筑艺术的精髓。

《雄安规划纲要》提出，坚持中西合璧、以中为主、古今交融，弘扬中华优秀传统文化，保留中华文化基因。塑造中华风范、淀泊风光、创新风尚的城市风貌。

高层建筑将受到严格限制。《雄安规划纲要》明确提出：严格控制建筑高度，不能到处是水泥森林和玻璃幕墙。根据城市功能布局和产业特点，在新区特定范围规划建设高层建筑，集中承载中央商务、金融、企业总部等功能。

雄安建筑将形成轮廓舒展、韵律起伏的城市天际线。“雄安没有高楼大厦林立给人的压抑感。”朱子瑜说，建筑既有古典神韵又具现代气息，融于自然、端正大方，不搞奇奇怪怪的建筑。

雄安遵循平原建城、尊重自然的规律，建筑不照抄照搬，将有鲜明的“中国范儿”。新区新建住宅推广街区制，这意味着雄安没有封闭式大院小区。

作为主城区的起步区，将传承中华传统营城理念，营造布局规制对称、街坊尺度宜人的“方城”，街坊呈棋盘式布局。规划设计城市轴线，南北轴线展示历史文化生态特色，东西轴线串联城市组团。

建成后的城市，外围林带环绕、内部林木葱郁，周边淀区碧波万顷，形成“一方城、两轴线、五组团、十景苑、百花田、千年林、万顷波”的空间意象。

【亮点之三】高质量发展的引擎：打造全球创新高地和改革开放新高地

目前，已有 100 多家高端高新企业落户雄安，创新资源向新区加速聚集。

翻阅《雄安规划纲要》，“超前布局区块链、太赫兹、认知计算等技术研发及试验”“IPv6 率先布局”等内容均被写入。

《雄安规划纲要》提出，通过承接符合新区定位的北京非首都功能疏解，积极吸纳和集聚创新要素资源，高起点布局高端高新产业，建设实体经济、科技创新、现代金融、人力资源协同发展的现代产业体系。

值得注意的是，《雄安规划纲要》还提出了 38 个主要指标。“像基础设施智慧化水平超过 90%，高速宽带标准千兆入户、万兆入企等这些指标在世界上都是领先的。”中国工程院院士、京津冀协同发展专家咨询委员会副组长邬贺铨说。

河北省委书记、省人大常委会主任王东峰表示，雄安承载的使命之一是打造新时代中国高质量发展的全国样板，探索可借鉴可复制经验，高端高新将是新区产业最显著特点。

河北省委副书记、省长许勤表示，新区将重点承接北京非首都功能，承接符合新区定位和

发展需要的高校、企业总部、金融机构、事业单位等疏解，发展新一代信息技术、现代生命科学和生物技术、新材料、高端现代服务业、绿色生态农业等高端高新产业。

改革创新是雄安的灵魂，是新区成长的第一动力。根据《雄安规划纲要》，新区将打造便民高效的政务服务环境和创新开放的政策环境，在土地、财税、金融、人才、对外开放等方面，制定实施一揽子政策措施，确保疏解对象来得了、留得住、发展好。

根据《雄安规划纲要》，新区将搭建国际一流科技创新平台，建设国际一流科技教育基础设施，构建国际一流创新服务体系，以新机制、新模式努力建设世界一流的雄安大学。

【亮点之四】生态典范城市：城市就是园林，蓝绿空间占比达 70%

未来雄安，将镶嵌在蓝绿交织的生态空间之中，蓝绿空间占比稳定在 70%。

大型郊野生态公园、大型综合公园和社区公园，让居民 3 公里进森林，1 公里进林带，300 米进公园，街道 100% 林荫化。新区规划森林覆盖率达 40%。起步区规划绿化覆盖率达到 50%。

“放眼全球，目前没有一个大城市能达到雄安新区 70% 的蓝绿空间占比。新区将展现出迷人的生态魅力。”邬贺铨说，新区将再现“林淀环绕的华北水乡，城绿交融的中国画卷”。

“白洋淀要推动区域环境协同治理，构筑防洪堤坝，保持其原有历史风貌和‘华北之肾’的功能。”国家发展改革委主任、京津冀协同发展领导小组办公室主任何立峰说。

环绕白洋淀、起步区和整个新区，将建设环状林带；主要河流和干道两侧，建设绿色生态廊道；城市组团间和重要生态涵养区，建设 9 片大型森林斑块。

【亮点之五】以人民为中心：步行 15 分钟搞定日常需求，打造租购并举的多元化住房保障体系

步行 5 分钟送孩子到幼儿园、10 分钟送到小学、15 分钟到中学。未来在新区，日常生活基本需求在 15 分钟步行范围内都能解决，便利店、卫生服务站、小型健身场所、幼儿园等步行 5 分钟就能达到。

《雄安规划纲要》提出，坚持以人民为中心、注重保障和改善民生，建设优质共享的公共服务设施，提升公共服务水平，增强新区承载力、集聚力和吸引力，打造宜居宜业、可持续发展的现代化新城。

“新区城市组团式发展、职住均衡、小街区，居民在日常工作、生活之外没有额外沉重负担，不会将大量时间虚耗在路上。”中国城市规划设计研究院规划研究中心主任殷会良说。

新区规划了“城市—组团—社区”三级公共服务设施体系，构建社区、邻里、街坊三级生活圈。在建设之初，公共服务设施就是高质量、高水平的，将引进国内外优质教育、医疗和文化等资源。

建立多主体供给、多渠道保障、租购并举的住房制度和多元化住房供应体系。完善多层次

住房供给政策和市场调控体制，严控房地产开发，建立严禁投机的长效机制。

【亮点之六】交通“快慢结合”：站城一体、窄路密网，“公交+自行车+步行”将是城内主流出行模式

雄安交通可谓“快慢结合”。快则乘坐高铁半小时抵达北京和天津，20分钟直达北京新机场；城内“慢行”也便捷，“公交+自行车+步行”将是城内主流出行模式。

“新区将成为八方交汇的通衢之地，对外交通便捷高效，与京津冀乃至全国、全球都有通畅的交通通道。”中国城市规划设计研究院交通分院交通工程研究所副所长杜恒说。

《雄安规划纲要》提出，加快建立连接雄安新区与京津及周边其他城市、北京新机场之间的轨道交通网络，打造便捷、安全、绿色、智能交通体系。

依托“四纵三横”高速公路网，开车1小时可到北京、天津，90分钟到石家庄。

雄安推广“站城一体”开发模式，交通枢纽与城市功能一体化开发，在公共交通廊道、轨道站点周边集中布局公共服务设施，起步区绿色交通出行比例将达90%。

起步区路网密度可达到每平方公里10～15公里，构建快速公交专用通道，公共交通占机动化出行比例达到80%。初期对地铁作规划空间预留。

【亮点之七】数字孪生的城市：同步规划“数字城市与现实城市”，建设绿色智慧新城

“雄安新区是数字城市与现实城市同步规划、同步建设的城市，两座城市将开展互动，打造数字孪生城市和智能城市。”中国信息通信研究院院长刘多说。

《雄安规划纲要》提出，建立健全大数据资产管理体系，打造具有深度学习能力、全球领先的数字城市。

雄安新区将成为一座“聪明城市”，城市管理具有智能化特征。杨保军说，利用“数字孪生城市”系统，将来一些决策付诸实施前，可先在虚拟城市模拟运行，根据模拟结果付诸实施或者修正，发挥辅助决策作用。

按照规划纲要，新区感知设施系统与城市基础设施同步建设，构建城市物联网统一开放平台。利用云计算等技术，管理者可利用智能城市信息管理中枢，对城市全局实时分析，实现公共资源管理智能化。

【亮点之八】绿色低碳：雨水“流不走”、管廊地下藏

“利用雨水花园、下沉式绿地、生态湿地等设施，新区可实现中小降雨100%自然积存、净化。降雨收集起来经过处理用于城市绿化，既能防止城市内涝、雨水二次污染，也能助力节

约用水。”中国城市规划设计研究院水务与工程分院生态环境研究所副所长高均海说。

《雄安规划纲要》提出，按照绿色、智能、创新要求，推广绿色低碳的生产生活方式和城市建设运营模式，使用先进环保节能材料和技术工艺标准进行城市建设，营造优质绿色市政环境。

新区将建设海绵城市和多级网络衔接的市政综合管廊系统，解决“马路拉链”问题。确定用水总量和效率红线，实行最严格水资源管理制度。全面推动绿色建筑设计、施工和运行，积极稳妥推广装配式、可循环利用的建筑方式。

【亮点之九】留住乡愁：古树不挪，古建筑不拆，保护好历史文化

“无文化传承，无雄安未来。新区规划建设中，坚持古树不挪，古建筑不拆，古牌坊不搬，保持原址不动。建成的新城市要有老场所，让老百姓记得住乡愁。”河北省委常委、副省长、雄安新区党工委书记、管委会主任陈刚说。

一个新的城市要立得住，关键要传承好文脉，注重对历史文物和历史风貌的保护。《雄安规划纲要》明确提出，保护历史文化，形成体现历史传承、文明包容、时代创新的新区风貌。

殷会良说，新区规划坚持保护弘扬中华优秀传统文化，延续历史文脉。古树、古牌坊等将有机嵌入公园、绿地等，使城市与历史文化传承有机融合、相得益彰，深刻构筑富有雄安特色的城市印记。

雄安新区将保护和合理利用文物古迹、历史古城、传统村镇，传承与弘扬优秀传统文化，让老百姓记得住乡愁。

【亮点之十】建设“安全雄安”：构筑现代化城市安全体系，确保千年大计万无一失

“安全是万事之基，是一座城市最核心的基础。安全问题一失万无。”水利部水利水电规划设计总院副院长李原园表示。

《雄安规划纲要》提出，牢固树立和贯彻落实总体国家安全观，形成全天候、系统性、现代化的城市安全保障体系，建设安全雄安。

中国地震局地球物理研究所副所长高孟潭等专家表示，雄安新区规划充分考虑了方方面面安全因素，灾害和安全问题的监测预警、决策指挥、应急救灾等系统标准高，将成为我国安全城市的典范。

《雄安规划纲要》在构建城市安全和应急防灾体系、水安全、抗震能力、能源供应安全等方面作出周密部署。起步区防洪标准为200年一遇，内涝防治标准为50年一遇。

新区将构建完整的城市安全和应急防灾体系，全面提升监测预警、预防救援、应急处置、危机管理等综合防范能力，确保千年大计万无一失。

（记者　张旭东、齐雷杰、王敏、安蓓、郁琼源）

六大看点带你走进“未来之城”：雄安新区将变这样！①

4 月 21 日，《河北雄安新区规划纲要》正式发布。一个荷塘苇海、城绿交融、创新驱动、宜居宜业的现代化城市，在蓝图中依稀可见。

这座未来之城将是什么样？如何建成京津冀世界级城市群的重要一极？

《河北雄安新区规划纲要》发布的当晚，央视财经频道《央视财经评论》对此进行了权威解读，以下是一文梳理，六大看点带你了解“未来之城”。

看点一：生态优先、绿色发展！生态布局三大亮点

中国城市规划设计研究院规划研究中心主任殷会良：我觉得这个规划纲要有几个亮点值得大家关注。第一个是坚持绿色生态优先，不管是经济区，也包含了新区，还包含了其中最重要的起步区，是先做好绿色生态、做好生态自给，然后再讲开发建设，这是贯穿整个规划纲要最核心的一条主线。第二个要体现尊重城乡发展规律，纲要对近期要开展建设启动区、起步区，以及中心发展区，整个开发规模有一个严格的限定，另外也强调了要有“功成不必在我”的决心，要一茬接一茬干，也就是说雄安新区的规划建设没有时间表，要追求高质量的发展。第三个要避免城市病，尤其避免当前北京面临的上学难、看病难问题。因此在新区的规划建设中间，优先考虑到自有设施的建设，合理的物资交通，另外做好公共服务设施的配置，意图在规划阶段能够尽最大可能避免城市病的发生。

看点二：将“雄安质量”打造成全国样板！

中国城市规划设计研究院规划研究中心主任殷会良：如果说一般理解的话，建设智慧城市，要有一种高质量的建设，要提高它的品质。雄安的质量其实对应的是速度，尤其是讲到了继深圳、浦东之后，第三个具有全国意义的新区。讲雄安新区的质量，核心是对着我们过去十

① 央视新闻，2018-04-22.。

年，就以这样高速的发展，到今天在一个新的时代起点上面，我们要追求高质量的发展，雄安新区站在这个新的起点上面，它做的每一件事情，都应该能够体现高质量的发展要求。

中国城市和小城镇改革发展中心学术委秘书长冯奎：雄安质量我觉得是贯穿在整个规划当中的一条主线，我觉得这是这一次规划给我最大的感触。我们以往有很多城市做规划，特别有很多的新区也做过规划，比较强调经济增长。但是雄安质量体现了我们这么多年来，对于城市发展规律的认识，对于改革开放经验的认识，特别是对于创新、绿色、协调、开放、共享，这些发展理念的认识。因此，在雄安新区的规划里面，我们看到它要打造这样一个绿色发展、创新发展、开放协调发展的引领示范区，我觉得在这一方面，都体现了它对质量的追求。

看点三：高端、高新、数字！产业布局瞄准三大方向

截至目前，已经有 100 多家高端高新企业，在雄安新区核准工商注册。获批入驻的首批 48 家企业中，前沿信息技术类企业 14 家，现代金融服务业企业 15 家，高端技术研究院 7 家，绿色生态企业 5 家，其他高端服务企业 7 家。它们有一个共同点，都属于高端高新产业，这都和雄安新区的定位紧密相关。

中国城市规划设计研究院规划研究中心主任殷会良：目前两项工作同步开展，一个是我们现实看到的城市，现在在做规划设计，基础设施，道路，公共服务设施能够起来；另外我们同步在做另外一个事情，在电脑里面我们用数字化的方式在建另外一组数字化的城市，也就是说今后我们城市很多管理的方式也好，管理的方法也好，都可以通过这个数字平台。

我们讲雄安的城市大脑来加快或者说改善我们城市管理效率，来提高我们城市运行效率，但是这个平台建设反过来会培育很多新的产业出来，因为这个平台建设可以培育出很多新的数字经济，数字产业在雄安来落地来生根，基础的数据是公开的，有选择性的公开的，有些设密的，有些安全性的问题公开，但是在平台上面去做场景应用，做服务，是可以面向社会的，是可以通过让市场化的方式来开发新的产业出来。

中国城市和小城镇改革发展中心学术委秘书长冯奎：在过去的一年当中，其实我不断地观察很多的企业，与雄安新区进行接触，大致上来说也反映出这样分布的特征。数字雄安，或者是数字经济，可能是雄安新区未来高端一个重要的突破口。雄安新区这地方可以借助我们的数字经济，发展云计算，智慧化，发展大数据的应用等，运用在它的城市建设管理规划当中，并且以后也可以在别的地方进行运用，目前很多这样一些企业，也已经入驻雄安，和雄安开始这方面接触。

另外一方面我觉得非常重要就是，这样一个数字产业，数字经济，对于整个河北其他工业经济的带动，对于京津冀地区，其他工业经济带动，这就是把数字，叫作数字产业的数字化，和数字的产业化相结合，所以我觉得在高端来讲，那么雄安新区目前所做的工作，一个是在建立一个现代化高端的产业体系，再一个是建设一个现代化的科技体系，还有一个是现代化高端的服务体系，在这些方面，我都感觉到雄安这些地方应该说很有前途，很有前景的。

看点四：“一主、五辅、多节点”的城乡空间布局

中国城市规划设计研究院规划研究中心主任殷会良：在城乡空间布局结构示意图上。“一主”指的是红颜色的起步区，这就是以后的雄安新区的组成区；“五辅”指的是外围的5个黄色区域，容城县城、安新县城、雄县县城，还有寨里和昝岗两个地方，这5个组团构成了起步区的外围组团；那么多节点，主要指外围的将近20个特殊相应镇，另外还有一些美丽乡村，在这图上就没有表达了，这个就构成整个雄安新区的城乡空间。

主要的功能，起步区其实核心是承接北京的非首都功能疏解，那么容城、安新和雄县现阶段主要还是做好它两三个县城基础设施的改造，公共服务设施的提升，另外要做好一部分安前安置的工作，今后条件成熟以后，三个县城包括像寨里、昝岗，一方面要承接非首都功能疏解；另一方面也要进一步高新高端产业。

中国城市和小城镇改革发展中心学术委秘书长冯奎：我觉得多节点实际上它在这里面，它也应对了我们以往，对于很多问题的处理办法，以往出现很多的城市病，城市病的原因在于我们采取一个大规模发展，摊大饼这样一种模式，现在看到这样一些模式存在很多问题，所以在我们现在城市规划探讨当中，大家提出要组团式的、多节点的模式。还有一个我觉得在雄安新区这个地方，强调多节点还有一个原因，就是这个地方，无论是我们讲的开发面积规模，还有地形、地貌限制性条件上来看，它也不适宜去搞大规模的开发，因此多节点也适于这样一个地方的特定要求。

看点五：起步区随形就势，形成“北城、中苑、南淀”的空间布局

中国城市规划设计研究院规划研究中心主任殷会良：在起步区的空间布局示意图上。北城、中苑、南淀，指的是起步区范围内空间的布局。“北城”即充分利用地势较高的北部区域，集中布局5个城市组团，各组团功能相对完整，空间疏密有度，组团之间由绿廊、水系和湿地隔离。其实我们古代也好，现代也好建城市，一般选择高地建城，起步区这个范围内，虽然说是一个平地，但其实也是有高度，有差别的，但是呢，因为临近白洋淀，其实这个起步区选址范围内，也还是有比较大的防洪跟防涝的隐患，所以选择在北部高地，就是在场地标高比较高的地方，来布局城市建设用地；“中苑”即利用地势低洼的中部区域，恢复历史上的大溵古淀，结合海绵城市建设，营造湿地与城市和谐共融的特色景观。通过我们对古地理的一些调查，包括地勘的话，在中苑的中部地区，其实在历史上面是属于白洋淀的一部分，从现在场地标高来看，它的场地标高其实比白洋淀的场所标高还要低，也就是说标高是在水面以下的，因此在绘画中间，就把这个空间就作为今后的一个重要的生态空间，一方面可以调蓄洪水跟雨水，另一方面，以后起步区的污水经过处理之后，在这边可以经过新一轮生态的治理；“南淀”即南部临淀区域，通过对安新县城和淀边村镇改造提升和减量发展，严控临淀建设，利用白洋淀生态

资源和燕南长城遗址文化资源，塑造传承文化特色、展现生态景观、保障防洪安全的白洋淀滨水岸线。

中国城市和小城镇改革发展中心学术委秘书长冯奎：在刚才殷主任介绍当中，有两点特别的突出，一个是对于自然地貌地形的尊重，这就是对自然的一种尊重，我觉得这一点特别的突出，第二个方面就是在整个这样一个规划当中，把生态，把绿色，把宜居摆在我们优先的最为突出的这种位置，这是在这次规划当中体现我觉得是非常突出的。

看点六：营造优美、安全、舒适、共享的城市公共空间

中国城市规划设计研究院规划研究中心主任殷会良：我觉得这个城市规划纲要最大一个特点就是让城市规划回归它的本源，城市是给人民提供一个美好生活家园，只有给城市居民提供一个良好的，或者说美好的生活环境，让在城里面人的能够安心地生活，能够很好地就业，能够提供很好的生活服务，那这个城市才会有创新的活力，那它自然而然能够在整个世界城市体系里面能够占据一个重要的地位，尤其是我们现在要培育新的产业，要能够给京津冀能够形成新的经济引擎。你要面向未来发展，必将要尊重人，要满足人的需求，这个是这个城市最重要的一个特点。

中国城市和小城镇改革发展中心学术委秘书长冯奎：以往我们城市发展的逻辑都是以产业来吸引人，人摆在第二位，那么未来更加强调一个好的环境，人愿意在这个地方居住，就像我们雄安新区这个规划里面讲的绿色，低碳，宜居的现代化的新城，把这个新城打造好，人们愿意在这里宜居，那么人的聪明，人的智慧，人的创造性才会在这个地方体现出来。

雄安新区什么样？30 个关键词带你看未来之城[①]

4 月 21 日，河北雄安新区规划纲要全文发布。全文共分为 10 章，有 2.3 万余字。这座未来之城什么样？如何建成京津冀世界级城市群的重要一极？人民日报客户端为你摘编了其中 30 个关键词，一起来看！

1. 京津冀世界级城市群的重要一极

雄安新区作为北京非首都功能疏解集中承载地，要建设成为高水平社会主义现代化城市、京津冀世界级城市群的重要一极、现代化经济体系的新引擎、推动高质量发展的全国样板。

2. 新区规划范围

本次新区规划范围包括雄县、容城、安新三县行政辖区（含白洋淀水域），任丘市鄚州镇、苟各庄镇、七间房乡和高阳县龙化乡，规划面积 1770 平方公里。

3. 城乡空间布局：一主、五辅、多节点

“一主”即起步区，选择容城、安新两县交界区域作为起步区，是新区的主城区。

“五辅”即雄县、容城、安新县城及寨里、昝岗 5 个外围组团。

“多节点”即若干特色小城镇和美丽乡村，实行分类特色发展，划定特色小城镇开发边界，严禁大规模开发房地产。

4. 起步区空间格局：北城、中苑、南淀

“北城”即充分利用地势较高的北部区域，集中布局 5 个城市组团；

“中苑”即利用地势低洼的中部区域，恢复历史上的大溵古淀；

“南淀”即南部临淀区域，塑造传承文化特色、展现生态景观、保障防洪安全的白洋淀滨水岸线。

5. 城市风貌：中西合璧、以中为主、古今交融

坚持中西合璧、以中为主、古今交融，弘扬中华优秀传统文化，保留中华文化基因，彰显地域文化特色；

加强城市设计，塑造城市特色，保护历史文化，形成体现历史传承、文明包容、时代创新的新区风貌。

---

① 人民日报，2018 年 4 月 22 日。

6. 合理控制人口密度

划定起步区、外围组团、特色小城镇开发边界，实行战略留白。合理控制人口密度，新区规划建设区按 1 万人/平方公里控制。

7. 城市轴线

南北中轴线展示历史文化生态特色，突出中轴对称、疏密有致、灵动均衡；

东西轴线利用交通廊道串联城市组团，集聚创新要素、事业单位、总部企业、金融机构等。

8. 白洋淀国家公园

远景规划建设白洋淀国家公园。完善生物资源保护策略，保护淀区独特的自然生境和景观，保持淀区湿地生态系统完整性，努力建成人与自然和谐共生的试验区和科普教育基地。

9. 蓝绿空间占比稳定在 70%

通过植树造林、退耕还淀、水系疏浚等生态修复治理，强化对白洋淀湖泊湿地、林地以及其他生态空间的保护，确保新区生态系统完整，蓝绿空间占比稳定在 70%。

10. 不能到处是水泥森林和玻璃幕墙

严格控制建筑高度，不能到处是水泥森林和玻璃幕墙；

精心设计建筑顶部，优化美化建筑第五立面，构建形态色彩整体和谐统一的城市空间界面和轮廓线。

11. 三公里进森林、三百米进公园

构建由大型郊野生态公园、大型综合公园及社区公园组成的宜人便民公园体系，实现森林环城、湿地入城，3 公里进森林，1 公里进林带，300 米进公园，街道 100% 林荫化，绿化覆盖率达到 50%。

12. 承接北京非首都功能疏解

在高等学校和科研机构、医疗健康机构、金融机构、高端服务业、高技术产业等方面明确承接重点。

支持中关村科技园在雄安新区设立分园区。

13. 搭建国家新一代人工智能开放创新平台

近期依托 5G 率先大规模商用、IPv6 率先布局，培育带动相关产业快速发展。

搭建国家新一代人工智能开放创新平台。超前布局区块链、太赫兹、认知计算等技术研发及试验。

14. 率先发展脑科学、细胞治疗等前沿技术

率先发展脑科学、细胞治疗、基因工程、分子育种、组织工程等前沿技术，培育生物医药和高性能医疗器械产业，加强重大疾病新药创制。

建设世界一流的生物技术与生命科学创新示范中心、高端医疗和健康服务中心、生物产业基地。

15. 建设世界一流的雄安大学

支持“双一流”建设高校在新区办学，以新机制、新模式努力建设世界一流的雄安大学。

创建一批高水平的幼儿园、中小学校，培育建设一批国际学校、国际交流合作示范学校。

16. 社区、邻里、街坊三级生活圈

社区中心配置中学、医疗服务机构、文化活动中心、社区服务中心、专项运动场地等设施，形成15分钟生活圈。

邻里中心配置小学、社区活动中心、综合运动场地、综合商场、便民市场等设施，形成10分钟生活圈。

街坊中心配置幼儿园、24小时便利店、街头绿地、社区服务站、文化活动站、社区卫生服务站、小型健身场所、快递货物集散站等设施，形成5分钟生活圈。

17. 十五分钟基层医疗服务圈

加快应急救援、全科、儿科、妇产科等领域建设，建设国际一流、国内领先的区域卫生应急体系和专科医院。

全面打造15分钟基层医疗服务圈，基层医疗卫生机构标准化达标率100%。

18. 新型住房保障体系

建立多主体供给、多渠道保障、租购并举的住房制度。

完善多层次住房供给政策和市场调控体制，严控房地产开发，建立严禁投机的长效机制。探索房地产金融产品创新。

19. 快捷高效的交通网

实现新区高效融入“轨道上的京津冀”，20分钟到北京新机场，30分钟到北京、天津，60分钟到石家庄。

依托高铁、城际站，强化路网对接和多种交通方式衔接，构建综合交通枢纽，形成“两主两辅”枢纽格局。

20. “公交+自行车+步行”的出行模式

提高绿色交通和公共交通出行比例。构建“公交+自行车+步行”的出行模式，起步区绿色交通出行比例达到90%。

21. 一体化智能交通服务

通过交通网、信息网、能源网“三网合一”，基于智能驾驶汽车等新型载运工具，实现车车、车路智能协同，提供一体化智能交通服务。

22. 海绵城市

综合采用“雨水花园、下沉式绿地、生态湿地”等低影响开发设施，实现中小降雨100%自然积存、净化，规划城市建设区雨水年径流总量控制率不低于85%。

23. 原生垃圾零填埋

实现原生垃圾零填埋，生活垃圾无害化处理率达到100%，城市生活垃圾回收资源利用率达到45%以上。

24. 智能基础设施

打造城市全覆盖的数字化标识体系，构建城市物联网统一开放平台，实现感知设备统一接入、集中管理、远程调控和数据共享、发布。

打造地上地下全通达、多网协同的泛在无线网络，构建完善的城域骨干网和统一的智能城市专网。

搭建云计算、边缘计算等多元普惠计算设施，实现城市数据交换和预警推演的毫秒级响应。

25. 全数字化的个人诚信体系

建立企业与个人数据账户，探索建立全数字化的个人诚信体系。

26. 全天候、系统性、现代化的城市安全保障体系

高标准规划建设重大防灾减灾基础设施，全面提升监测预警、预防救援、应急处置、危机管理等综合防范能力，形成全天候、系统性、现代化的城市安全保障体系，建设安全雄安。

27. 大部门制和扁平化管理

推进新区机构和行政管理体制改革，实行大部门制和扁平化管理，新区管理机构工作人员实行聘任制。

28. 金融创新

率先在相关领域开展服务实体经济的金融创新或金融试验试点示范工作，推动国家级交易平台等重大金融项目先行先试，支持金融业对外开放新举措在新区落地。

29. 人才特区

实行开放便捷的人才引进制度，在技术移民和外籍人才入境、停居留、永久居留等方面制定更加便利的措施，建立人才特区。

30. 中国（河北）自由贸易试验区

支持以雄安新区为核心设立中国（河北）自由贸易试验区，建设中外政府间合作项目（园区）和综合保税区，大幅度取消或降低外资准入限制，全面实行准入前国民待遇加负面清单管理模式。

案例篇

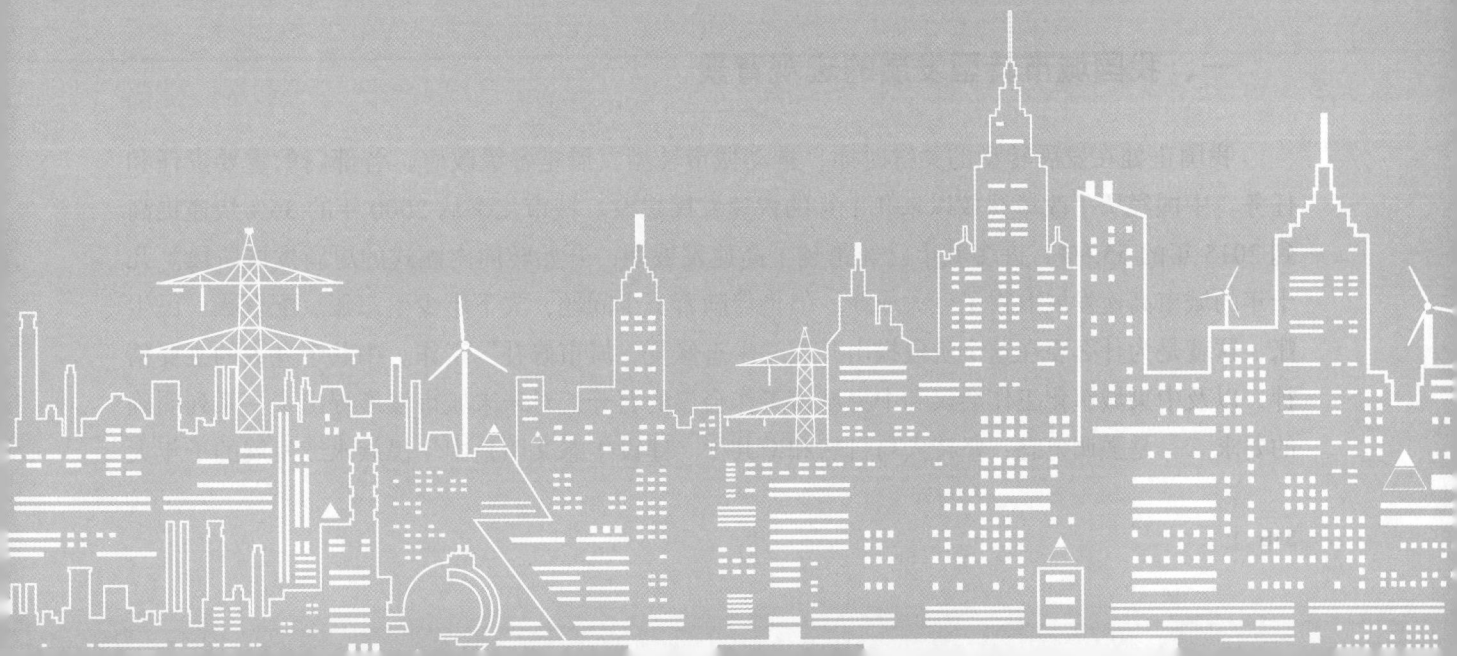

三亚市"生态修复、城市修补"的理论与实践探索

三亚市地处热带地区，山海相连、河流纵横，生态环境独特而优美。1987 年升格为地级市后，乘着海南建省、办经济特区和国际旅游岛建设的东风，三亚从一个默默无闻的边陲小城，发展成为国内外著名的旅游目的地。但伴随着城市的快速扩张，生态受损、风貌失序、功能缺位、交通拥堵、设施欠账等"城市病"也在三亚逐渐滋生。这些城市问题严重损害城市形象，降低百姓福祉，影响可持续发展。三亚的城市问题也是现阶段我国许多城市在经历了城镇化快速发展后存在的普遍问题。

2015 年 3 月，中央城市工作会议筹备期间，时任住房和城乡建设部部长来到三亚考察城市建设工作，针对三亚突出的城市问题，提出了"生态修复、城市修补"的规划理念。6 月，住房和城乡建设部将三亚列为"生态修复、城市修补"试点城市。以三亚为试点，探索如何有效地治理我国许多城市普遍存在的城市病，推动城市转型发展。2015 年下半年至今，三亚全面推进"生态修复、城市修补"试点工作。2016 年 12 月 10 日，住房和城乡建设部在三亚市正式召开了全国"生态修复、城市修补"工作现场会。组织各省、自治区、直辖市住房城乡建设和规划主管部门的主要负责同志共约 150 人参加了会议，并考察了三亚"生态修复、城市修补"重点工程实践项目。三亚"城市双修"工作取得了显著的阶段性成效，引起了规划行业及社会各界的广泛关注。

一、我国城市转型发展的宏观背景

我国正处在发展转型的关键时期，推动城市转型发展是各级政府、各部门的重要责任和任务。中国经历了改革开放以来几十年的快速发展建设，城市化率从 2000 年的 36% 快速提高到 2015 年的 55.6%，许多城市已经跨越了高速发展期，开始转向内涵式的更新发展阶段。几十年的城市高速发展取得了巨大成绩，但也伴随着不少问题，欠下不少生态账、配套账、民生账，这就是为什么要在这个阶段提出开展"生态修复、城市修补"工作。中共十九大的主要精神，以及中央城镇化工作会议和中央城市工作会议的召开，对未来城市发展提出了一系列明确的要求。一是强调生态：坚持人与自然和谐共生。建设生态文明是中华民族永续发展的千年大

计。必须树立和践行“绿水青山就是金山银山”的理念，坚持节约资源和保护环境的基本国策，城市建设要以自然为美，把好山好水好风光融入城市，大力开展生态修复，让城市再现绿水青山。二是强调民生：坚持在发展中保障和改善民生。增进民生福祉是发展的根本目的。必须多谋民生之利、多解民生之忧，在发展中补齐民生短板、促进社会公平正义，保证全体人民在共建共享发展中有更多获得感，不断促进人的全面发展、全体人民共同富裕。此外，城市建设要加强城市设计，提倡城市修补，加强城市的风貌整体性、文脉延续性。这些都为新时期我国城市转型发展指明了方向，“生态修复、城市修补”试点工作的开展，从国家视野的角度来看，实际上也包含着对中国城市问题的反思和对未来转型发展的思考。

将中国的城镇化进程放在世界城市化阶段的视野下，有利于我们进一步认识今天中国城市的特征和问题。从国际经验来看，城市问题有一个从隐性阶段、显性阶段、发作阶段到康复阶段的发展过程，而相对应的城市化水平分别大致处于 10% ~ 30%、30% ~ 50%、50% ~ 70% 和 70% 以上四个阶段。目前中国城市化率已超过 55%，部分城市甚至更高一些，这正是各类“城市病”集中发作的阶段。许多欧美城市，当初在城市化水平达到 50% ~ 70% 时，也都面临和经历过各类城市问题，如“雾都”伦敦的空气污染和泰晤士河恶臭事件、洛杉矶的光化学污染事件、“欧洲下水道”莱茵河的污染等。因此，不难发现当前三亚乃至我国大部分城市存在的问题，是城镇化发展到一定阶段后普遍存在的问题。而那些被我们作为城市建设范例的欧美现代化宜居城市，他们当时是通过何种理念、方法、策略逐步解决所面临的各类城市问题的，值得我们在三亚“生态修复、城市修补”工作中进行充分的借鉴和思考。

“城市双修”与已有的城市更新方式类似，都是以改善亟待发展的城市旧区的经济、物质、社会和环境条件为目的，运用城市存量空间的技术手段。与中国过去的城市更新实践相比，“城市双修”的视野高度和覆盖广度不同。“城市双修”不同于旧城、城中村、旧工业区改造和环境治理等局部工作，而是站在时代视角，契合城市发展转型阶段的要求，充分体现多元、平衡、包容与可持续发展理念；也不仅仅是拆除重建、综合整治等方式手段的简单应用，而是在国内过去实践经验的基础上，统筹省市规划、建设、管理，提升城市综合治理能力的一项系统性工作；是国家生态文明建设背景下，促进城市发展转型，建设宜居城市，实现可持续发展的有效途径。

二、三亚市“生态修复、城市修补”的实践

三亚“生态修复、城市修补”工作主要以问题为导向，针对三亚的城市问题展开。其主要工作内容包括生态修复和城市修补两部分，直接目的是为了解决三亚的各类“城市病”，采取“发现问题—研究问题—解决问题”的基本工作思路。与此同时，“生态修复城市修补”工作还应紧紧围绕三亚市建设国际热带滨海风景旅游精品城市的总目标，通过相关的修复及修补工作改善城市生态环境，完善城市各项功能、挖掘城市文化特色，优化城市景观风貌，最终实现城市品质和治理能力的全面提升（图 1）。

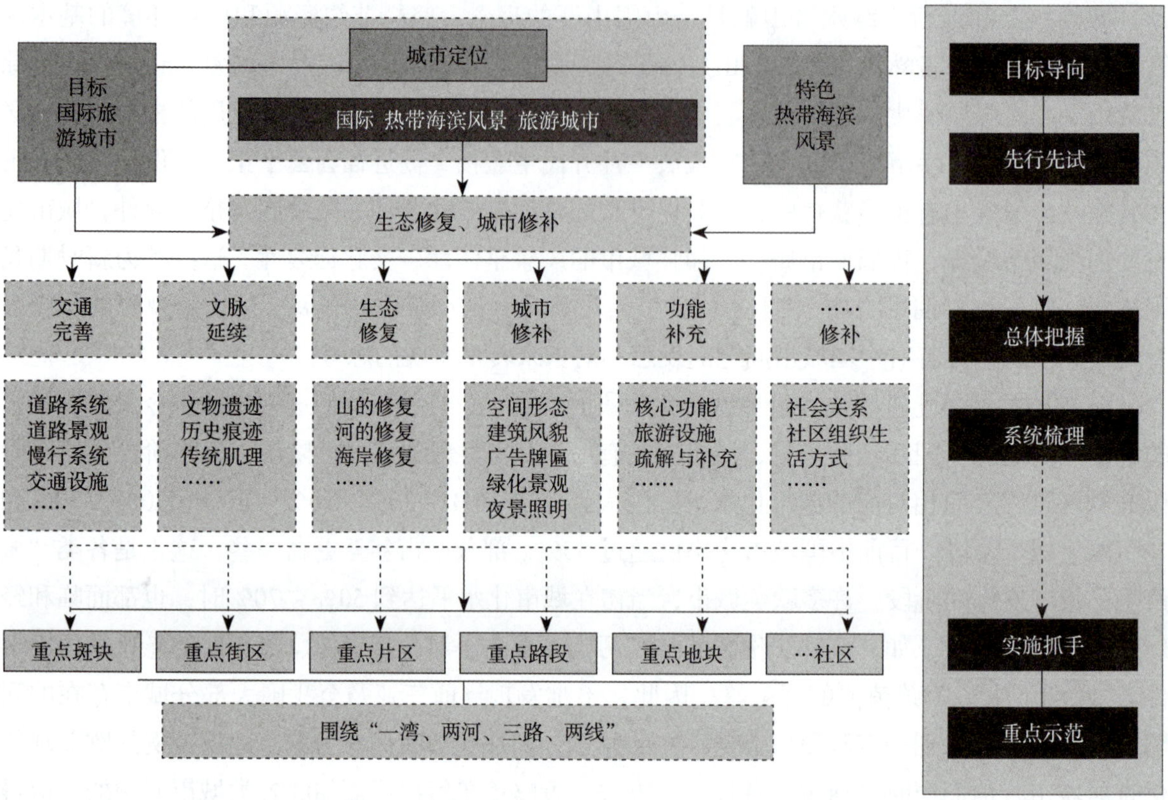

图 1　三亚市“生态修复、城市修补”技术框架

（一）生态修复

生态修复就是在对城市生态安全格局及各类生态要素进行整体性和系统性分析的基础上，梳理现状城市生态格局存在的主要问题，通过对各类主要生态要素的完善，修复整体的生态格局和生境系统，使之恢复到被破坏前的自然状态。因此，三亚市生态修复工作的重点集中于影响三亚生态格局的三个重要的生态要素：山、河、海。通过对生态要素的修复，进一步完善三亚市“山海相连、绿廊贯穿”的整体生态格局（图 2）。

山体修复重点是针对采石开山和果林上山等主要问题，因地制宜地提出了分类修复策略。例如，针对黏土开采破坏、一般花岗岩开采破坏、大面积果林种植破坏等不同破坏类型制定相应的修复策略和措施。通过地灾处理、基质改良、退果还林、山体复绿、景观美化等措施修复受损的山体。

河流修复工作重点是针对河道被侵占，水系被阻断，湿地被填埋、红树林滥砍滥伐等河流生态问题，从生态安全格局以及三亚建设海绵城市水环境、水安全的要求出发，通过整体性、系统性的方式对三亚的河流生态系统进行修复。包括清除淤塞，实现水系贯通；整治污水直排，完善市政管网，强化末端净污，加强全程控污，改善河水水质；破除硬质岸线，优化生态岸线，补种红树林，修复沿河岸线的生态性。通过一系列修复策略和措施全面改善三亚河的水环境。

海的修复方面，则针对港口区及河口区的污染、海岸植被退化及过于人工化、沙滩驳岸受到侵蚀等问题，提出综合的海水、海岸及海底修复策略。通过对河口及近海海域污染综合防

山的修复

针对现状山体被破坏的情况，分类提出生态恢复、基质改良、植被修复、景观美化等山体修复策略。

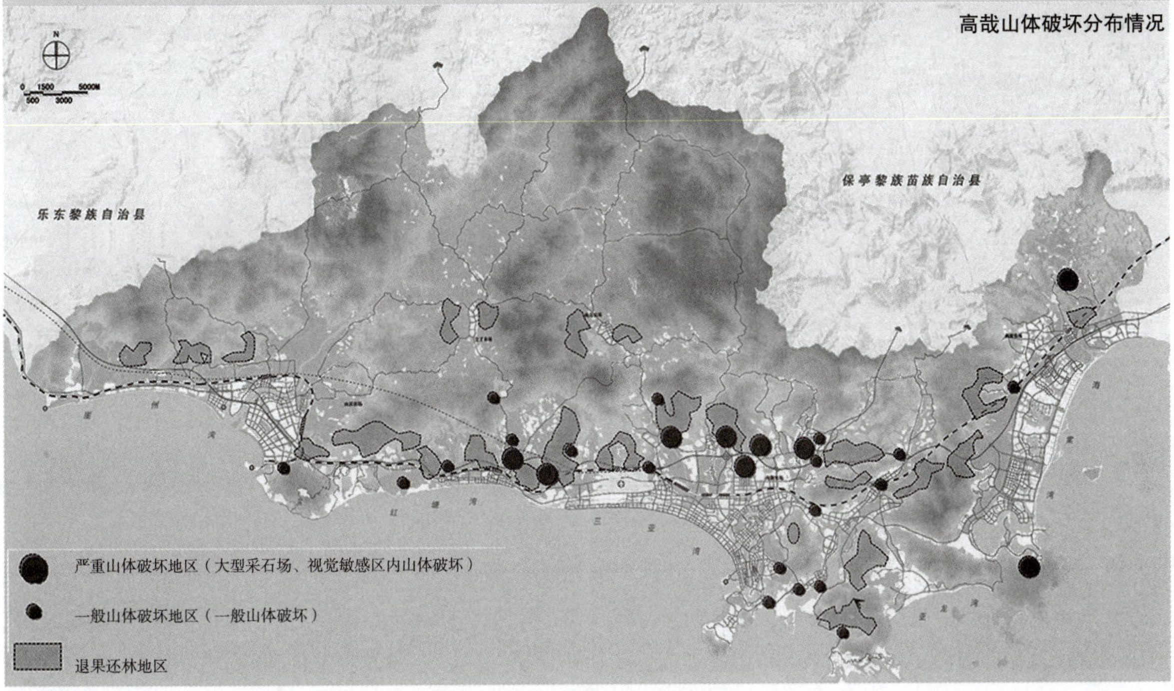

河的修复

针对河道淤塞问题，提出清除淤塞，水系贯通；针对岸线硬质化、污水直排等现状存在的问题，进行分类分段提出相应的修复策略。

图2　生态修复：山、河、海的修复示意图

治，污水排放系统整治以及截污净污改善海水水质。通过海岸原生植被的补栽，尽量减少硬质化岸线和人工干扰，打造自然生态的滨海岸线。通过人工补沙岸和持续的跟踪监测与评估，修复受损的沙滩驳岸。通过人工珊瑚礁等海底牧场项目修复海底生态环境。

（二）城市修补

城市修补通过运用总体城市设计的方法，对城市空间格局中的各类要素进行系统梳理，依据三亚市城市总体规划确定的城市空间结构，以“山、河、城、海”相交融的城市空间体系为目标，针对突出问题因地制宜进行“修补”。城市修补涵盖城市功能完善、道路交通改善、基础设施改造、城市文化延续、社会网络建构等多项综合性的内容。通过总体城市设计的梳理可以发现，城市修补涉及的主要内容既包括建筑实体要素，如建筑形体、色彩风貌、广告牌匾附着物等，也包括建筑外部空间环境要素，如绿地公园、广场、街道等公共开敞空间；既有日间景观风貌，也有夜景照明形象；既涉及外在形象方面的内容，也涉及内涵功能方面的内容。因此，城市修补工作在总体城市设计框架指引下，结合近期整治修复重点，以城市形态、城市色彩、广告牌匾、绿化景观、夜景亮化、违章建筑拆除“六大战役”作为抓手，充分运用城市修补的更新理念，促进城市发展转型。对涉及城市空间环境、品质特色的各要素进行系统的梳理和研究，并提出具体的修补策略及指引（图 3）。

图 3　三亚市中心城区总体城市设计结构图

城市形态的修补工作主要是结合城市设计高度敏感性分析，从总体上强化对建筑高度的分区、分级管控；同时从人的视角出发，对滨河、滨海、临山等重要区域的建筑界面形态提出指引。城市色彩的协调工作主要是通过对现有建筑色彩的分析以及相似城市的案例研究，提出建筑色彩的总体修补指引。广告牌匾的整治工作主要是结合现有广告牌匾存在的突出问题，制定一系列的广告牌匾设置通则，明确各种类型和不同区域位置的广告牌匾在尺寸、材质、色彩等方面的要求。城市绿化的提升工作则是在完善城市整体绿地景观系统的基础上，针对现状问题，从生态性、开放性、系统性的角度提出分类修补策略。夜景亮化的改造工作也是结合现状问题，梳理各类照明系统，以点、线、面相结合的方式，提出夜景照明的分类修补指引。违章建筑拆除是“生态修复、城市修补”工作得以顺利实施的重要保障，三亚市通过拆除违章建筑，腾出土地约 5300 亩，有力地支持了绿化扩容、城市更新和产业发展（图 4）。

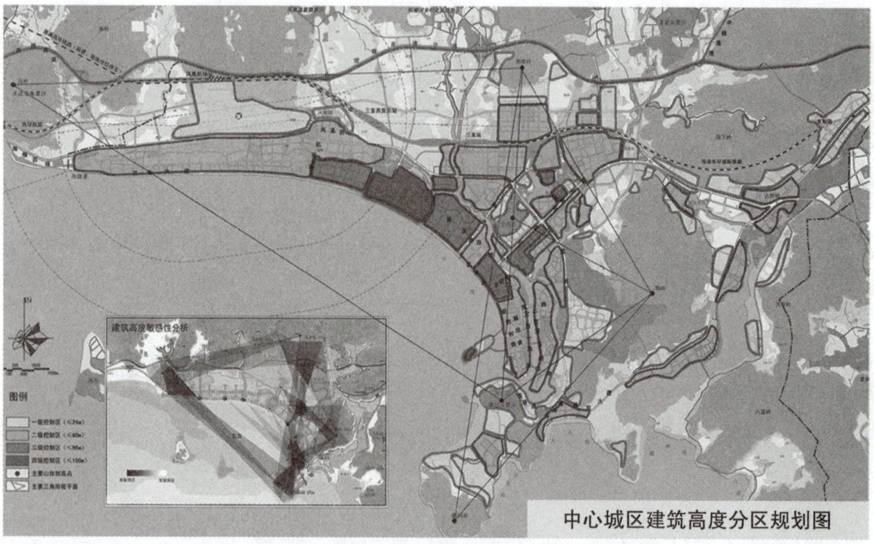

城市空间形态

从总体上强化对建筑高度管控，设立四级建筑高度控制区；同时从人的尺度出发，强化对滨河、滨海、主要步行街等重要区域的建筑界面空间形态的管控和指引。

城市建筑色彩

建筑色彩总体以清新淡雅的白色和浅色调为主，度假区可以适当采用木色调，以增强三亚的地方特色，禁止使用深色为主色调，禁止大面积使用高纯度及高饱和度的色彩。

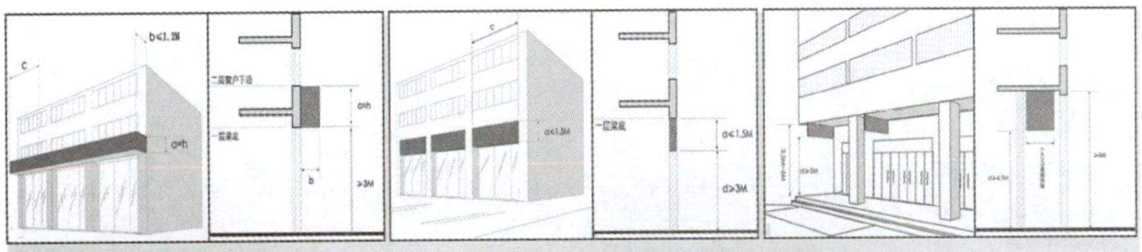

解放路广告牌匾整治示意

城市广告牌匾

结合现状广告牌匾存在的问题，明确可以设置以及禁止设置广告牌匾的位置及要求，禁止遮挡建筑立面的主体构件，同时明确相应位置的广告在尺寸、材质、色彩等方面的设置要求。

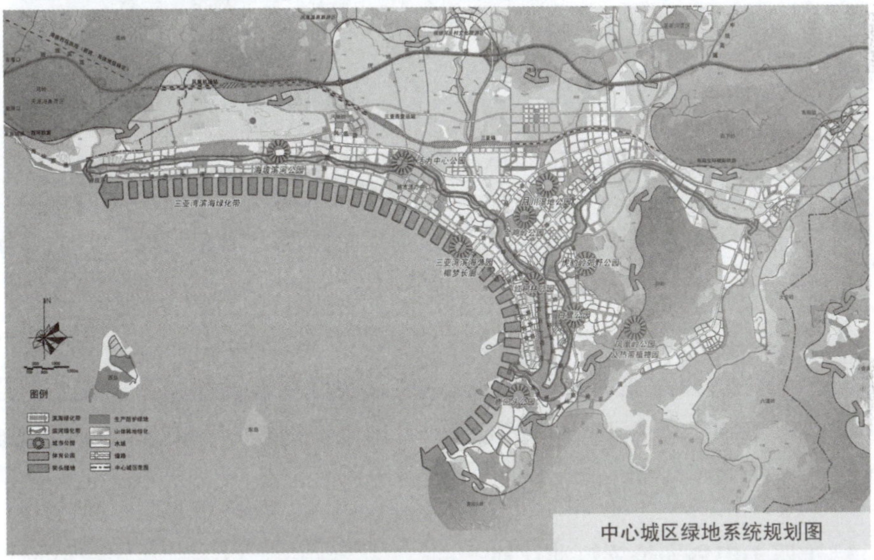

中心城区绿地系统规划图

城市绿地空间

完善“山海相连、绿廊贯穿”的整体绿地景观格局；针对现状绿地存在的问题，从生态性、开放性、系统性的角度提出分类修补策略；同时结合近期建设要求，重点打造两河上游地区的绿地建设。

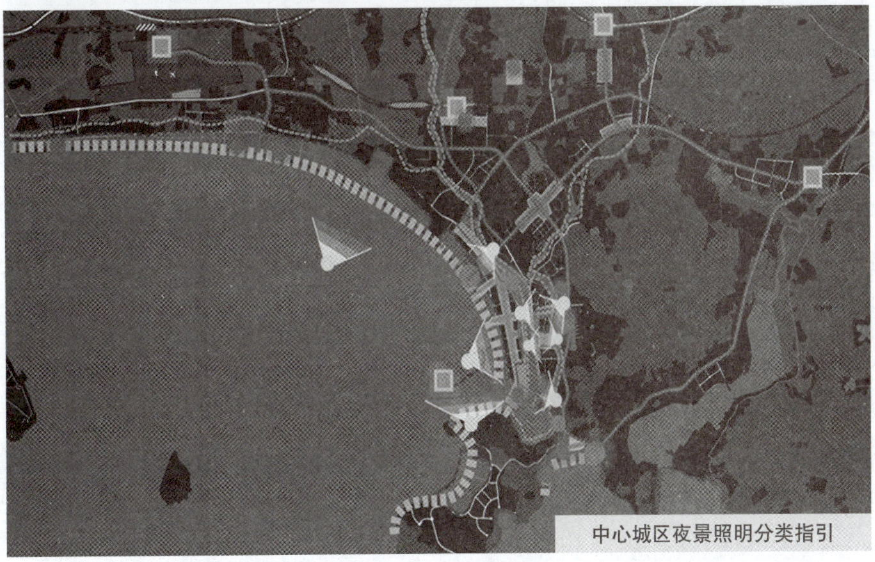

中心城区夜景照明分类指引

城市夜景照明

结合现状夜景照明存在的主要问题，梳理现状各类照明系统，以点、线、面相结合的方式，提出夜景照明修补的分类指引，同时对沿海、沿河和重要商业街等重点区域提出相应的夜景照明指引。

拆除违章建筑

自 2015 年 5 月三亚“生态修复、城市修补”工作开展以来，就同步大力推进了违章建筑的拆除工作，截至 2016 年 9 月底，全市拆除违章建筑 10561 栋，建筑面积 610.8 万平方米。

图 4 城市修补“六大战役”示意

（三）近期重点实施项目

运用总体城市设计的方法，结合车流、人流强度等大数据分析以及城市历史文化发展演变特色分析，确定将三亚市中心城区，尤其是河西、河东老城区作为“城市双修”工作的重点区域。同时进一步结合现状问题突出的片区，选取“一湾、两河、三路”作为近期“城市双修”工作的核心区域，并进一步规划了 18 项综合性重点项目，以点带面，通过规划、景观、建筑、交通、市政等多专业融合明确责任主体，制订实施计划，近期重点示范。近期重点实施项目包括三亚两河四岸景观整治修复工程、月川绿道网规划、三亚湾原生植被及岸滩修复工程、解放路示范段综合环境整治工程、抱坡岭山体修复工程等（图 5）。

（四）中远期持续行动计划

三亚“城市双修”工作不是一个短期行为，而是通过对城市的修修补补，实现城市存量空间逐步改善的一项持续性工作。工作内容涵盖了生态、经济、社会、文化、空间、设施等各城市系统要素。因此，按照“近远结合，长期行动”的思路，综合考虑项目的系统性和实效性，提出了近期治乱增绿、中期功能提升、远期增光添彩的分期行动计划，对中远期的“城市双修”工作提出行动计划以及规划建设指引，并确定中远期进一步对城市在功能、设施、文脉、社会等方面的短板进行修补。

三、项目实施成效

三亚市“生态修复、城市修补”总体规划完成后，统筹指导了一系列相关专项规划以及重点建设项目的详细设计和实施。截至 2016 年年底，经过一年多“城市双修”工作的实践，三

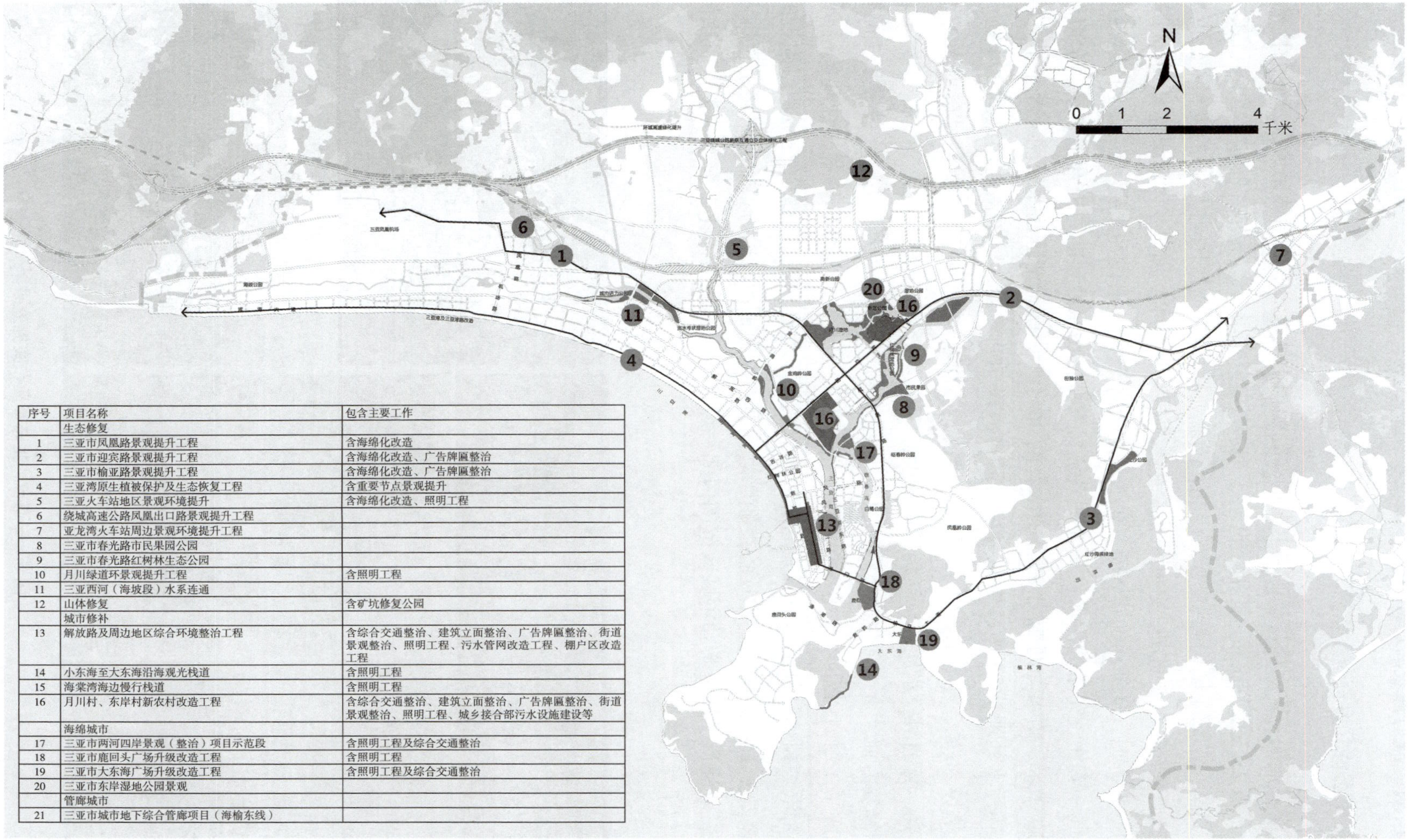

序号	项目名称	包含主要工作
	生态修复	
1	三亚市凤凰路景观提升工程	含海绵化改造
2	三亚市迎宾路景观提升工程	含海绵化改造、广告牌匾整治
3	三亚市榆亚路景观提升工程	含海绵化改造、广告牌匾整治
4	三亚湾原生植被保护及生态恢复工程	含重要节点景观提升
5	三亚火车站地区景观环境提升	含海绵化改造、照明工程
6	绕城高速公路凤凰出口路景观提升工程	
7	亚龙湾火车站周边景观环境提升工程	
8	三亚市春光路市民果园公园	
9	三亚市春光路红树林生态公园	
10	月川绿道环景观提升工程	含照明工程
11	三亚西河（海坡段）水系连通	
12	山体修复	含矿坑修复公园
	城市修补	
13	解放路及周边地区综合环境整治工程	含综合交通整治、建筑立面整治、广告牌匾整治、街道景观整治、照明工程、污水管网改造工程、棚户区改造工程
14	小东海至大东海沿海观光栈道	含照明工程
15	海棠湾海边慢行栈道	含照明工程
16	月川村、东岸村新农村改造工程	含综合交通整治、建筑立面整治、广告牌匾整治、街道景观整治、照明工程、城乡接合部污水设施建设等
	海绵城市	
17	三亚市两河四岸景观（整治）项目示范段	含照明工程及综合交通整治
18	三亚市鹿回头广场升级改造工程	含照明工程
19	三亚市大东海广场升级改造工程	含照明工程及综合交通整治
20	三亚市东岸湿地公园景观	
	管廊城市	
21	三亚市城市地下综合管廊项目（海榆东线）	

图 5　三亚市“生态修复、城市修补”重点项目分布图

亚的“城市病”得到有效治理，城市转型发展初见成效。

（一）生态修复方面

山体修复方面，重点修复三亚河上游的8处受损山体。对不同山体采取了不同的技术手法，合计复绿面积23.7万平方米。特别是选取了抱坡岭这个切入点，完成了抱坡岭废弃石灰岩矿山治理恢复工程，破损的山体得到修复和绿化，面貌焕然一新。昔日尘土飞扬的废弃矿山正在向景观优美的郊野公园转变。此外，还积极推广生态果园种植技术，加快了“退果还林”进度。

河的修复方面，从截污纳管入手，通过完善污水管网，增设污水提升泵站，扩建污水处理厂，建立起一套比较完备的污水收集处理系统，主城区污水处理能力提升了1倍。全市新建污水管网120千米、雨水管网25千米、中水管网36千米，疏通清理污水管网438千米，增加或改造移动式污水处理站28座，先后封堵沿河排污口300多处，整治沿河污染源374处，查处违法排污单位36家，基本杜绝了污水直接排河，河流水质持续好转，目前已由地表水劣五类提升为三类，有的河段水质甚至达到二类标准。

海的修复方面，重点强化海岸线修复。三亚湾累计补沙22.3万立方米，修复了2.6千米海岸线，完成了15.1千米的沙生植被保护和生态恢复工程，沙滩泥化和岸线侵蚀现象得到遏制。亚龙湾青梅港红树林修复工程、海棠湾海边慢行栈道工程已建成。清理了三亚河口附近的沉船和无主船52艘、浮排48个，搬迁各类船舶近千艘。加强了污水排海整治，封堵了直排入海的污水口，三亚河口、海岸带和主城区范围内的海域环境得到明显优化，海水一类水质比例已提升到98%以上（图6）。

图6 三亚市“生态修复”实施效果

（二）城市修补方面

绿地及公共空间修补方面，通过建设城市绿道以及东岸湿地公园、红树林生态公园、金鸡岭生态公园、丰兴隆生态公园等多个城市公园，打通东岸湿地和三亚河的连接，加快恢复三亚河的生态体系。把多个公园以及居民小区串联起来，为市民提供了方便舒适的两河城市中心公园带，全市共新增绿地面积 287 万平方米。

市政设施修补方面，通过积极推进海绵城市建设，在中心城区划定了 20.3 平方千米的试点区域，建设海绵道路、海绵小区。2016 年两次台风过境，城区“逢雨看海”的场景再没有出现。

城市功能修补方面，新增建设完成两所幼儿园、两所中学，正在建设八所幼儿园、三所小学、一所中学；教育设施缺乏问题得到显著改善。

风貌修补方面，重点对解放路等主要街区开展综合环境整治，通过立面改造、交通优化和业态提升，示范段建设成凸显三亚文化特色的骑楼风情街。此外，通过拆除违章建筑，腾出土地约 353 万平方米；全面整治和拆除杂乱无章的广告牌匾 5600 多块，城市视觉污染得到有效清理（图 7）。

图 7　三亚市“城市修补”实施效果

（三）制度建设方面

提升城市治理能力也是实现城市“内外兼修”需要思考的内容，本次规划工作进一步探索将规划及专题研究的相关内容向政策法规方面转化，出台了《三亚市白鹭公园保护管理规定》《三亚市山体保护条例》和《三亚市河道生态保护管理条例》3 部地方性法规，《三亚市海岸带保护规定》《三亚湾滨海公园保护规定》2 项政府规章，《三亚市建筑风貌管理办法》《三亚市户外广告牌匾设置技术标准》等 14 项部门规范性文件，为完善城市治理提供了管理依据和技术标准。

（四）国家“城市双修”工作推进及社会反响

三亚“城市双修”工作鼓励广大公众积极了解并参与“城市双修”工作。规划从改善民生的角度出发，以居民和游客的满意度和获得感作为衡量“城市双修”工作成功与否的重要标准。为实现这一目标，有关部门深入社区，了解普通居民的实际诉求，广泛听取公众意见，街头采访和网络调查共计回收问卷 1800 多份。根据问卷反映的实际民生问题，有针对性地进行修补。

此外，“城市双修”相关部门也通过电视、报纸、网络、微信平台、户外展板等媒体对公众进行广泛宣传，普及“城市修补、生态修复”的理念，公布“生态修复、城市修补”的成效，使全市上下形成了高度共识，从民生、生态的角度，积极宣传各地优秀的工作经验和做法，强化示范效应，凝聚社会共识，为持续推进各地的城市“生态修复、城市修补”工作，营造良好的社会环境和舆论氛围。上述的规划公示、沟通、协商、宣讲、互动等各种活动，推进了共建共享、共治共管，增强了市民主人翁意识和依法依规意识，获得了良好的社会反响。

2016 年下半年，多家主流媒体陆续报道了三亚“城市双修”取得的良好成效；12 月，“全国生态修复城市修补工作现场会”在三亚顺利召开，“城市双修”引起了规划行业及社会各界的广泛关注。2017 年年初，在总结三亚“城市双修”试点工作经验的基础上，住建部印发了《关于加强生态修复城市修补工作的指导意见》《三亚市生态修复城市修补工作经验》，并相继颁布了第二、三批共 57 个试点城市，“城市双修”工作已成为现阶段推进城市工作的一项重要抓手。

四、工作经验与思考

三亚市“城市双修”工作作为我国城市转型发展的一次全新探索，在价值理念、组织模式、技术方法、技术方法、运营方式、机制标准等方面为我国开展“城市双修”工作和治理“城市病”起到引领和示范作用。

第一，价值理念：生态优先，民生为本。从恢复生态的角度出发，积极践行“绿水青山就是金山银山”的生态文明建设理念和技术方法。强调生态优先，城市建设应以自然生态为美，顺应自然，尊重自然，修复城市自然生态。避免出现过度人工化、简单粗暴、表面形式的景观工程。同时，以民生为本、注重民生诉求。以居民和游客的满意度和获得感作为衡量“城市双修”工作的重要标准，深入了解普通居民的实际诉求，广泛听取公众意见，针对广大老百姓关心的实际民生问题进行重点修复和修补。

第二，组织模式：行政统筹，技术协同。“城市双修”工作是一项复杂的系统性工程，需要举全市之力，联合规划、建设、园林、林业、水务等各个部门共同推进。三亚采取行政统筹负责、技术协同对接的工作组织模式。由三亚市委、市政府及住建部主要领导成立联合领导小组总体统筹部署，并将任务分解到各市级行政主管部门，项目成库，责任到人。技术单位组成涵盖规划、景观、交通、建筑、市政、照明等多专业融合的技术工作组，通过现场跟踪服务和全程技术支撑，保证各项规划和建设项目科学有序推进（图 8）。

第三，技术方法：规划引领，设计支撑。规划运用总体城市设计的方法，通过系统性地梳理，发现问题，明确目标，进而确定需要修复和修补的城市各系统性要素，并制订相应的建设方案。进而结合当前环境、品质、民生等方面的突出问题，编制多项专项规划及专题研究，以指导各项工作。同时，“城市双修”将城市设计的方法充分运用到城市规划建设的宏观、中观及微观层面。将城市设计作为落实城市规划、指导建筑设计、塑造城市特色风貌、营造城市空间环境品质的有效手段。

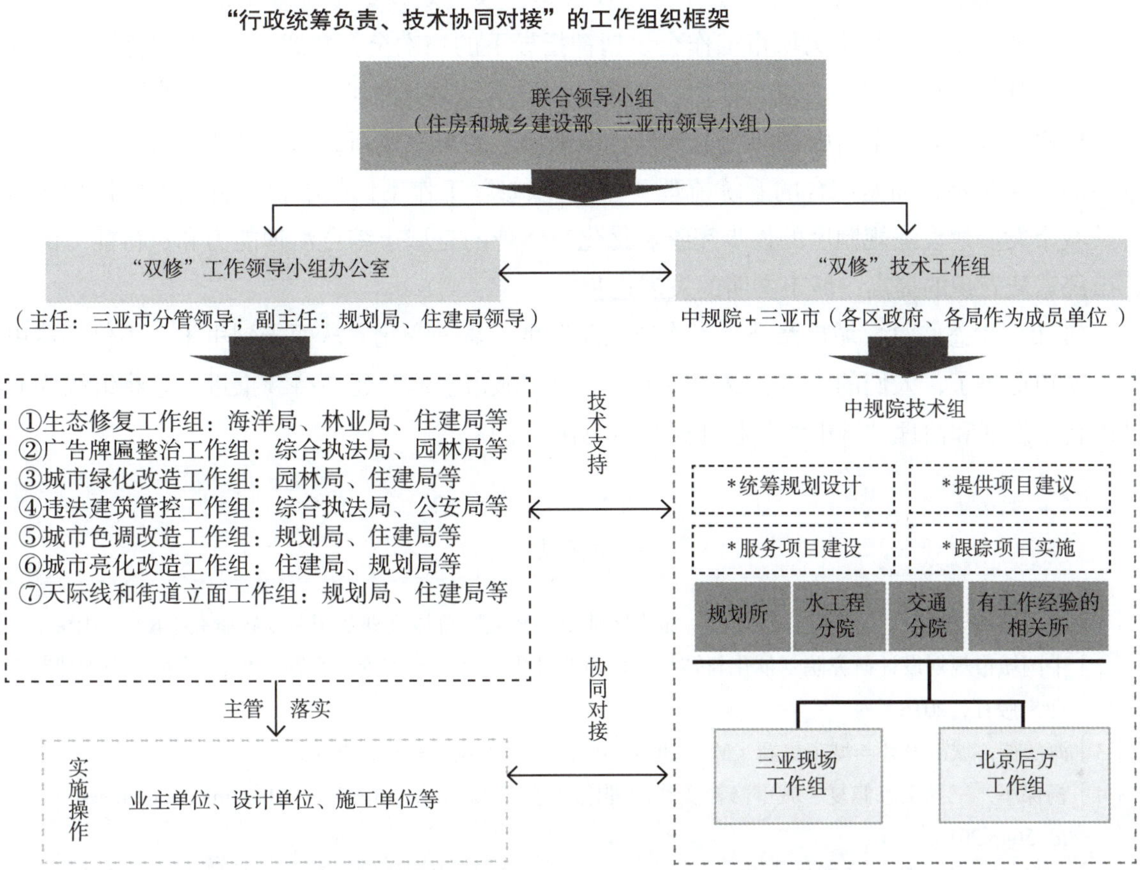

图 8　三亚市“生态修复、城市修补”工作组织框架

第四，实施策略：重点示范，近远结合。通过总体城市设计结构、人流车流的空间分布、城市历史发展演变等综合解析，同时通过社区访谈、网络调查等深入了解公众所反映的主要民生问题，选取体现城市特色且城市问题突出的片区作为近期“城市双修”工作的重点区域，并进一步落实成若干个综合性重点项目，明确责任主体，制订实施计划，近期重点示范。按照“近远结合，长期行动”的思路，综合考虑项目的系统性和实效性，制订长期的工作行动计划，以指导近、中、远期“城市双修”工作的开展。

第五，机制保障：制度建设，长效保障。中央城市工作会议指出，要提高城市工作的系统性，就必须合理统筹规划、建设、管理三大环节。因此，提升城市管理和治理能力也是实现城市“内外兼修”需要思考的重要内容，本次规划工作进一步探索将规划及专题研究的相关内容向政策法规方面转化。通过完善多项地方性法规、部门规章及技术标准，改善城市治理方式，推动城市的精细化管理不断完善，使“城市双修”工作有法可依、有规可循。进一步促进了城市综合治理能力的提升，实现城市的“内外兼修”。

五、结语

三亚“生态修复、城市修补”工作并不仅仅是一项规划，更是统筹城市规划、建设、管理的一项系统性工作，是中央城市工作会议精神指导下的一次全新实践。“城市双修”工作既是物质空间环境的修复修补，也是社会、文化、行政等软环境的修补。“城市双修”工作不是外在的形象工程，而是走向内在的民生工程；不是量上的拓展建新，而是品质的营造提升；不是单一的就事论事，而是综合的系统梳理。“城市双修”工作不仅是项目安排、工作计划，也是有关城市发展建设法规制度的逐步完善和优化，体现的是城市综合治理能力和执行能力的提升，市民素质意识的提高，城市文明的发展进步。

三亚市“生态修复、城市修补”工作使三亚发生了显著变化，从面子到里子，不仅环境更优了，城市更美了，人们的生活也更舒适了。三亚“城市双修”还在持续推进，它将继续为我国城市转型发展和治理“城市病”起到先行示范作用。

参考文献

[1] 中国城市规划设计研究院．三亚市“城市修补生态修复”总体规划及相关专题研究［R］．2016.

[2] 中国城市规划设计研究院．催化与转型：城市修补生态修复的理论与实践［M］．北京：中国建筑工业出版社，2016.

[3] 海沃德．城市设计与城市更新［M］．北京：中国建筑工业出版社，2009.

[4] 杨保军．三亚生态修复、城市修补实践的理论思考［EB/OL］．http://www.planning.org.cn/news/view?id=5645.2016.

[5] 李晓晖，黄海雄，范嗣斌，等．“生态修复、城市修补”的思辨与三亚实践［J］．规划师，2017（3）:11-18.

（撰稿人：谷鲁奇，中国城市规划设计研究院城市更新研究所，城市规划师；范嗣斌，中国城市规划设计研究院城市更新研究所，副所长，教授级高级城市规划师）

基于珠三角创新格局认识下的广深科技创新走廊规划建设思路

一、引言

随着创新驱动发展被确立为国家的优先战略，作为改革开放的前沿阵地和科技经济快速发展地区，广东提出要为全国实施创新驱动发展战略提供支撑。在2008年金融危机后转型的推动下，珠三角近年来在创新发展上也取得了较大成效，已与京津冀、长三角并列为全国三大创新中心之一。相比京津冀的基础研究创新优势、长三角的研发资源和知识获取优势，珠三角的企业创新优势一直居于全国首位。2015年，国家正式批准建设珠三角国家自主创新示范区，这是全国第二个以城市群为单位的国家自主创新示范区。

珠三角东岸地区的广州、深圳和东莞三市之间的连绵区域是珠三角创新发展的“脊梁”：三市以占全国0.1%的土地面积创造了占全国6%的GDP；人均GDP 13.7万元，超过高收入国家和地区标准。聚集了广东六成以上的高新技术企业，分布着一批全球知名的龙头企业、“独角兽企业”和潜力巨大的“瞪羚企业”。从创新要素的空间分布来看，广州到深圳以高速公路、轨道等交通要道为依托的轴线区域，集聚了高科技企业、人才、技术、信息、资本等创新要素，是珠三角科技创新要素空间分布最为密集的地区，初步形成了一条创新经济带。

基于对珠三角创新要素空间集聚特征的认识，为顺应全球科技发展趋势和我国创新驱动发展战略，为广东未来30年发展奠定坚实基础，广东省第十二次党代会提出了建设广深科技创新走廊的战略构想。

二、特征与问题

（一）珠三角创新要素空间分布的主要特征

1. 企业成为珠三角创新主体与特色

在全球四大湾区中，纽约湾区以金融业著称，是全球的金融中心；旧金山湾区以互联网、电子信息与生物医药闻名，是全球科技创新的重要枢纽；东京湾区是全球重要的工业制造业中心；珠三角所在的粤港澳大湾区拥有雄厚的制造业基础，目前，由各类企业推动制造业与科技创新结合，正成长为全球科技创新的重要区域。在国内三大创新中心中，北京作为首都具有基础研究创新优势；上海作为经济中心具有研发资源和知识获取优势；拥有雄厚制造业基础的珠三角，必须紧紧依靠企业创新，才能从激烈的区域竞争中成功突围（图 1）。

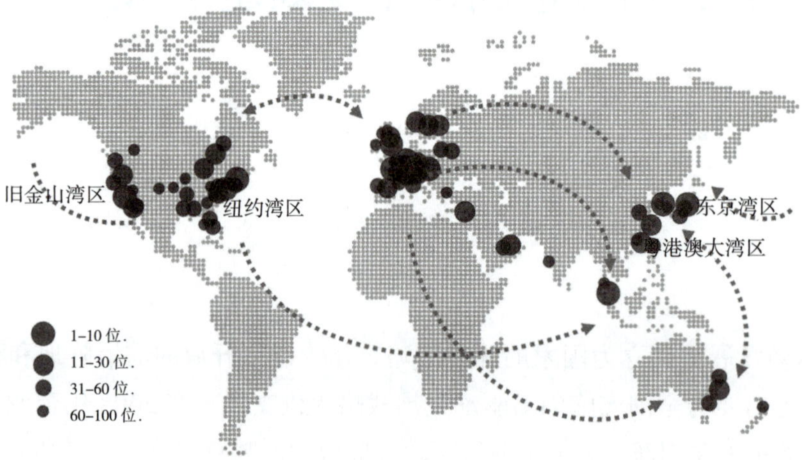

图 1　2015 年全球创新中心 100 强空间分布与世界知名大湾区的关系

资料来源：2thinknow Innovation Cities™ Global Index 2015。

珠三角的创新主要由企业依托市场形成，截至 2016 年，珠三角专利授权总量约为 229 万件，其中企业专利约 132 万件，占总量的 57.59%，是珠三角最主要的专利来源。以深圳为例，深圳的科技创新、驱动发展的模式可以用 6 个 90% 来概括：90% 的创新型企业是本土企业，90% 的研发人员在企业，90% 的科研投入来源于企业，90% 的专利生产于企业，90% 的研发机构建在企业，90% 以上的重大科技项目发明专利来源于龙头企业。珠江东岸产业带有强大而灵活的制造业基础，有着世界上最完整、最生机蓬勃的 3C（计算机、通信和消费类电子产品）产业链，依托国内庞大的市场，珠三角的科技产业能够更加贴近和了解本土市场的潮流与需求，开发出更贴近庞大市场的技术创新。珠三角的创新以企业创新驱动为主要特征，尤其以大企业为主要创新主体，研究表明企业内部的创新能力及创新型企业的集聚对区域创新均起到关键作用。

2. 创新要素空间集聚与扩散趋势明显

广州、深圳两大核心城市的“虹吸效应”日益显现，资金、人才、产业等创新要素不断向广深集聚。广深的科研机构数量占珠三角总数的 55.20%（深圳占 33.65%），广深的高新技术企业数量占珠三角总数的 68.34%（深圳占 43.6%）。广州依靠其强大的高校科研资源与省会城市的资源集聚能力，集聚了一批重点实验室与工程中心。深圳依托庞大的高新产业集群、适宜创新孵化成长的开放性环境以及完善的金融服务体系，集聚了众多孵化器、众创空间与新型研发机构等创新平台（图 2）。

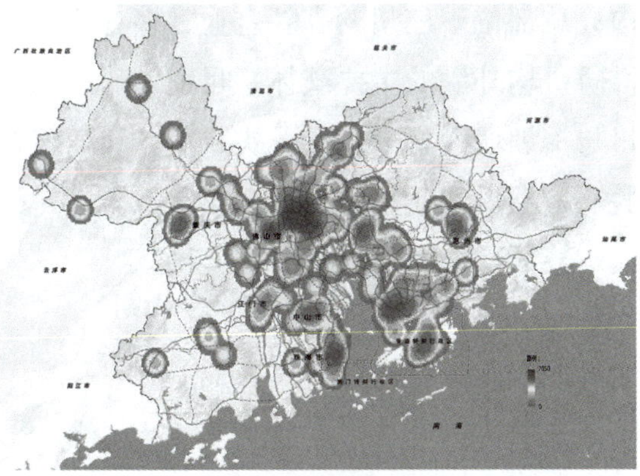

珠三角高校密度图

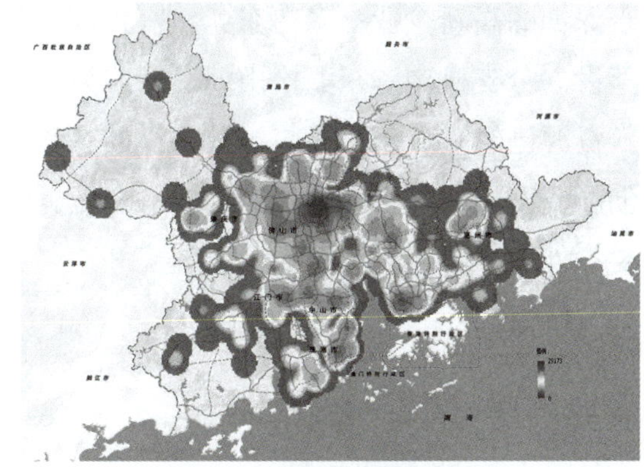

珠三角工程中心密度图

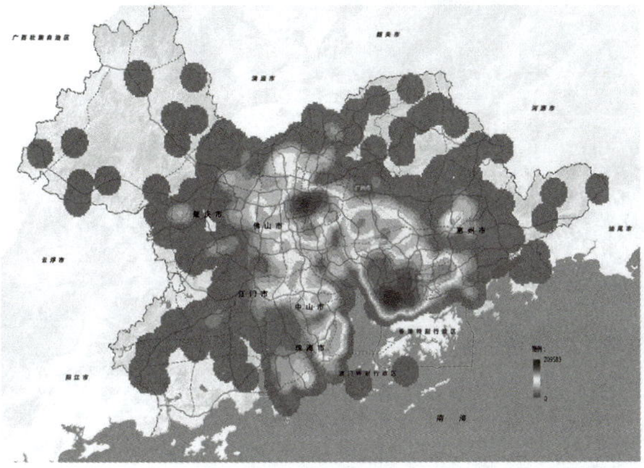

珠三角高新技术企业密度图

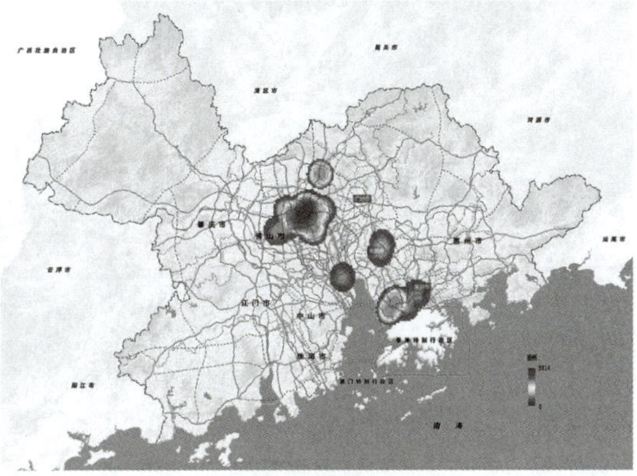

珠三角重点实验室密度图

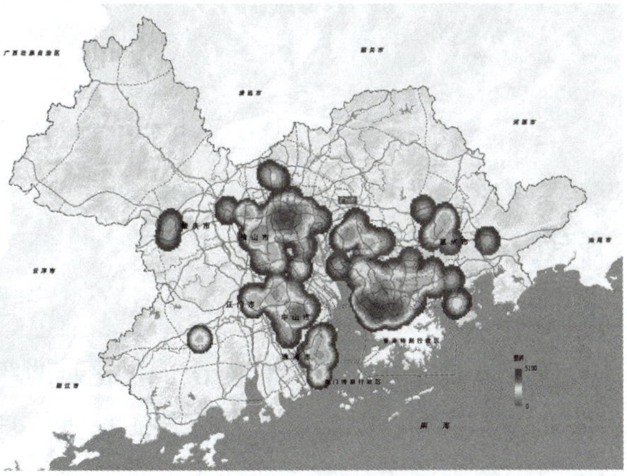

珠三角众创空间密度图

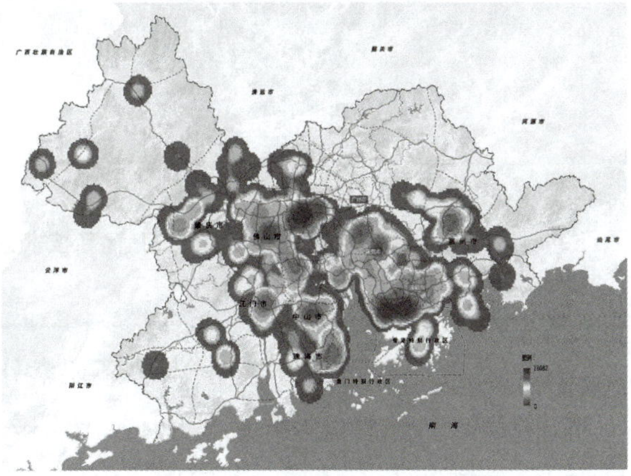

珠三角研发机构密度图

图 2　珠三角创新要素空间分布（2016）

由于地理位置相近，广佛、深莞之间的要素联系紧密，创新资源也从早期的技术人员交流演变为产业链的互补共建。通过高新技术企业的总分支情况可以看出，佛山与东莞是承接两大核心城市创新产业外溢的主要城市，广佛之间与深莞之间构建了紧密的高新企业联系，总部位于深圳的高新企业，多在东莞、广州设立分支机构；总部位于广州的高新企业，多在佛山、东莞设立分支机构。东莞松山湖逐渐成为深圳新型科研机构外溢的主要载体。目前，珠三角的创新资源已经呈现出集聚与扩散并存的态势，在广州与深圳城区集聚大量龙头企业、科研机构等创新要素的同时，部分新的创新平台正凭借良好的环境品质和便捷的交通联系承载着区域创新要素外溢（图 3）。

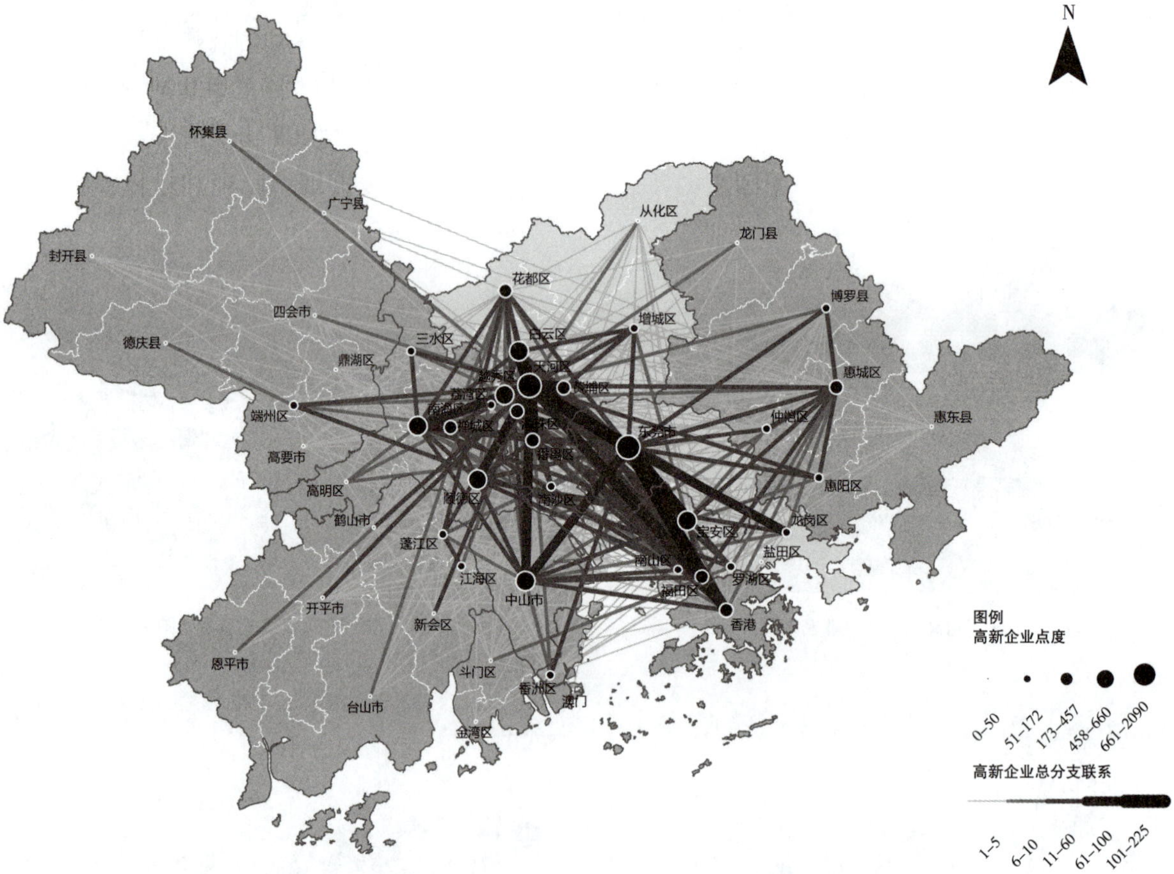

图 3　珠三角高新技术企业总部 – 分支机构联系网络

3. 创新与产业、服务空间紧密联系、相互促进

通过梳理珠三角制造业布局与创新要素分布可以发现：珠三角的创新依赖于工业化时期产生的制造业产业集群，在空间表现上，传统产业空间和新型创新载体紧邻布局、相互促进。具体来说，在珠三角，依托 107 国道、广深高速、325 国道等交通干线形成传统产业带，紧邻传统产业带形成了以广州科学城、深圳光明新区、东莞松山湖、佛山高新区为主要节点的科技创新带，同时，以广州、深圳、佛山、东莞等市中心区为重要支撑的创新服务带也日渐成型。从珠三角创新与产业、服务这三类空间的布局可以看出：三类空间相互临近，联系紧密，珠三角原有产业基础在产业配套和创新成果转化方面为新型创新带提供了重要支撑，新型创新带则通过创新要素外溢促进着传统产业带的转型升级。

（二）珠三角创新发展的空间问题

1. 区域创新能力具有竞争力，但高端创新集聚不足

珠三角的创新能力虽然处于全国前列，但在“基础研究+技术创新+产业转化+金融支持”全链条创新体系的前端还存在较大短板：珠三角的高水平大学、科研机构不足，尚无进入世界200强的高校和较高能级的国家实验室，高水平科技企业不足。波士顿咨询公司发布的“全球最具创新力企业50强”中，近七成集中在美国硅谷和波士顿地区，珠三角仅华为1家企业上榜。高水平人才不足，广东省两院院士仅38名，远低于北京的756名和上海的177名。

2. 创新空间集聚发展态势足，但东强西弱格局明显

广州、深圳的“虹吸效应”日益显现，资金、人才、企业等创新要素不断向广深创新经济带集聚，两市专利授权量、高新技术企业数量等保持快速增长势头，而珠三角其他城市增长相对较慢，珠三角东岸与西岸的创新势能“位势差”有拉大的趋势。特别是江门、肇庆等珠江西岸城市受限于自身创新型经济规模和距离核心城市较远等因素，难以接受广深辐射，创新经济规模有待进一步发育。

就广州与深圳两座城市而言，深圳拥有几家辐射海外的“独角兽”创新型科技企业，加之深圳毗邻东莞制造产业基地，受益于香港的高校资源和深港发达的金融服务业等，促使深圳对接外部的创新活跃度进一步提高，已逐渐成为全球科技布局的关键节点之一。广州创新资源的特征使其城市创新更偏向于基础创新，虽然高校众多，但高水平高校比重较低，可与全球媲美的高能级国家实验室较少。就目前穗莞深的创新格局而言，深圳在广深科创走廊的创新活跃度明显优于广州，深圳的高新科技企业有辐射全球的趋势，而广州的高校集群尚且缺乏在世界范围的影响力，致使广州的创新联系稍弱且相对内向化。

3. 高新区创新能力居于前列，但创新空间供给不足

在以企业创新为特色的珠三角，珠三角国家级高新区孕育了珠三角11.9%的高新技术企业，13.8%的省级以上研发机构，是承载珠三角创新发展的重要空间载体，各级高新区在增强区域创新能力、推动产业转型升级等方面发挥着巨大的作用。但在发展过程中，以高新区为代表的产业创新空间遇到范围封闭、规模体量不足等发展瓶颈。以佛山高新区为例，其面积约为45.75平方千米，仅为上海张江高科技园区的12%，园区面积占全市比例仅为中关村的1/5。同时，珠三角范围内的各级高新区及产业园区普遍距离城市中心区相对较远，配套设施供给不足，产城分离现象较为突出，导致高新区聚集创新人才与企业能力偏弱。

4. 支撑创新发展的框架初成，但支撑体系短板明显

相比于世界知名城镇群，珠三角以高速公路为代表的基础设施密度已居于世界前列，城乡人居环境整治初见成效，公共基础设施、交通基础设施逐步完善。但在创新的空间支撑方面，珠三角与世界知名城市群仍有差距。珠三角的城乡环境品质亟待提高，区内滨水岸线和自然山体保育仍面临威胁，在城市边界地段尤为突出，城市建设的中心–边缘模式与区域科技创新需求不适应，广州、深圳、东莞的城市建设由中心向边缘质量递减问题突出，严重抑制了创新要

素扩散与网络化需求。部分区域城市功能缺失，土地利用杂乱，设施配套匮乏，宜居性较差。珠三角区内重要创新区域相互交通联系仍以高速公路为主，快速轨道网络还未建立，创新要素流动不顺畅（图 4）。

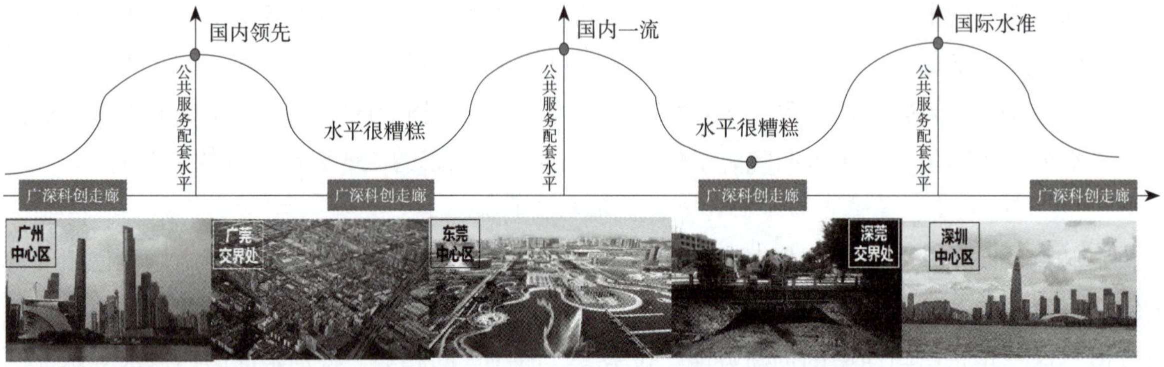

图 4　广州、深圳、东莞的城市建设由中心向边缘质量递减问题突出

5. 支持科技创新的政策丰富，但培育创新网络不足

通过对现有的珠三角地区 125 条科技创新政策梳理发现：现有适用政策主要集中在对各类创新基本要素的引导和投入方面。围绕传统的人才、平台、资金、项目等核心内容，其中资金奖励和引导、人才引进、平台建设等相关政策最多，反映目前整体政策体系仍然较大程度依赖以资金为撬动的单一资源投放方面，对创新网络的深度发育关注不足，缺少对于创新主体、技术、成果间建立关联的战略引导。现行政策仍然以大量基础要素的投放为导向，尚未关注到创新网络深度演化过程中对于政策扶持需求的转变。同时，一些面上政策虽然力度较大，但由于缺少明确的空间指向，造成创新要素与空间载体匹配不好，在某种程度上加快了创新要素的离散化布局。

三、趋势与策略

（一）发展趋势

1. 创新增长极是区域融入全球创新网络的接口

从区域层面看，创新空间对外开放合作不是均质化的，必须加快构建区域创新增长极，高效配置创新资源，打造区域创新驱动发展战略的着力点。对于珠三角地区城市而言，珠三角的崛起得益于香港这一对外沟通的渠道和服务中心，后来广州、深圳这两个国际化城市的兴起为珠三角的发展注入了新的活力，广、深、港三大核心是珠三角对外合作的主要窗口，集中了主要的合作平台和对外交往的服务支撑，在区域科技创新发展领域要坚持非均衡发展战略，以培育若干个科技创新核心增长极为目标，推动创新要素的集聚与再辐射，带动整个区域创新发展。

2. 依托制造业衍生的创新要素将呈现廊带分布

通过大数据识别近 30 年的珠三角高新技术企业空间分布趋势发现，珠三角的创新要素呈现廊带分布的特征，创新要素分布的这一特征不是特例，相似的情况也同样发生在美国硅谷和波士顿地区。创新要素呈现廊带分布的特征源于创新活动自由规律：创新需要制度厚度与信息浓度，与企业、政府、机构之间建立紧密的联系，形成丰富的创新网络。由于创新具有“高风险、高端人才”的特质，创新企业为了获取制度厚度与信息浓度，融入创新网络当中，依托交通要道，向“高可达、高品质、低成本”的城市近郊区形成“廊带”集聚分布的态势（图 5）。

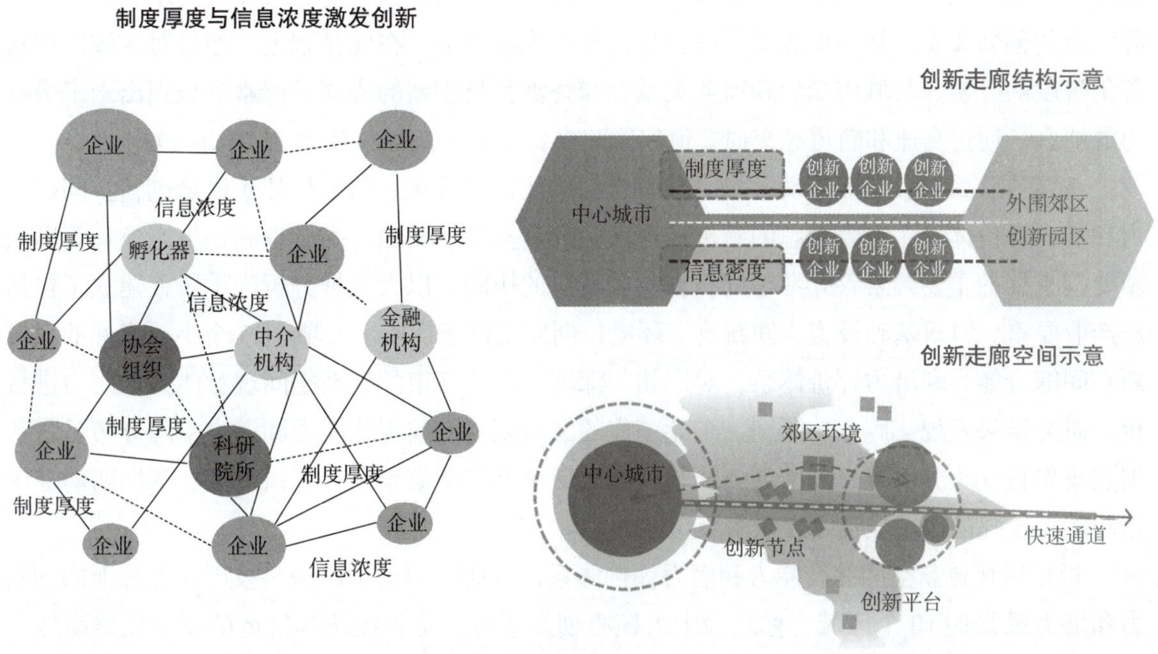

图 5　创新要素呈现廊带分布的空间示意

3. 创新城区的崛起成为互联网创新的时代特征

2014 年布鲁金斯学会发布《创新城区重构美国创新地理版图》报告，对美国大都市区近些年发生的创新企业快速向中心城区集聚现象及所形成的特定地理空间组织进行研究，提出创新城区这一新经济空间概念。由于社会结构特别是人口结构的变化，对社会服务的需求随之变化，使得越来越多的人才集聚或迁移到紧凑且基础设施便利的大都市区中心城市，知识密集型著名企业也更倾向于将研发机构布局在接近其他企业、研发实验室及大学的区域内，各机构之间通过密切合作而分享创意，形成一种“开放创新”机制。

4. 魅力公共空间将会加速促进知识经济的增长

英国核心城市中心区由丰富的文化艺术设施组成公共空间——中央活力区，成为知识经济成长的摇篮。英国在工业经济转型知识经济的过程中出现的趋势深刻地说明了城市公共活力区在这个过程中的重要作用。珠三角在新世纪的产业转型中出现的 2 个成功案例，即南海的千灯湖和东莞的松山湖，则以实例验证了富有魅力的优质水岸公共空间对地方转型的推动作用。因此，未来的珠三角或者说粤港澳大湾区让人充满想象，因为湾区是珠三角最多样、最连续、最优质的水岸，这为通过营造独特而具有魅力的公共空间引领创新要素的聚集创造了条件。

（二）发展策略

1. 聚焦创新平台，建设广深科技创新走廊

纵观国际创新发展经验，美国硅谷、波士顿地区等集聚了大量高技术企业和科研机构，这些创新资源通过一条或多条交通要道连接呈“廊带”分布。改革开放以来，珠江东岸的产业沿高速和轨道等轴向布局，在这一轴线区域上已经集聚了高科技企业、人才、技术、信息、资本等大量的创新要素，初步形成了广深科技创新走廊的雏形。在此基础上，通过对区域内创新资源集聚度的分析、与城市功能和产业关系、与香港科技创新的协同等因素，识别出未来最有潜力的地区，通过高速和轨道等交通要道串联起来，形成了广深科技创新走廊的范围①。

为了在广深科技创新走廊区域寻找创新潜力突出的地区，研究构建了区域创新空间综合能力和潜力评价体系，综合考虑创新机构现状、产业基础、交通、配套设施、生态环境等影响创新要素集聚的重要因素，并考虑到与香港等城市的协同，以大数据分析为手段，建立了包括创新产业要素、科研基础设施、创新政策环境、创新支撑条件 4 个大项、23 个小项指标的区域创新空间综合能力和潜力评价体系，对广州、深圳、东莞三市的创新空间现状能力和潜力进行评价。研究结果发现：广州、深圳、东莞三市的区域创新空间现状能力和潜力空间分布呈带状或据点集聚特征十分明显，其中创新能力极高区域呈据点状集聚，在广州东部、深圳西南、中部创新能力较强的区域呈连续带状集聚（图 6）。

根据区域创新空间综合能力和潜力评价体系，本研究识别了广深科技创新走廊上的创新能力和潜力最强的 10 个区域，称之为十大核心创新平台，是省级统筹打造的创新战略高地。在此基础上，按照整体统筹、集聚带动、协同联动的原则，结合珠三角国家自主创新示范区空间布局，选择若干个创新基础好的区域打造为核心战略平台，带动周边具有创新潜力的节点，形成各具主导功能的创新区块，依托高速公路、城际轨道等交通通道串联，构建“一廊十核多节点”的空间格局（图 7）。

2. 促进要素流动，构建快速区域交通网络

促进人才、技术、资金、信息等创新要素自由流动是广深科技创新走廊的核心目的。研究提出了走廊内十大核心创新平台“10 分钟进入高快速网，45 分钟到达三市中心城区，60 分钟通达广州、深圳国际机场”的目标，构建“三网两枢纽”综合交通体系。以服务高端人才便捷舒适出行、物流高效智慧流转为目的，加快建设交通基础设施，围绕广州白云国际机场、深圳宝安国际机场和广州南站、深圳北站等航空、铁路两类综合交通枢纽，构建轨道网、高速公路网、公共交通网三个交通网络，发挥交通对走廊的依托和支撑作用（图 8）。

---

① 广深科技创新走廊的范围：沿广深轴线区域，具体为北起广佛交界处，经广州主城区、东莞松山湖、深圳主城区，南至深圳大鹏新区，沿广深高速、广深沿江高速、珠三环高速东段、穗莞深城际、广九铁路等复合型交通要道所形成的创新要素集聚区域，长度约 180 千米。

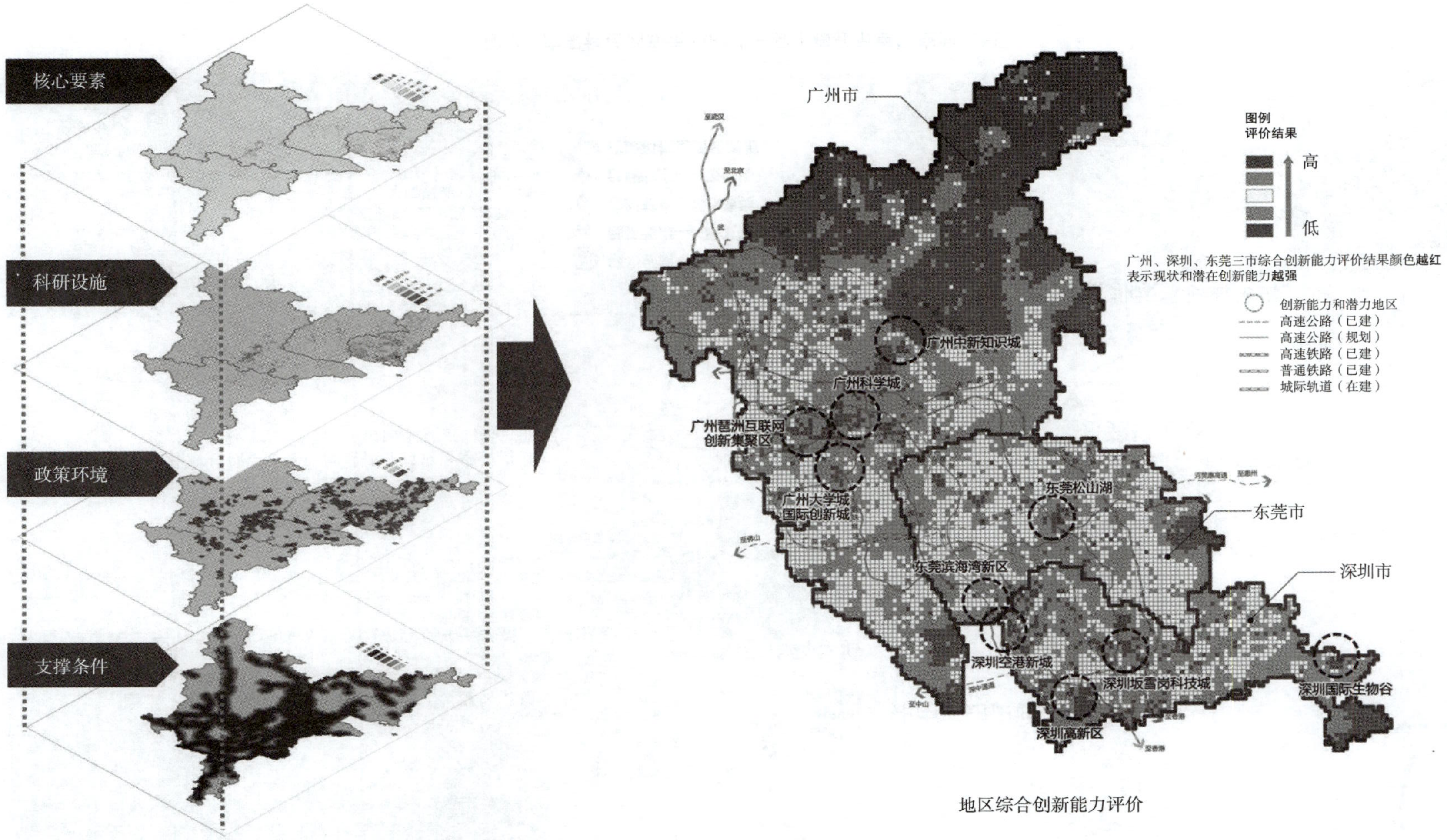

图6 广州、深圳、东莞三市区域创新空间综合能力和潜力评价示意图

一廊	广深科技创新走廊	依托广深高速、广深沿江高速、珠三环高速东段、穗莞深城际、佛莞城际等复合型的交通通道。 产业联动、空间联结、功能贯穿的创新经济带
十核	10个核心创新平台	构建科技创新重要空间载体，打造全球顶尖科技产业创新平台，为珠三角国家自主创新示范区发展提供强大动力。
多节点	37个创新节点	广州13个，深圳15个，东莞9个，合计37个具有一定创新基础，发挥示范效应，推动区域发展的创新节点。

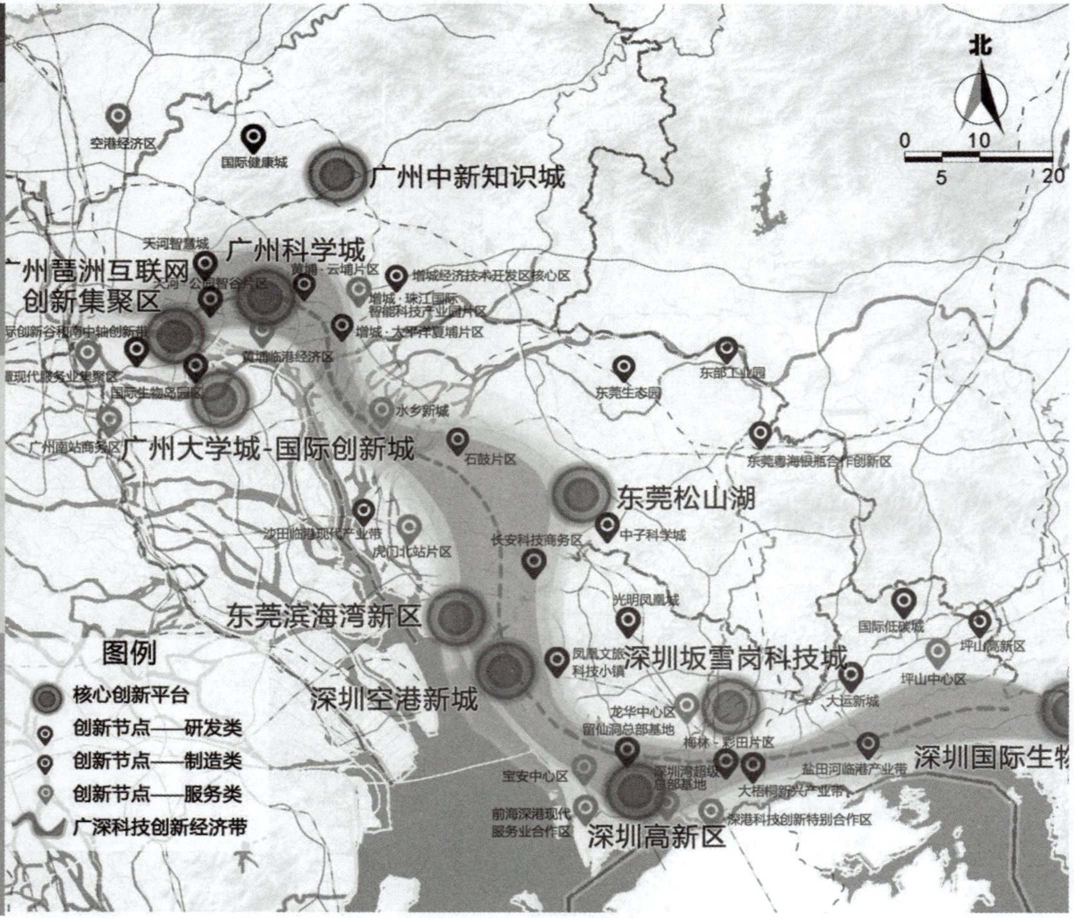

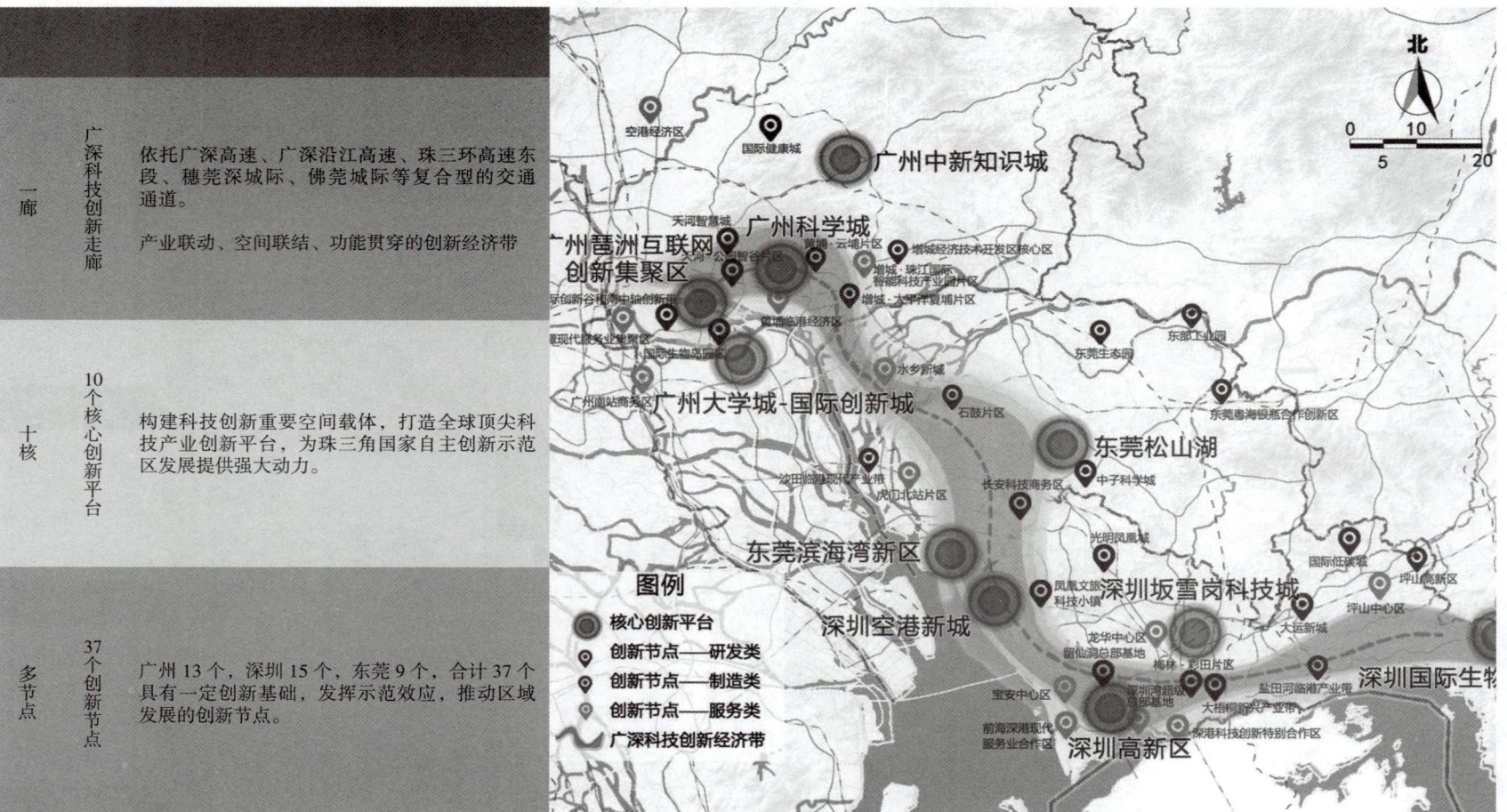

图7　广深科技创新走廊的“一廊十核多节点”空间格局

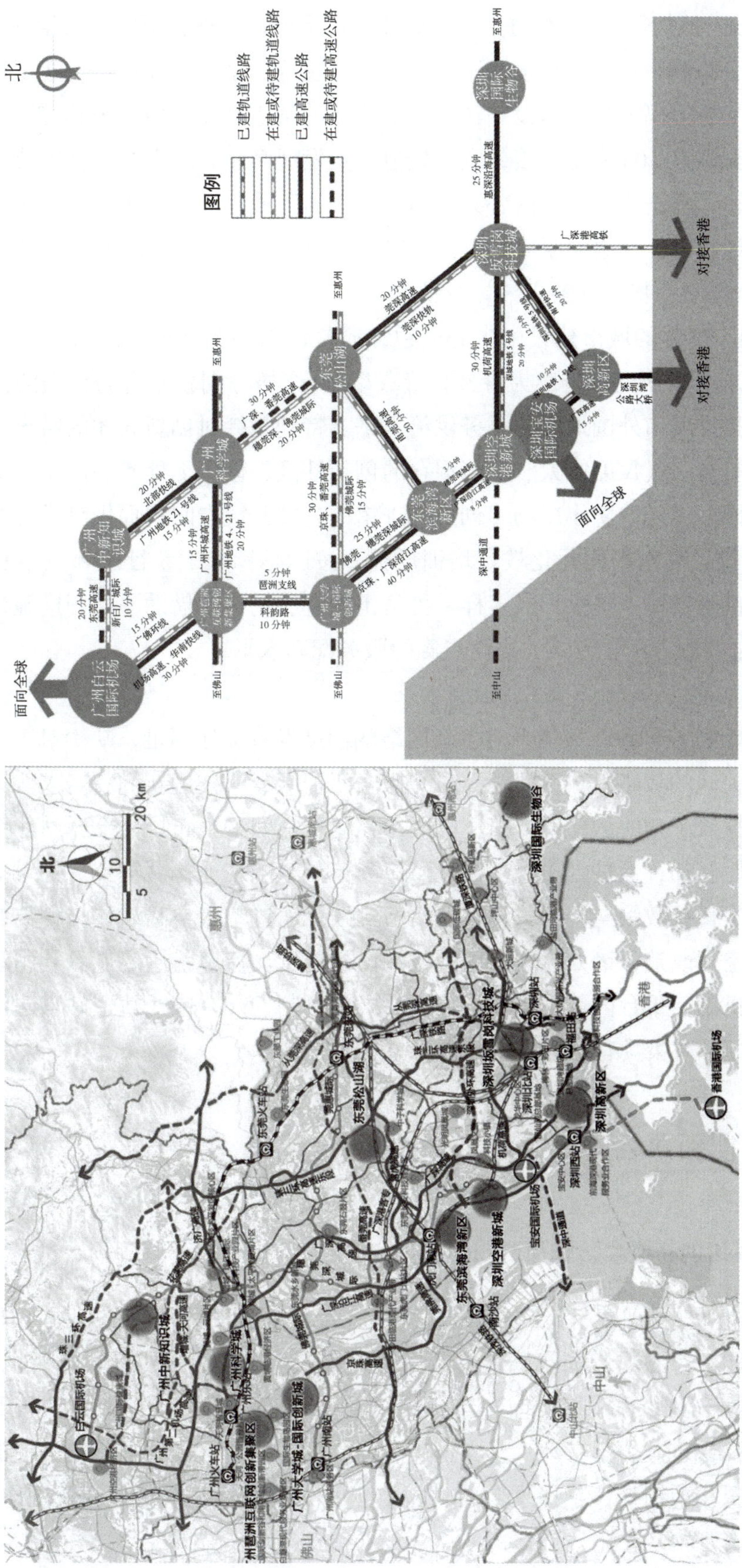

图 8　广深科技创新走廊交通优化布局示意

具体来说，通过对区域轨道网的优化与提升，着重加强广州、深圳、东莞三市的地铁互相衔接。对于高速公路网，规划对华南快速路、广深高速等拥堵路段开展扩改建工程，还要加快深中通道、虎门二桥等高速公路建设。还有一项重要的举措是完善便捷公共交通网，规划要实现走廊范围内公交站点 500 米全覆盖，围绕轨道站点发展微型轻轨系统、社区公交、支线小公交，促进公交跨市运营，实现走廊内公共交通“一卡通”或互通互认等，利用接驳和衔接系统实现城市公共交通和对外交通的便捷衔接，促进有关创新的要素在区域内无障碍流动。

3. 关注人居环境，探索服务供给的新模式

广州、深圳、东莞的城市建设由中心向边缘质量递减问题突出，严重抑制了创新要素扩散与网络化的需求。本研究以走廊为骨架，形成以 10 个核心创新平台为代表的公共配套、交通配置新模式，提升城市外围地区的服务供给水平。特别是针对创新人才的需求进行的人居环境提升，提出要打造一批尺度宜人、功能混合的创新社区；创造无处不在的学习交流机会，提供数量充足的公园、休闲游憩小广场、创意咖啡馆等公共开放空间；提供触手可及的高品质服务，配备双语学校等高水平国际化教育培训设施，按国际标准配置社区邻里中心；建设覆盖全年龄段的运动健康场所；提供形式多样、可负担的宜居场所。借助一系列措施，打破现在中心-边缘模式的公共服务配置方式，提高走廊的服务配套水平。

4. 培育创新网络，匹配科技创新的新需求

针对现有省市科技创新政策体系对创新网络的深度发育关注不足，缺少对于创新主体、技术、成果间建立关联的战略引导等问题，研究探索匹配区域科技创新的新需求。聚焦如何培育“创新网络”，根据珠三角的创新网络演化阶段，在创新空间平台布局创新驿站体系，强化“企业、技术、服务”互动，促进创新要素“无障碍”流动与“在地化”集聚。针对空间指向性不足等问题，探索了科技政策与空间载体联动的新实践，通过统筹空间载体与科技要素配置，利用政策撬动存量空间改造，诸如走廊内部利益补偿机制、支持存量用地创新利用政策、接壤地市规划联合审查机制、平台内创新用地管控负面清单机制、支持依托轨道站点建设研发综合体等特惠政策，使部分政策具有明确的空间指向与边界。

四、走廊创新平台建设应避免的几个误区

（一）避免滥用创新概念，抓住科技创新核心

在实地调研中发现，广深科技创新走廊沿线还存在对创新发展核心把握不准的问题。例如，部分平台和园区存在滥用创新概念的误区，导致了主导产业不明确，创新机构名不副实，进驻企业关联度弱。因此，本研究建议广深科技创新走廊在规划建设中做到以下几点。

一是要聚焦高端创新要素带动。全方位集聚高精尖的创新资源，强化抢占关键核心技术制高点，对企业设置相应门槛，把握平台内引入企业的关联度，着重引入创新机构和前沿技术，始终把培育创新能力放在首位。

二是完善创新核心服务体系。强化科技服务业的发展，发展金融保险、房地产服务、法律服务、商业服务业等，为其他创新平台提供支撑性服务，加强知识产权管理体系、法律服务、交流平台建设。

三是完善创新发展评价机制。围绕科技创新能力核心指标进行定期评估，加强谋划－推动－管控流程。设置包括创新资源集聚、创新创业环境、创新活动绩效、创新国际化、创新驱动发展等方面的创新能力评价指标；充分考虑到部分核心创新需要长时间培育的客观因素。

（二）避免地产开发倾向，优化土地开发模式

在以往的实践中，一些地方发展产业园区，却意在经营城市和土地增值，走房地产开发的老路。一些园区为招商引资，大打土地牌，不惜用零地价或负地价吸引企业和投资，采用政府开发模式，按照商业地产运作模式，先建设，再招商，但又缺少资源整合和产业链的形成。一些新城新区通过规划建立各种类型的中心以求打造地价制高点，却缺乏产业经济的支撑，资本市场繁荣而产业发展薄弱。房地产化的开发模式，导致商业、服务业、住宅用地的比例过高，地价上升，反而影响了本地主导产业的发展。在广深科技创新走廊的建设中，应深刻认识到以科技为骨干的产业发展战略目标所包含的收益潜力远远大于其他产业模式。建议在建设实施上注意以下方面。

一是在土地利用方面，在混合用地的基础上，注意控制商业用地和住宅用地比例，增加政府对各类空间资源的整体统筹，对创新型产业用地予以容积率奖励，需要有长期打算,为产业发展留足够空间。

二是各平台要基于现有发展条件和基础合理准确定位，细化明确科技产业发展的方向。

三是需要明确政府、社会资本、运营与开发企业等各领域间的有效衔接和高效互动，避免依靠银行贷款和财政返回收入支撑平台建设，避免依靠土地开发收入积累滚动开发，而应当让产业和运营方把握主体地位，同时政府加强监管。

（三）避免地方各自为政，坚持区域协同发展

在研究与调研中发现，广深科技创新走廊的三市在创新协同、产业发展、城镇建设、设施共享等方面缺少协同；在区域创新协同上，存在市场主体盲目建设与创新资源要素流动不畅并存的现象。在产业发展上，三市高新技术产业发展虽有差异性，但亦存在趋同化发展趋势，存在着争抢资源、重复建设的现象。在城乡环境品质上，三市的交界边缘处存在城市功能缺失、土地利用杂乱、生态环境脆弱、设施配套匮乏、宜居性较差等问题。在设施衔接上，断头路依然大量存在。广深科技创新走廊的建设应坚持开放合作、协同发展的基本原则，健全区域创新体系，提升穗莞深区域一体化程度。

一是应推进区域一体化进程，推动科研平台共建、科技资源共享。明确湾区、走廊一体化发展目标，促进人才、技术、资金、信息等创新要素的自由流动。建立科研设施与仪器管理和开放共享的网络信息和服务平台，实行重大科研基础设施和大型科研仪器开放共享。

二是应强化协同发展，利益共享。梳理三市角色分工。广州应发挥高校、科研院所等创新机构密集的优势，强化“创新大脑”的角色；深圳应立足市场活跃、资本化能力强的优势，突出“创新引擎”的角色；东莞应依托良好的制造业基础，为区域创新成果转化提供重要载体，发挥“创新腹地”的作用。统筹招商引智，共同塑造广深科技创新品牌，建立起类似于“硅谷”这类具有全球知名度的统一招商品牌。探索走廊内部利益补偿机制，设立跨市科技成果转化补偿基金，建立科技成果转化地向研发地利益补偿机制，提升科技成果的跨区域转移和产业化效率。

三是制定交界地区统一规划和政策。重点提升交界地区城市品质和环境品质，在城市更新、配套设施、生态环境、交通对接等方面下功夫，补齐短板，提升整个走廊的建设水平和城市面貌。

（四）避免平台有产无城，发展综合服务功能

从研究与调研的情况来看，走廊内还存在“有产无城”的问题，创新平台只是作为地方经济的增长极、招商引资的平台和产业集聚的空间而存在。部分创新节点是在现有产业园基础上形成的，但因为园区与创新节点建设的出发点不同，部分园区配套设施不足，缺少国际化水准的配套设施，城市功能依旧滞后，无法吸引创新人才在此安居乐业。建议走廊内的核心创新平台和创新节点在强调科技创新产业发展的同时，建设具有全球吸引力的人居环境，促进产城融合发展。

一是平衡就业与居住。打造一批创新功能与居住、生活、商务、娱乐功能混合、空间融合的高端社区，推进功能混合布局和复合开发，减少科技创新人才通勤距离，形成舒适便捷的工作和生活圈，实现更高质量、更有效率、更加公平、更可持续的发展。

二是提升各类设施运行保障能力。围绕创新人才的需求营造良好的生产生活环境，提供并完善教育、医疗、文化娱乐设施等高品质服务。多渠道发展租赁住房，保障人才住房需求等；加快健康城市建设，增加社区体育公园、独立绿道等开敞空间。

三是大力提高生态环境质量。以生态保护为先，推进绿色发展。着力解决环境问题，加快空气质量、黑臭水体、土壤污染的治理。加大生态系统保护力度，实施重要生态系统保护和修复重大工程，切实提高走廊内的环境水平。

五、结语

珠三角的科技创新已成为全国创新驱动发展的一面旗帜，广深科技创新走廊是珠三角科技创新的核心区域，把广深科技创新走廊建设好，关系到粤港澳大湾区建设国际科技创新中心的目标，关系到国家建设创新型国家的大局。在规划建设广深科技创新走廊之初，就要深刻把握科技创新的发展规律和创新要素布局的空间分布趋势，针对目前广深之间存在的主要问题，提出有针对性的空间发展策略和与之匹配的科技创新支持政策，提高广深科技创新走廊的创新空

间供给能力与质量。

对于广深科技创新走廊的研究，前期以谋划筹备为主，《广深科技创新走廊规划》由省委省政府印发实施后就将转入建设实施阶段，要紧紧围绕促进科技创新这一核心目标，尊重创新发展与城市开发建设规律，合理把握开发节奏，稳扎稳打，一茬接着一茬干，努力规避走廊建设中的几个误区，才能不断推动广深科技创新走廊逐渐建设成为全国创新发展的重要一极。

（作者：刘沛，广东省城乡规划设计研究院主创规划师；任庆昌，广东省城乡规划设计研究院所长，教授级高级工程师）

参考文献

[1] 人民日报．“第一动力”论的重大意义［J］．人民日报，2015-05-27.

[2] 马向明，陈洋．粤港澳大湾区：新阶段与新挑战［J］．热带地理，2017，37（6）：762-774.

[3] 朱婧．珠三角国家自主创新示范区建设实施方案（2016—2020年）［J］．广东科技，2016，25（13）：22-26.

[4] 鲁志国，潘凤，闫振坤．全球湾区经济比较与综合评价研究［J］．科技进步与对策，2015（11）：112-116.

[5] 张璐晶．深圳基因：创新创业［J］．中国经济周刊，2016（30）.

[6] 广东省社会科学院产业经济研究所课题组．珠三角：世界重要制造业基地［J］．粤港澳价格，2005（11）：13-15.

[7] 杨亚平．知识溢出、吸收能力与本土供应商创新绩效：基于珠三角制造业企业的实证分析［J］．经济经纬，2012（2）：90-94.

[8] Simmie J, Sennett J. Innovative clusters: global or local linkages?［J］. National Institute Economic Review, 1999170(170): 87-98.

[9] 毛艳华，李敬子．大珠三角城市群发展：特征、问题和策略［C］．中国区域科学协会理事换届大会暨区域发展与城镇化学术研讨会，2014.

[10] 苏宁．地方创新重构美国经济地理版图（2014—2015）［M］//屠启予．国际城市蓝皮书．北京：社会科学文献出版社，2015.

[11] 霍尔彼得．更好的城市：寻找欧洲失落的城市生活艺术［M］．南京：江苏凤凰教育出版社，2015.

转变治水思路，构建大美江城

——武汉市海绵城市建设进展

一、武汉：优于水又忧于水的“百湖之市”

武汉市位于长江中游，汉江与长江在此交汇，两江环绕，百湖点缀，素有“百湖之市”的美名，水域面积占国土面积的四分之一。然而，受惠于水也受制于水。武汉因水而盛，人口增加，城市扩张；因水而险，洪水肆虐，城市遭殃的过程往复循环。武汉雨洪同期、地势低平的特点，使得《武汉地方志》有大水几乎每三年就拜访一次武汉的记载。根据统计，武汉平均海拔 24 米，多年平均洪水位 25.5 米，武汉低于 25.5 米的区域占 60% 以上。

随着城市化的不断加速，极端天气加剧，城市内涝、水域污染等一系列问题也越加突出，“夏天到武汉看海”“湖泊侵占污染”等成为了武汉刺眼的负面标签，也严重制约了武汉的可持续发展和城市吸引力的提升。

作为落实生态文明理念的重要理论实践，“海绵城市”的理念为武汉市提供了全新的生态治水思路，也为贯彻落实习近平总书记关于长江经济带“共抓大保护，不搞大开发”的精神提供了突破口。通过系统谋划统筹全市生态修复与保护、城市内涝防治、水环境治理等工作，在城市建设管理体制、技术体系、管控机制等方面积极推行改革和工程建设实践，武汉市已经将海绵城市理念充分融入全市规划发展和城建工作当中。

武汉市海绵城市试点建设按照“集中示范、分区试点、全市推进”的思路，采用“2+N”的模式开展。试点期内打造四新和青山一新一旧“2”个集中试点区，并鼓励其他各区因地制宜选取示范工程进行同步实施（图 1）。

四新试点区位于武汉市西南部，面积 15.5 平方千米。区内港渠密布，未开发用地占比 50% 以上，通过生态本底分析与管控，四新试点区力求探索新区规划建设以绿色生态为基础、一张蓝图干到底的典范。

青山试点区位于武汉市东北部，面积约 23 平方千米，历史上是武钢产业工人的主要居住区，也是东湖与长江沟通的重要通道，区内旧城旧厂占到了 50% 以上，基础设施陈旧，内涝与水体黑臭严重。通过系统解决水问题，改善基础设施与环境水平，青山试点区力求打造老城改造的典型示范。

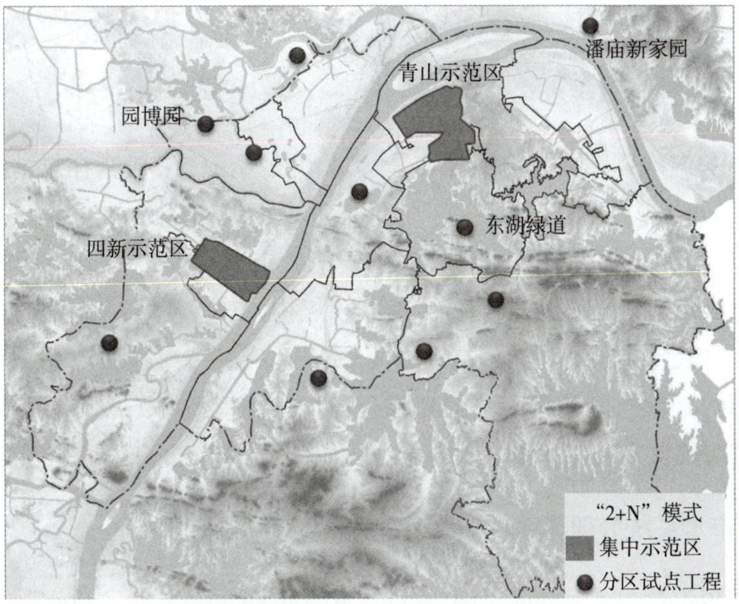

图 1　武汉市海绵城市试点建设区分布

二、转变城市发展思路

（一）加强“山水林田湖草”的保护

海绵城市理念作为实现生态文明的有力抓手，宏观上强调“山水林田湖草”的生态格局保护，以政策法规等形式固化自然区域海绵体系和保护措施。

1998 年长江全流域大洪水和严重城市内涝是武汉市水系保护与利用的转折点。2001 年经武汉市人大通过《武汉市湖泊保护条例》，2016 年新修订的《武汉市湖泊保护条例》施行了湖泊保护政府行政首长负责制，将护湖成效纳入年度目标考核，作为被考核单位主要负责人任职、奖惩的重要依据。配合湖泊保护条例，武汉市发布了《湖泊“三线一路”保护规划》将全市 166 个湖泊的保护范围全部划定，并分期布置了保护界桩。

在湖泊保护经验的基础上，2012 年武汉市发布了《武汉市基本生态控制线管理规定》，并于次年批准了《武汉市 1：2000 基本生态控制线落线规划》，逐一对都市发展区内山体、水体等 12 类生态要素的范围进行划定，生态用地总量达到 60%，成为全国较早确定城市生态红线的城市之一。试点期间发布的《武汉市基本生态控制线管理条例》，更将“生态控制线”纳入了人大审批的范畴。

《武汉市湖泊保护条例》和《武汉市基本生态控制线管理条例》及其配套的技术文件，有效确立了武汉市自然生态，尤其是湖泊水系的保护体系，成为武汉海绵城市试点建设的有力支撑。2014 年武汉市开始领导干部自然资源资产审计制度试点，2017 年发布《长江武汉段跨区断面水质考核奖惩与生态补偿办法（试行）》，进一步促进武汉市将生态文明建设、共抓长江大保护作为全市共识推进。近年来武汉的城市绿道建设、生态示范城建设、长江主轴规划等无一不将城市开发建设与生态保护有机结合，构建并实践了海绵城市建设体系，形成了完整的海绵城市建设年度计划与绩效考核办法。

（二）组建专职机构长效推进

武汉市市长万勇多次强调要将海绵城市作为城市长期工作来抓。在总结试点经验，推进全市扩面的目标下，《市人民政府办公厅关于加快推进海绵城市建设的通知》明确要求，为实现2030年海绵城市建设目标，在市人民政府的指导下，市城乡建设委要统筹协调，各区人民政府作为本辖区海绵城市建设责任主体，要明确专职机构，建立工作机制，统筹推进辖区内海绵城市建设。为此，经武汉市编办批准，市城建委成立了武汉市海绵城市和综合管廊建设办公室（增加行政机关编制8名），以及海绵城市和综合管廊建设管理站（核定事业编制50名），目前青山区也成立了区海绵城市和管网建设站，极大地增强了武汉市海绵城市建设管理的水平。

（三）统筹城市水系统管理体系

海绵城市建设以解决城市水问题为出发点。武汉市在总结“九龙治水”的经验后，结合海绵城市建设，提出了以防洪水、排涝水、治污水、保供水为重点的“四水共治”理念；并成立由市委书记任组长的“四水共治”领导小组，使得武汉市在全市水系统综合管理的体系上迈出了有益的一步，进一步探索了全市海绵城市建设推进长效机制。

三、分区试点探索海绵城市建设模式

四新、青山两试点区都一定程度上面临内涝和水污染的问题，且地势平坦、水系密布，具有武汉典型特征，能够充分利用武汉市的湖泊调蓄与泵站抽排的体系，一新一旧的建设状态也利于打造新区管控和老城改造的不同样板，能够有效探索武汉市本地海绵城市建设的技术体系、管理流程等经验，总结可在全市全面推广的海绵城市建设模式（图2）。

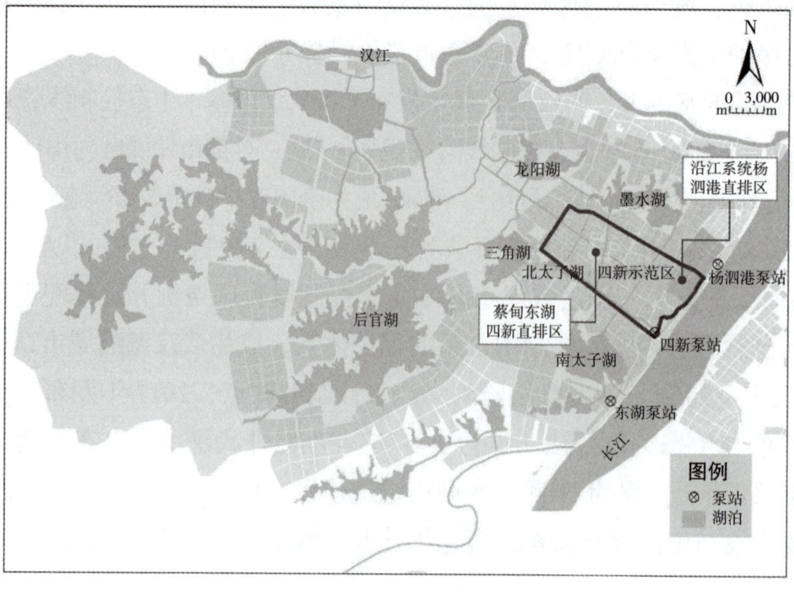

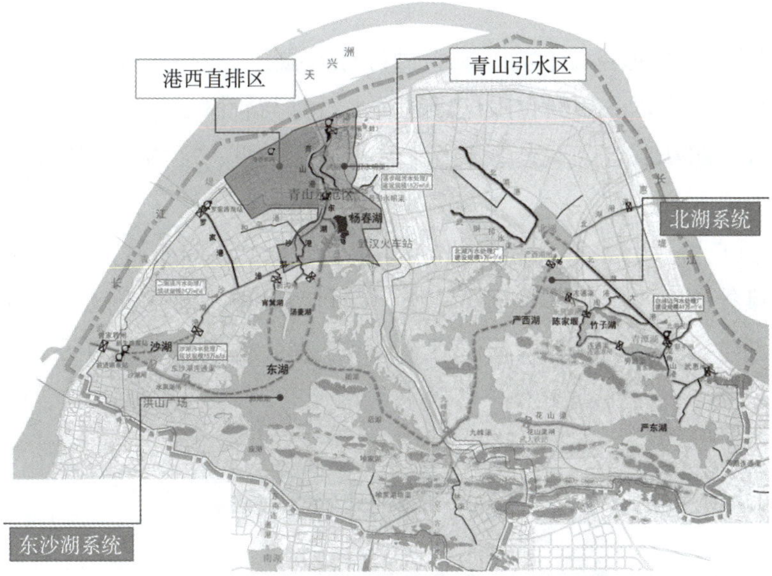

图 2　四新与青山试点区流域与汇水分区情况

（一）因地制宜，系统规划

1. 内涝防治

针对武汉市汛期长江水位顶托严重，城市抽排、调蓄能力不足，导致系统内涝严重的问题，武汉市按照“源头减排－过程控制－系统治理”的海绵城市建设思路，构建了以蓄排平衡为主，优化排水通道，加强源头滞蓄的排涝体系。结合武汉下渗性能差、地势平坦、湖泊众多等特点，提出了“以滞促渗、以渗促净、以净促用、以用促蓄、以蓄优排”的海绵城市设计的技术思路。

具体来说，按照武汉市 50 年一遇 24 小时降雨 303 毫米的防治目标，两示范区在打通出江通道、深挖湖泊调蓄能力的基础上，分别新建了 53.8 立方米/秒的港西二期泵站以及 105 立方米/秒的四新泵站，从系统上控制了严重内涝的发生。源头通过分片区的绿色基础设施的建设，分片区实现径流总量控制与峰值削减目标，进一步提升了内涝防治水平（图 3）。

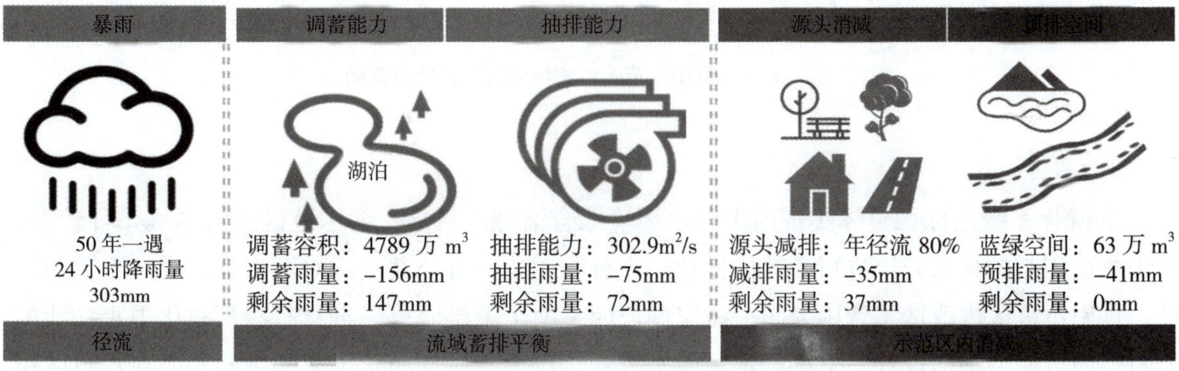

图 3　四新试点区 50 年一遇 24 小时降雨（303 毫米）控制路径图

2. 水环境治理

水环境治理以污染物定量分析为基础，做好控源截污、内源治理、生态修复、活水保质、长制久清的系统构建。根据分析，青山试点区污水直排与管网混错接占到了区内几条港渠污染来源的 60% ~ 90%；四新试点区不考虑上游来水水质影响下，区内污染则主要以面源和内源污染为主，占到了 50% ~ 90%。

因此，青山试点区以污水截污和混错接改造工作为主；四新试点区则通过加强径流总量控制提高面源污染控制水平，并进行全面清淤。在此基础上，两试点区同步开展了生态岸线建设，并配合大东湖生态水网、汉阳六湖连通等水系工程，构建了系统的活水保质与长制久清的策略（图 4）。

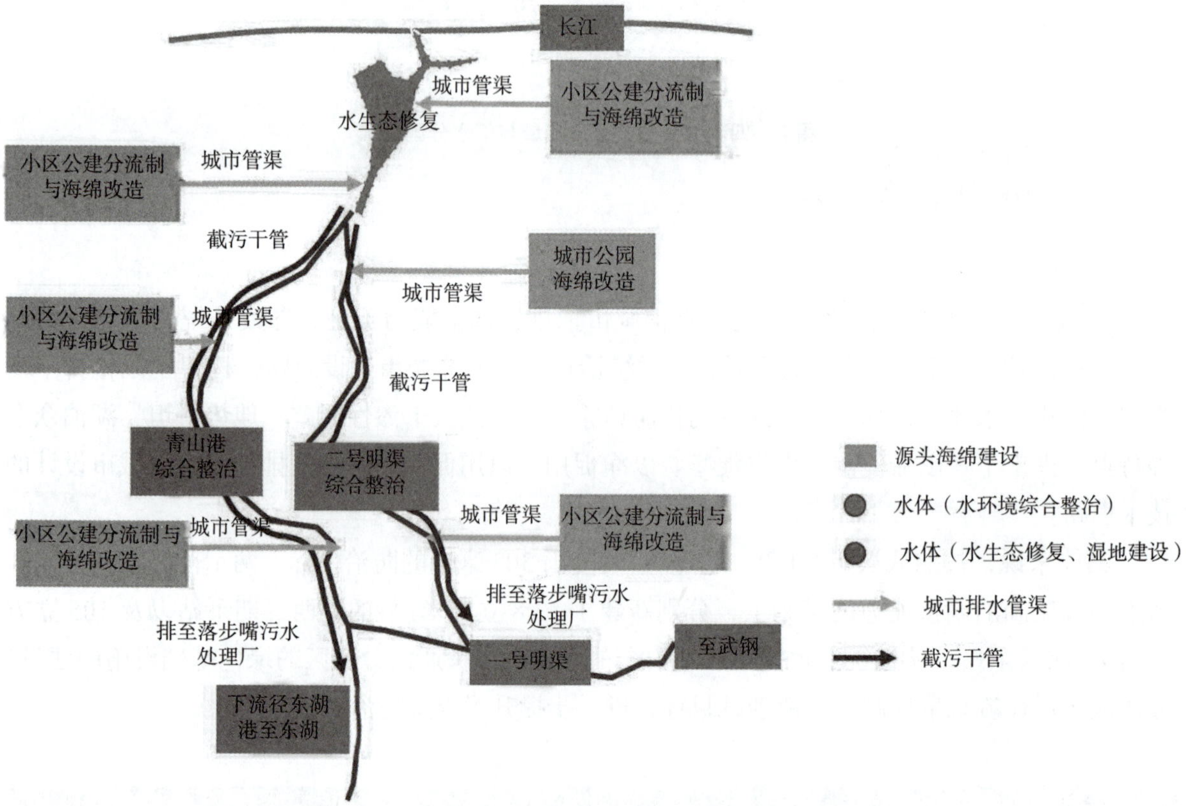

图 4 青山示范区内水环境治理系统思路图

3. 片区优化

为确保系统达标，整体实现内涝与水环境综合治理的目标，两示范区还对本底条件较差、源头改造困难的排水分区进行了整体优化。充分利用公园等公共区域对雨水进行集中滞蓄与处理，青山示范区内改造了青山公园、戴家湖公园、南干渠游园等一批具有滞蓄净化雨水功能的公园，通过模型辅助设计，合理确定了收水范围、调蓄水量、净化工艺的措施。四新示范区也充分利用湖泊、港渠的滨水空间，建立生态排口、湿地等措施，有效控制了面源污染（图 5）。

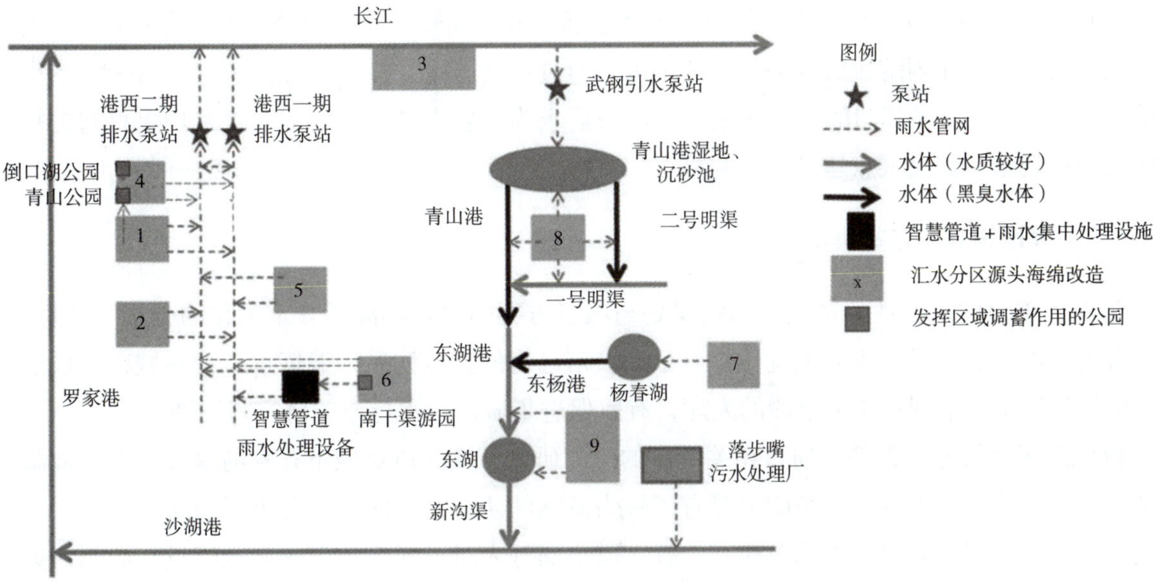

图 5　青山示范区海绵城市建设体系与发挥片区功能的公园、水系分布图

（二）点面结合，问题导向

在系统规划、解决片区问题的基础上，试点区内着力解决了一批渍水内涝、水体黑臭等民生问题严重的项目，有效地提高了海绵城市在群众中的认可度。

以地势低洼，一下雨就需要设立一条课桌路帮助学生进出的钢城二中为例，通过阻隔外水、内部滞蓄、加强抽排的系统设计，经过海绵试点改造至今，学校未再发生渍水情况，学校环境质量也得到了提升（图 6）。

图 6　钢城二中渍水实景与改造前后对比

青山港等垃圾成堆、恶臭难闻的黑臭水体也通过截污纳管、河道清淤、生态修复等一系列措施成为周边居民休闲游玩的好去处。两示范区通过建立居民－居委会－海绵办－业主单位－设计单位－施工单位等多部门的沟通体系，以居民需求为主要参考因素，成功将月均上百起的投诉转变为迫切希望扩大试点建设范围的要求。

（三）因地制宜，定量决策

为保证项目的可行性，系统方案的谋划与项目方案的设计都离不开定量化的分析与计算。通过海绵城市试点建设，极大地优化提升了武汉市已有的技术体系，锻炼了一批在城市建设中具有定量化思维，精细化施工手段的人才，有效促进了城市治水行业的研究与发展。

以试点区系统方案为例，通过相关单位的监测研究，武汉市对城市开发前水文状态、面源污染水平、底泥污染程度、自净能力等有了较为清晰的认识，从而有效分析了现状内涝、污染的成因，制定了明确的建设目标。如李立青、段小丽等人对不同下垫面区域径流量与面源污染的研究很好的反映了武汉市开发前后水文情况以及污染负荷（图 7）。

海绵城市试点建设，也有效地带动了武汉市涉水行业的产学研一体化的发展。以武汉大学海绵城市研究中心为代表的各类海绵城市研究中心机构纷纷成立，并带动设计、施工以及产品等行业的快速发展。试点期间，武汉市已受理或授权海绵城市各类专利 50 多项，培育了行业领先的企业或团队 10 多家。在雨型分析、水文地质调查、典型设施结构与处理效果研究、施工工艺研发等方面形成了初步的积累，使得武汉市更加准确、合理地筛选了适宜于本地应用的工程技术。

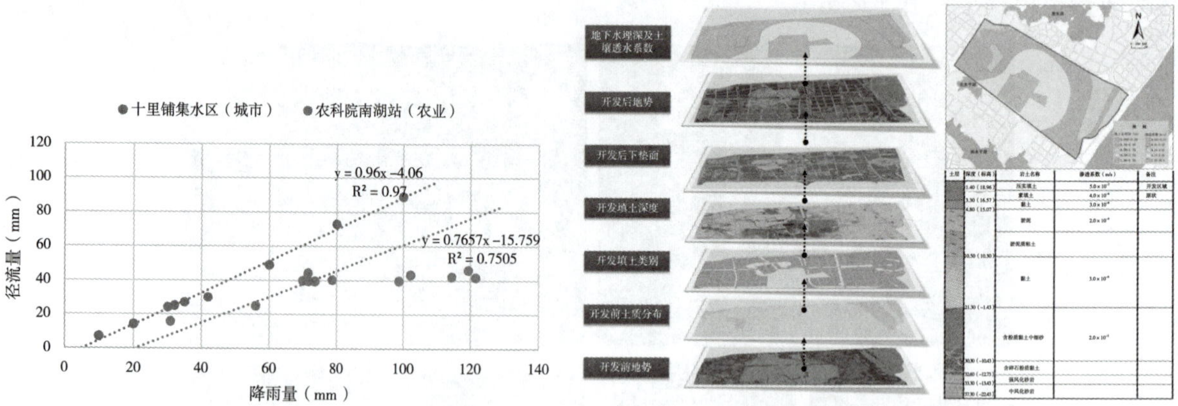

图 7　武汉市（汉阳）不同下垫面降雨径流情况研究（左）与下渗能力研究（右）

（四）制度创新，全面推进

完善的规建管制度是确保海绵城市全面推进的基本要求。武汉市根据本地技术力量雄厚的特点，在规划阶段首创“三图两表”制度，通过设计单位自审、规划部门备案以及验收核实和黑名单通报，有效将海绵城市融入现有城市规划管理体系中。全市通过规划导则、图审要点、规划验收办法等一系列标准文件将海绵城市要求与规建管体系挂钩，通过技术提标，避免了新增审批环节的同时有效实现了海绵城市管控的技术要求（图 8）。

建设项目海绵城市目标取值计算表

指标类型	序号	指标名称	影响因素			目标值
强制性	1	年径流总量控制率	用地性质	排水分区	内涝风险等级	
					高 □ 中 □ 低 □	
	2	雨水管网设计暴雨重现期（年）	——			
	3	峰值径流系统	区位			
			二环内 □ 二环外 □			
	4	透水铺装率	——			
	5	面源污染削减率	所在汇水区			
			Ⅱ类、Ⅲ类湖泊汇水区 □ Ⅳ类湖泊汇水区 □ 其他汇水区 □			
	6	下沉式绿地率	新建建设项目为强制性指标 改造建设项目为引导性指标			
引导性	7	雨水资源化利用量占其绿化浇洒、道路冲洗和其他生态用水总量比	项目类别：公共绿化 □ 建筑与小区 □ 城市道路 □			
	8	绿色屋顶率 （仅建筑与小区项目需要）				

建设项目海绵城市专项设计方案自评表

指标				备注
下垫面解析	项目用地总面积（m^2）			
	屋顶	总面积（m^2）		
		屋面绿化面积(m^2)		
		其他软化屋面面积(m^2)		
	机动车道路	总面积（m^2）		
		可渗透道路面积(m^2)		
	铺装地面	总面积（m^2）		
		植草砖铺装面积(m^2)		
		其他渗透铺装面积(m^2)		
	绿化	总面积（m^2）		
		水体面积（m^2）		
		生物滞留设施面积（m^2）		
		雨水花园面积（m^2）		
		其他下沉绿化面积（m^2）		
专门设施核算	蓄水设施	总面积（m^2）		
		地下蓄水设施蓄水容积（m^2）		
		雨水桶蓄水容积（m^2）		
		下沉绿化可蓄水容积（m^2）		
	排水设施	雨水管网设计重现期（m^2）		
		污水管网收集率（m^2）		
用地竖向控制	地下建筑	户外出入口挡水设施高度（m）		
	内部场平	高于相临城市道路的高度（m）		
	地面建筑	室内外正负零高差（m）		

综合评价	评价指标		目标值	完成值
	强制性	年径流总量控制率（%）		
		峰值径流系数		
		硬化地面中可透水地面面积占比（%）		
		污染物削减率（以TSS计，%）		
		雨水管网设计暴雨重现期（年）		
		下沉式绿地率（%）		
	引导性	雨水资源化利用率（%）		
		绿色屋顶率（%）		

设计单位签章：建设单位签章：

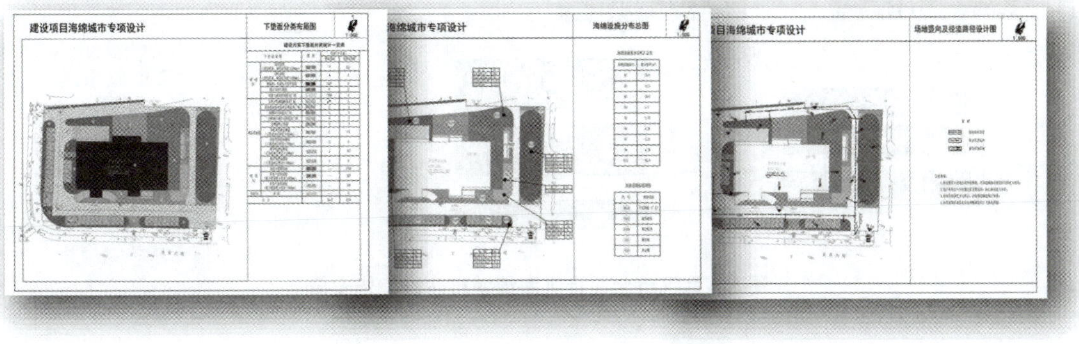

图 8 武汉市“三图两表”填报示例

为落实全市 2030 年 80% 建成区达到海绵城市建设要求的目标，武汉市积极开展了全市海绵城市现状排查、分区系统方案编制、实用课题研究等一系列工作，通过将海绵城市建设与年度城建计划挂钩、进行绩效考核等措施，结合治涝治黑、三旧改造等工作有针对性地实施片区整体改造，在控增量的同时开展改存量的工作（图 9）。

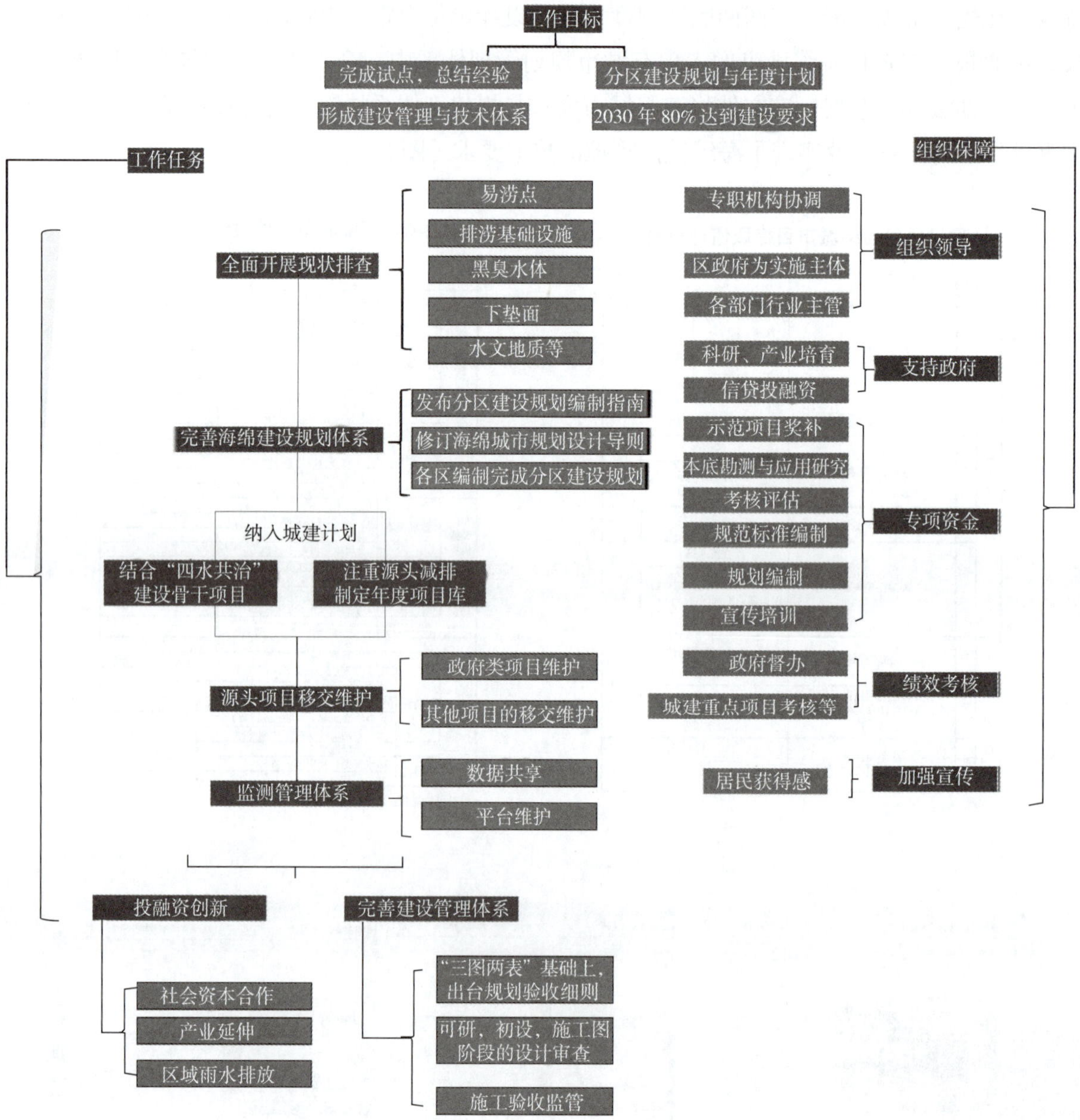

图 9　武汉市全面推进海绵城市建设工作安排

四、试点建设成效显著

（一）试点区排水防涝水平大幅度提升，河湖环境质量改善

试点区范围所有渍水点都得到有效消除。根据降雨数据监测，2017 年 4 月 8 日至 9 日，青山累计降水 147.8 毫米，8 月 24 日晚间 5 点至 6 点 30 分，降雨量 113.5 毫米（小时降雨超百年一遇），示范区内未发生严重渍水情况。管渠、泵站等能力都有明显提升，蓄排能力显著增强（图 10）。

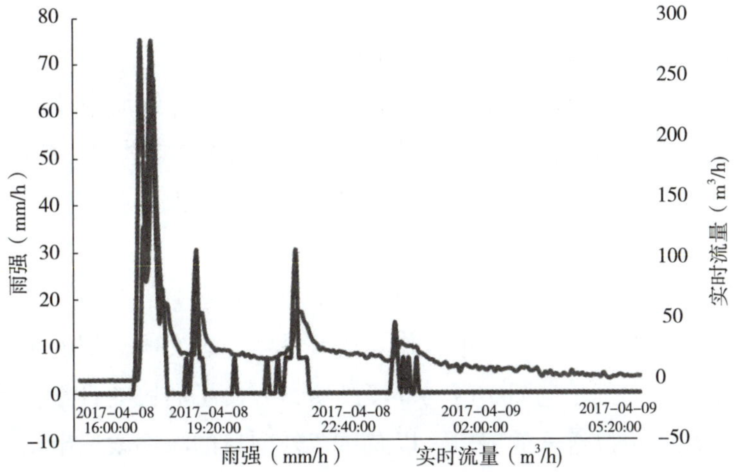

图 10　2017 年 4 月 8 日至 9 日临江港湾社区降雨与出流量监测情况

经过试点项目建设，明显控制了示范区内入渠污染物的排放量，有效改善了示范区内港渠自净能力。根据监测结果，青山示范区内三条黑臭水体全部消除，四新示范区港渠水质逐步好转，示范区出口水质优于进口水质（表 1，图 11）。

表 1　试点区黑臭水体居民满意评价

港渠	接受问卷调查人数	满意度
东杨港	117	99.4%
青山港	159	100%
二号明渠	143	99.0%

图 11　改造后的东杨港（左）与东湖港（右）

（二）生态品质显著提升，群众幸福感增强

试点建设积极践行绿色优先、源头减排的理念，288 个试点项目中，共安排源头项目 259 项，形成了完善的绿色基础设施体系，极大地拓展了试点范围内的绿色空间面积，水域面积也有所提升，有效提高了生态品质。

以粉煤灰堆场改造的戴家湖公园，通过海绵建设充分消纳了高架桥的冲洗污水与初期雨水，该公园于2017年获得了中国人居环境范例奖。充分融入海绵城市建设理念，营造开放式滨江亲水休闲空间的青山江滩滨江堤防综合改造工程，于2017年获得“C40城市气候领袖群”评比的城市的未来奖项。习近平在考察长江经济带发展时途径海绵化改造后的青山江滩，对江滩生态综合整治工作表示了肯定。

通过实施“海绵+”工程，两试点区共改造146处小区公建、33所学校。青山区49中还配合出版了《低碳生活与海绵学校》一书，作为培育学生生态文明意识的重要读物。通过海绵改造，极大地改善了城市尤其是老旧小区的环境品质，方便了居民的日常生活和出行。试点建设期间收到了大量居民、单位送来的锦旗，以及试点外项目的海绵改造申请，使得海绵建设作为民生工程深入人心（图12）。

图12　部分深受百姓喜爱的海绵项目实景

（三）为海绵城市理念在全市推广提供有力支撑

试点建设在转变城市发展理念、形成合理推进机制、构建完善管控制度、形成系统技术体系、获得广泛居民支持方面都取得了有益的经验，形成了较为完整的操作模式，使得武汉市在全面推进海绵城市建设中得到有效支撑。相信通过海绵城市建设，武汉市能够走出一条本地特色之路，充分发挥武汉市的水优势，形成武汉决胜未来的核心竞争力，实现绿色生态发展。

（作者：王家卓，高级工程师，中国城市规划设计研究院城镇水务与工程专业院资源能源所所长，住房城乡建设部海绵城市建设技术指导专家委员会委员；栗玉鸿，工程师，中国城市规划设计研究院；李帅杰，博士，高级工程师，中国城市规划设计研究院）

空间规划三大基本任务

众所周知，我国涉及空间管制方面各种规划的矛盾由来已久，究其本源是因机构职权交叉导致在制定相关法律和标准规范上不一致造成的。这些都有法律依据的各类规划的相互交叉矛盾，给依法行政和治理效率带来巨大的负面影响。因此，各地自下而上进行了“多规融合”乃至“多规合一”的探索，无论是上海、武汉等地的机构合并，还是广州、厦门等地的“多规合一”，重点工作都放在城、土两规的消除矛盾图斑、多图一致形成一张蓝图上。各地的自下而上的探索，激活了数以万计的“僵尸”图斑，给地方理顺各类空间规划统一空间治理带来了明显红利。但是由于缺乏共识、机构职权方面的矛盾以及还存在的法律方面的障碍，使得许多的“多规合一”工作治标不治本，日后还有出现新矛盾的隐患。

随着中共中央、国务院《关于加快推进生态文明建设的意见》和《省级空间规划试点方案》的出台，解决空间规划相互矛盾的推动力转为自上而下了。2014 年 8 月 26 日，四部委（国家发改委，国土资源部，环境保护部，住房和城乡建设部）下发关于推动空间规划（“多规合一”）试点的通知，在全国选择了 28 个试点，分头进行空间规划试点。虽然在试点地区某些与统一的空间规划有矛盾的法律条文可以暂停实行，但是出了试点地区，这些相互矛盾的法律法规条文仍然具有法律效力，这对大范围地推广试点经验无疑是一道难以逾越的障碍。况且，即便是这 28 个试点，相关部委从出发点、目标、技术路线、成果的内容深度、规划体系以及与既有规划的关系等方面仍未达成一致认识，究其原因，部门职能重叠、职权交叉的因素仍清晰可见。

因此，明确空间规划的基本任务并形成共识仍然十分必要。

尽管存在着分歧，但是空间规划（有的叫作“国土规划”，有的叫作“城市总体规划”）被赋予空间资源配置的顶层设计的地位是共识，空间规划一旦确定，将是其他空间类（专项）规划的依据这一点是得到各方认可的。消除矛盾图斑仅是空间规划的一部分工作，空间规划不是将既有的各类空间性规划叠在一张图上、消除矛盾图斑就能完成的。空间规划是一个地方空间资源配置和管制的顶层设计这个基本定位决定了空间规划必须完成三大基本任务。

一、空间规划必须制定空间战略

既然空间规划是顶层设计，那就必须要把发展战略决策作为第一位要素。在明确的空间发展战略引领下，结合当地的自然资源和自然条件、人文特色，才有可能做出正确的导向。

从国家层面来讲，发展战略就是要明确国家在中长期发展的目标，包括经济目标、人口预测、资源环境以及与之相匹配的产业、人口、城市空间布局和各类基础设施、公共服务的支撑。

党的十九大已经明确了我国到2035年和2050年中长期的奋斗目标，那么这个目标在规划的战略研究上就需要具体化。未来人口总量是能够准确、客观地预测的，未来的生态环境目标是可以明确的，未来的经济总量则可能会在一定幅度以内预测。要达到这些目标，全国需要实行怎样的产业战略、空间战略，城镇化率多少是与经济发展水平相对匹配的，在国家生态安全格局的基本框架内，从国家到地区城乡人口、一二三产业、重大基础设施布局等都属于规划内的战略性内容，需要有明确的答案，并且可以作为下一层次规划的刚性依据。

制定空间战略，既要考虑资源环境禀赋、区域发展条件和现状空间特征，更要尊重空间结构的形成及发展规律和当地产业和城市发展的阶段性特征。空间战略是有为政府和有效市场的耦合。既要发挥市场配置资源的主体性作用，又要因势利导，发挥好政府的作用，为实现一定阶段的经济社会发展目标提供空间上的支撑。

空间战略要研究在目前基础上空间要素是集聚还是分散、在哪里集聚、集聚到何种程度，是否需要采取均衡为主的布局战略，集聚或分散地区空间要素如何组织。产业的集聚或者分散带来人口聚散的变化，结合不同尺度、不同规模、不同密度，研究本地是以城市群（如果有的话）为主还是以都市圈或者某个大城市抑或以小城镇为主；怎样的城镇结构才是顺应人口和经济的指向，符合城镇化客观规律的，并在规划当中顺势而为。

人口是一切经济活动的主题，空间战略中人口总量的分析预测和空间配置是基础，人口是跟着就业机会走，而就业主要是由产业发展的总量、结构和特征决定的。因此，要综合考虑经济与生态、公平与效率、人口与环境等要素，才能制定一个“好”的发展战略。

二、空间规划必须画好“棋盘”

空间规划是对空间资源的配置，因此对空间资源进行生态承载力和开发适应性评价就成为规定动作。根据评价的结果再划定生态、农业、城镇三区和生态红线、基本农田保护区红线和城市开发边界三线。这“三区三线”是空间管治的基本底线。在空间发展战略的指导下以“三区三线”为“棋盘”，画好棋盘，再将各类发展要素按照不同要素的属性，根据一定的规则和次序叠放，落到棋盘当中。棋盘画得正，棋子才能落得准。因此，“双评价”就成为规划的基础。

（一）资源环境承载能力评价

对规划范围内的陆域（及海域）进行基础评价与专项评价，依据“短板效应”原则，合理确定市县的资源环境承载能力（超载、临街超载、不超载），以此作为市县空间规划的基本前提（图 1）。

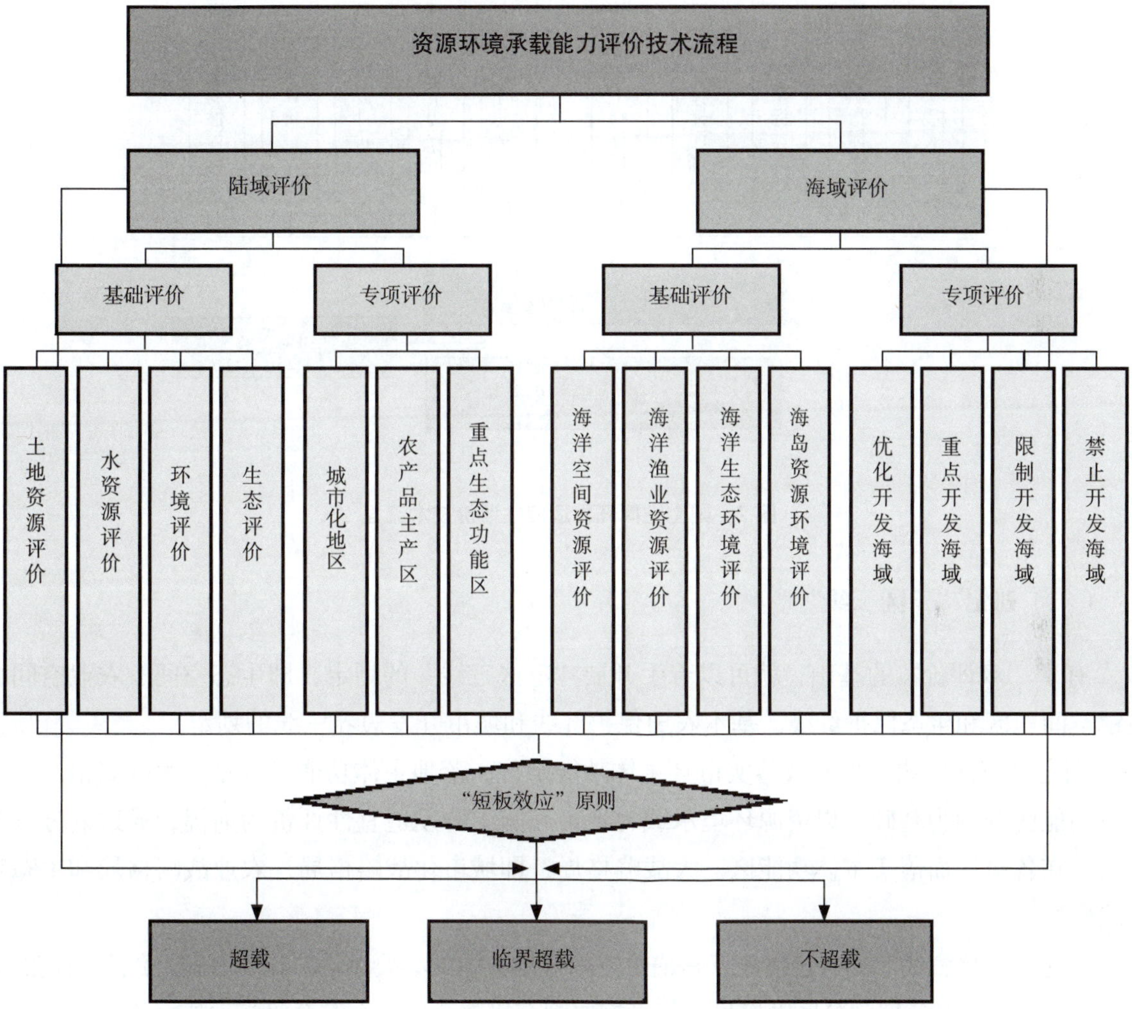

图 1　资源环境承载能力评价技术流程

（二）国土空间开发适宜性评价

利用空间规划工作底图数据，对规划范围内人口集聚、经济发展水平、交通优势度、区位优势、地形地势、土地资源、水资源、生态、灾害等指标进行基础评价和集成评价。将评价结果与现状地表分区数据进行叠加分析，形成各单元的空间开发适宜性评价结果（图 2）。

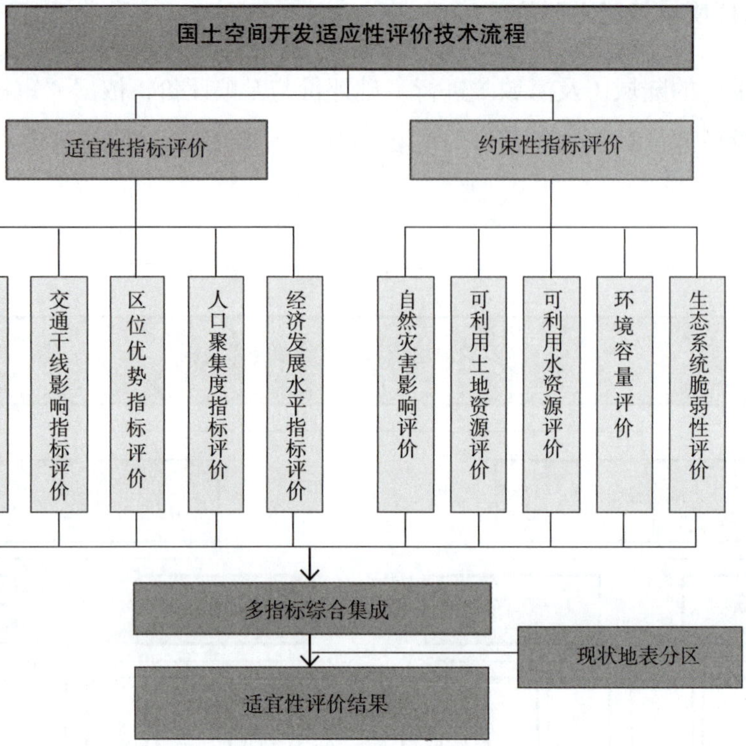

图 2　国土空间开发适应性评价技术流程

（三）划定“三区三线”

有了“双评价”的基础，就可以着手开展“三区三线”的划定，即生态空间、农业空间和城镇空间三区和生态保护红线、基本农田保护红线和城市开发边界三线的划定。

划定“三区三线”能有效落实市县主体功能定位，落地主体功能区规划三大战略格局。以主体功能区规划为基础，以资源环境承载力评价和国土开发适宜性评价为前提，通过划分三类空间，在各级层面落实主体功能区三大战略格局，即城市化战略格局、农业战略格局和生态安全战略格局。

制定“三区三线”的管控措施，是描绘空间规划蓝图的必要条件。以“三区三线”划定的空间分区为载体，将各部门分区管控目的与管控原则有机整合成一个综合管控原则，以满足三大空间主体功能定位要求。先底后图，发挥三条控制线制约作用，指导空间开发与保护的落地实施。

（四）统一空间管控措施

总体思路：在梳理现有各部门规划分区及其管控规则的基础上，解决既有具有部门特色的、对同一空间多个分区的单一管控导致的相互掣肘的矛盾冲突。

分级管控：针对城镇建设、农村居民点建设、独立产业建设、区域性基础设施建设和其他建设五类空间开发建设行为，分别制定三级空间管控原则（图 3）。

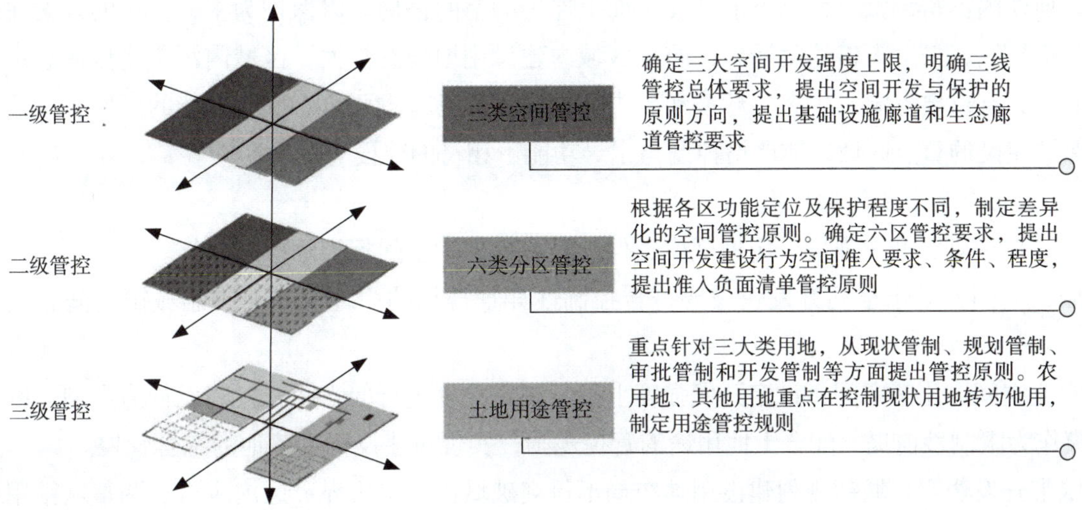

图 3　三级空间管控原则

一级管控：三类空间管控，确定三大空间开发强度上限，明确三线管控总体要求，提出空间开发与保护的原则方向，提出基础设施廊道和生态廊道管控要求。

二级管控：六类分区管控，根据各区功能定位及保护程度不同，制定差异化的空间管控原则。确定六区管控要求，提出空间开发建设行为空间准入要求、条件、程度，提出准入负面清单管控原则。

三级管控：土地用途管控，重点针对三大类用地，从现状管控、规划管制、审批管制和开发管制等方面提出管控原则。农用地、其他用地重点在控制现状用地转为他用，制定用途管控规则。

1. 制定三类空间管控措施

以管控原则、开发强度、用地规模、保护界线等作为空间行为的落地管控。

城镇空间管控措施。划定城市开发边界，制定城镇空间开发强度。城镇空间内可存在国家级/省级森林公园、风景名胜区以及饮用水水源地保护区等纳入生态保护红线的区域，按照生态保护红线管控要求及各自管理条例进行管控。城镇空间内部可能存在永久基本农田红线区域，按照永久基本农田红线区规则进行管控。土地主导用途为城镇建设、开发区（园区）用地，应优先保障城镇内部基础设施和公共服务设施用地需求，进一步提高产业建设项目控制指标水平，逐步提高城镇空间的土地利用效率。城镇空间内应预留并整合基础设施廊道和绿地生态廊道。

农业空间管控措施。制定农业空间开发强度控制要求。农业空间必须率先划定永久基本农田红线，规划期内不得调整。土地主导用途为农业生产空间，是开展土地整理复垦开发和基本农田建设的主要区域。应严格限制独立产业、农村居民点新增建设，控制道路等线性基础设施和其他建设新增用地。区域性基础设施廊道尽量采用整合通道，减少对土地尤其是耕地的占用。铁路、高速公路，国、省、县道形成交通廊道，控制两侧用地，预留车道加宽空间。

生态空间管控措施。制定生态空间开发强度控制要求，生态空间必须率先划定生态保护红线，规划期内不得调整。强化点上开发、面上保护的空间格局。以保护为主，区域的开发建设活动严格控制，鼓励人口适度迁出，防止区域内建设用地任意扩大，区域内污染物排放总量不得增加。具有重要资源、生态、环境和历史文化价值或具有重要生态服务功能的区域，是开展生态保护建设的重点区域，应严格控制与主导功能不相符的建设与开发活动。

2. 制定六类分区管控措施

以管控原则、开发强度、用地规模、保护界线等作为空间行为的落地管控。

城镇空间：要求空间开发建设要符合控制性详细规划的用地安排，控制城镇空间布局稳定性。

农业空间、生态空间：设定开发强度上限，制定允许进行的空间开发建设行为类型，以用地规模作为限制性前提，配合土地用途的管控规则，实现对建设行为落地的综合管控。

城市开发边界。城镇规划建设用地布局不得突破城市开发边界。区内应重点调整城镇用地结构，用地实现从注重增量向注重存量土地的转变。区内应重点优化城镇功能布局，优先满足改善教育、医疗、文化等设施用地需求。合理规划布局工业、商业、居住、科教等功能区块。农村居民点建设规模应逐步缩减。

城镇开发建设预留区。在不突破用地规模指标的条件下，必须在城镇开发建设预留区进行城镇建设的，需联合多部门进行项目选址合理性和必要性论证，通过后可进行开发建设。严格控制区内农村居民点建设规模，规划期内应缩减规模，对现有农村居民点搬迁引导，集中集聚建设。

永久基本农田。在规划期内必须得到严格保护，除法律规定的情形外，不得擅自占用和改变。加大整理力度，完善农业配套设施，改善农业发展基础条件，确保规划期间永久基本农田数量不减少、质量有提高、用途不改变。加强建设用地选址论证。区内现有非农建设用地和其他零星农用地应当复垦或调整为基本农田。

一般农业区（农业缓冲区）。区内土地主导用途为农村生活和农业生产。提高耕地质量，增加有效耕地面积，改善农业生产条件和生态环境。严格控制开发强度和影响范围。禁止城镇建设和产业集中连片建设。区内允许乡集镇开发建设，原则上在乡集镇不属于城镇化快速发展的重点地区，规划期内乡集镇用地规模增加量不得超过规划基准年 50%。

生态保护红线。必须确保保护性质不转换、生态功能不降低、空间面积不减少、管理责任不改变。实行分类管理。按红线类型实现“一线一策”。禁止一切与生态保护无关的开发建设活动，原有的各种生产、开发建设活动应逐步退出。区域性基础设施禁止穿越生态保护红线区。存在需要保护的历史文化名村、传统村落、古建筑村落，应予以保留。原则上不允许将耕地划定为永久基本农田。

一般生态区（生态缓冲区）。区内土地主要用途为营林生产及林业生态设施建设、风景旅游用地及其配套设施建设。区内生产性林地宜开发林下种养业，同时开展林业观光、采摘等休闲旅游项目。严禁损害生态功能、破坏景观、污染环境的开发建设活动。严格限制矿产开发建设。可合理安排生态旅游网络和旅游线路。任何开发建设活动不得破坏珍稀野生动植物的重要栖息地，迁徙通道。应减少农村居民点建设规模，允许拆建改建，严格控制村庄数量和规模，鼓励人口外迁。禁止毁坏森林、草原开垦耕地，禁止围湖造田和侵占江河滩地。

三、空间规划系统设计

空间规划绝不是编制一本规划、绘制一张蓝图，它是一个系统工程。首先需要建立空间规划基础的地理信息系统，统一不同系统在使用的各类坐标系，统一空间规划的技术标准；其次是编制规划；再次是要配套制定一套技术标准；最后要设计一套规则，还要有一套监督评估和动态调整的规则。

（一）编制一本规划

编制规划是解决空间规划打架问题的关键抓手。有机整合现有多个“总体规划”，形成一本总控性的空间规划，统筹发展全局；对上与上级空间规划相衔接，向下统领各层次各类型落实性的详细规划或方案。

（二）绘制一张蓝图

以空间战略为引领，以资源环境承载力评价和国土开发适宜性评价为前提，落实市县主体功能定位，划定城镇、农业、生态三类空间和三条控制线，改变传统单一管控模式，科学设计综合功能管控机制和措施，形成空间规划底图，并以此为基础有机叠入各类空间要素，融空间开发与保护为一体的规划总图。

围绕“一本规划、一张蓝图”的作用，把握其内容与深度；避免“过深过细”或“过于宏观、缺乏指导性与约束力”的极端化取向；与事权相匹配形成各级空间规划，确定规划深度和内容。

科学把握人口变动和经济社会发展趋势，结合城镇布局，配置重大基础设施，奠定基础性格局；然后按核心内容和重要性，分别配置各领域的空间要素。根据各类空间性规划任务，形成与经济发展、人口布局相匹配的用地布局规划图。

（三）建设一个平台

规划编制辅助决策。解决规划编制前的各项基础评价的数字化、信息化，三类空间划定等。

空间要素集成管控。各类空间管控要素的综合集成和坐标化、矢量化，为审批项目的前置预审批提供重要支撑。

项目并联审批落地。与项目审批平台无缝对接，通过预审批的项目直接并行推送至项目审批各部门子系统，实现同步并联审批，提高审批效率。

（四）制定一套规程

1. 制定指导如何科学划定“三区三线”的技术规程

制定以地理国情普查成果为基础、科学划定“三区三线”的技术规程。

2. 制定指导如何科学确定开发强度的技术规程

以人定地与以产定地相结合，科学合理地确定市县开发强度。

3. 制定指导如何实现有效空间管控的技术规程

以“三区三线”为基础，有机整合现行各类空间管制措施，制定差异化空间管控原则。

4. 制定指导如何整合各种用地分类标准的技术规程

将城乡规划、土地利用规划等相关用地分类标准有机整合为一个标准。

5. 制定指导如何建设“一个平台”的技术规程

对“多规合一”信息平台应具备的主要功能及其相关技术标准加以界定。

（五）设计一套体制

整合构建市县空间规划体系。重点围绕中央“一个市县一本规划、一张蓝图”的要求，对市县层面的多个总体规划进行整合；同时，减少各类空间性规划的数量，探索构建精干管用的市县空间规划体系。

整合相关规划部门职能，实现编制、实施和监督三分离。按照本次中央国家机关机构改革的部署，在相关部门职能整合的基础上，探索空间规划编制、实施和监督三大环节相分离，形成事权清晰、相互制约、相互监督的制衡机制。

相关法律法规的“立改废”建议。对“多规合一”体制机制改革中涉及的城乡规划法、土地管理法、环境保护法等相关法律法规规章的“立改废”提出建议。

（六）设计一套监督评估和动态调整的规则

经济发展的不确定性和技术进步的难以预测性决定了规划也需要在定期评估的基础上实事求是地进行适当的修改，因此必须制定好规划修改的制度规则，使规划既保持其法定性和严肃性，又不至于过于死板，落后于技术的进步和形势的变化。

制定空间发展战略、划好“三区三线”以及做好系统设计是空间规划的三大基本任务。只有做好这三大基本任务，空间规划才能真正成为一个统揽全局的顶层设计，完成空间规划改革的艰巨任务。

（作者：沈迟，国家发改委城市和小城镇改革发展中心副主任，教授级城市规划师）

创建老年友好型智慧健康生活圈工程，探索医养结合特色小镇模式

乡村振兴战略是习近平总书记2017年10月18日在党的十九大报告中提出的战略。农村、农民问题是关系国计民生的根本性问题，必须始终把解决好“三农”问题作为全党工作重中之重，实施乡村振兴战略。

2018年2月4日，公布了2018年中央一号文件，即《中共中央、国务院关于实施乡村振兴战略的意见》。2018年3月5日，国务院总理李克强在做政府工作报告时说，大力实施乡村振兴战略。

一、积极响应“乡村振兴战略”，解决乡村发展问题的核心是解决乡村老年人问题

我国人口老龄化日益严重。截至目前，我国60岁以上老年人口超2.3亿，是世界上唯一一个老年人口超过2亿的国家。

2015年我国城镇人口达7.71亿人，较上年增长2.94%。2015年我国常住人口城镇化率为56.1%。据《关于深入推进新型城镇化建设的若干意见》显示，到2020年，我国的常住人口城镇化率将达到60%。这就意味着在未来的5年内，每年至少有2000万左右的农民从农村迁移到城市，至2016年城镇人口比重达到57.4%。10年间，我国城镇人口增加了1.87亿。第五次全国人口普查有关数据显示，我国乡村65岁以上老年人口总量已占全国老年人口总数的74.9%。今后,乡村老年人口比重还将不断上升，成为中国未来人口老龄化最严重的地区。

城镇化的发展将成为改善乡村老龄化的“良方”。加大乡村建设，让走出去的乡村劳动力回归田园工作；让城市高知老年人到乡村居住，不仅可以缓解城市压力，城市老年人家庭子女也能到乡村中来，带给乡村新面貌，提升乡村的建设品质，创造消费环境，更有利于乡村振兴。

2017年，在国家中医药管理局和全国老龄委办公室的支持下，中国老龄协会老年人才信息中心、中国中医药科技开发交流中心、咸宁市人民政府在湖北咸宁市成功举办了“2017全

国中医药健康养老服务发展战略研讨会”。中国城镇化促进会会长、全国人大常委会原副委员长蒋正华在大会上提出：在全国乡村建设“老年友好型智慧健康生活圈”的示范工程，是推动“千企千镇工程”特色小镇建设的重要内容；是弘扬国医文化，倡导中医药健康养老事业发展的根本体现；更是提升乡村建设，改善乡村生活品质，提供工作岗位，使走出去的乡村年轻人回归“家”的重要举措。

由中国老龄协会老年人才信息中心和中国中医药科技开发交流中心共同发起的“老年友好型智慧健康生活圈工程”，是未来10年，在全国建设九大健康生活圈72处联盟点，构成81处互联互通、智能管理、智慧服务为一体的中医药养生养老特色项目。工程完成后，可直接服务于百万老年人，间接服务则覆盖千万人口。

工程目标：用10年时间在全国20个省100个城市周边选择乡村，建设九大健康生活圈工程。依据发改委制定的九大生活圈，全国分布为长江中游城市群健康生活圈、长三角城市群健康生活圈、珠三角城市群健康生活圈、海峡西岸城市群健康生活圈、成渝城市群健康生活圈、山东半岛城市群健康生活圈、中原城市群健康生活圈、京津冀城市群健康生活圈和哈长城市群健康生活圈。

二、智慧健康生活圈康养特色小镇六大发展标准

（一）环境保护

康养小镇年均PM2.5值小于或等于50；小镇建设地区的负氧离子标准浓度大于等于5000个/立方厘米（根据世界卫生组织规定，清新空气的负氧离子标准浓度不低于1000~1500个/立方厘米）；村镇环境优美，干净整洁；附近50千米之内有高铁、机场、高速路，交通便利；康养小镇活动范围在3平方千米以上；有发展康养产业的环境基础。

（二）老年友好型

依据WHO的阳光老年计划，促进康养小镇向老年友好型发展，以充分发掘老年人的潜能，促进智慧健康生活圈更加和谐。老年友好型康养特色小镇评价标准有8个方面：①户外空间和建筑物特征标准；②交通标准；③住所评判标准；④小镇参与度评价标准；⑤尊老和社会包容的评价标准；⑥小镇参与和就业评价标准；⑦交流和信息评价标准；⑧小镇和卫生保健服务评价标准。

（三）中医药康养特色

在以东方智慧思维模式为基础的健康管理体系支撑下，通过国医、国药、国宴、国术为特色的个性化调养手段，针对健康养生、亚健康调理和慢病管理等多个群体进行建库、评估、干预和金通，贯穿人体整个生命周期的呵护和管控。中医药康养特色主要体现在四大方面：①小

镇建设立足于中医国学文化理念进行规划设计；②小镇绿化采用中草药种植科类植物达到30%以上；③建筑物内要具备中医药产品植入率达到20%以上；④健康管理以中医理念和中医药技术为核心提供康养服务。

（四）智能化

依据智能化养老标准，在康养小镇建设智能化管理综合配套楼和六大系统：①智能化园区管理系统；②楼宇智能化管控系统；③健康管理智能化系统；④康复护理智能化管理系统；⑤生活配套智能化管理系统；⑥文化娱乐设备智能化管理系统。

（五）产业发展

依托资源背景和小镇地域市场特点定位产业结构：①中医药康养特色是发展产业的基础；②九大健康生活圈主题不同，产业发展类型不同；③供给全国智慧生活圈需求为产业发展核心；④走发展品牌化之路；⑤建立可行的推广销售渠道。

（六）会员发展模式

全国九大生活圈72处联盟点，互联互通、智能管理、智慧服务是工程发展的最终目标。所有用户、服务商、管理人、投资人都将会成为全国智慧健康生活圈会员。本工程不对非会员提供服务。生活圈发展会员为全龄结构，规模将达1000万人口（其中包括百万老年人）。会员分为天天健康会员、家庭和谐会员、长者会员、尊者会员、六合共享会员、旅居行者会员等，实行多元化会员服务模式。一个生活圈最大满足2万～3万常住会员、4万～6万相对常住会员和5万～6万流动会员。

三、全国智慧健康生活圈工程的支撑

（1）有关部委的大力支持和卫建委、国家中医药管理局、中国老龄协会的坚强领导，有关司、部的具体指导是工程的前提。

（2）中国老龄协会老年人才信息中心和中国中医药科技开发交流中心作为发起单位和相关课题承接单位，承担着推动中医药健康养老服务模式规划和技术创新应用的重要职责和使命，具备国家级战略规划、产业集结、成果推广、运营管理、培训交流和评估认证等专业化服务能力，是工程的依据。

（3）以政府扶持、事业推动、产业发展、市场化运营为指导纲领，在国家金融机构、大型央企、社会民企相结合的市场化机制下发展，追求事业为先，互惠共赢，是工程的保障。

（4）中医药健康养老服务理念是生活圈工程的核心内容，通过国医精湛技艺针对老年家庭成员和老年人本身进行合理的、个性化的、专业化的调理呵护，以达健康长寿的目标，是工程内涵理念。

未来我们将成为智慧健康生活圈当中的一员，为了我们的美好生活，从现在开始就参与进来，共同努力，共享硕果。

四、创建航标性项目，在未来建一个属于我们自己的家

湖北咸宁向阳湖康养特色文化小镇是全国智慧健康生活圈工程的示范样板项目，也是长江中游城市群健康生活圈的代表之作。项目总投资约 100 亿，由国龄智能养老产业投资（北京）股份有限公司联合多家央企、民企共建。

（一）智慧康养特色小镇硬件建设核心内容

老年友好型智慧健康生活圈康养特色小镇不是房地产项目，而是旗帜鲜明的养老产业样板项目。其分为以下五大板块。

（1）老年友好型健康公寓，符合国际卫生组织 2006 年倡导的老年友好城市建设标准。为老年人家庭建设一处属于自己的家。占地 1800 亩。

（2）六合共享空间，由国龄公司与日本安井建筑设计株式会社联合设计的S、M、L型适老型生活圈居住公寓。符合国情的组团式建筑带给旅居老年人愉悦生活的住所。占地 500 亩。

（3）围绕向阳湖自然环境打造的文化名人公园，提供小镇居住的老年人家庭一处环境优美，自然天成的娱乐天地。占地 700 亩。

（4）小镇还保留了农田风光，专为小镇老年人家庭提供农业种植的场所，同时为小学、幼儿园小朋友提供了自然大课堂，使老年人和孩子共享天伦之乐。

（5）依据规划，小镇建设将国医文化和康养产业有机结合，形成国医、国药、国膳和国术的产、学、研、用、训的发展基地，为小镇长期发展带来生机。

（二）智慧康养特色小镇软件建设核心内容

（1）智能化小镇管理平台搭建，通过楼宇智能化系统、区域分层智能化管理系统、居住老年人健康管理智能化系统、康复护理智能化系统、小镇生活服务智能化系统以及家居文化娱乐智能化系统的搭建，构成小镇互通互联、智能管理、智慧服务标准化内容。

（2）老年友好型小镇服务管理结合老年友好城市建设，在建筑物与小镇住户之间构成和谐状态前提下，提供老年人工作岗位。使老年人有足够的可以发挥自我能力的场所和工作内容，真正体现老有所为的实质意义。

（3）社工服务在康养小镇中的实践。联合社会组织，提供老年人工作的同时做好老年人的服务。例如，心理慰籍、工作指导、生活照料、家庭调节和社会事务等工作。

（4）定期或不定期组织文化娱乐活动。带动老年人参与活动，专业化的服务能够带给小镇老年人身心健康。例如，书法比赛、摄影比赛、棋牌大赛等丰富多彩的娱乐活动。

（5）针对老年人家庭的多元化服务，从老年人健康管理服务到家庭成员健康管理服务，为

家庭提供全套的健康管理方案，使子女无后顾之忧，同时也解决了老年人的健康呵护问题，代子女尽孝。

五、全国智慧健康生活圈为“乡村振兴”战略提供可推广案例

全国九大智慧健康生活圈 72 处联盟点将是一个大型的互联网+实体建设工程。以老年友好城市为标准，以国学文化为内涵，以生态自然为底蕴，以中医药康养为特色，服务千万人口。在党中央提出的“乡村振兴”战略发展道路上将成为引领养老产业发展的又一个重大案例。

（作者：王山，中国老龄协会老年人才信息中心智慧康养项目办公室主任）